Gregor Streim, Rebecca Franke (Hg.)
Lyrik und Jugend in der DDR

Lettre

Gregor Streim (Prof. Dr. phil.), geb. 1964, hat den Lehrstuhl für Neuere und neueste deutsche Literatur an der Friedrich-Schiller-Universität Jena inne. Seine Forschungsschwerpunkte liegen im 20. Jahrhundert.
Rebecca Franke (M.A.), geb. 1993, ist wissenschaftliche Mitarbeiterin im DFG-Forschungsprojekt »Die ›Sammlung Kratschmer/Würtz‹ und die Jugendlyrik der DDR« an der Friedrich-Schiller-Universität Jena.

Gregor Streim, Rebecca Franke (Hg.)

Lyrik und Jugend in der DDR

Aufsätze, Interviews und Dokumente zur FDJ-Poetenbewegung

[transcript]

Gefördert durch die Deutsche Forschungsgemeinschaft (DFG) – Projektnr.: 451455687

Bibliografische Information der Deutschen Nationalbibliothek
Die Deutsche Nationalbibliothek verzeichnet diese Publikation in der Deutschen Nationalbibliografie; detaillierte bibliografische Daten sind im Internet über https://dnb.dnb.de/ abrufbar.

transcript Verlag | Hermannstraße 26 | D-33602 Bielefeld | live@transcript-verlag.de

Umschlaggestaltung: Maria Arndt, Bielefeld
Umschlagabbildung: Bundesarchiv, Bild 183-1988-0808-026 / Fotograf: Seidel (FDJ-Poetenseminar in Schwerin, 8.8.1988)
Druck: Elanders Waiblingen GmbH, Waiblingen
https://doi.org/10.14361/9783839473085
Print-ISBN: 978-3-8376-7308-1
PDF-ISBN: 978-3-8394-7308-5
Buchreihen-ISSN: 2703-013X
Buchreihen-eISSN: 2703-0148

Gedruckt auf alterungsbeständigem Papier mit chlorfrei gebleichtem Zellstoff.

Inhalt

»Alle müssen einbezogen sein«
Annäherungen an die FDJ-Poetenbewegung
Gregor Streim und Rebecca Franke 9

1. Aufsätze

»mit/gebrochnem/Reim/heim«
Junge Poeten und Schreibende Arbeiter
Annika Jahns 31

»Gedichte mit Publikum«
Bilder sozialistischer Jugend in Zeitungen und Anthologien der 1960er Jahre
Marlene Kirsten 49

Repräsentative Authentizität
Der Typus des sozialistischen Jugendgedichts der DDR
in der Anthologie-Reihe *Offene Fenster*
Gregor Streim 67

»Maßstäbe für Lyrik«
Junge Lyrik herausgeben im agonalen Feld der DDR:
Poesiealbum versus *Sonderhefte Poetenseminar*
Bénédicte Terrisse 89

Lyrik in der Almanach-Zeitschrift *Temperamente* (1976-1990)
Qualitative und quantitative Auswertung
Andreas Degen 103

Über Schwerin nach Prenzlauer Berg
Streifzug durchs Grenzgebiet offizieller und inoffizieller junger DDR-Literatur
Rebecca Franke 129

»Echte Gefühle zeigen«
Singen als Emotionspraktik in der frühen FDJ-Singebewegung (1960–1973)
Juliane Brauer 145

»Wer, wenn nicht wir«
Annäherungen an eine sozialistische Gesellschaft
über die FDJ-Singebewegung (1966/67–1990)
Cornelia Bruhn 161

Das Institut für Literatur »Johannes R. Becher«
Forschungen und Forschungserfahrungen zur DDR-Lyrik vor und nach der Wende
Anne-Marie Pailhès 179

2. Interviews

Interview mit Edwin Kratschmer
Gregor Streim und Tobias Schwessinger 195

Interview mit Annett Gröschner
Rebecca Franke und Gregor Streim 205

Interview mit Lutz Seiler
Rebecca Franke, Annika Jahns und Gregor Streim 217

3. Dokumente

3.1 Die Debatte über die Schülergedichte aus *Und Mut gehört zum Wort* (1964) 229

3.2 Programmatische Überlegungen zur Nachwuchsförderung Ende der 1960er Jahre 237

3.3 Dokumente des Zentralrats der FDJ zur Planung und Organisation der Poetenbewegung 249

3.4 Aufrufe zum Literaturwettbewerb der Jugend 263

3.5 Artikel und Aufsätze zur Poetenbewegung (Seminare, Klubs, Wettbewerbe) 269

3.6 Debatten über die Qualität der in Anthologien publizierten Gedichte 285

3.7 Quellenverzeichnis 303

Anhang

Bibliografie: Anthologien und Zeitschriften für junge und jüngste Lyrik im Verlag Neues Leben 309

Autorenhinweise 313

»Alle müssen einbezogen sein«
Annäherungen an die FDJ-Poetenbewegung

Gregor Streim und Rebecca Franke

Als der Autor Heinz Kahlau 1974 verkündete, unter der Jugend der DDR sei es »Sitte geworden [...], Gedichte zu schreiben«,[1] war dies eine propagandistische Behauptung, aber auch die Beobachtung eines relevanten jugendkulturellen Phänomens. Denn tatsächlich war in der DDR seit den ersten, 1964 veranstalteten Schülerschreibwettbewerben innerhalb von zehn Jahren eine – von der FDJ nach 1970 als ›Poetenbewegung‹ bezeichnete – institutionelle Struktur von Poetenseminaren, Wettbewerben und Publikationsmöglichkeiten entstanden, durch die über die Jahre Tausende von Jugendlichen und jungen Erwachsenen dazu motiviert wurden, selbstverfasste Gedichte einzureichen. Verse ›junger Poeten‹ wurden in Zeitungen, Zeitschriften, im Radio und sogar im Fernsehen präsentiert und diskutiert. Trotz der großen Beteiligung und obwohl eine ganze Reihe später bekannt gewordener Autoren anfangs von der Poetenbewegung gefördert wurde, ist dieser Teil der Jugendpolitik und literarischen Kultur der DDR heute weitgehend vergessen und bislang wissenschaftlich kaum erforscht.[2] Das mag auch damit zusammenhän-

1 Heinz Kahlau: Der Vers, der Reim, die Zeile. Wie ich Gedichte schreibe. Berlin: Neues Leben 1974, S. 6. – Kahlau war 1975 Seminarleiter beim 5. Zentralen Poetenseminar in Schwerin.

2 Die Struktur der Poetenbewegung wurde zuerst von Lutz Seiler in einem Vortrag vor der Enquete-Kommission des Deutschen Bundestages skizziert (Lutz Seiler: Organisation und Karriere: Die FDJ als Mäzen des literarischen Nachwuchses in den siebziger und achtziger Jahren. In: Materialien der Enquete-Kommission »Aufarbeitung von Geschichte und Folgen der SED-Diktatur in Deutschland«. Hg. v. Deutschen Bundestag. Bd. III/1. Baden-Baden: Nomos 1995, S. 529–536). Am bisher ausführlichsten wurde die literarische Talenteförderung der FDJ von Anne-Marie Pailhès in ihrer Dissertation über die junge Lyrik der DDR behandelt (Anne-Marie Pailhès: La recherche d'une identité dans la poésie de R.D.A. de 1960 à 1989. Stuttgart: Heinz 1998). Speziell mit der Organisation und Geschichte der Zentralen Poetenseminare befasst sich die im Quellenmaterial aufschlussreiche, in der Herangehens- und Darstellungsweise jedoch eher journalistische Arbeit von Axel Reitel (Axel Reitel: Die zentralen Poetenseminare der FDJ von 1970 bis 1979. Arbeitspapiere des Forschungsverbundes SED-Staat 42/2008. Berlin 2008). Seit 2021 wird die Poetenbewegung in dem DFG-Projekt »Die ›Sammlung Kratschmer/Würtz‹ und die Jugendlyrik der DDR« an der Friedrich-Schiller-Universität Jena erforscht, in dessen Rahmen aktuell eine Dissertation von Rebecca Franke entsteht. Im

gen, dass sich die unter dem Begriff Poetenbewegung subsumierten Maßnahmen schwer einordnen lassen. Dienten sie der massenkulturellen Mobilisierung oder der literarischen Nachwuchsförderung? Stand die politische Erziehung im Mittelpunkt oder entstanden Räume, in denen junge Menschen auch eigene Interessen verfolgen konnten? Und was motivierte so viele, sich daran zu beteiligen? Um diese Fragen zu beantworten, müssen verschiedene Kontexte und unterschiedliche Akteure der Poetenbewegung in den Blick genommen werden.

1. Entwicklungen in den 1960er Jahren

Die Entstehung der Poetenbewegung ist nur vor dem Hintergrund der kulturpolitischen und literaturgeschichtlichen Entwicklungen der 1960er Jahre zu verstehen. Hier ist zuerst die bis in die Anfänge der DDR zurückreichende Tradition der – vom FDGB und Kulturbund organisierten – kulturellen Massenarbeit in Betrieben zu nennen, die auf dem Glauben an die erzieherische Kraft der Kultur beruhte und Ökonomie, Politik und Kunst miteinander verbinden sollte.[3] So sollten die arbeitenden Menschen nicht nur an die Hochkultur herangeführt, sondern auch zu eigener kultureller Betätigung motiviert werden. Mit dem auf der ersten Bitterfelder Konferenz vom 24. April 1959 proklamierten und auf der zweiten Konferenz vom 24./25. April 1964 bekräftigten sogenannten Bitterfelder Weg rückte der zweite Aspekt, die Arbeiter zu Kulturschaffenden zu machen, ins Zentrum. In dieser Zeit entstanden in Betrieben neben diversen anderen künstlerischen Zirkeln auch die Zirkel schreibender Arbeiter.[4] Zwar verband die Partei- und Staatsführung mit dem Bitterfelder Weg anfangs auch die Erwartung, so den Nachwuchs für eine zukünftige ›sozialistische Nationalliteratur‹ heranzuziehen. Dennoch war er in erster Linie ein Programm der kulturellen Massenarbeit.[5] Die Förderung des professionellen literarischen Nach-

Kontext dieses Projekts steht auch die bislang jüngste Publikation zu dem Thema von Gregor Streim: Jugendlyrik der DDR. Skizze eines Forschungsfeldes. In: Internationales Archiv für Sozialgeschichte der deutschen Literatur 47 (2022), H. 2, S. 338–366.

3 Zur Geschichte der kulturellen Massenarbeit vgl. Gerd Dietrich: Kulturgeschichte der DDR. Göttingen: Vandenhoeck & Ruprecht 2018, Bd. 1, Kap. 2.1. Zur Volkskunst der 1950er Jahre vgl. Cornelia Kühn: Die Kunst gehört dem Volke? Volkskunst in der frühen DDR zwischen politischer Lenkung und ästhetischer Praxis. Münster: Lit Verlag 2015.

4 Zur Bewegung schreibender Arbeiter vgl. Anne M. N. Sokoll: Die schreibenden Arbeiter der DDR. Zur Geschichte, Ästhetik und Kulturpraxis einer »Literatur von unten«. Bielefeld: transcript 2020.

5 »Sozialistische Kulturpolitik« fördere, so heißt es im Beschluss des Staatsrates der DDR ›Aufgaben der Kultur und der sozialistischen Menschengemeinschaft‹ vom 30. November 1967, »die künstlerische Selbstbetätigung der Werktätigen als Grundelement der weiteren Herausbildung unserer sozialistischen Nationalkultur«, mache sie »zu einer breiten Bewegung ästhetischer Bildung« und erschließe »jenen Reichtum der Talente, der das geistig-kultu-

wuchses lag dagegen bis in die späten 1960er Jahre in der Hauptverantwortung des – dem Bitterfelder Weg eher skeptisch gegenüberstehenden – Deutschen Schriftstellerverbandes (DSV, ab 1973: Schriftstellerverband der DDR) und der von seinen Bezirksverbänden bis 1974 organisierten Arbeitsgemeinschaften Junger Autoren sowie des 1955 gegründeten und 1959 nach dem ersten Kulturminister benannten Instituts für Literatur »Johannes R. Becher« in Leipzig.[6] Obwohl die Grenzen zwischen den Zirkeln schreibender Arbeiter, den Arbeitsgemeinschaften Junger Autoren und dem Literaturinstitut durchlässig waren und einzelne schreibende Arbeiter tatsächlich zu professionellen Schriftstellern avancierten, blieben die kulturelle Massenarbeit und die literarische Nachwuchsförderung bis zum Ende der 1960er Jahre institutionell getrennt und waren zudem beide nicht auf Jugendliche ausgerichtet.

1968 wurden im Schriftstellerverband Rufe nach einer Ausweitung und Neuorganisation der Nachwuchsförderung laut. Dies geschah vor dem Hintergrund der Krise der Arbeitsgemeinschaften Junger Autoren, die sich als wenig effizientes Instrument erwiesen hatten,[7] und als Reaktion auf Walter Ulbrichts Forderung auf dem VII. Parteitag der SED im April 1967, die für das Neue Ökonomische System des Sozialismus geltenden Prinzipien der Planung und Lenkung auch auf den Bereich der Kultur anzuwenden. Man müsse auf den »höheren Bedarf« der entwickelten sozialistischen Gesellschaft »an Kunstwerken aller Art« mit »neue[n] Maßnahmen zur Förderung des künstlerischen Nachwuchses« reagieren, hatte Ulbricht in seiner Grundsatzrede gesagt.[8] Diesen Gedanken aufnehmend forderte auch der Vertreter des Aktiv Lyrik im DSV, Günther Deicke, 1968 neue »praktische Maßnahmen«, da das Bildungssystem und das Kulturbewusstsein der entwickelten sozialistischen Gesellschaft in immer »stärkerem Maße Talente freisetz[e] und ermutig[e]« und im Bereich des künstlerischen Nachwuchses »mit einer explosiven Entwicklung« gerechnet werden müsse.[9] Und Marianne Schmidt erklärte, die Aufgaben der Nachwuchsförderung seien inzwischen »so umfassend und kompliziert« geworden, dass

---

relle Leben der entwickelten sozialistischen Gesellschaft kennzeichnet« (Der Staatsrat der Deutschen Demokratischen Republik: Die Entwicklung des geistig-kulturellen Lebens im gesellschaftlichen System des Sozialismus. Berlin: Staatsverlag der DDR 1968, S. 162–172, hier S. 166).

6 Zum Leipziger Institut vgl. Isabelle Lehn/Sascha Macht/Katja Stopka: Schreiben lernen im Sozialismus. Das Institut für Literatur »Johannes R. Becher«. Göttingen: Wallstein 2018.

7 Vgl. dazu Rebecca Franke/Annika Jahns: Schreiben unter staatlicher Aufsicht? Das Zentrum Junger Autoren/Bezirksliteraturzentrum Gera (1972–1990). In: Interessen, Konflikte, Freiräume. Kultur- und Forschungsinstitutionen in der DDR. Hg. v. Stefanie Freyer, Paul Kahl und Frank Wolff (in Vorbereitung).

8 Walter Ulbricht: Die gesellschaftliche Entwicklung in der Deutschen Demokratischen Republik bis zur Vollendung des Sozialismus. Schlußansprache. Berlin: Dietz 1967, S. 274.

9 Günther Deicke: Künstlerischer Nachwuchs. In: Sonntag. Unabhängige Wochenzeitung für Kunst und modernes Leben, 28. April 1968, S. 6; in Teil 3.2: Dokumente.

die »traditionellen Formen und Methoden« und »eine einzige gesellschaftliche Institution« dafür nicht mehr ausreichten.[10] Vor allem gelte es, die »neue, jüngere Generation«, die bereits »in unserer Republik aufgewachsen« sei und »völlig neue Grunderlebnisse und andere Bildungsvoraussetzungen« mitbringe, in die Förderung einzubeziehen.[11]

Deickes Prognose einer explosiven Entwicklung literarischer Talente in der jungen Generation verweist auf einen weiteren für die Gründung der Poetenbewegung wichtigen Kontext, ohne den auch deren Fokussierung auf Lyrik nicht verständlich ist, nämlich die sogenannte Lyrik-Welle in der DDR der 1960er Jahre. Gemeint ist damit das Hervortreten einer Reihe hochbegabter junger, zumeist in den 1930er Jahren geborener Autoren – wie Volker Braun, Sarah Kirsch, Rainer Kirsch oder Reiner Kunze –, die eine für die DDR neue, subjektive und alltagsbezogene, Gegenwartslyrik schrieben und damit große öffentliche Beachtung fanden.[12] Ein initiales und kulturpolitisch folgenreiches Ereignis war bekanntlich die von Stephan Hermlin am 11. Dezember 1962 an der Akademie der Künste in Berlin veranstaltete öffentliche Lesung mit anschließender Diskussion. Die zahlreichen Gedichte, die auf Hermlins Aufruf hin eingesandt worden waren, und die starke Resonanz beim Publikum demonstrierten das große Interesse der jungen Generation an Lyrik.[13] Allerdings führte der Erfolg der Veranstaltung – bei der unter anderem Wolf Biermann sein Lied *An die alten Genossen* vortrug – der Partei- und Staatsführung zugleich die Gefahr einer politisch unkontrollierten Entwicklung des literarischen Nachwuchses vor Augen. Aus diesem Grund wurde die Organisation zukünftiger Lyrikabende der FDJ übertragen.[14] Diese organisierte dann 1963 aus Anlass des VI. Parteitags der SED zusammen mit den Arbeitsgemeinschaften junger Autoren Lesungen in Berlin, Halle, Dresden und Rostock, die keine Kontroversen mehr auslösten, aber ebenfalls gro-

10 Marianne Schmidt: Prognostische Überlegungen und literarischer Nachwuchs. In: Neue Deutsche Literatur 16 (1968), H. 3, S. 9–12, hier S. 9 u. 12; in Teil 3.2: Dokumente.

11 Ebd., S. 10f.

12 Vgl. Simone Barck: Ein Genre wird öffentlich. In: »Jedes Buch ein Abenteuer«. Zensur-System und literarische Öffentlichkeit in der DDR bis Ende der sechziger Jahre. Hg. v. dies., Martina Langermann und Siegfried Lokatis. Berlin: Akademie Verlag 1997, S. 286–317; Wolfgang Emmerich: Kleine Literaturgeschichte der DDR. Erweiterte Neuausgabe. Berlin: Aufbau 2009, S. 224–238.

13 Vgl. Barck: Ein Genre wird öffentlich (Anm. 12), S. 290f.; Dietrich: Kulturgeschichte der DDR (Anm. 3), Bd. 2, S. 1041–1050.

14 Vgl. Anthonya Visser: Die Lyrikreihe *Auswahl* – ein Sprungbrett für junge Talente in der DDR? In: Im Blick behalten. Lyrik der DDR. Neue Beiträge des Forschungsprojekts DDR-Literatur an der Vrije Universiteit Amsterdam. Hg. v. Gerd Labroisse und Anthonya Visser. Amsterdam/Atlanta: Rodopi 1994, S. 87–134, bes. S. 89; Pailhès: La recherche d'une identité (Anm. 2), S. 85–104.

ßen Zuspruch der Jugend fanden und in den folgenden Jahren fortgesetzt wurden.[15] Eine Auswahl der dort vorgetragenen Gedichte wurde im FDJ-eigenen Verlag Neues Leben in der Anthologie *Auftakt 63. Gedichte mit Publikum* (1963) publiziert – dem ersten Band der von 1964 bis 1988 in Zweijahresabstand erscheinenden Reihe *Auswahl*.[16] Lyrik wurde darin als Ausdruck des Bestrebens der jungen Generation nach Partizipation an der Entwicklung der sozialistischen Gesellschaft präsentiert. Die Jungen schrieben aus dem Bewusstsein, »daß auch in ihren Händen die Zukunft unseres Landes« liege, und die Publikationen sollten dazu dienen, auch bei den Lesern »die Kräfte für die Gestaltung der sozialistischen Gegenwart und Zukunft zu aktivieren«, heißt es im Vorwort der *Auswahl 64*, in der unter anderen Volker Braun, Rainer Kirsch, Sarah Kirsch und Günter Kunert vertreten sind.[17]

Bei den Lyrikabenden kam es schon im Januar 1963 zu einer ersten Zusammenarbeit zwischen DSV und FDJ im Bereich der Nachwuchsförderung. Die Beteiligung der FDJ beschränkte sich dabei noch auf die Organisation der Lesungen. Allerdings entstanden kurz darauf – angeregt durch die Lyrik-Welle – einzelne Initiativen, die darüber hinausgingen, nämlich Jugendliche selbst zum Schreiben anzuregen versuchten. Dazu gehörte der anlässlich des 15. Jahrestages der Staatsgründung im Jahr 1964 von der FDJ ausgeschriebene künstlerisch-literarische »Wettbewerb für Schüler und Lehrlinge«, dessen erklärtes Ziel es war, »die aktive schöpferische künstlerisch-literarische Betätigung der Schüler und Lehrlinge zu fördern«.[18] Ein ähnlicher Wettbewerb wurde 1964 von der FDJ-Grundorganisation der Georg-Friedrich-Händel-Oberschule in Berlin-Friedrichshain zusammen mit der Kreisleitung des Deutschen Kulturbundes veranstaltet. Aufgrund des großen Erfolgs wurden in Berlin und Dresden dann jährlich die Wettbewerbe »Wir lieben das Leben« und »Junge Dichter gesucht« durchgeführt.[19] Zur gleichen Zeit entstanden erste Schreibzirkel an einzelnen Oberschulen. Eine eher private Initiative ging von dem Deutschlehrer Edwin Kratschmer aus, der 1964 anlässlich der im Bezirk Gera stattfindenden 6. Arbeiterfestspiele in Kooperation mit dem Kreiskulturhaus Saalfeld (Kulturpalast Unterwellenborn) eine Anthologie mit Gedichten von drei Schülern aus seiner Klasse unter dem Titel *Und Mut gehört zum Wort. Schüler schreiben. Erste Versuche* herausgab

---

15 Vgl. Bernd Jentzsch: Flöze. Schriften und Archive 1954–1992. Leipzig: Connewitzer Verlagsbuchhandlung 1993, S. 41f.; Dietrich: Kulturgeschichte der DDR (Anm. 3), Bd. 2, S. 1045f.

16 Vgl. dazu Visser: Die Lyrikreihe *Auswahl* (Anm. 14), und den Beitrag von Marlene Kirsten in diesem Band.

17 Auswahl 64. Neue Lyrik – Neue Namen. Hg. v. Zentralrat der Freien Deutschen Jugend. Berlin: Neues Leben 1964, S. 6f.

18 [Aufruf] »Wettbewerb der Schüler und Lehrlinge zum 15. Jahrestag der Deutschen Demokratischen Republik«. In: Deutsche Lehrerzeitung, 11. Jg., 24. Juli 1964, S. 6.

19 Vgl. Peter Lux: Zum Geleit. In: Lächeln im Licht. Beiträge zum Berliner Jugendliteraturwettbewerb »Wir lieben das Leben«. Eine Auswahl aus 15 Jahren. Hg. v. den Bezirksleitungen Berlin des Kulturbundes der DDR und der Freien Deutschen Jugend. o.O. o.J. [Berlin 1967], S. 4–7.

und damit eine Debatte über das Phänomen Schülerlyrik auslöste.[20] Diese mündete in die Forderung, dass wie die schreibenden Arbeiter auch Jugendliche in Zirkeln beim Schreiben angeleitet werden müssten.[21] 1967 publizierte Kratschmer im Verlag Neues Leben erstmals die Anthologie *Offene Fenster. Schülergedichte*. Seit 1967 (erste Anläufe dazu hatte es schon 1962 gegeben) erschien in der auflagenstarken Tageszeitung der FDJ *Junge Welt* auch alle zwei Wochen die von Hannes Würtz betreute Rubrik *Poetensprechstunde*, in der Würtz und gelegentlich auch Kratschmer eingesandte Gedichte besprachen. Würtz war ein besonders wichtiger Akteur in diesem Feld und wurde später Mitherausgeber der *Offenen Fenster*.

Die starke Beteiligung an den Wettbewerben und die ersten Anthologien mit Schülergedichten – *Und Mut gehört zum Wort* (1964), *Schülerarbeiten zum 15. Jahrestag unserer Republik* (1965), *Wir lieben das Leben. Gedichte junger Menschen* (1967) und *Offene Fenster. Schülergedichte* (1967) – führten Kultur- und Jugendfunktionären das massenkulturelle und politisch-erzieherische Potential vor Augen, das im literarischen Schreiben und insbesondere im Gedichtschreiben lag. Dass sich Jugendliche für kulturelle Betätigung begeistern ließen, wenn sie dabei ein eigenes, neues Lebensgefühl artikulieren konnten, zeigten schon die zahlreichen Singeklubs, die bereits Anfang der 1960er Jahre im Kontext der Beat-Begeisterung und der Folk-Welle spontan entstanden und nach der auf dem 11. Plenum des ZK der SED 1965 vollzogenen Wende zu einer restriktiven Kulturpolitik 1966/67 als ›Singebewegung‹ in die Organisationsstruktur der FDJ überführt worden waren.[22] Mit dem Übergreifen der Lyrik-Welle auf die Jugend – von der auch die 1966 in der FDJ-Studentenzeitung *Forum* geführte Debatte über junge Lyrik zeugt –[23] eröffnete sich aus Sicht des Schriftstellerverbandes aber auch eine neue Möglichkeit für die literarische Nachwuchsförderung, bei der Talente frühzeitig, schon bei ihren ersten Schreibversuchen entdeckt und gelenkt werden konnten. So deutete Günther Deicke die Ergebnisse des Literaturwettbewerbs »Wir lieben das Leben« und die Entstehung erster Poetenklubs als »Aufbruch« zu der von Johannes R. Becher erträumten »Literaturgesellschaft«

20 Vgl. dazu das Interview mit Edwin Kratschmer in diesem Band.

21 Vgl. dazu Teil 3.1: Dokumente.

22 Vgl. Lutz Kirchenwitz: Die FDJ und »ihre« Singebewegung. In: »Links und links und Schritt gehalten…«. Die FDJ: Konzepte – Abläufe – Grenzen. Hg. v. Helga Gotschlich. Berlin: Metropol 1994, S. 326–333, hier S. 329f. Zur Singebewegung vgl. a. die Beiträge von Juliane Brauer und Cornelia Bruhn in diesem Band.

23 Zur Lyrik-Debatte vgl. Anneli Hartmann: Lyrik-Anthologien als Indikator des literarischen und gesellschaftlichen Prozesses in der DDR (1949–1971). Frankfurt a.M.: Lang 1983, S. 252–262; Anthonya Visser: Blumen ins Eis. Lyrische und literaturkritische Innovationen in der DDR. Zum kommunikativen Spannungsfeld ab Mitte der 60er Jahre. Amsterdam u.a.: Rodopi 1994, S. 27–86; Barck: Ein Genre wird öffentlich (Anm. 12), S. 305–317; Holger Brohm: Die Koordinaten im Kopf. Gutachterwesen und Literaturkritik in der DDR in den 1960er Jahren. Fallbeispiel Lyrik. Berlin: Lukas 2001, S. 93–131.

und forderte, sich um »jene schöpferischen Kräfte« zu kümmern, die »in der Jugend heranwachsen« und heute schon geeignet seien, »noch vorhandene negative Erscheinungen allmählich zu überwinden«.[24] Man könne es sich nicht leisten, »auch nur einige Talente sich selbst zu überlassen«, schrieb Marianne Schmidt in der Zeitschrift des Schriftstellerverbandes *Neue Deutsche Literatur*.[25] Im gleichen Organ mahnte ein Autorenkollektiv mit Blick auf die jüngst erschienenen Jugendlyrik-Anthologien und den Zulauf zur Singebewegung, dass »die Entwicklung und Entfaltung von Talenten nicht dem Selbstlauf überlassen bleiben« dürfe.[26] Und wenig später konnte man in einem redaktionellen Artikel lesen, der Erfolg der Literaturwettbewerbe und des ersten Bandes der *Offenen Fenster* bewiesen, »wie viele Potenzen« auf dem nach Bitterfeld benannten Weg »frei gesetzt werden könnten«, wenn man die Akteure auf verschiedenen Ebenen ausreichend unterstütze und fordere.[27]

Die Äußerungen belegen, dass massenkulturelle, jugend- und kulturpolitische Aspekte im Diskurs über die Entwicklung der Schüler- und Jugendlyrik eng miteinander verknüpft waren und von einzelnen Diskursteilnehmern jeweils unterschiedlich stark akzentuiert wurden. Diese Ambivalenz prägte von Beginn an auch die Konzeption und Wahrnehmung der Poetenbewegung, die von manchen in erster Linie als massenkulturelle Mobilisierung der Jugend und von anderen als Programm planmäßiger Talentefindung und Nachwuchsförderung angesehen wurde.

2. Einrichtung, Ziele und Struktur der Poetenbewegung

Mit der Institutionalisierung der Poetenbewegung versuchte der Zentralrat der FDJ die verschiedenen Initiativen zur Förderung des jugendlichen Schreibens unter seinem Dach zusammenzuführen. Damit wurde die FDJ zugleich zu einem wichtigen Akteur der literarischen Nachwuchsförderung. Auf dem VI. Deutschen Schriftstellerkongress im Mai 1969 bot der Sekretär des Zentralrats der FDJ Johannes Rech dem Schriftstellerverband eine »enge schöpferische Zusammenarbeit« an und schlug vor, künftig gemeinsam »regelmäßig Literaturwettbewerbe der Jugend durchzuführen, um aufstrebende Talente und junge Literaturfreunde zu

24 Günther Deicke: Vorwort. In: Wir lieben das Leben. Gedichte junger Menschen. Zum VII. Parteitag der Sozialistischen Einheitspartei Deutschlands hg. v. der Bezirksleitung des Deutschen Kulturbundes und der Bezirksleitung Berlin der Freien Deutschen Jugend. o.O. o.J. [Berlin 1967], S. 3–4, hier S. 4; in Teil 3.2: Dokumente.

25 Schmidt: Prognostische Überlegungen und literarischer Nachwuchs (Anm. 10), S. 11.

26 Lyrik in dieser Zeit. Zu einigen Ergebnissen der jüngsten Entwicklung unserer Lyrik. In: Neue Deutsche Literatur 16 (1968), H. 11, S. 142–171, hier S. 153; in Teil 3.2: Dokumente.

27 Junge Talente hier und heute oder: Wie kommt es, daß nur an manchen Schulen gedichtet wird. In: Neue Deutsche Literatur 17 (1969), S. 79–81, hier S. 79f.; in Teil 3.2: Dokumente.

fördern«.[28] Er verband dies mit der Ankündigung, der Zentralrat und sein Verlag Neues Leben würden eine »Stätte der Begegnung zwischen Jugendverband und jungen Schriftstellern« ins Leben rufen und neue Publikationsmöglichkeiten schaffen, »um die berechtigten Interessen der Jugend zu erfüllen«.[29]

Welche Pläne der Zentralrat der FDJ und die Abteilung Kultur des ZK der SED konkret verfolgten, lässt sich internen Dokumenten aus dem Jahr 1969 entnehmen.[30] Die auf eine Beratung von Funktionären der FDJ, Literaturwissenschaftlern und Vertretern des DSV zurückgehenden »Vorschläge für die weitere Arbeit mit Lyrikern und Autoren« formulierten es erstmals als Aufgabe des Jugendverbandes, »junge Begabungen und Nachwuchsautoren zu fördern, die das neue sozialistische Lebensgefühl der Jugend unserer Republik zum Ausdruck bringen«,[31] womit Talenteförderung und politische Erziehung in einer für die Poetenbewegung charakteristischen Weise miteinander verknüpft wurden. »Gerade die Lyrik«, steht dort, könne »durch ihre hohe emotionale Wirkung sehr zur klassenmäßigen Erziehung der Jugend beitragen«, wofür »besonders die politisch-ideologische Arbeit mit den Lyrikern« verbessert werden müsse.[32] Als konkrete Maßnahmen werden die Durchführung republikweiter Lyrikwettbewerbe der Jugend, die Publikation der prämierten Gedichte in der Lyrikreihe *Poesiealbum* oder Anthologien wie den *Offenen Fenstern* sowie die Organisation von Werkstattgesprächen genannt, bei denen Gedichte sowohl bereits etablierter Autoren des Verlags Neues Lebens als auch »junger Nachwuchslyriker, Schüler, Arbeiter usw.« vorgestellt und diskutiert werden sollen.[33] Die Idee der Werkstattgespräche wurde in der »Konzeption zur Durchführung des 1. zentralen Poetenseminars« konkretisiert. In Erfüllung der vom 10. Plenum des ZK der SED gestellten Aufgabe, »alle vorhandenen schriftstellerischen Talente der Jugend zu entwickeln und zu fördern und sie entsprechend des Modells der Singebewegung in Interessen- und Klubgemeinschaften zusammenzuführen«, heißt es dort, werde »unter Anleitung bekannter Schriftsteller, Lyriker und Literaturwissenschaftler unserer Republik eine Arbeitswoche durchgeführt«.[34] Sie diene der professionellen Anleitung der Talente »in schriftstellerisch-hand-

28 VI. Deutscher Schriftstellerkongreß vom 28. bis 30. Mai 1969 in Berlin. Protokoll. Berlin, Weimar: Aufbau o.J. [1969], S. 194 [Rede von Johannes Rech]; in Teil 3.2: Dokumente.

29 Ebd.

30 Zur Planung der Poetenseminare vgl. auch Seiler: Organisation und Karriere (Anm. 2), der als erster Dokumente des Zentralrats der FDJ auswertete.

31 BArch DY 24/6793, Vorschläge für die weitere Arbeit mit Lyrikern und Autoren (1969); in Teil 3.3: Dokumente.

32 Ebd.

33 Ebd.

34 BArch DY 24/6796, Konzeption zur Durchführung des 1. Zentralen Poetenseminars (1970); in Teil 3.3: Dokumente.

werklichen Fragen« und der »politisch-ideologischen Arbeit mit dem literarischen Nachwuchs«.[35]

Die Singebewegung hatte für die Konzeption der literarischen Talenteförderung insofern Modellcharakter,[36] als auch diese darauf zielte, ein vorhandenes künstlerisch-emotionales Ausdrucksbedürfnis von Jugendlichen in eine von der FDJ kontrollierte institutionelle Struktur zu integrieren und erzieherisch zu nutzen. Indem die Partei- und Staatsführung der FDJ diese Aufgabe übertrug, wollte sie den zunehmenden Einfluss der Westkultur auf die Jugend zurückdrängen und diese wieder stärker an die Jugendorganisation binden. Gerade durch attraktive Angebote im Freizeitbereich sollte das im Jugendgesetz von 1967 formulierte Programm einer »zielgerichteten ideologischen Erziehung und Selbsterziehung«[37] umgesetzt werden.[38] Deshalb hatte die FDJ 1967 schon für die unzähligen Singeklubs (nach Angabe der FDJ 3.543 Klubs mit 111.115 Mitgliedern im Jahr 1967)[39] zentrale Werkstattwochen eingeführt, die jährlich an verschiedenen Orten stattfanden und bei denen unter anderem über Fragen der Komposition und Textierung gesprochen wurde.[40]

Anders als bei der Singebewegung, mit der in erster Linie das gemeinschaftliche Singen gefördert wurde, ging es der FDJ und dem Schriftstellerverband bei der Einrichtung der literarischen Werkstattwochen bzw. Poetenseminare jedoch mehr um eine Auslese und Förderung von Talenten.[41] Zudem traten die Teilnehmer der Li-

35 Ebd.

36 Auf den Modellcharakter der Singebewegung für die geplante literarische Talenteförderung verweist auch der Sekretär des Zentralrats der FDJ Johannes Rech in seiner Rede auf dem Deutschen Schriftstellerkongress 1969 (vgl. Anm. 28).

37 Zit. n. Steffi Lehmann: Jugendpolitik in der DDR. Anspruch und Auswirkungen. Baden-Baden: Nomos 2019, S. 265.

38 Vgl. Kerstin Thöns: Jugendpolitik in der DDR zwischen staatlichem Erziehungsanspruch und Selbstgestaltungsinteresse. Untersucht am Beispiel des »sozialistischen Jugendverbandes« FDJ (1958–1965). Eine Projektskizze. In: »Links und links und Schritt gehalten…« (Anm. 22), S. 227–240, hier S. 235f.; Dorothee Wierling: Die Jugend als innerer Feind. Konflikte in der Erziehungsdiktatur der sechziger Jahre. In: Sozialgeschichte der DDR. Hg. v. Hartmut Kaeble, Jürgen Kocka und Hartmut Zwahr. Stuttgart: Klett-Cotta 1994, S. 404–425, hier S. 417. Zur Ambivalenz der Singebewegung als Erziehungsprogramm und Freizeitgestaltung vgl. die Beiträge von Juliane Brauer und Cornelia Bruhn in diesem Band.

39 Vgl. Statistisches Handbuch des Zentralrats der FDJ 1969, zit. in: Dietrich: Kulturgeschichte der DDR (Anm. 3), Bd. 2, S. 1185.

40 Vgl. Lutz Kirchenwitz: Folk, Chanson und Liedermacher in der DDR. Chronisten, Kritiker, Kaisergeburtstagssänger. Berlin: Dietz 1993, S. 44.

41 Dem widerspricht nicht die Beobachtung, dass es in der Praxis immer wieder zu personellen Überschneidungen zwischen beiden Bereichen kam, da einzelne Liedtexter – ein prominentes Beispiel ist Hartmut König – auch Gedichte in Lyrik-Anthologien publizierten, während umgekehrt Lyriker – wie Helmut Preißler – auch Lieder für die Singebewegung schrieben. Der stellvertretende Kulturminister Klaus Höpcke ermunterte die Teilnehmer des 9. Poetenseminars 1979 in seiner Rede ausdrücklich dazu, die Zusammenarbeit mit der Singebewegung zu

teraturwettbewerbe und Poetenseminare nicht so kollektiv auf wie die Singeklubs. Obwohl die FDJ auch den ›jungen Poeten‹ eine repräsentative Rolle zuwies und sie bei öffentlichen Lesungen und mit den Lyrik-Anthologien als Stimme der sozialistischen Jugend herausstellte, richtete sich die Aufmerksamkeit hier – schon bedingt durch das andere Medium – stärker auf die einzelnen Akteure. Dies und die sehr viel geringere Teilnehmerzahl könnten auch erklären, warum der das Einheitliche und Massenhafte akzentuierende Kollektivsingular ›Poetenbewegung‹, unter dem die FDJ-Führung das neue Programm ab 1970 propagierte,[42] in der öffentlichen Wahrnehmung wie auch in der der beteiligten Jugendlichen nie den Stellenwert erhielt, den die Bezeichnung Singebewegung hatte.

In den internen Konzeptionspapieren des Zentralrats der FDJ ist die Grundstruktur der Poetenbewegung bereits skizziert. Durch sie sollten künstlerische Massenarbeit und Nachwuchsförderung in einem gestuften, wettbewerbsmäßig organisierten und zentral gesteuerten System miteinander verbunden werden. Als wichtigstes Instrument der Aktivierung wurde ab 1970/71 gemeinsam mit dem Kulturbund und dem Schriftstellerverband (später auch dem Hörfunk der DDR) jährlich mit wechselnden Motti der zentrale »Literaturwettbewerb der Jugend« ausgeschrieben. Adressiert wurden Jugendliche im Alter von 14 bis 25 Jahren, womit neben Schülern auch Lehrlinge, Soldaten, Studenten und Berufsanfänger einbezogen waren.[43] Der Wettbewerb war offen für verschiedene Gattungen – Gedichte, Liedtexte, kleine Prosaformen, auch Szenen und Stücke. Tatsächlich erwies sich Lyrik, die etwa zwei Drittel der Einsendungen ausmachte,[44] aber als die eindeutig präferierte Gattung. Der besondere Anreiz zur Beteiligung lag darin, dass die Texte von einer aus Mitarbeitern der Abteilung Kultur des Zentralrats der FDJ, Vertretern des Schriftstel-

---

suchen. Einerseits könne er sich »manche Verse unserer Gedanken- und Empfindungslyrik auch gut vertont vorstellen«, andererseits könne die Entwicklung »unserer Lyrik« gerade von der politischen Gebrauchsdichtung der Singebewegung profitieren (Klaus Höpcke: Den Ausschlag gibt des Künstlers Sicht auf das Leben. In: Temperamente 5, 1980, H. 2, S. 1–8, hier S. 1f.).

42 Der in Analogie zu Singebewegung gebildete Begriff taucht in den Konzeptionspapieren aus dem Jahr 1969 noch nicht auf, wurde aber von Reinhard Weisbach schon 1970 in seinem Zeitungsbericht über das erste Zentrale Poetenseminar in Schwerin verwendet. Weisbach charakterisiert die »Poetenbewegung« darin als »breite ästhetisch-künstlerische Massenbewegung« (Reinhard Weisbach: Pegasus im Schweriner Schloß. Erörterungen zum 1. zentralen Poetenseminar der FDJ. In: Sonntag, 5. September 1970, S. 3; in Teil 3.5: Dokumente). Danach wird die Bezeichnung in den internen Berichten des Zentralrats wie auch in der Publizistik geläufig.

43 Vgl. die Aufrufe in Teil 3.4: Dokumente. – Beim ersten Wettbewerb 1970 lag die Altersobergrenze noch bei 30 Jahren.

44 Vgl. Irina Pfützenreuter: Literaturwettbewerb der FDJ. In: Hoch zu Ross ins Schloss. 15. Jahre Poetenbewegung der FDJ. Gedichte – Kurze Prosa – Berichte. Im Auftrag des Zentralrats der FDJ hg. v. Waltraud Böhm. Berlin: Neues Leben 1986, S. 24f.

lerverbands und Literaturwissenschaftlern bestehenden Jury begutachtet und die als besonders talentiert eingeschätzte Autoren zu den Zentralen Poetenseminaren nach Schwerin eingeladen bzw. dorthin delegiert wurden.

Die Zentralen Poetenseminare, die zuerst vom 22. bis 28. August 1970 und danach bis 1989 (mit Ausnahme von 1973) jährlich im Schweriner Schloss stattfanden, wurden nicht zuletzt durch die mediale Berichterstattung zum Aushängeschild der Poetenbewegung und von vielen als Talenteschau wahrgenommen. Aufgrund des kompetitiven Auswahlprozesses, der Mitwirkung bekannter Schriftsteller, die mit den Jugendlichen in Seminaren an deren Texten arbeiteten, und der Aussicht auf eine Publikation eigener Gedichte galt die Teilnahme als Auszeichnung und als Schritt hin zu einer möglichen Professionalisierung des eigenen Schreibens. Wenn man heute die Liste der Teilnehmer durchgeht und sieht, wie viele bekannte Gegenwartsautoren – unter anderen Annett Gröschner, Kerstin Hensel, Uwe Kolbe, Kathrin Schmidt, Ingo Schulze, Lutz Seiler und Thomas Rosenlöcher – wenigstens einmal in Schwerin waren, lässt sich diese Annahme bestätigen. Aus Sicht des Zentralrats der FDJ waren die Seminare jedoch mehr als eine literarisch-ästhetische Schulung. Für ihn dienten sie in erster Linie, so eine wiederkehrende Formel in den internen Dokumenten, der »politisch-ideologischen Arbeit mit den schriftstellerischen Talenten«.[45] Die »wichtigste Aufgabe der Poetenbewegung und der Poetenseminare ist und bleibt«, so steht es im internen Bericht »Zum Stand der Poetenbewegung« aus dem Jahr 1976, »einen spezifischen Beitrag zur Entwicklung des sozialistischen Bewußtseins zu leisten«.[46] Und Waltraud Böhm bekräftigte 1986 im Rückblick auf die ersten 15 Jahre, das wichtigste Ergebnis der Poetenbewegung sei »die Entwicklung reiferer ästhetischer Beziehungen zur gesellschaftlichen Umwelt«.[47]

Es ging den für die Poetenseminare verantwortlichen Funktionären also weniger um die Förderung der stärksten Talente als um die Formung von Talenten zu sozialistischen Persönlichkeiten bzw. sozialistischen Schriftstellern. Man wolle »vor allem Talent fördern, das sich bewußt in den Dienst unseres Ringens um die Stärkung und Vervollkommnung unserer Gesellschaft [...] stellt«, heißt es in einem »Arbeitspapier zur Entwicklung der Poetenbewegung« aus dem Jahr 1981.[48] Deshalb bildeten neben den literarischen Seminaren politisch-ideologische Vorträge und

45 BArch DY 24/6796; in Teil 3.3: Dokumente.

46 BArch DY 20/941; in Teil 3.3: Dokumente.

47 Waltraud Böhm: Vorbemerkung. In: Hoch zu Ross ins Schloss (Anm. 44), S. 7–8, hier S. 8. – Waltraud Böhm war seit 1965 Mitarbeiterin im Zentralrat der FDJ und an der Konzeption der Poetenseminare beteiligt. Nach dreijährigem Studium an der Parteihochschule wurde sie 1979 stellvertretende Verlagsleiterin bei Neues Leben.

48 BArch DY 24/20839; in Teil 3.3: Dokumente.

Schulungen feste Programmpunkte, an dem sich auch hohe Parteifunktionäre beteiligten. Selbst der stellvertretende Kulturminister Klaus Höpcke war regelmäßig zu Gast in Schwerin. Der Zentralrat der FDJ war unter anderen durch Hartmut König vertreten. Zudem wurde bis Mitte der 1980er Jahre bereits bei den Einladungen, die auch der Staatsicherheit vorgelegt werden mussten, darauf geachtet, ›staatsfeindliche‹ Personen auszuschließen.[49]

Neben der Förderung ausgewählter Talente durch die Zentralen Poetenseminare, an denen jährlich 100 bis 140 Personen im Alter von 14 bis 25 teilnehmen konnten, versuchte die FDJ das laienhafte jugendliche Schreiben auch in der Breite zu aktivieren und werkstattartig zu organisieren. »Alle müssen einbezogen sein [...] in ein System der Literarturförderung«, forderte Klaus-Dieter Schönewerk im *Neuen Deutschland*.[50] Ergänzend zu den zahlreichen – meist von FDJ-Grundorganisationen unterstützten – Schreibzirkeln und Arbeitsgemeinschaften an Schulen und Universitäten, die dezentral entstanden und organisiert waren, richtete die FDJ in vielen Bezirken Bezirkspoetenseminare und, vor allem in den 1980ern, Bezirkspoetenklubs ein.[51] Diese Maßnahmen zielten auf eine breite kulturelle Aktivierung der Jugend und nicht so sehr auf die Entdeckung von Talenten, schlossen letztere über die Wettbewerbe aber ein. Leitend war dabei die in der bildungsidealistischen Tradition der

49 Zur politischen und geheimdienstlichen Kontrolle der Zentralen Poetenseminare vgl. Axel Reitel: Pegasus, gegängelt, »hoch oben,/tief in die Knie«. In: Zeitschrift des Forschungsverbundes SED-Staat 19 (2006), S. 61–70; ders.: Die Poetenpolizei. Kontrolle muss sein – Die Schweriner FDJ-Seminare für Nachwuchsdichter. In: Zeitschrift des Forschungsverbundes SED-Staat 22 (2007), S. 67–81; ders.: Die zentralen Poetenseminare der FDJ von 1970 bis 1979 (Anm. 2); und den Beitrag von Rebecca Franke in diesem Band.

50 Klaus-Dieter Schönewerk: Junge Verse für unser Leben. Gedanken zum 1. Zentralen Poetenseminar der FDJ in Schwerin. In: Neues Deutschland, 5. September 1970, S. 16; in Teil 3.5: Dokumente.

51 Da die Teilnahme an Schreibzirkeln, Bezirkspoetenklubs und Bezirkspoetenseminaren insgesamt schlecht dokumentiert ist, lässt sich die Poetenbewegung schwer quantifizieren. Einen Anhaltspunkt bieten die Einsendungen zu Literaturwettbewerben. Am Berliner Wettbewerb »Wir lieben das Leben« beispielsweise beteiligten sich nach Angabe des Organisators 1979 440 junge Poeten mit 1.500 Texten (vgl. Lux: Zum Geleit, Anm. 19, S. 7; in Teil 3.5: Dokumente). Allerdings haben die von den Akteuren genannten Zahlen – wie Kratschmers mehrfach zitierte Aussage, in einem Frühjahr würden »in unserer Republik schätzungsweise 80.000 Gedichte geschrieben« (Margret Kratschmer/Edwin Kratschmer: Vorwort. In: Offene Fenster 2. Schülergedichte. Hg. v. dies.. Berlin: Neues Leben 1970, S. 5–8, hier S. 5; in Teil 3.5; vgl. a. dies.: Problem Schülergedicht. In: Deutschunterricht 25, 1972, H. 3, S. 135–143, hier S. 135; beide in Teil 3.5: Dokumente) – oft einen werbenden Charakter und sind nicht überprüfbar. Ein guter Indikator ist dagegen die »Sammlung Kratschmer/Würtz« in der Thüringer Universitäts- und Landesbibliothek, in der die Gedichte archiviert sind, die zwischen 1964 und 1991 an Hannes Würtz bzw. die Redaktion der *Jungen Welt* (und in manchen Fällen auch an Edwin Kratschmer) eingesandt wurden: Es handelt sich um ca. 80.000 Texte von ca. 13.000 jungen Menschen.

DDR verankerte Überzeugung, dass die künstlerische Betätigung entscheidend zur Persönlichkeitsentwicklung beiträgt und eine (selbst-)erzieherische Funktion hat.[52] Und das galt insbesondere für das Schreiben von Gedichten, in denen – so die Annahme – stets das Verhältnis von Ich und Gesellschaft gestaltet wird. Für die Erziehung zu sozialistischen Persönlichkeiten waren aus Sicht von Kulturpolitikern und Wissenschaftlern jedoch die Öffentlichkeit und Kollektivität dieser Betätigung eine unabdingbare Voraussetzung. Erst wenn die Jugendlichen ihre Texte zur Kritik stellten und unter Anleitung gemeinsam diskutierten, konnten sie – so die Prämisse – zur Einsicht in die richtige, nämlich ›dialektische‹ Gestaltung des Verhältnisses von Ich und Gesellschaft gelangen.[53] Mit der Poetenbewegung wollte man das Schreiben aus der privaten Sphäre in eine kontrollierte Öffentlichkeit überführen.[54]

3. Publikationsmöglichkeiten

Schon in den Poetenklubs und bei Poetenseminaren wurden die von den Jugendlichen verfassten Texte einer Gruppe präsentiert. Eine viel größere Öffentlichkeit wurde jedoch durch die zahlreichen Publikationen von Laien- und Nachwuchslyrik hergestellt. Bereits aus den Jugendliteraturwettbewerben zum Jahrestag der Republik im Jahr 1964 waren Publikationen in Broschüren-Format hervorgegangen und auch in den 1970er und 1980er Jahren wurden die Ergebnisse lokaler Poetenklubs und Wettbewerbe oftmals in kleinen Auflagen außerhalb von Verlagen in Heften publiziert. Die große Menge dieser ›grauen Literatur‹ schreibender Schüler und Studenten ist, da von Bibliotheken nicht systematisch erfasst, kaum zu überschauen, zeugt aber von dem starken Interesse der Akteure, ihre in diesem Rahmen verfassten Gedichte (mitunter auch Prosatexte) als Leistungen und Dokumente öffentlich zu präsentieren,[55] und zwar auch dann, wenn sie – was auf dieser Ebene wohl die Regel war – keine schriftstellerischen Ambitionen hatten. Auch die bereits erwähnte, von Hannes Würtz betreute *Poetensprechstunde* in der *Jungen Welt* bot dem Mitteilungs- und Publikationsbedürfnis junger Schreibender ein Forum. Sie wurde nach 1970 eng mit der Poetenbewegung verbunden.

---

52 Vgl. Streim: Jugendlyrik der DDR (Anm. 2), S. 359–361.

53 Vgl. dazu den Beitrag von Gregor Streim in diesem Band.

54 Lutz Seiler weist darauf hin, dass durch die »Institutionen und Formen literarischer Öffentlichkeit praktisch eine permanente Anwesenheit des jungen Autors in speziellen Förderprozeduren ermöglicht« wurde (Seiler: Organisation und Karriere, Anm. 2, S. 532).

55 Beispielhaft zu nennen wären die in Dresden 1982, 84 und 86 erschienenen, aus dem Wettbewerb »Junge Dichter gesucht« hervorgegangen Anthologien *Aus der Ernte*, die Mitte der 1970er Jahre in Nordhausen publizierte Reihe *Junge Poeten stellen sich vor* oder die neunbändige Reihe *Erwägungen*, die von 1978 bis 1987 in Leipzig herauskam.

Wie in den Konzeptionspapieren zur Poetenbewegung angekündigt, erweiterte der Zentralrat der FDJ Anfang der 1970er Jahre die Publikationsmöglichkeiten für junge Schreibende in seinem Verlag Neues Leben. Die Anthologien und Zeitschriften waren dabei funktional differenziert und hierarchisiert, da sie verschiedene Zielgruppen adressierten.

Die Schülergedicht-Anthologie *Offene Fenster*, die 1967 erstmals erschienen war, wurde mit dem zweiten Band 1970 als Reihe etabliert (bis 1985 erschienen insgesamt acht Bände mit einer Auflage von 7–10.000 Exemplaren) und ab 1972 von Edwin Kratschmer gemeinsam mit Margret Kratschmer und ab 1974 auch mit Hannes Würtz herausgegeben. Die Herausgeber wählten die Texte dabei hauptsächlich aus den Gedichten aus, die an die *Poetensprechstunde* bzw. die Redaktion der *Jungen Welt* eingesandt worden waren.[56] Die *Offenen Fenster* dienten in erster Linie der Präsentation und weiteren Ermutigung erster Schreibversuche. Mit diesen Gedichten sollten »keine neue Lyrikwelle« propagiert und »keine neuen Autoren kreiert« werden, erklärte Kratschmer im Vorwort des ersten Bandes; vielmehr seien sie »ein Anfang, ein Tasten nach Erfahrungswerten« und auch »Stimulans und vorläufiger Maßstab« für schreibende Jugendliche.[57] Die – im ersten Band noch überwiegend männlichen – Beiträger waren zum Zeitpunkt der Publikation durchschnittlich etwa 20 Jahre alt; in den Folgebänden sank das Durchschnittsalter noch und das Geschlechterverhältnis glich sich an. Ganz ähnlich präsentierte Bernd Jentzsch, der als Lektor im Verlag Neues Leben eine wichtige Rolle im Publikationswesen der FDJ spielte, die Gedichte der von ihm 1971 herausgegebenen Anthologie *Ich nenn euch mein Problem. Gedichte der Nachgeborenen*. Es ginge nicht darum, »junge Dichter zu inthronisieren«, erklärte er, vielmehr wolle man »das Weltbild einer Generation«, die »Mitschrift in einem Prozeß allmählichen Bekanntwerdens mit sich selbst« dokumentieren.[58] Trotz des programmatisch niedrigen literarischen Anspruchs dieser Anthologien, konnte eine Veröffentlichung eigener Gedichte dort begabten Schreibenden die Tür zu anderen, höherrangigen Publikationen öffnen. Manche Karrieren lassen sich anhand der Veröffentlichungen in verschiedenen Anthologien verfolgen.

Mit der Einrichtung der Zentralen Poetenseminare schuf der Zentralrat darüber hinaus eine Publikationsmöglichkeit für die besten Beiträge dieser Veranstaltung, nämlich die *Sonderhefte Poetenseminar*, die als Sonderreihe in die 1967 von Bernd Jentzsch – ebenfalls im Verlag Neues Leben – begründete und herausgegebene Lyrikreihe *Poesiealbum* integriert wurden. Die zumeist von Hannes Würtz herausgegebenen

56 Zur Zusammenarbeit von Kratschmer und Würtz siehe das Interview mit Kratschmer in diesem Band.

57 Edwin Kratschmer: Vorwort. In: Offene Fenster. Schülergedichte. Hg. v. Edwin Kratschmer. Berlin: Neues Leben 1967, S. 5–9, hier S. 9.

58 Bernd Jentzsch: Beweisführung durch Urkunden. In: Ich nenn euch mein Problem. Gedichte der Nachgeborenen. Hg. v. Bernd Jentzsch. Berlin: Neues Leben 1971, S. 5–8, hier S. 6 u. 8.

Sonderhefte erschienen 1971–1972 und 1979–1989. Viel mehr als ein Beitrag in den *Offenen Fenstern* galt eine Veröffentlichung unter dem Dach des renommierten *Poesiealbums*, das sonst kanonische deutsch- und fremdsprachige Autoren präsentierte, als Schritt auf einer literarischen Karriereleiter. Tatsächlich konnten viele Teilnehmer der Poetenseminare – insgesamt 26 – später in der Hauptreihe des *Poesiealbums* Debutbände publizieren und auf diese Weise ihren Status als Nachwuchsautoren festigen.

Sehr attraktiv war für viele junge Schreibende auch eine Veröffentlichung in der Almanach-Zeitschrift *Temperamente*, die die FDJ 1976 gründete. Mit dieser Zeitschrift (Auflage 10–15.000), die auch internationale Lyrik vorstellte und ästhetische und kulturpolitische Diskussionsbeiträge brachte, wurden sowohl jüngere Talente als auch Nachwuchsautoren adressiert, sodass man sie als Schnittstelle zwischen beiden Bereichen ansehen kann.[59]

Das größte Renommee hatte die in Zweijahresabstand erscheinende – bis 1974 ebenfalls von Bernd Jentzsch redigierte – Anthologie-Reihe *Auswahl. Neue Lyrik-Neue Namen* (1964–1988), die der Zentralrat der FDJ bereits in den 1960er Jahren begründet hatte, um die Lyrik-Welle zu kanalisieren.[60] Jentzsch definierte die Reihe 1972 als »repräsentative[s] Jahrbuch für neue Lyrik«.[61] Dass mit der *Auswahl* fortgeschrittene Nachwuchslyriker adressiert wurden, zeigt sich nicht zuletzt am Durchschnittsalter der darin vertretenen (zu 75 Prozent männlichen) Autoren, das bei etwa 30 Jahren lag.[62] Unter diesen waren auch viele ehemalige Teilnehmer der Zentralen Poetenseminare.

Das Anliegen aller Anthologien-Herausgeber war es, die Gedichte bzw. die Entwicklung der Jugend und ihrer Lyrik zur Diskussion zu stellen und zu einer gesellschaftlichen Angelegenheit zu machen. Während die Kratschmers mit den Schülergedichten in den *Offenen Fenstern* einen Einblick in die Denkweise der Heranwachsenden geben und zeigen wollten, wie diese beim Schreiben ihren »Standort« innerhalb der sozialistischen Gesellschaft »ausloten«,[63] wurden die Gedichte in den Anthologien für Fortgeschrittene stärker an ästhetischen und ideologischen Leistungskriterien gemessen. Das Bändchen *Auftakt 63*, aus dem die *Auswahl*-Reihe hervorging, sollte, so erklärte der erste Sekretär des Zentralrats der FDJ Horst Schuhmann im Vorwort, »von der Arbeit junger, künstlerisch talentierter Menschen künden«, zugleich aber »denjenigen, der es zur Hand nimmt, zu kritischem

59 Vgl. den Beitrag von Andreas Degen in diesem Band.

60 Vgl. dazu den Beitrag von Marlene Kirsten in diesem Band.

61 Zit. n. Visser: Die Lyrikreihe *Auswahl* (Anm. 14), S. 95.

62 Vgl. ebd., S. 60.

63 Kratschmer/Kratschmer: Vorwort (Anm. 51), S. 5; in Teil 3.5: Dokumente.

Prüfen veranlassen«.[64] Die Anthologien erfüllten – ihrem spezifischen Charakter entsprechend jeweils verschieden stark – die Funktionen der Präsentation der sozialistischen Jugend, der Leistungsschau der künstlerischen Talente und der Integration von Texten und Autoren in einen gesellschaftlichen Diskurs über die Entwicklung der Lyrik. Und sie sollten auch das Schreiben anregen und lenken. Denn mit der Auswahl, Zusammenstellung und paratextuellen Rahmung der Texte gaben die Herausgeber jungen Autoren Beispiele und Hinweise, an denen diese sich orientieren konnten.[65]

4. Unterschiedliche Akteure und Interessen

Wenn man die Poetenbewegung allein auf Grundlage der Konzeptionspapiere und politischen Absichtserklärungen zu beschreiben versucht, erscheint sie in erster Linie als Programm zur jugendkulturellen Mobilisierung und/oder zur Kontrolle und Lenkung des literarischen Nachwuchses. So lassen sich jedoch weder die hohe freiwillige Beteiligung von jungen Menschen an den verschiedenen Angeboten noch bestimme Ambivalenzen innerhalb des Förderungssystems verstehen. Tatsächlich war dieses nicht so homogen und zentralistisch, wie die programmatischen Äußerungen es vermuten lassen. Vielmehr verfolgten Akteure auf allen Ebenen eigene Ideen. Das gilt sogar für die Mitglieder der Abteilung Kultur des Zentralrats der FDJ, insbesondere aber für die Akteure auf mittlerer und unterer Ebene, auf deren Initiative und Engagement der Zentralrat bei der Realisierung des Vorhabens einer flächendeckenden Erfassung und Förderung der schreibenden Jugend angewiesen war.[66]

So berichten ehemalige Teilnehmer der Zentralen Poetenseminare, dass sich viele Seminarleiter – Schriftsteller und Literaturwissenschaftler – im Schatten der politischen Veranstaltungen ganz auf die handwerkliche Arbeit an den Texten konzentrierten.[67] Eigene Vorstellungen von der Nachwuchsförderung hatten auch diejenigen, die die Lyrik-Anthologien und Zeitschriften im Verlag Neues Leben herausgaben und zum Teil selbst initiierten. Edwin Kratschmer und Hannes Würtz etwa versuchten, glaubt man den übereinstimmenden Berichten von damals Beteiligten, die jungen Autoren vor allem literarisch-handwerklich anzuleiten und nicht ideologisch zu erziehen. Und Kratschmer nahm in die *Offenen Fenster* 1973 auch einige politisch heikle Gedichte von Jürgen Fuchs auf.[68] Die Handlungsspielräume

---

64 Auftakt 63. Gedichte mit Publikum. Hg. v. Zentralrat der Freien Deutschen Jugend. Berlin: Neues Leben 1963, S. 5.

65 Zur Funktion von Anthologien vgl. Hartmann: Lyrik-Anthologien als Indikatoren (Anm. 23).

66 Zu den unterschiedlichen Interessen und Perspektiven der an den Poetenseminaren beteiligten Akteure vgl. auch Pailhès: La recherche d'une identité (Anm. 2), S. 135–143.

67 Vgl. die Interviews mit Annett Gröschner und Lutz Seiler in diesem Band.

68 Vgl. den Beitrag von Gregor Streim und das Interview mit Edwin Kratschmer in diesem Band.

von Herausgebern und Redakteuren bei der Auswahl der Texte waren allerdings durch die Zensur begrenzt. So kam es mehrfach zu Konflikten um die Almanach-Zeitschrift *Temperamente*, deren Redaktion von Vertretern des Zentralrats der FDJ, des ZK der SED und des Schriftstellerverbandes vorgeworfen wurde, literarische Originalität über ideologische Klarheit zu stellen, und die deshalb wiederholt ausgetauscht wurde. Ein bereits gedrucktes Heft musste 1977 sogar makuliert werden.[69]

Entscheidend für den Erfolg des Förderungssystems – zumindest in Hinblick auf die Beteiligung – war seine Annahme durch die Jugendlichen. Nach Auskunft ehemaliger Teilnehmer spielten dabei unterschiedliche persönliche Beweggründe eine Rolle.[70] Vielen Schülern eröffneten die Arbeitsgemeinschaften und Poetenklubs einen ersten Zugang zur Literatur und einen Raum, in dem sie mit Gleichaltrigen über ihre Texte, also auch eigene Gedanken und Gefühle sprechen konnten. Für die meisten blieb das Gedichtschreiben dabei eine Freizeitbeschäftigung, die mit dem Übergang in die Ausbildung und Berufstätigkeit wieder aufgegeben wurde. Ein kleinerer Teil wurde durch die Zirkelleiter und das Wettbewerbssystem (Einladungen zu Poetenseminaren und erste Publikationen in Anthologien) aber zu einem ernsthafteren Schreiben motiviert und für manche ergab sich daraus die Perspektive einer Professionalisierung. Gerade die fortgeschrittenen bzw. anerkannten Talente, die an den Zentralen Poetenseminaren teilnahmen, versuchten dieses Forum gezielt für sich zu nutzten. Neben der handwerklichen Anleitung durch professionelle Schriftsteller bestand eine wichtige Funktion der Poetenseminare für sie darin, mit anderen jungen Autoren in Kontakt zu kommen. Die von den Funktionären als vorrangig angesehene politisch-ideologische Schulung hingegen versuchten den Interviews zufolge viele für sich auszublenden.

Die doppelte Zielsetzung der Poetenseminare – einerseits die Gewinnung der besten Talente, andererseits die politische Erziehung der Jugend – führte bei den Veranstaltungen immer wieder zu Konflikten. Der bekannteste ist der Eklat im Sommer 1974, als der Liedermacher Bernd Markowsky nach seinem spontanen Vortrag eines Biermann-Liedes vom Poetenseminar ausgeschlossen wurde und daraufhin auch die anderen Mitglieder des Jenaer Arbeitskreises Literatur und Lyrik Schwerin verließen.[71] Auch dem in diesem Raum Sag- und Schreibbaren waren enge Grenzen gesetzt. Allerdings sah sich der Zentralrat der FDJ Mitte der 1980er Jahre zu einer Liberalisierung gezwungen, als sich mit der Entstehung der

69 Vgl. den Beitrag von Andreas Degen in diesem Band.

70 Vgl. die Interviews mit Annett Gröschner und Lutz Seiler in diesem Band.

71 Vgl. Udo Scheer: Vision und Wirklichkeit. Die Opposition in Jena in den siebziger und achtziger Jahren. Berlin: Ch. Links 1999, S. 27–31; Rebecca Franke/Annika Jahns: »Deine Endstation suchst Du allein aus.« Literaturförderung und Lyrik-Anthologien im DDR-Bezirk Gera. In: KulturPoetik (2024), H. 1, S. 127–152.

inoffiziellen Literaturszene in der DDR für junge Autoren andere Möglichkeiten zur Diskussion und Publikation eigener Texte auftaten. Um die Jugend nicht zu verlieren, veränderten die Veranstalter ihre Einladungspolitik und warben auch Autoren als Seminarleiter oder -sekretäre an, die dieser Szene angehörten, wie Dieter Kerschek oder Brigitte Struzyk. Und manche Teilnehmer nutzten die Konkurrenzsituation für sich, indem sie sowohl die Angebote der Poetenbewegung als auch die der inoffiziellen Literaturszene wahrnahmen.[72] Der Zentralrat der FDJ geriet durch den Kurswechsel seinerseits in Konflikt mit dem Ministerium für Staatssicherheit, das ihm vorhielt, das Poetenseminar werde »immer mehr zur ›Dichterschule‹ umfunktioniert« und vernachlässige die politisch-ideologische Schulung.[73]

Kontroversen ergaben sich schließlich nicht nur aus dem Aufeinandertreffen unterschiedlicher Interessen innerhalb der Poetenbewegung. Von einigen Kritikern und Schriftstellern wurde schon in den 1970er Jahren offen die Qualität der publizierten Gedichte kritisiert und die Frage aufgeworfen, ob die Poetenbewegung überhaupt ein geeignetes Instrument der Nachwuchsförderung sei. So diagnostizierte der Lyriker und Philosoph Michael Franz in der *Neuen Deutschen Literatur* eine auffällige Monotonie der Anthologien-Lyrik. Es mangle den jungen Autoren an »interessanten Gegenständen« und »eigenwertige[r] bildliche[r] Gestaltung«.[74] Und der Schriftsteller Andreas Reimann vertrat in seinem in *Sinn und Form* publizierten provokanten Aufsatz *Die neuen Leiden der jungen Lyrik* die These, »die hemmungslose ›Förderung‹ junger Talente« und deren »voreilige Anerkennung« durch Publikation ihrer Gedichte in der Tagespresse und in Anthologien habe der »Stümperei Tür und Tor« geöffnet, zu einem »Niedergang der Formbewußtseins« und zum Verlust des Qualitätsmaßstabs bei den Lesern geführt.[75] Es entstehe der Eindruck, der »Sozialismus brächte keine individuellen Persönlichkeiten hervor«.[76] Eine ähnliche Debatte über das literarische Niveau der durch die Poetenseminare geförderten Lyrik entzündete sich 1988 in der Zeitschrift *Temperamente*.[77] Auch wenn solche Kritik nur vereinzelt laut wurde und nicht unwidersprochen blieb, treten hier nochmals

72 Vgl. die Interviews mit Annett Gröschner und Lutz Seiler sowie den Beitrag von Rebecca Franke in diesem Band.

73 BArch DY/21154, Irina Pfützenreuter: Information [1989], S. 2. Vgl. den Beitrag von Rebecca Franke in diesem Band.

74 Michael Franz: Selbsterfahrung der jungen Generation. In: Neue Deutsche Literatur 20 (1972), H. 9, S. 144–149, hier S. 146; in Teil 3.6: Dokumente.

75 Andreas Reimann: Die neuen Leiden der jungen Lyrik. In: Sinn und Form 26 (1974), H. 2, S. 439–448, hier S. 439; in Teil 3.6: Dokumente.

76 Ebd. S. 440 und 444f. Vgl. zu dieser Debatte den Beitrag von Gregor Streim in diesem Band.

77 Vgl. Peter Wawerzinek: In den Lyrikkamin gesprochen. In: Temperamente 12 (1988), H. 4, S. 155–158; in Teil 3.6: Dokumente; und den Beitrag von Andreas Degen in diesem Band.

die die Poetenbewegung von Beginn an prägenden und nie aufzulösenden Ambivalenzen bzw. Widersprüche zutage: sowohl künstlerische Massenbewegung als auch literarische Nachwuchsförderung sein zu wollen; sowohl ideologisch gefestigte Nachwuchsautoren heranziehen als auch die literarisch talentiertesten Autoren fördern zu wollen.

Die Beiträgerinnen und Beiträger dieses Bandes nähern sich der FDJ-Poetenbewegung aus verschiedenen Richtungen an. Zum einen untersuchen sie am Beispiel einzelner Anthologie-Reihen bzw. Zeitschriften – der *Auswahl*, der *Offenen Fenster*, der *Sonderhefte Poetenseminar* und der *Temperamente* –, welche Lyrik gefördert wurde, wie sie präsentiert wurde und welche Interessen die Herausgeber, der Zentralrat der FDJ, die Kulturpolitik und die Schreibenden dabei verfolgten. Zum anderen beleuchten sie das institutionelle und literaturgeschichtliche Umfeld, in das die Poetenbewegung eingebettet und mit dem sie auch personell verflochten war: die Bewegung schreibender Arbeiter, die Singebewegung, das Institut für Literatur »Johannes R. Becher« und die inoffizielle Literaturszene der 1980er Jahre. Die wissenschaftlichen Aufsätze werden ergänzt durch Interviews mit drei Zeitzeugen, die auf unterschiedliche Weise an Fördermaßnahmen beteiligt waren – Edwin Kratschmer als Herausgeber der *Offenen Fenster*, Annett Gröschner und Lutz Seiler als Teilnehmer an Zentralen Poetenseminaren in den 1980er Jahren. Der letzte, dokumentarische Teil des Bandes präsentiert ausgewähltes Quellenmaterial, das Einblicke in die interne Planung und Bewertung der Poetenbewegung durch den Zentralrat der FDJ wie auch in den öffentlichen Diskurs über die Poetenbewegung gibt.

Die meisten Aufsätze sind aus dem Workshop »Lyrik und Jugend in der DDR« hervorgegangen, der im Rahmen des DFG-Projekts »Die ›Sammlung Kratschmer/Würtz‹ und die Jugendlyrik in der DDR« am 29. und 30. März 2023 an der Friedrich-Schiller-Universität Jena stattfand. Wir danken der Deutschen Forschungsgemeinschaft für die Finanzierung des Workshops und dieses Bandes. Paulina Ebmeier danken wir für die Unterstützung bei der Korrektur, der Transkription und der Erstellung der Druckvorlage. Ein besonderer Dank geht an Annett Gröschner, Edwin Kratschmer und Lutz Seiler für ihre Bereitschaft, in längeren Interviews über ihre Erfahrungen mit dem Förderungssystem zu sprechen.

1. Aufsätze

»mit/gebrochnem/Reim/heim«
Junge Poeten und Schreibende Arbeiter

Annika Jahns

1972 war der 24-jährige Schreibende Arbeiter Hartmut Pache aus dem Zirkel des VEB Carl Zeiss Jena einer der fünf aus dem Bezirk Gera delegierten jungen Schreibenden, die am Zentralen Poetenseminar der FDJ in Schwerin teilnahmen. Wenige Wochen später berichtete Pache in der Zeiss-Betriebszeitung *Der Scheinwerfer* von »offenen Aussprachen, die zu den einzelnen Gedichten und Prosaarbeiten stattfanden«, und dass sich viele seiner Altersgenossen »aktiv-kritisch mit ihrer Umwelt, mit Problemen unserer Zeit auseinandersetzen.«[1] Die Bedeutung der Poetenseminare für einen solchen Austausch hob 1982 Hannes Würtz, *Junge Welt*-Redakteur und eine der zentralen Figuren der Poetenbewegung, in einem Artikel für die Zeitschrift *Temperamente* hervor. Gerade Erstteilnehmer:innen, so Würtz,

> spürt[en] bald, wie wichtig das ›Empfangen und Lernen‹ ist, die kritische Aussprache in einem Kollektiv, der Seminargruppe, das Kennenlernen vieler Gleichgesinnter, die Auseinandersetzung um den hohen literarischen Anspruch, um eine gefestigte persönliche und politische Haltung.[2]

Hartmut Pache erlitt in dieser Atmosphäre in Schwerin, wie er mir im Gespräch rückblickend schilderte, einen gewissen Kulturschock. Denn seine Texte, deren ›Sozialisation‹ im Kontext der Bewegung Schreibender Arbeiter durchaus erkennbar war, seien dort als »zu glatt« empfunden worden. Bei den Jungen Poeten seien »mehr Ecken« gefragt gewesen, so sein Eindruck.[3] Die Infragestellung seines Selbstbildes und erlernten Literaturverständnisses verarbeitete Pache noch vor Ort pointiert in einem Gedicht, das er auf der Abschlussveranstaltung vortragen durfte:

---

1 Hartmut Pache: Junge Poeten in Schwerin. In: Der Scheinwerfer, 24. August 1972, S. 4.

2 Hannes Würtz: Was machen Talente in den Wochen nach Schwerin? Zur Arbeit von Poetenklubs der Freien Deutschen Jugend. In: Temperamente 7 (1982), H. 3, S. 124–131, hier S. 124.

3 Nach einem Gedächtnisprotokoll der Autorin vom Treffen der Jenaer Autorengruppe am 13. November 2019.

Hoch zu Roß
ins Schloß,
mit
gebrochnem
Reim
heim.[4]

In diesem selbstironischen Sechszeiler mit sprachspielerischem Einschlag nimmt Pache unter Anspielung auf das ›Dichterross‹ Pegasus seine eigene, wohl allzu große Selbstsicherheit als Autor auf die Schippe und inszeniert seine Läuterung in der Seminarwoche. Zugleich thematisiert er in dem Gedicht den von ihm wahrgenommenen Trend unter den jungen Schreibenden, sich weniger an konventionellen Formen und Ausdrucksweisen zu orientieren, und führt ihn zugleich überdeutlich aus: Die etwas plump wirkenden Paarreime werden durch ebenso plumpe Enjambements hergestellt und so zu einer Persiflage sowohl eines allzu biederen Schreibens als auch einer verkrampft bemühten Überwindung desselben.

Vor Ort sei das Gedicht, so Pache rückblickend, unmittelbar gut angekommen.[5] Von dort aus hat es eine kleine Erfolgsgeschichte angetreten. Zunächst ist es in die Textauswahl für das Sonderheft des *Poesiealbums* zum Poetenseminar 1972 aufgenommen worden,[6] 1982 nahm Hartmut König als Sekretär des Zentralrats (ZR) der FDJ in seinem Referat auf der Kulturkonferenz der FDJ auf es Bezug,[7] und 1985 zitierte und lobte es der stellvertretende Minister für Kultur Klaus Höpcke in seinem Eröffnungsbeitrag für das 15. Zentrale Poetenseminar als »in jeder Hinsicht positiv zu deuten«.[8] Denn: »Wer seine eigenen poetischen Hervorbringungen nüchtern einschätzen gelernt hat, wird anspruchsvoller gegenüber sich und anderen.«[9] Im gleichen Jahr stellte der Text sogar den Titel für den Jubiläumsband *Hoch zu Roß ins Schloß* zu 15 Jahren Poetenseminar.[10] Selbst im neuen Jahrtausend finden sich im-

---

4 Hartmut Pache: Poetenseminar 1972 Schwerin. In: Poesiealbum. Sonderheft Poetenseminar 1972. Berlin: Neues Leben 1972, S. 3.

5 Vgl. Gedächtnisprotokoll (Anm. 3).

6 Pache: Poetenseminar 1972 Schwerin (Anm. 4).

7 Vgl. Hartmut König: Die Verantwortung der FDJ für Kultur und Kunst in den Kämpfen unserer Zeit. Referat auf der Kulturkonferenz der Freien Deutschen Jugend, 21./22. Oktober 1982. In: Dokumente zur Kultur- und Kunstpolitik der SED 1971–1986. Hg. v. Zentralrat der FDJ. Dietz: Berlin 1986, S. 107–160, hier S. 148.

8 Klaus Höpcke: Von Schreibwilligen und Talentierten. Aus dem Vortrag anläßlich der Eröffnung des 15. Zentralen Poetenseminars der FDJ. In: Temperamente 5 (1986), H. 1, S. 43–51, hier S. 44.

9 Ebd.

10 Hoch zu Roß ins Schloß. Gedichte – kurze Prosa – Berichte. 15 Jahre Poetenbewegung der FDJ. Hg. v. Waltraud Böhm. Berlin: Neues Leben 1986.

mer wieder Bezugnahmen auf Paches Text von 1972.[11] Das Gedicht brachte offenbar eine auf den Poetenseminaren oft gemachte Erfahrung junger Schreibender auf den Punkt. Darüber hinaus deutet es aber auch die Differenzen der ästhetischen Grundvorstellungen von Jungen Poeten und Schreibenden Arbeitern gerade zu Beginn der Poetenbewegung Anfang der 1970er Jahre an und evoziert damit die Frage nach der – poetischen sowie praktischen – Beziehung der beiden ›Bewegungen‹ aus dem literarischen Laien- und Nachwuchsbereich in der DDR zueinander. Diesem Verhältnis spürt der vorliegende Beitrag ausgehend von dem Zirkel Schreibender Arbeiter des VEB Carl Zeiss Jena und dessen Verbindungen zu Jungen Poeten und jugendlichen Schreibenden nach und fragt insbesondere aus der Perspektive der Schreibenden Arbeiter, welche Einflüsse die Poetenbewegung auf diese hatte.

1. Die Bewegung Schreibender Arbeiter und die Poetenbewegung

Das erste von der FDJ organisierte Zentrale Poetenseminar fand 1970 im Schweriner Schloss statt. Bis dahin wurde der Bereich der Literaturförderung in der DDR auf der einen Seite vom Schriftstellerverband der DDR (SV) über dessen bezirklich organisierte Nachwuchsorganisation, die Arbeitsgemeinschaften Junger Autoren (AJA),[12] sowie über das in Leipzig eingerichtete Literaturinstitut Johannes R. Becher bespielt.[13] Auf der anderen Seite – und diese soll uns hier besonders interessieren – fand insbesondere die Laienförderung in der vorwiegend vom FDGB getragenen Bewegung Schreibender Arbeiter statt.[14] Ihren offiziellen Auftakt hatte diese am 24. April 1959 auf der ersten Bitterfelder Konferenz, die den Beginn des Bitterfelder Weges markierte. Nachdem ein Jahr zuvor auf dem V. Parteitag der SED beschlossen worden war, die Arbeiterklasse solle nun »auch die Höhen der Kultur stürmen

11 Vgl. Hartmut König: »Mit gebrochnem Reim heim« und andere literarische Diagnosen. In: Ders.: Warten wir die Zukunft ab. Autobiografie. Berlin: Neues Leben 2017, S. 336–350; Holger Uske: 25. Literaturwerkstatt vom 30. Mai – 1. Juni 2014. In: https://www.literaturverein-suedthueringen.de/verein/Werkstatt14.html (zuletzt abgerufen am: 04.07.2024); Eckhard Ullrich: Der Mann, der Heiligabend starb. In: https://www.eckhard-ullrich.de/jahrestage/1145-der-mann-der-heiligabend-starb (zuletzt abgerufen am: 04.07.2024).

12 Vgl. Klaus Michael/Margret Pötsch/Peter Walther: Geschichte, Struktur und Arbeitsweise des Schriftstellerverbands der DDR. Erste Ergebnisse eines Forschungsprojektes. In: Zeitschrift des Forschungsverbundes SED-Staat 3 (1997), S. 58–69. 1974 wurden die AJA aufgelöst und stattdessen wurde der Status ›Kandidat des SV‹ wieder eingeführt.

13 Zum Literaturinstitut siehe die Studie von Isabelle Lehn/Sascha Macht/Katja Stopka: Schreiben lernen im Sozialismus. Das Institut für Literatur »Johannes R. Becher«. Göttingen: Wallstein 2018; außerdem den Beitrag von Anne-Marie Pailhès in diesem Band.

14 Zur Bewegung Schreibender Arbeiter und ihren Strukturen siehe die Studie von Anne M. N. Sokoll: Die schreibenden Arbeiter der DDR. Zur Geschichte, Ästhetik und Kulturpraxis einer »Literatur von unten«. Bielefeld: transcript 2020.

und von ihnen Besitz ergreifen«,[15] bemühte sich die SED um den Strukturaufbau und die massive Förderung einer Massenkultur, die vor allem die Arbeiterschaft zum Schaffen von eigener Kunst anregen sollte. In der Folge wurden vorwiegend in den Betrieben Zirkel gegründet, in denen die sich schreibend betätigenden Arbeiter:innen unter professioneller Anleitung, etwa durch Berufsschriftsteller:innen, Literaturwissenschaftler:innen oder Bibliothekar:innen, zusammenfinden konnten. Bei aller Bemühung des Emanzipationsnarrativs der Arbeiterklasse war diese Förderung von Laienschaffen zugleich von Beginn an eng mit der paternalistischen Vorstellung verbunden, die Arbeiter:innen könnten einerseits sich selbst im Prozess des eigenen Schreibens und andererseits ihre Mitmenschen mittels ihrer literarischen Produkte zu ›sozialistischen Persönlichkeiten‹ erziehen. Auch der Zirkelleiter des Jenaer Zeiss-Zirkels, der Germanist Dr. Wolfgang Schütz, berief sich in Außendarstellungen seines Zirkels immer wieder auf »die bewußtseinsbildende Rolle der Literatur« und erklärte, dass der Zirkel »ein Instrument zur Persönlichkeitsbildung seiner Mitglieder« sei und »die Klärungsprozesse während der Gestaltung literarischer Stoffe zugleich auch politisch-ideologische Klärungsprozesse bei den Schreibenden fördern«.[16]

Mit dem verstärkten Eintritt der FDJ in die literarische Nachwuchsförderung am Anfang der 1970er Jahre entstanden vor allem für junge Schreibende neue Möglichkeiten zum literarischen Austausch, zur Weiterbildung und zum Veröffentlichen von Texten, die zwischen der Laienbewegung der Schreibenden Arbeiter und der Nachwuchsarbeit des Schriftstellerverbands angesiedelt waren. Die Poetenseminare – sowohl die zentralen in Schwerin als auch die der einzelnen Bezirke – wurden schnell zu einem beliebten Austauschforum. Auch Mitglieder des Zirkels Schreibender Arbeiter in Jena nutzten, sofern sie im passenden FDJ-Alter waren, verschiedene mit der FDJ-Poetenbewegung assoziierte Angebote der Teilhabe am literarischen Leben in der DDR und nahmen im Laufe der Jahre, wie eben beispielsweise Hartmut Pache, an Bezirks- sowie an Zentralen Poetenseminaren teil. Eine wichtige Rolle spielten der *Junge Welt*-Redakteur Hannes Würtz und die von ihm betreute Zeitungsrubrik *Poetensprechstunde*. Etliche junge Lyriker:innen wandten sich an ihn, der ihnen Ratschläge gab, Gutachten durch den Herausgeber der Anthologie-Reihe *Offene Fenster* Edwin Kratschmer vermittelte, Texte an Wettbewerbe (in deren Jurys er meist saß) weiterleitete und Veröffentlichungen in der *Poetensprechstunde* sowie den *Offenen Fenstern* ermöglichte. Von diesem sich entwickelnden Netz machten auch junge Schreibende Arbeiter Gebrauch, schickten Texte an Hannes Würtz und

15 Walter Ulbricht: Der Kampf für den Frieden, für den Sieg des Sozialismus und für die nationale Wiedergeburt Deutschlands als friedliebender, demokratischer Staat. Referat und Schlußwort auf dem V. Parteitag der SED. Berlin: Dietz 1958, S. 120.

16 Arbeiter und Poesie. Interview mit Kollegen Dr. phil. Wolfgang Schütz. In: Der Scheinwerfer, 28. November 1968, S. 4.

erhielten auf diese Weise Zugang zu literarisch etwas anspruchsvolleren Sphären. Umgekehrt empfahl Würtz den sich an ihn wendenden Nachwuchsdichter:innen – insbesondere denen, die in ihrer Entwicklung noch am Anfang standen – häufig den Anschluss an bestehende Zirkel vor Ort und vermittelte Kontakte in die Bezirke hinein. Einer Studentin aus Gera, die ihm Werkproben geschickt hatte, riet er beispielsweise:

> Ein kritischer Austausch mit Gleichgesinnten wär für Dich außerordentlich bedeutsam, könnte Dir vielerlei Irr-/Umwege ersparn. [sic!] Deshalb solltest Du nicht gar so zurückhaltend sein und Dich beim Zeiss-Zirkel (der die schlechteste Leitung wohl nicht hat) oder anderswo bemerkbar machen (das Stadt-/Kreiskabinett für Kulturarbeit würde Dir nähere Auskunft geben). Da brauchts zunächst keine »gefestigten Vorkenntnisse«, alleinfalls [sic] einige Begabung und Lyrikinteresse, das man Dir nach dem Vorliegenden nicht absprechen kann.[17]

Politisch gewünscht und forciert wurde zu Beginn der 1970er Jahre zudem die strukturierte Arbeit mit ›Schreibenden Schülern‹ aufgenommen, sodass sich vielerorts neben den existierenden Zirkeln Schreibender Arbeiter auch Zirkel Schreibender Schüler, Poetenklubs, Zirkel Schreibender Pioniere und ähnliche bildeten, die sich an ein jugendliches Zielpublikum richteten.[18] Sie gelten nicht unmittelbar als Teil der Poetenbewegung, können aber als eine Art informelle Vorstufe betrachtet werden. Häufig führte für Jugendliche der Weg zu den Bezirks- und Zentralen Poetenseminaren über eben jene Schülerzirkel und Poetenklubs.[19]

Das Verhältnis der beiden ›Bewegungen‹ auf institutioneller Ebene zeigt sich in der Quellenüberlieferung widersprüchlich. Eine frühe, undatierte handschriftliche Skizze aus der »Zentralen AG Literatur« des ZR der FDJ zum Poetenseminar enthält die Notiz »Stück Bitterfelder Weg«, die andeutet, dass die zu diesem Zeitpunkt noch im Entstehen begriffene Poetenbewegung mit Blick auf die Bewegung Schreibender Arbeiter gedacht wurde.[20] Auch die Bemerkung, dass »nicht in erster Linie lit. Strukturen u. Schaffensprobl. [wichtig waren] <u>sondern</u> es […] Standp. zu beziehen« galt,[21] weist auf eine konzeptionelle Nähe zur Bewegung Schreibender

17 Privatarchiv Hans-Georg Albig, Ordner Zentrum junge Autoren, Briefe Dokumente: Hannes Würtz, Brief vom 9. März 1980.

18 Vgl. Katja Koch/Kristina Koebe: »…die Höhen der Kultur stürmen und von ihnen Besitz ergreifen«. Die Förderung »Schreibender Schüler« im Kontext umfangreicher Kulturalisierungsbemühungen in der DDR von 1957 bis 1989 im Spiegel der Pädagogischen Lesungen. In: Schriftenreihe der Arbeitsstelle Pädagogische Lesungen an der Universität Rostock 2 (2020), H. 8, S. 1–27, hier S. 11.

19 So zum Beispiel auch für Annett Gröschner, vgl. das Interview mit ihr in diesem Band.

20 BArch, DY 24/6796, Poetenseminar.

21 Ebd. (Hervorhebung im Original).

Arbeiter und ihre ebenfalls erzieherische Absicht hin. Der FDGB wiederum bezog die Frage der Nachwuchsarbeit immer wieder in seine Überlegungen ein und beschloss 1973 im Rahmen der »Aufgaben der Gewerkschaften bei der Förderung der schreibenden Arbeiter«, dass die Zirkel Schreibender Arbeiter »die schreibenden Schüler und Jungen Pioniere unterstützen und deren kontinuierliche literarische Entwicklung über die betrieblichen Ausbildungsstätten bis zur beruflichen Tätigkeit fördern« sollten.[22] Zudem verpflichtete sich der FDGB ganz grundsätzlich dazu, »in Zusammenarbeit mit den Leitungen der FDJ die literarische Betätigung der Jugendlichen im Rahmen der Bewegung Junger Talente und Junger Poeten ständig und allseitig [zu] fördern.«[23] Die Unterstützung Schreibender Schüler durch Schreibende Arbeiter wurde vielfach umgesetzt, die Zusammenarbeit von FDJ und FDGB scheint sich ansonsten aber in Grenzen gehalten zu haben und nicht weit über die formale gemeinsame Trägerschaft von Wettbewerben hinausgegangen zu sein. Denn auch wenn einige strukturelle und organisatorische Ähnlichkeiten bestanden und sie auf den gleichen Prinzipien sozialistischer Kulturarbeit und Literatur beruhten, entwickelte sich die FDJ-Poetenbewegung letztlich weitgehend unabhängig von der Bewegung Schreibender Arbeiter und dem FDGB.

Das Ministerium für Kultur und das diesem nachgeordnete Zentralhaus für Kulturarbeit aber, an dem die Zentrale Arbeitsgemeinschaft Schreibender Arbeiter angesiedelt war, scheinen die Bewegung Schreibender Arbeiter bis in die späten 1980er Jahre hinein im Bereich des literarischen Volkskunstschaffens als eine Art Dachorganisation verstanden zu haben, deren »integrierter Teil« die Poetenbewegung sei.[24] Ein solches Verständnis kritisierte 1984 der stellvertretende Leiter der Abteilung Kultur im ZR der FDJ, Uwe Stelbrink, als »weder inhaltlich noch organisatorisch« zutreffend.[25] Er sprach stattdessen von »verschiedenen, historisch entstandenen Organisationsformen, die gleichberechtigt nebeneinanderstehen«.[26] Trotz feststellbarer vielfältiger personeller Überschneidungen und Berührungspunkte – in Wettbewerben oder konkreten Formen des Austausches – ist dieser Bemerkung zuzustimmen. Im Kern handelte es sich um zwei unterschiedliche, weitgehend eigenständige Strukturen der Förderung von Laien- und Nachwuchsautor:innen, die

---

22 BArch, DY 34/25201, Die Aufgaben der Gewerkschaften bei der Förderung der schreibenden Arbeiter, Bl. 187–193, hier Bl. 189.

23 Ebd.

24 Art. ›Poetenbewegung‹. In: Arbeiter schreiben – Hobby, Auftrag oder Berufung? Anregungen für die methodische Arbeit in und mit Zirkeln schreibender Arbeiter. Hg. v. Axel Oelschlegel. Leipzig: Zentralhaus-Publikation 1987, S. 108f., hier S. 108.

25 BArch, DY 24/20924, Uwe Stelbrink, Standpunkt zum »Positionspapier zur Leitungsverantwortung der Bewegung schreibender Arbeiter« zur Volkskunstkonferenz (MfK/Fuhrmann), 14. August 1984.

26 Ebd.

auch mit unterschiedlichen (literarischen) Ansprüchen verknüpft waren. So schätzte beispielsweise Lutz Seiler, der als junger Schreibender Einblick in beide Strukturen hatte, die Poetenseminare rückblickend »im Vergleich zu dem Zirkel Schreibender Arbeiter« als »literarisch ambitionierter« ein.[27] Und tatsächlich gibt es deutlich mehr später bekannt gewordene Autor:innen, die ihre literarische Prägung hauptsächlich in der Poetenbewegung erfahren haben, als solche, die primär aus der Bewegung Schreibender Arbeiter kommen.[28]

2. Zusammenarbeit vor Ort: Der Jenaer Zirkel Schreibender Arbeiter und ein Schülerzirkel

Im Bezirk Gera entschied der Bezirkstag 1972 in einem in vielen Teilen besondere Aufmerksamkeit auf die Förderung der Jugend legenden Beschluss »über die weitere Entwicklung des geistig-kulturellen Lebens im Bezirk Gera«, die »Bildung neuer Volkskunstkollektive in Betrieben, Schulen und an Kultureinrichtungen für die Jugend [...] durch die örtlichen Organe, die Kreisleitungen der FDJ und die gesellschaftlichen Organisationen wirksamer zu unterstützen«.[29] Im gleichen Jahr – dem Jahr, in dem Hartmut Pache am Zentralen Poetenseminar teilnahm – fand in Greiz das erste Bezirkspoetenseminar Geras statt, sodass die Jungen Poeten nun auch hier deutlicher als Personengruppe in Erscheinung traten.[30] Fast zeitgleich wurde als spezifisches Förderungsformat des Bezirkes Gera am Bezirkskabinett für Kulturarbeit das Zentrum Junger Autoren etabliert. Es sollte unter staatlicher Trägerschaft die Verbands-Nachwuchsarbeit der AJA (die in Gera an diejenige der Bezirke Erfurt und Suhl angeschlossen war) übernehmen und um eine Breitenförderung erweitern, womit es zu einem Vorläufer der Bezirksliteraturzentren wurde, die ab 1982 in allen Bezirken der DDR eingerichtet werden sollten.[31] Auch Schüler- und Pionierzirkel bildeten sich vermehrt.

In Jena kam es zum Schuljahr 1972/73 an der Erweiterten Oberschule (EOS) Johannes R. Becher zu der Gründung eines Schülerzirkels, von der sogar die *Poe-*

---

27 Interview mit Lutz Seiler in diesem Band.

28 Wie z.B. Kerstin Hensel, Kathrin Schmidt oder Gabriele Eckart.

29 Beschluss. In: Treffpunkt Klub (1972), H. 7, S. 18–22, hier S. 19.

30 Vgl. »Heut erntet man Lieder mit riesigen Körben«. In: Volkswacht-Beilage, 10. November 1972, S. 4.

31 Vgl. Rebecca Franke/Annika Jahns: »Deine Endstation suchst Du allein aus.« Literaturförderung und Lyrik-Anthologien im DDR-Bezirk Gera. In: KulturPoetik (2024), H. 1, S. 127–152, hier S. 132. Zu den Bezirksliteraturzentren siehe Wolfgang Gabler: Art. Literaturzentren. In: Metzler Lexikon DDR-Literatur. Autoren – Institutionen – Debatten. Hg. v. Michael Opitz und Michael Hofmann. Stuttgart/Weimar: J.B. Metzler 2009, S. 204f.

tensprechstunde der *Jungen Welt* berichtete.[32] Der Singeklub der Schule hatte bereits zuvor die Lyrik eingebunden und schreibenden Schüler:innen die Gelegenheit gegeben, bei Lyrikabenden eigene Gedichte vorzustellen.[33] Nachdem Bettina Otto im Sommer 1972 ebenso wie Hartmut Pache an dem 3. Zentralen Poetenseminar teilgenommen hatte, stellte sich an ihrer Schule heraus, dass es dort mehrere schreibinteressierte Schüler:innen gab, woraufhin ein eigenständiger Zirkel Schreibender Schüler gegründet wurde.[34] Vermittelt durch den ihn zunächst betreuenden Lehrer entwickelte sich eine enge Zusammenarbeit des Schülerzirkels mit dem Zirkel Schreibender Arbeiter des VEB Carl Zeiss Jena, an dessen Sitzungen die Schüler:innen häufig teilnahmen.[35] So wurden einerseits mittlerweile etablierte Strukturen der Bewegung Schreibender Arbeiter auch für die Jungen Poeten nutzbar gemacht, die auf diesem Wege fachliche Unterstützung sowie erste Publikationsmöglichkeiten Seite an Seite mit den Schreibenden Arbeitern in (regionalen) Zeitschriften und in der Zirkelanthologie *Durch die Fenster hat der Tag gelacht* (1974) erhielten.[36] Andererseits kamen nun auch jüngere Schreibende zu den Schreibenden Arbeitern, wodurch im Jenaer Zirkel das Durchschnittsalter sank und der Anteil weiblicher Mitglieder stieg. Indem die Jungen ihre eigenen, häufig von der nachwachsenden Schriftsteller:innengeneration der sogenannten Lyrik-Welle inspirierten ästhetischen Vorstellungen und Literaturverständnisse mitbrachten, hielten zudem neue Schreibweisen und kritischere Ansichten Einzug.

So gehörte dem Schülerzirkel beispielsweise Siegfried Reiprich an, der später Teil des oppositionellen Jenaer Arbeitskreises (AK) ›Literatur und Lyrik‹ war. Er wurde 1976 zwangsexmatrikuliert, Opfer von Zersetzungsmaßnahmen durch die Stasi und 1981 schließlich ausgebürgert.[37] Von ihm existiert ein Gedicht mit dem Titel *Antrittsrede eines jungen Möchtegernpoeten* (1974), in dem er prosanah, in betonter Einfachheit dem immer wieder an die jüngeren Schreibenden gerichteten Vorwurf begegnet, zu kompliziert zu schreiben:

---

32 Vgl. Poetensprechstunde (110). Ein Blick in die Bezirke. In: Junge Welt, Wochenendbeilage, 11. Mai 1973, unpag. [S. 8].

33 Vgl. Bettina Otto: Lyrik und Songs. In: Junge Welt, 2./3. Dezember 1972; vgl. Interview Rebecca Franke/Annika Jahns mit Bettina Melzer, 16. November 2023, unveröffentlicht.

34 Vgl. Bettina Otto: Schüler sind der Literatur verbunden. In: jenainformation (1972), H. 10, S. 8; Schüler sind der Literatur verbunden. In: Treffpunkt Klub (1972), H. 8, S. 12; Interview Franke/Jahns mit Bettina Melzer, 16. November 2023, unveröffentlicht.

35 Interview Franke/Jahns mit Bettina Melzer, 16.11.2023, unveröffentlicht.

36 Vgl. Durch die Fenster hat der Tag gelacht. Werkproben aus der Arbeit Jenaer Volkskunstkollektive im VEB Carl Zeiss Jena. Hg. v. der Kulturhausleitung VEB Carl Zeiss Jena – Zirkel schreibender Arbeiter. Jena: Kulturhaus Volkshaus VEB Carl Zeiss Jena im Selbstverlag 1974; vgl. Treffpunkt Klub (1973), H. 4, S. 12–14; vgl. Volkswacht-Beilage, 1. Dezember 1972, S. 5; vgl. Neues von Jenas jungen und jüngeren Poeten. In: jenainformation (1972), H. 12, S. 3–6.

37 Siehe dazu Siegfried Reiprich: Der verhinderte Dialog. Meine politische Exmatrikulation. Eine Dokumentation. Berlin: Robert-Havemann-Gesellschaft 2001.

Ich rede verworren und bin
das Produkt meiner Umwelt.
Vorläufig
also
verzeiht mir.[38]

Die gewählte Form entspricht den von Reinhard Weisbach 1972 für die »übergroße Mehrzahl der dichterischen Versuche der Jüngsten, die man auf den Poetenseminaren und in der Poetenbewegung einsehen kann«, analysierten Merkmalen: »freirhythmisch, ohne strophische Gliederung und reimlos«.[39] Dadurch und durch die harten Enjambements, die ja auch Hartmut Pache schon als typisch aufgefallen waren, sowie mit dem gewählten Titel markiert Reiprich eine gewisse Identifikation mit den Jungen Poeten und ihrer Formensprache. Der erste Verssprung deutet an, warum er zu einem beliebten Stilmittel der jüngeren Schreibenden wurde: Für einen Moment schafft er einen Reflexionsraum, der hier mit der vorübergehend schwebenden und vollkommen auf das Ich ausgerichteten Aussage »und bin« die behauptete Determiniation des Ich durch die Umwelt konterkariert.

Im Unterschied zu anderen Schüler:innen, die nach Aufnahme ihres Studiums in Jena Teil des Zeiss-Zirkels wurden, wurde Reiprich kein ständiges Mitglied, aber auch er teilte Publikationsforen auf Sonderseiten in Zeitungen und Zeitschriften mit den Schreibenden Arbeitern. Eines seiner Gedichte ist sogar in der ersten Anthologie des Zeiss-Zirkels von 1974 – zu dem Zeitpunkt war Reiprich bereits Teil des AK ›Literatur und Lyrik‹ – abgedruckt und setzt dort den überwiegend optimistischen und den Sozialismus bejahenden Texten über das Neubaugebiet Jena-Neulobeda eine kritischere Wahrnehmung entgegen.[40]

Der Leiter des Zeiss-Zirkels, Wolfgang Schütz, beschrieb die Zusammenarbeit des Schüler- und des Arbeiterzirkels in einem Artikel für die Zeitschrift *Treffpunkt Klub* als sehr gewinnbringend und hob die »gemeinsame literarisch-künstlerische Aneignung unserer Welt« und das »gemeinsame Ringen um Klarheit und Wahrheit« hervor; indem »die Jungen und die Älteren sich austauschen«, würden sie »sehen lernen, wie unsere Welt und unser Alltag mit jüngeren und mit älteren Augen gesehen und mit jüngerem und älterem Verstand begriffen wird.«[41] Die Schreibenden

38 Siegfried Reiprich: Antrittsrede eines Möchtegernpoeten. In: Treffpunkt Klub (1974), H. 4: Lyrik, S. 24.

39 Reinhard Weisbach: Wir und der Expressionismus. Studien zur Auseinandersetzung der marxistisch-leninistischen Literaturwissenschaft mit dem Expressionismus. Berlin: Akademie Verlag 1972, S. 44.

40 Vgl. Siegfried Reiprich: Neubau. In: Durch die Fenster hat der Tag gelacht (Anm. 36), S. 46.

41 Wolfgang Schütz: Junge Poeten und Schreibende Arbeiter. In: Treffpunkt Klub (1973), H. 4, S. 9.

Arbeiter hatten dabei gegenüber dem Nachwuchs auch eine weltanschauliche Erziehungsfunktion zu übernehmen. Schütz wertet die Zusammenarbeit von Schüler:innen und Arbeiter:innen als »eine von den vielen Möglichkeiten, wie die Arbeiterklasse Einfluß nehmen kann auf Erziehung und Bildung der Jugend und der heranwachsenden jungen Intelligenz«.[42] Ähnlich wie in der Bewegung Schreibender Arbeiter steht für Schütz auch im Zirkel Schreibender Schüler die pädagogische Funktion des (angeleiteten) Schreibens im Vordergrund. Er betont, dass »[e]igene literarische Produktion [...] Charakter und Urteilskraft [bildet]«.[43] Einen Mehrwert der Verbindung mit den Schreibenden Arbeitern erkennt er darin, dass schon früh in der Entwicklung der jungen Menschen die angestrebte Aufhebung der Trennung von Kunst und Leben befördert werde.[44]

3. Unterschiedliche ästhetisch-programmatische Vorstellungen

Ein Jahr zuvor war Schütz, in einem Interview nach »Verbindungen zwischen den schreibenden Arbeitern und den jungen Poeten« im Bezirk gefragt, noch auf »Verständnisschwierigkeiten« zwischen den beiden literarischen Gruppen eingegangen, die er mit einer unterschiedlichen Herangehensweise an Literatur erklärte.[45] Schütz benannte Unterschiede wie »eine größere Anzahl bereits fortgeschrittener Talente« bei den Jungen Poeten, die er auf einen im Schnitt höheren Bildungsgrad zurückführte, und »größere Lebenserfahrungen, auch politische«, bei den Schreibenden Arbeitern, woraus sich »zwangsläufig Niveau-, Stoff- und Themenunterschiede« ergeben würden, was er aber angesichts »gemeinsame[r] Ziele« nicht als problematisch erachtete.[46] Die entscheidende Differenz erkannte er im Verhältnis von Verständlichkeit und Kunstfertigkeit im Gedicht: »Da schwebt sicher unausgesprochen die Frage zwischen den Partnern, wer [...] zu plump schreibe und wer zu kompliziert.«[47]

Ausgehend von dieser Feststellung lohnt ein Blick auf die ästhetischen Grundannahmen und Traditionen der beiden Schreibgruppen, um den Einfluss der Jungen Poeten auf die Schreibenden Arbeiter nachvollziehen zu können. Die Schreibenden Arbeiter des Zeiss-Betriebes folgten zu Beginn der 1970er Jahre überwie-

42 Ebd.

43 Ebd.

44 Vgl. ebd.

45 Siegfried Hildebrand: Aus der Schule der Schreibenden geplaudert. Sowie ein Interview, das Günter Gerstmann mit Dr. Wolfgang Schütz, Leiter des Zirkels Schreibender Arbeiter im VEB Carl Zeiss Jena – Hervorragendes Volkskunstkollektiv – geführt hat. In: Treffpunkt Klub (1972), H. 5, S. 12–14, hier S. 14.

46 Ebd.

47 Ebd.

gend treu dem Bitterfelder Weg; sie waren damit dem ›Sozialistischen Realismus‹ und den bis zum Ende der DDR stabil bleibenden Grundprinzipien von ›Parteilichkeit‹ und ›Volksverbundenheit‹ unterworfen. Das ideologisch begründete Postulat der ›Parteilichkeit‹ forderte, dass stets ein Standpunkt im Interesse der Arbeiterklasse eingenommen werden musste. Die Anleitungsschrift für Schreibende Arbeiter *Vom Handwerk des Schreibens* (1976) bestimmte als ›Parteilichkeit‹: »daß sich der Schriftsteller offen und bewußt mit dem Kampf der revolutionären Arbeiterklasse verbindet und sich in seinem Schaffen ganz von den Prinzipien und Aufgaben leiten läßt, die die Partei in den konkreten Etappen des Klassenkampfes stellt«.[48]

Das Postulat der ›Volksverbundenheit‹ wiederum verlangte, dass ein Text sowohl auf inhaltlicher als auch formaler Ebene an den Bedürfnissen des ›Volkes‹ – effektiv vor allem der Arbeiterklasse – ausgerichtet wird. Inhaltlich sollte Literatur einerseits »auf die realen Bedürfnisse und Interessen der Werktätigen eingeh[en] und die Vielfalt ihrer Lebensäußerungen und Lebensbeziehungen in ihren Darstellungen widerspiegel[n]«.[49] Andererseits sollte sie ihr Publikum auch herausfordern und »die gesellschaftliche Entwicklung […] voran[treiben], indem sie neue Probleme und Widersprüche, die ihrer Lösung harren, vom Standpunkt der Arbeiterklasse aus in die Darstellung einbezieht und auf diese Weise allen Mitgliedern der Gesellschaft bewußtmacht«.[50]

Auf formaler Ebene war ›Volksverbundenheit‹ mit der Forderung nach Verständlichkeit der Darstellung verknüpft: Ein Text könne nur dann, so die Vorstellung, ›wirksam‹ werden, also bewusstseinsbildend wirken, wenn er von der Leserschaft tatsächlich verstanden werde.

Die Schreibenden Arbeiter des VEB Carl Zeiss Jena begriffen ihr Schreiben in diesem Sinne vielfach tatsächlich als gesellschaftlichen Auftrag und orientierten sich dementsprechend an den postulierten Maximen. Der Parteiorganisator des Jenaer Zeiss-Zirkels, Werner Baumgarten, beispielsweise sah nicht nur seine eigene literarische Produktion diesem Verständnis verpflichtet, sondern forderte darüber hinaus öffentlich,

> daß jedes Zirkelmitglied begreift, daß man als Schreibender ebenso an der ideologischen Front des Klassenkampfes steht und die Wahrung der Parteilichkeit im literarischen Volkskunstschaffen Gesetz und Klassenauftrag ist und Illusionen fehl am Platze sind.[51]

48 Dietrich Löffler: Parteilichkeit. In: Vom Handwerk des Schreibens. Hg. v. Rüdiger Bernhardt, Andreas Leichsenring und Hans Schmidt. Berlin: Tribüne 1976, S. 166–170, hier S. 167.

49 Dietrich Löffler: Volksverbundenheit. In: ebd., S. 170–172, hier S. 170.

50 Ebd.

51 Werner Baumgarten: »Des tät'gen Manns Behagen sei Parteilichkeit«. In: Treffpunkt Klub (1976), H. 2–3, S. 10.

In seinen Gedichten finden sich Verse wie: »Mein Leben gehört der Partei,/meiner Klasse und unserer Republik./[...]/Die Erfüllung der Aufgaben/ist für mich persönliches Gesetz.«[52]

Auch das Zirkelmitglied Horst Fiedler, der zusätzlich Redakteur der Betriebszeitung *Der Scheinwerfer* war und sich als Volkskorrespondent betätigte, nahm seine Rolle als Schreibender Arbeiter offenkundig ernst. Viele seiner Texte sind von einem pädagogischen Gestus gegenüber der Arbeiterschaft geprägt und lassen sein Bemühen um Volksverbundenheit in Inhalt und Form erkennen. Ein Beispiel dafür ist ein unbetiteltes Gedicht von 1968, das es bis in die zentrale Zeitschrift für die Bewegung Schreibender Arbeiter *ich schreibe* schaffte und als Ausdruck des Rollenverständnisses als Schreibender Arbeiter gelesen werden kann. In ihm tritt ein als Schreibender markiertes Ich einem als Du angesprochenen Dreher gegenüber, wodurch exemplarisch die Überwindung der Trennung von geistiger und körperlicher Arbeit vorgeführt wird. Inszeniert wird ein Dialog, in dem das Ich den zunächst skeptischen Arbeiter von dessen Bedeutung für die Literatur überzeugen möchte. In eingängigen Kreuzreimen und überwiegend gleichmäßig alternierendem Versmaß bemüht sich das dichtende Ich um eine Annäherung an den Dreher:

> An deine Drehbank bring ich ein Gedicht,
> noch tintenfrisch und glühend die Gedanken.
> Auf deine Meinung bin ich sehr erpicht.
> Die Verse sollen nicht an Selbstsucht kranken.
> [...]
> Ich bring an deine Drehbank ein Gedicht.
> Wir kommen uns einander immer näher.
> Wenn du liest, dann schweigt die Drehbank nicht;
> ich schreib zwar Verse, doch ich bin ein Dreher.[53]

In der letzten Strophe versichert das Ich schließlich den Arbeiter seiner treibenden Kraft und dass er nun nicht mehr nur als Adressat, sondern auch als Muse für die Schreibenden fungiere, wie die Metapher des Pegasus nahelegt:

> Der Stahl legt Span um Span den Kern zu uns frei.
> Der Fluß der Dinge ist nicht zugefroren.
> Die Bohnen grünen weiter. Doch dabei
> gibst, Dreher, du, dem Pegasus die Sporen.[54]

---

52 Werner Baumgarten: Mein Bekenntnis. In: Der Scheinwerfer, 13. April 1967, S. 3.

53 Horst Fiedler: [An deine Drehbank]. In: ich schreibe (1968), H. 2, S. 5.

54 Ebd.

Während viele der Schreibenden Arbeiter ihrem gesellschaftlichen Auftrag folgend nach einer größtmöglichen Wirksamkeit strebten, teilten viele der Jungen Poeten das veränderte Funktionsverständnis von Literatur insbesondere der jungen Autor:innen, die im Zuge der ›LyrikWelle die literarische Bühne der DDR betreten hatten. Sie sahen Literatur nicht mehr als »Vollzugsorgan[...] der Ideologie« und erprobten stattdessen wieder das »kreative[...] und kritische[...] Potential[...]« von Gedichten.[55] Ein Gedicht sollte nun, so Peter Geist,

> weniger gewonnene Erkenntnisse demonstrieren als vielmehr die Suche nach größerer Einsicht zum Zentrum haben, weniger vorbildliche Haltungen zur Nachahmung empfehlen als die Verständigung über individuelle Haltungen befördern, weniger zu eingreifendem Handeln animieren als dazu anhalten, Handlungsmotivation auf ihren Sinngehalt zu überprüfen usw.[56]

Ein verändertes Funktionsverständnis vom eigenen Schreiben deutet sich auch in einigen Texten jüngerer Mitglieder des Zirkels Schreibender Arbeiter an, die von der Poetenbewegung geprägt waren. So reflektiert etwa eine lyrische Einsendung an Hannes Würtz von einem Jenaer Studenten, der in den *Offenen Fenstern* publiziert hatte und zugleich Mitglied der Schreibenden Arbeiter war, den Sinn und die Funktion von Gedichten. Das kurze, freirhythmische Gedicht endet mit den Versen: »Geschrieben,/darin mich zu finden.«[57] Schreiben wurde vielfach zunehmend privater und stärker als Selbstverständigung, weniger als Ausfüllen einer Rolle verstanden. Die Erweiterung der Förderangebote ermöglichte dabei auch den Schreibenden Arbeitern nach und nach, ihr Schreiben nicht mehr exklusiv im Kontext der Bewegung Schreibender Arbeiter zu sehen und zu einem unabhängigeren Autorschaftsverständnis zu gelangen. Die Schreibenden nutzten die verschiedenen Angebote zunehmend selektiv nach ihren individuellen Interessen, Bedürfnissen und Ansprüchen und näherten sich damit paradoxerweise trotz der erhöhten Anzahl an Programmen, die der ideologischen Einordnung und Funktionalisierung des Schreibens dienen sollten, wieder einem individueller verstandenen Schreiben an. Für die neu in den Zirkel kommenden Mitglieder wurde der Zirkel zu einem Angebot unter vielen.

---

55 Walfried Hartinger/Klaus Werner: DDR-Lyrik der siebziger und achtziger Jahre. In: Weimarer Beiträge 36 (1990), H. 12, S. 1986–1992, hier S. 1986.

56 Peter Geist: Die Metapher in der poetologischen Reflexion und Dichtungspraxis von DDR-Lyrikern in den siebziger und achtziger Jahren. Eine Problemskizze. In: DDR-Lyrik im Kontext. Hg. v. Christine Consentino, Wolfgang Ertl und Gerd Labroisse. Amsterdam: Rodopi 1988, S. 61–87, hier S. 73f.

57 ThULB Jena, Sammlung Kratschmer/Würtz, Mappe 33.

4. Die Frage nach der ›Verständlichkeit‹ und die *Forum*-Lyrik-Debatte

In der Begegnung von Schreibenden Arbeitern und Jungen Poeten trafen Anfang der 1970er Jahre ältere Lyrikvorstellungen in der Tradition eines Johannes R. Becher oder eines Louis Fürnberg und neuere, die sich an Autor:innen der jüngeren Generation, wie Karl Mickel, Sarah Kirsch, Adolf Endler oder Elke Erb, orientierten, aufeinander. Zu einer zentralen Frage wurde – verknüpft mit dem Postulat der Volksverbundenheit – diejenige nach der Verständlichkeit der Darstellung. Für die jüngere Lyrik seit den 1970er Jahren beschreibt Ursula Heukenkamp einen aufkommenden »Zweifel an der Gültigkeit jener allgemein verständlichen Sprache«.[58] Dass die Sprache der Lyrik als »komplizierter geworden […] und als schwer zugänglich empfunden« wurde,[59] steht für sie damit in Zusammenhang. Auch das bereits angesprochene handschriftliche Schriftstück der FDJ zum Poetenseminar enthält die Frage »Warum nicht verständlich genug schreiben«.[60] Und Wolfgang Schütz nahm bei den Jungen Poeten ebenfalls eine Tendenz zu komplizierterem Schreiben wahr. Er verortete sie und die Schreibenden Arbeiter in den Spannungsfeldern von »anspruchsvoll [f]ormuliert[]« und »einfach gesagt« sowie von »unpathetischer Sachlichkeit« und »ehrliche[m] Pathos«, die er auch mit unterschiedlichen Niveauansprüchen verknüpft sah.[61]

Fragen nach der Verständlichkeit und der Funktion von Lyrik waren bereits 1966 öffentlich zwischen Schriftsteller:innen, Literaturkritiker:innen und Kulturfunktionär:innen im Rahmen der sogenannten *Forum*-Lyrik-Debatte verhandelt worden, die durch das Erscheinen der Anthologie *In diesem besseren Land* (1966) und von der Redaktion dazu gestellten Fragen in der FDJ-Wochenzeitung ausgelöst worden war.[62] Im Laufe der Debatte artikulierten verschiedene junge Dichter:innen wie Karl Mickel, Heinz Czechowski und Rainer Kirsch unter anderem ihre Ablehnung des Verständlichkeitspostulats. Öffentliche Resonanz – Wirkung – galt für sie nicht

---

58 Ursula Heukenkamp: Kunstbewußtsein und geistige Strenge. Zur Entwicklung der Lyrik in der DDR der siebziger Jahre. In: Literatur der DDR in den siebziger Jahren. Hg. v. Peter Uwe Hohendahl und Patricia Herminghouse. Frankfurt a.M.: Suhrkamp 1983, S. 82–113, hier S. 102.

59 Ebd., S. 102.

60 BArch, DY 24/6796, Poetenseminar.

61 Gerstmann: Interview mit Dr. Wolfgang Schütz (Anm. 45), S. 14.

62 Zusammenfassungen der Debatte finden sich bei Anneli Hartmann: Lyrik-Anthologien als Indikator des literarischen und gesellschaftlichen Prozesses in der DDR (1949–1971). Frankfurt a.M.: Lang 1983, S. 252–262; Anthonya Visser: Blumen ins Eis. Lyrische und literaturkritische Innovationen in der DDR. Zum Kommunikativen Spannungsfeld ab Mitte der 60er Jahre. Amsterdam/Atlanta: Rodopi 1994, S. 27–86; Holger Brohm: Die Koordinaten im Kopf. Gutachterwesen und Literaturkritik in der DDR in den 1960er Jahren. Fallbeispiel Lyrik. Berlin: Lukas-Verlag 2001, S. 93–131.

als Qualitätskriterium für Gedichte. Stattdessen forderten sie, die Rezeptionsfähigkeit der Leserschaft zu erhöhen.[63] Der Literaturwissenschaftler Dieter Schiller verteidigte das sich von einem unmittelbaren Wirkungsziel entfernende Lyrikverständnis der jungen Autoren. Er plädierte für ästhetische Pluralität und gegen die Normsetzung eines einzigen Aussagetyps.[64] Die Tendenz zu komplizierterer Lyrik in der DDR würde die »komplizierten Beziehungen der sozialen Wirklichkeit und die Probleme ihrer weltanschaulichen Meisterung« spiegeln: »Jede Methode, die an die adäquate Gestaltbarkeit solcher Realzusammenhänge heranführt, ist brauchbar und kann dem sozialistischen Realismus integriert werden«, so Schiller.[65]

Solche Überlegungen trafen allerdings auf ein »moralisch-politisch dominiertes Literaturverständnis«[66] in der Kulturpolitik und weiten Teilen der Literaturkritik, nach dem ästhetische Fragestellungen politisch-ideologischen und weltanschaulichen Kriterien unterzuordnen waren. Die Abteilung Kultur beim ZK der SED verurteilte die Debatte in einer internen Zwischenauswertung scharf und verwies auf die Gültigkeit des Bitterfelder Weges.[67] Die drei abschließenden Aufsätze von Hans Koch, Kulturfunktionär und zu diesem Zeitpunkt Sekretär des Schriftstellerverbands, und von den Germanist:innen Edith Braemer und Horst Haase, die die Debatte beenden sollten, argumentierten in diesem Sinne. Hans Koch führte die »›Schwerverständlichkeit‹ von Gedichten« auf »Unlust und Unvermögen, Zusammenhänge durchschaubar zu machen«, zurück und klagte: »Der Verlust inhaltlicher Klarheit, Bestimmtheit und Ordnung wiederholt sich in der Form«.[68] Edith Braemer wiederum, deren Beitrag Simone Barck als den »dogmatische[n] Gipfelpunkt der Debatte«[69] bezeichnet, sah Verständlichkeit nicht als »selbständige Kategorie«, sondern wollte sie im Verhältnis zur »marxistischen Kategorie« der Volkstümlichkeit verstanden wissen, deren elementarer Bestandteil sie sei.[70] Den jungen Autor:innen warf sie eine »entschieden nicht-volksverbundene Literatur« vor.[71]

---

63 Vgl. Hartmann: Lyrik-Anthologien (Anm. 62), S. 256f.

64 Vgl. Dieter Schiller: Über Verständlichkeit von Gedichten. In: Forum (1966), H. 12, S. 20–23.

65 Ebd, S. 20.

66 Brohm: Koordinaten im Kopf (Anm. 62), S. 130.

67 Vgl. Simone Barck: Ein Genre wird öffentlich. In: »Jedes Buch ein Abenteuer«. Zensur-System und literarische Öffentlichkeit in der DDR bis Ende der sechziger Jahre. Hg. v. Simone Barck, Martina Langermann und Siegfried Lokatis. Berlin: Akademie Verlag 1997, S. 286–317, hier S. 311f.

68 Hans Koch: Haltungen, Richtungen, Formen. In: Forum (1966), H. 15/16, S. 5–12 u. 22f., hier S. 10.

69 Barck: Ein Genre wird öffentlich (Anm. 67), S. 314.

70 Edith Braemer: Volksverbundenheit und Parteilichkeit. In: Forum (1966), H. 15/16, S. 16–19, hier S. 19.

71 Ebd.

War die Norm des Bitterfelder Weges 1966 kurz nach dem sogenannten Kahlschlag-Plenum noch verbindlich, hatte sich die Situation 1972, als Schütz im Interview seine Einschätzung zum Verhältnis von Jungen Poeten und Schreibenden Arbeitern gab, (vorübergehend) ein wenig entspannt. Vermittelnd beschwor er »das gleiche Ziel« der beiden Bewegungen: »die sozialistische Literaturgesellschaft«, zu deren Gestaltung »beide dringend gebraucht« würden, »weil jeder etwas eigenes dazu beizutragen« habe.[72] Damit lag er auf einer Linie mit Dieter Schiller, der 1966 in seinem *Forum*-Beitrag für die angestrebte »einheitliche sozialistische Literaturgesellschaft« »die Notwendigkeit einer Vielheit poetischer Konzeptionen auf der gemeinsamen weltanschaulich-politischen Grundlage« betont hatte.[73]

5. Fazit

Vertreter der Bewegung Schreibender Arbeiter sahen in der Poetenbewegung vor allem die Möglichkeit, Nachwuchs zu akquirieren und damit die eigene, quantitativ stagnierende ›Bewegung‹ wieder zu stärken. Wolfgang Schütz war mit Blick auf die jungen Poeten der Überzeugung: »Mit ihnen erhalten die schreibenden Arbeiter des Bezirkes begehrten und kräftigen Nachwuchs.«[74] Er warb in seiner Funktion als Vorsitzender der Bezirksarbeitsgemeinschaft Schreibender Arbeiter Gera dafür, dass »alle Zirkel des Bezirkes neue Initiativen [mit jungen Schreibenden und schreibenden Schülern, A.J.] ergreifen« sollten.[75]

Die Integration von Jungen Poeten veränderte den Jenaer Zirkel Schreibender Arbeiter tatsächlich nachhaltig. Wie bereits angesprochen, kamen seit den 1970er Jahren ständig auch jüngere Schreibende in das Zirkel-Kollektiv, das sich dadurch verjüngte und seinen Charakter veränderte. Der Anteil an Werktätigen ging stetig zurück, der Anteil vor allem an Studierenden aus der nahen Friedrich-Schiller-Universität Jena stieg. 1986 übernahm schließlich der junge Germanist Lutz Mühlfriedel, der sich zu dieser Zeit bereits seit einigen Jahren in den Strukturen der Poetenbewegung bewegt hatte, die Zirkelleitung von seinem älteren Kollegen Dr. Wolfgang Schütz. Mühlfriedel hatte 1980 am 10. Zentralen Poetenseminar in Schwein teilgenommen; 1981 wurde eines seiner Gedichte in den *Offenen Fenstern* 7 abgedruckt.[76] Folgt man einer Einschätzung von Hannes Würtz aus dem Jahr 1986, war die Entwicklung der Mitgliederstruktur in Jena kein Einzelfall. Während der 21.

72 Ebd.

73 Schiller: Über Verständlichkeit (Anm. 64), S. 20.

74 Ebd.

75 Wolfgang Schütz: Neue Stimmen melden sich zu Wort. In: Volkswacht-Beilage, 19. April 1973, S. 6.

76 Lutz Mühlfriedel: in lenins stadt. In: Offene Fenster 7. Hg. und mit einem Vorwort von Edwin Kratschmer, Margret Kratschmer und Hannes Würtz. Berlin: Neues Leben 1981, S. 101.

Arbeiterfestspiele in Magdeburg in einem Fernsehinterview nach der Entwicklung der Schreibenden Arbeiter gefragt, erklärte er, dass viele Poetenseminarteilnehmer:innen (nach ihrem altersbedingten Ausscheiden aus der FDJ-Förderung mit 25 Jahren) in der Bewegung der Schreibenden Arbeiter wiederzufinden seien und diese sich dadurch »in den letzten Jahren verjüngt« habe. In ihren »gegenseitigen Anschauungen« seien sie einander »eine gute Ergänzung«.[77]

Zusammenfassend kann man feststellen, dass die Integration von Jungen Poeten in die Zirkel Schreibender Arbeiter die dynamische Anpassungsfähigkeit des Formats ›Zirkel‹ sowohl an die kulturpolitischen Wetterlagen als auch die unterschiedlichen Ansprüche der Schreibenden erhöhte. Sie begünstigte eine zunehmende Entideologisierung des Autorschaftsverständnisses und eine priorisierte Verfolgung von (künstlerischen) Eigeninteressen der Zirkelmitglieder vor allem in den späten 1980er Jahren. Sie trug damit dazu bei, dass einzelne Zirkel auch nach dem Wegfall der staatlichen Förderstrukturen und des ideologischen Überbaus 1990 ihre Bedeutung als Austauschforum für Schreibende aufrechterhalten konnten und bestehen blieben. Der Jenaer Zeiss-Zirkel beispielsweise gründete sich 1990 bewusst zur Autorengruppe im Volkshaus Jena um und versteht sich seither als »Gruppe unabhängiger Autoren, die über die Vorstellung eigener (neuer) Texte immer wieder miteinander ins Gespräch kommen«.[78]

77 Vgl. Stiftung Deutsches Rundfunkarchiv, DFF1, 18072: rund. Folge 149, 21. Juni 1986, 11:11:35-11:12:15 Stunden.

78 Lutz Funk: Zur Geschichte der Jenaer Autorengruppe. In: Jenaer Autorengruppe: Blaues lugt durch Wolkenberge. Texte der Jenaer Autorengruppe. Zürich: Scidinge Hall 2014, S. 153–155, hier S. 154.

»Gedichte mit Publikum«

Bilder sozialistischer Jugend in Zeitungen und Anthologien der 1960er Jahre

Marlene Kirsten

Die frühen 1960er Jahre waren in der DDR die Zeit der schon damals sogenannten Lyrikwelle, in der unter anderem Sarah Kirsch, Volker Braun und Joachim Rähmer debütierten.[1] Nach dem in die Literaturgeschichte eingegangenen Lyrikabend vom 11. Dezember 1962 in der Akademie der Künste reagierte die Jugendorganisation der DDR, die FDJ, auf das merkliche Interesse an Gedichten. Anlässlich des VI. Parteitags organisierte man in Berlin, Halle, Leipzig und Dresden eigene Lesungen mit großem Erfolg. Teilweise hörten bis zu tausend Personen den Autor:innen zu; jedenfalls liest man für Berlin und Leipzig diese Zahl. Berichtet wurde über die Veranstaltungen in den Zeitungen *Sonntag*, *Neue Zeit* und *Neues Deutschland*,[2] und im Verbandsorgan der FDJ, dem *Forum*. Der Verlag Neues Leben dokumentierte die Lesungen außerdem in den Anthologien *Auftakt 63. Gedichte mit Publikum* und *Auswahl 64. Neue Lyrik, Neue Namen.*

Zwischen den Anthologien und der Zeitung *Forum* lässt sich eine Ähnlichkeit des Layouts feststellen. In beiden Formaten sorgen die flexible Anordnung von Text und Fotografien, die serifenlose Schrift und der große Weißraum für einen modernen Eindruck. Bei einem Durchblättern der Jahrgänge 1963 bis 1965 des *Forums* zeigt sich, dass Fotografien der Lyrikveranstaltungen mehrfach zu Illustrationszwecken verwendet wurden, auch in Beiträgen ohne Bezug auf das zugrundeliegende Ereignis.[3]

---

1 Vgl. zur Lyrikwelle Simone Barck: Ein Genre wird öffentlich. In: Jedes Buch ein Abenteuer. Zensur-System und literarische Öffentlichkeiten in der DDR bis Ende der sechziger Jahre. Hg. v. Simone Barck, Martina Langermann und Siegfried Lokatis. Berlin: Akademie Verlag 1997, S. 286–296.

2 Vgl. neben einer Reihe weiterer Anzeigen und Artikel Heinz Fellenberg: Lyrikerabend in Leipzig. In: Neues Deutschland, 12. Januar 1963, S. 5; Claus Hammel: Die Welt mit Lyrik bombardieren. In: Sonntag, 27. Januar 1963, S. 10; Junge Autoren lasen Lyrik in Magdeburg. In: Neue Zeit, 19. Februar 1963, S. 2; Reimund Schnabel: Junge Kunst – Magnet für Tausend. Gedanken zu einem Lyrik-Abend in Berlin. In: Neue Zeit, 17. April 1963, S. 4.

3 Porträt- oder Gruppenaufnahmen wurden neben Texte aller Art gestellt, der inhaltliche Konnex wurde nur bei Reportagen aufrechterhalten.

So findet sich etwa eine Aufnahme der jungen Frau, deren Porträt auf dem Titel der Sammlung *Auswahl 64* (Abb. 1) ist, auch bei einem Vorabdruck von Erik Neutschs *Spur der Steine* im *Forum*, in einem Heft, das nicht auf die Lyrikveranstaltungen eingeht.[4] Aus beiden Beobachtungen ergeben sich folgende Fragen: Warum eignen sich die Aufnahmen für den mehrfachen Einsatz in der Zeitung? Und wie verhalten sich die Lyrikanthologien zu vorangegangenen Zeitungsartikeln?

Abb. 1: Cover der Anthologie Auswahl 64 *(Fotografie von Thomas Billhardt)*

Die Lyriklesungen und -publikationen fielen in eine »Phase relativer Liberalität« der Jugendpolitik der SED.[5] Die Verbindung von Publizistik und Jugendpolitik zeigt

4 Vgl. Erik Neutsch: Die Spur der Steine. Dritter Teil. In: Forum 18 (1964), H. 5, S. 22. Eine weitere porträtierte Zuhörerin findet sich ebenfalls in diesem Romanauszug auf S. 20 und in der Anthologie auf S. 68.

5 Steffi Lehmann: Jugendpolitik in der DDR. Anspruch und Auswirkungen. Baden-Baden: Nomos 2019, S. 100.

sich exemplarisch an der Person Kurt Turbas, der 1963 zum Leiter der Jugendkommission beim Politbüro des Zentralkomitees (ZK) der SED berufen wurde, nachdem er zuvor Chefredakteur der Zeitung *Forum* gewesen war. Zu erinnern wäre auch an das zweite Jugendkommuniqué des ZKs der SED von 1963, »Der Jugend Vertrauen und Verantwortung«, als Ausdruck des Versuchs, die Jugendlichen stärker für den sozialistischen Staat zu gewinnen. Der Systemstreit mit dem Westen wurde auch in der Jugendpresse und Jugendarbeit ausgetragen.[6] Für die Analyse der Publikationen stellt sich die Frage, wie sich in den Gedichten und Fotografien ästhetische und ideologische Diskurse der Zeit vermitteln. Wie modellieren Text und Bild im Neben- und Miteinander das Verhältnis von Individuum und Gesellschaft, von Lyrik, Jugend und Öffentlichkeit?

Dieser Aufsatz erweitert den Konnex von Lyrik und Jugend um die fotografische Dimension und trägt so der verlegerischen Praxis Rechnung. Die Zirkulation von Fotografien und Gedichten zwischen der Zeitung *Forum* und den Anthologien führt zu unterschiedlichen Wirkungszusammenhängen. Dabei interessieren weniger die Inhalte der literarischen Texte als die Frage, wie ›junge Lyrik‹ in verschiedenen Medien ins Bild gesetzt wird – mit Peritexten und Fotografien, auf der Buch- und Zeitungsseite.[7] Das Interesse dafür ergibt sich einerseits aus der Vernachlässigung buchgestalterischer Fragen in der bisherigen Forschung zur DDR-Literatur, andererseits durch jüngere Arbeiten der Journalliteraturforschung und kulturwissenschaftlichen Zeitschriftenforschung.[8]

1. *Forum* in den frühen 1960er Jahren

Die Zeitung *Forum* erschient in den 1960er Jahren als zweiwöchentliche Publikation mit einem Umfang von 24 Druckseiten und einer Auflage von 100.000 Exemplaren.[9]

6 Vgl. Dorothee Wierling: Die Jugend als innerer Feind. Konflikte in der Erziehungsdiktatur der sechziger Jahre. In: Sozialgeschichte der DDR. Hg. v. Hartmut Kaelble, Jürgen Kocka und Hartmut Zwahr. Stuttgart: Klett-Cotta 1994, S. 404–425, hier S. 408–413.

7 ›Junge Lyrik‹ zirkuliert auch in den 1970ern und 1980ern durch verschiedene Medien und wäre auf diesen Umstand hin zu untersuchen. Fallbeispiele sind Gedichte des Zentralen Poetenseminars in Schwerin, die zuerst in der Zeitung und dann im *Poesiealbum* erschienen, oder die Übernahme von Schülergedichten aus dem ersten Band der *Offenen Fenster* (1967) in den von Bernd Jentzsch herausgegebenen Band *Ich nenn euch mein Problem. Gedichte der Nachgeborenen. 46 junge, in der DDR lebende Poeten der Jahrgänge 1945–1954* (Berlin: Neues Leben 1971).

8 Vgl. Nicola Kaminski/Jens Ruchatz: Journalliteratur – ein Avertissement. Hannover: Wehrhahn 2017, außerdem den Themenschwerpunkt Beiträge zur kulturwissenschaftlichen Zeitschriftenforschung in: Internationales Archiv für Sozialgeschichte der deutschen Literatur 45 (2020), H. 1 u. 2.

9 Vgl. für die Auflagenzahl Barck: Ein Genre wird öffentlich (Anm. 1), S. 307. – Im Verlauf seiner Publikationsgeschichte hatte das *Forum* verschiedene Untertitel. Bereits diese Benennungen

Im Unterschied zur Tageszeitung *Junge Welt*, die ebenfalls von der FDJ verantwortet wurde, leistete das *Forum* keine tagesaktuelle Berichterstattung, veröffentlichte stattdessen längere Artikel und Reportagen und hatte eine geringere Auflagenzahl.[10] Die Publikation ist ein Großfolio von 31,5 × 46,5 cm. Sie richtete sich vornehmlich an ältere Mitglieder der FDJ, Studierende und Auszubildende. Damit ergibt sich eine potenzielle Deckung zwischen der Zielgruppe der Zeitung und den jungen Autor:innen, deren Lyrik vorgestellt wird. Der Forschung zur DDR-Literatur ist die Zeitung bekannt durch die von April bis August 1966 in ihr ausgetragene Lyrikdebatte. Sie wurde anlässlich des Erscheinens der Anthologie *In diesem besseren Land* (1966) durch die Redaktion angestoßen und erregte Aufsehen, weil Autor:innen und Literaturwissenschaftler:innen öffentlich über die Funktion und Gestaltung von sozialistischer Lyrik diskutierten und dabei mitunter von der offiziellen Doktrin abwichen.[11] An dieser Stelle interessiert jedoch vor allem der Jahrgang 1963.

Für die 1960er Jahre stellt *Forum* »das wohl originellste Presseerzeugnis der DDR« dar, so Lutz Kirchenwitz.[12] Das Periodikum ist der Jugendforschung zur DDR zwar bekannt, wurde bisher aber nicht als eigenständiger Gegenstand er-

verweisen auf die Position der Publikation zwischen den Idealtypen Zeitung und Zeitschrift. In diesem Aufsatz wird *Forum* als Zeitung apostrophiert, angelehnt an die Idee »eines übergeordneten Prinzips *Zeitung* […], wo viele unterschiedene Texte (und Bilder) der Rahmung durch die periodisch erfolgende Veröffentlichung unterliegen« (Hedwig Pompe: Zeitung/Zeitschrift. In: Handbuch Medien der Literatur. Hg. v. Natalie Binczek, Till Dembeck und Jörgen Schäfer. Berlin/Boston: De Gruyter 2013, S. 294–310, hier S. 295). Zugleich sind die Adressierung einer eingegrenzten Zielgruppe und ihr zwar periodisches, aber nur zweiwöchentliches Erscheinen Argumente für eine Nähe zu jenen Publikationen, denen sich die rezente Zeitschriftenforschung widmet. Vgl. Oliver Scheiding/Sabina Fazli: Einleitung. In: Handbuch Zeitschriftenforschung. Hg. v. dies. Bielefeld: transcript 2022, S. 11–44, hier S. 11: »Im Gegensatz zu Tageszeitungen und reinen Nachrichtenmedien fungieren Zeitschriften als Projektionsräume, die Auskunft über gesellschaftliche, kulturelle und soziale Entwicklungen in spezifischen historischen Kontexten geben. Anders als Zeitungen sind Zeitschriften hochgradig spezialisiert, um so unterschiedliche Zielgruppen zu adressieren.«

10 Vgl. zur *Jungen Welt* Michael Meyen/Wolfgang Schweiger: »Sattsam bekannte Uniformität?« Eine Inhaltsanalyse der DDR-Tageszeitungen *Neues Deutschland* und *Junge Welt* (1960 bis 1989). In: Medien & Kommunikationswissenschaft 56 (2008), S. 82–100, sowie Andreas Bauhaus: Jugendpresse, -hörfunk und -fernsehen in der DDR. Ein Spagat zwischen FDJ-Interessen und Rezipientenbedürfnissen. Dissertation Universität Münster 1994.

11 Vgl. für eine Darstellung und Analyse der Debatte Barck: Ein Genre wird öffentlich (Anm. 1), S. 307–317; und Anthonya Visser: »Blumen ins Eis«. Lyrische und literaturkritische Innovationen in der DDR. Zum kommunikativen Spannungsfeld ab Mitte der sechziger Jahre. Amsterdam/Atlanta: Rodopi 1994, S. 27–87.

12 Lutz Kirchenwitz: Die FDJ und »ihre« Singebewegung. In: »Links und links und Schritt gehalten…«. Die FDJ: Konzepte – Abläufe – Grenzen. Hg. v. Helga Gotschlich. Berlin: Metropol 1994, S. 326–333, hier S. 329.

schlossen.[13] Das *Forum* wurde Anfang der 1960er von dessen Chefredakteur Kurt Turba und seinem Stellvertreter Heinz Nahke neu profiliert. Verantwortlich für die Gestaltung war Wolfgang Geisler, durch den die Publikation hinsichtlich ihres Layouts stärker in die Kategorie eines Magazins rückte. Im Unterschied zu anderen Zeitungen und früheren Jahrgängen wurde stärker mit dem Weißraum der Seite gearbeitet, das gesamte Layout wirkt luftiger. Der moderne Eindruck ergibt sich durch die Verwendung serifenloser Schriften, leuchtender Farben für Überschriften – das vorher singulär verwendete Rot wechselt nun mit Blau, Grün oder Violett – und durch die flexible Gestaltung der Seiten. Als Illustrationen dienen Fotografien, zeitgenössische Holzschnitte, historische Stiche Albrecht Dürers und wiederkehrende Grafiken. Steffen Hendel verweist auf die Ähnlichkeiten zur »kommunistischen Publizistik quasi Münzenberg'scher Prägung und Agitationsformen der 1920er und 1930er Jahre«.[14]

Die Neuerungen betrafen neben dem Layout auch die inhaltliche Ausrichtung, darauf lassen Zuschriften von Leser:innen schließen. Im 23. Jahrgang des *Forum* 1963 werden unter anderen folgende Themen behandelt: die Einführung des Neuen Ökonomischen Systems (NÖS) und der VI. Parteitag der SED, gekoppelt unter der Reihenüberschrift »Der Mensch, die wichtigste Produktivkraft«. Ein wichtiges Themenfeld bilden anzugehende Veränderungen in der Berufsausbildung und der Schulpädagogik. Unter den Artikeln finden sich Reportagen, Stellungnahmen, Diskussionsformate und Interviews. Die Wirkung der Zeitung schätzt Simone Barck wegen der thematischen Breite hoch ein:

> Das Bemühen um einen eigenen, auch kritischen Reportage- und Interviewstil, der die Jugendlichen vor Ort in Schule, Studium und Beruf gleichermaßen in der Zeitung zeigte und zum Gespräch herausforderte, das Debattieren wichtiger philosophischer oder ökonomischer Probleme (etwa zur Rolle von Widersprüchen

---

13 Einen Überblick über die bisherige Forschung zur DDR-Tagespresse und ihrer wissenschaftlichen Fallstricke geben Anke Fiedler/Michael Meyen: Jenseits von Gleichförmigkeit und Propaganda: Warum es sich lohnt, DDR-Zeitungen zu untersuchen. In: Fiktionen für das Volk: DDR-Zeitungen als PR-Instrument. Hg. v. Anke Fiedler und Michael Meyen. Berlin: Lit 2011, S. 7–24. DDR-Zeitschriften wiederum sind bisher kaum Gegenstand der Presseforschung. Jüngster Vorstoß für eine Änderung der Forschungslage war der Workshop »DDR-Zeitschriften: Erste Erkundungen«, ausgerichtet von Vincent Fröhlich und Madleen Podeswki im Februar 2022. Ankündigungstext und Programm sind online einsehbar; einzelne Beiträge erschienen anschließend in einer Sonderausgabe der *periodiCON* (3/2023).

14 Steffen Hendel: Das Subjekt als Weg und Ziel der kommunistischen Welt: Brigitte Reimanns Sibirienreportage »Das grüne Licht der Steppen« in Zeitung, Buch und Tagebuch 1964/1965. In: Reportage-Literatur in der DDR. Hg. v. Stephan Pabst und Andrea Jäger. Hannover: Wehrhahn 2023, S. 191–206, hier S. 204.

im Sozialismus oder Fragen der Produktivkraftentwicklung) sowie ein gewichtiger Leserbrief-Teil trugen zur Akzeptanz und Verbreitung der Zeitung bei.[15]

Die Gegenwartsliteratur der DDR nahm einen großen Platz im *Forum* ein und »wurde als ein Medium begriffen, das in der als sozialistisch aufgefaßten Gesellschaft Bewußtsein für latente Konflikte schaffen konnte und Sozialerfahrung umzuverteilen versuchte.«[16] Zeitgenössische Texte wurden in verschiedener Weise berücksichtigt. Es wurden ganze Romane abgedruckt, darunter Christa Wolfs *Der geteilte Himmel* (im Jahrgang 1962), Erik Neutschs *Spur der Steine* (ab Heft 2/1963) und Hermann Kants *Die Aula* (ab Heft 22/1963), mehrfach schon vor Erscheinen des Buchexemplars und verbunden mit Diskussionsrunden. Daneben fanden sich Hörspiele und Theaterstücke. Zusätzlich gab es Werkstattberichte.[17] Gedichte waren seltener als Prosatexte; 1964 stieg unter Leser:innen der Unmut darüber.[18] Lyrik hatte keinen festen Platz im Blatt; Gedichte wurden lose im Heft verteilt, manchmal mit thematischem Bezug.[19]

Das Fehlen einer Rubrik für Gedichte hat im Februar 1963 zur Konsequenz, dass das *Forum* für die Dokumentation der Lyriklesungen im Seitenumfang erweitert werden muss. Auf der ersten Innenseite, unterhalb des Inhaltsverzeichnisses informiert die Redaktion im Februar 1963, im dritten Heft des Jahres: »FORUM erscheint diesmal in erweitertem Umfang, um eine Auswahl von Gedichten, die auf den bekannten Lyrikveranstaltungen der FDJ in Berlin, Halle, Leipzig und Dresden vorgetragen wurden, unseren Lesern rasch in die Hand zu geben.«[20] Aus Veranstaltungsberichten lässt sich entnehmen, dass den Zuhörer:innen vor Ort die Texte hektografiert zur Verfügung gestellt wurden.[21] Die Adressat:innen des *Forums* sind damit die, die nicht selbst bei den Lesungen sein konnten. Zugleich sind jene angesprochen, die eine Lesung besuchten und sich nun für die Texte der anderen Veranstaltungen interessieren.

---

15 Barck: Ein Genre wird öffentlich (Anm. 1), S. 306f.

16 Leonore Krenzlin: Jugend, »forum«, Literatur. In: Die Weltbühne 85 (1990), H. 33, S. 1055–1058, hier S. 1057.

17 Vgl. Hans Weber: Gedanken vor dem ersten Federstrich. In: Forum 17 (1963), Heft 10, S. 10f.

18 Vgl. Leserbriefe in Heft 11, 14 und 16 des Jahres 1964.

19 So erscheint Heiner Müllers *Fragen für Lehrer* im Rahmen der Diskussion um eine reformierte Schulpädagogik (1963, H. 13, S. 15). Demgegenüber stehen zwei Gedichte Volker Brauns, *Moritat vom Wolfsburger Stempler* und *Flüche in Krummensee*, ohne kontextualisierende Artikel (1963, H. 21, S. 14). Kurz erklärt wird der Anlass der Moritat: FDJ-Mitglieder, die nach Oberhausen reisen wollten, wurden von bundesdeutschen Beamten zurückgewiesen. Über das Einzelheft hinweg korrespondiert der Text mit der fortlaufenden Berichterstattung über das Verhältnis von west- und ostdeutschen Jugendverbänden.

20 An unsere Leser. In: Forum 17 (1963), H. 3, S. 2.

21 Vgl. Heinz Fellenberg: Lyrikerabend in Leipzig (Anm. 2), S. 5.

Die Lyrikveranstaltungen werden dabei als bekannt vorausgesetzt. Daher beschränkt sich die Zeitung auf den Abdruck der Gedichte und bringt keinen Bericht oder eine Rezension der Veranstaltung. Den Gedichten vorangestellt wird ein kurzer Text Johannes R. Bechers, *Aus der Welt des Gedichts,* in dem dieser sich für ein parteiliches und gegenwartsnahes Dichten ausspricht. Als wichtiger Autor für die frühen Jahre der DDR-Literatur hat sein Wort Gewicht. Er geht allerdings von seinem eigenen historischen Erleben aus und spricht damit für seine Generation, die die DDR mitbegründet hat und nicht für die Jüngeren, wenn er schreibt:

> Ein Gedicht ist ein Wagnis. Der Sozialismus gab uns Dichtern eine große Sicherheit, aber man kann diese Sicherheit auch mißbrauchen. Wir müssen auch angesichts des sozialistischen Wohlstands jene schöpferische Unruhe beibehalten, die uns einstmals zu den ersten Gedichten trieb.[22]

Den Aussagen fehlt der Bezug zur Überschrift *Junge Lyrik* und zu junger Autorschaft. Die allgemeine Verpflichtung am Ende des Textauszugs lässt sich allerdings als Aufforderung an die jungen Lyriker lesen:

> – wenn man, um diese Zeit kennenzulernen, nicht in Zeitungsbänden nachschlagen soll, statt in unsren Versheften zu blättern – wenn es uns also gelingen soll, das Gesicht der Zeit im Worte abzubilden und für die Zukunft vorzubilden: dann müssen wir uns leidenschaftlich anstrengen.[23]

Becher vertritt die Position, Literatur müsse sich mit der eigenen Gegenwart auseinandersetzen; auch das Gedicht könne ein Zeitdokument sein. Die Gattungen verknüpft er mit ihren gängigen Publikationsformen. Dass Lyrik durchaus auch in Zeitungen erschienen konnte, zeigt allerdings nicht nur das *Forum*.

Die das Zitat rahmenden Fotografien (Abb. 2) greifen den Aspekt der Rezeption auf. Sie lassen die Arbeit des Dichters und die nötige Anstrengung außer Acht und zeigen die Lesesituation aus Vogelperspektive und eine aus vollem Hals lachende junge Frau. Lyrik wird hier nicht blätternd, sondern zuhörend erfasst und bereitet zuallererst Vergnügen. Die beiden Fotografien sind die einzigen, die das Publikum abbilden, auf den weiteren sind nur die Autor:innen im Akt des Lesens und Vortragens zu sehen. 11 Porträts von insgesamt 23 berücksichtigten Autor:innen wurden ausgewählt. Die Fotografien sind nur klein reproduziert, etwa in Passbildgröße. Grundsätzlich treten sie hinter die Texte zurück. Die Gedichte sind locker auf den Seiten verteilt, es gibt relativ viel Weißraum; 45 Gedichte füllen sechs ganze und zwei halbe Seiten. Die Seiten mit den Gedichten werden unterbrochen durch andere

22 Johannes R. Becher: Aus der Welt des Gedichts. In: Forum 17 (1963), H. 3, S. 14. Der Text, aus dem das Zitat stammt, ließ sich leider nicht ausfindig machen.

23 Ebd.

Beiträge. Darunter sind eine Kritik zum Ballett-Abend eines Berliner Studentenensembles (*Der letzte Schuss* von Lawrenjew) und eine Doppelseite zu Jürgen Wittdorfs *Zyklus für die Jugend*, einer prämierten Reihe von Holzschnitten. Der Zusammenhang der drei Artikel ergibt sich durch ihre zeitgenössische Thematik, die Urheberschaft junger Künstler:innen und die Adressierung eines jugendlichen Publikums. Die Verbindung stellt die Redaktion selbst her, allerdings nur im Text der Kritik und damit nur für diejenigen Leser:innen, die alle Beiträge lesen.[24] Im Gegensatz dazu durchbricht der Kapitelauszug aus *Spur der Steine* den inhaltlichen Zusammenhang der Artikel.

Abb. 2: Junge Lyrik, in: Forum 17 (1963), *Heft 3, S. 14 (Fotografien von Klaus Marschke)*

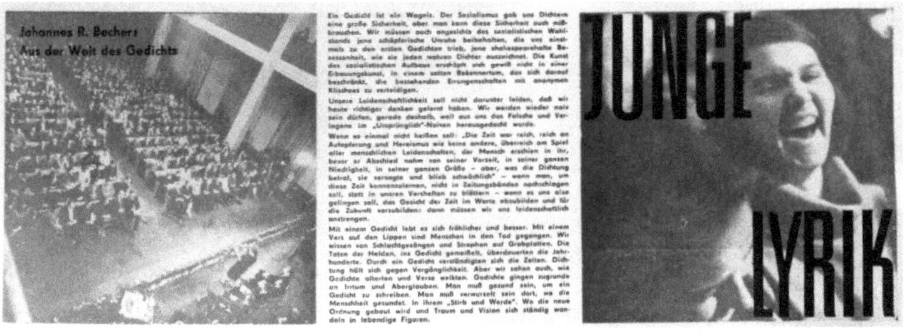

Johannes R. Bechers
Aus der Welt des Gedichts

Ein Gedicht ist ein Wagnis. Der Sozialismus gab uns Dichtern eine große Sicherheit, aber man kann diese Sicherheit auch mißbrauchen. Wir müssen auch angesichts des sozialistischen Wohlstands jene schöpferische Unruhe beibehalten, die uns einstmals zu den ersten Gedichten trieb, jene shakespearehafte Besessenheit, wie sie jeden wahren Dichter auszeichnet. Die Kunst des sozialistischen Aufbaus erschöpft sich gewiß nicht in einer Erbauungskunst, in einem satten Bekennertum, das sich darauf beschränkt, die bestehenden Errungenschaften mit anonymen Klischees zu verteidigen.

Unsere Leidenschaftlichkeit soll nicht darunter leiden, daß wir heute richtiger denken gelernt haben. Wir werden wieder naiv sein dürfen, gerade deshalb, weil aus uns das Falsche und Verlogene im „Ursprünglich"-Naiven herausgedacht wurde.

Wenn es einmal nicht heißen soll: „Die Zeit war reich, reich an Aufopferung und Heroismus wie keine andere, überreich am Spiel aller menschlichen Leidenschaften, der Mensch erschien in ihr, bevor er Abschied nahm von seiner Vorzeit, in seiner ganzen Niedrigkeit, in seiner ganzen Größe – aber, was die Dichtung betraf, sie versagte und blieb schwächlich" – wenn man, um diese Zeit kennenzulernen, nicht in Zeitungsbänden nachschlagen soll, statt in unseren Versheften zu blättern – wenn es uns also gelingen soll, das Gesicht der Zeit im Worte abzubilden und für die Zukunft vorzubilden: dann müssen wir uns leidenschaftlich anstrengen.

Mit einem Gedicht lebt es sich fröhlicher und besser. Mit einem Vers auf den Lippen sind Menschen in den Tod gegangen. Wir wissen von Schlachtgesängen und Strophen auf Grabplatten. Die Taten der Helden, ins Gedicht gemeißelt, überdauerten die Jahrhunderte. Durch ein Gedicht verständigten sich die Zeiten. Dichtung hält sich gegen Vergänglichkeit. Aber wir sahen auch, wie Gedichte alterten und Verse welkten. Gedichte gingen zugrunde an Irrtum und Aberglauben. Man muß gesund sein, um ein Gedicht zu schreiben. Man muß verwurzelt sein dort, wo die Menschheit gesundet. In ihrem „Stirb und Werde". Wo die neue Ordnung gebaut wird und Traum und Vision sich ständig wandeln in lebendige Figuren.

JUNGE LYRIK

Auf die Publikation der Gedichte reagieren die Leser:innen unterschiedlich. Das *Forum* druckt in den Folgeheften mehrere Leserbriefe ab, die sich entweder für den Abdruck der Texte bedanken oder kritisch auf einzelne Gedichte eingehen.[25] Die Redaktion fordert aktiv zu weiteren Zuschriften auf. Das Zusammenbringen von Publikum und Autor:in ist ein Anliegen, dass die Redaktion schon bei Romanvorabdrucken verfolgte.

Zehn Monate nach der Gedichtauswahl werden die Lyriklesungen erneut aufgegriffen. Im Dezember 1963 werden unter der Überschrift *Lyrik unter der Lupe* vier Gedichte mit zwei eher journalistischen Einzelbeiträgen kombiniert, die die Lyrik der jungen Autor:innen kritisieren und kommentieren.[26] In diesem wie in weiteren Beiträgen zur Lyrik wird vollständig auf Fotografien verzichtet. Die Redaktion des *Forum* erläutert die Absicht des Text-Arrangements folgendermaßen:

---

24 Vgl. Der letzte Schuss. In: Forum 17 (1963), Heft 3, S. 16.

25 Vgl. Günter Schneider: Bitte eines FDJlers an den Lyriker H. R. In: Forum 17 (1963), H. 4, S. 9, und Leserbriefe in Forum 17 (1963), H. 5, S. 2.

26 Vgl. Lyrik unter der Lupe. In: Forum 17 (1963), H. 24, S. 22–24.

> Sie lesen hier drei Gedichte, die auf dem letzten Lyrikabend der FDJ vorgetragen wurden, und ein ganz neues Gedicht. Wir haben solche Texte gewählt, über die man streiten kann. Die Diskussion hatte ja bereits im Vortragssaal begonnen. Ein Gespräch zwischen Lyrikern und Theoretikern halten wir für normal. Deswegen legen wir die Aufzeichnungen über diese Gedichte auch *in der Art des Gespräches* vor, in der sie entstanden. Wenn eine große Anzahl solcher Gespräche geführt wird, wird das auf das Niveau unserer Diskussionen zurückwirken und auf die A r b e i t der Lyriker.[27]

Bei den ausgewählten Gedichten handelt es sich um Bernd Jentzschs *Über das Randalieren aus akademischen Gründen*, Volker Brauns *Kommt uns nicht mit Fertigem* und Rainer Kirschs *Elegie über das Essen des Brötchens*. Als viertes, aber nicht kommentiertes Gedicht wurde Brauns *Die fliegende Frau* über eine Kosmonautin gewählt. Die Gedichte sind Erstdrucke, im Februar waren die Autoren mit anderen Gedichten vertreten. Die literarischen Texte stehen rechts auf der Doppelseite, links stehen »Bemerkungen während des Lesens«. In linearer Lektüre liest man zuerst die Reaktionen und erst dann die Gedichte. Beim Durchblättern der Zeitung fällt der Blick der Leser:innen aber zuerst auf die rechte Seite und damit auf die Verse. In der Logik des Formats erscheint die Reihung so einleuchtend. An die »Bemerkungen« schließt auf der folgenden Seite ein Essay von Gerhard Scholz an, *Über die Arbeit der Dichter*. Scholz war Professor für Literaturwissenschaft an der Humboldt-Universität Berlin, mit einem Forschungsschwerpunkt im 18. Jahrhundert. Die Erforschung des ›klassischen Erbes‹ und die Förderung der Gegenwartsliteratur gingen in der DDR jedoch Hand in Hand.[28]

Es ist nicht sicher zu sagen, von wem die »Bemerkungen« stammen, ob von Laien oder professionellen Leser:innen. Die Absender von Leserbriefen werden im *Forum* zu dieser Zeit sonst immer mit Namen und Wohnort angegeben. Hier fehlen diese Informationen. Priorisiert wird die Aussage. Simone Barck schreibt die Kommentare dem Literaturwissenschaftler Gerhard Scholz zu, der auch den Essay verfasste.[29] Dafür spricht die Referenz der Redaktion auf ein »Gespräch zwischen Theoretikern und Lyrikern«. Mitunter kommt in den »Bemerkungen« eine sehr starke Position in poetologischen Fragen zum Ausdruck, etwa zu Funktion und Gestaltung von Metaphern, die einen professionellen Leser als Urheber nahelegt. Die »Bemerkungen«, die offenbar mitprotokolliert wurden und einen mündlichen Stil aufweisen, reichen von individuellen Lese- bzw. Höreindrücken bis zu konkreten Verbesserungsvorschlägen, die den Rhythmus oder die Prägnanz des Ausdrucks betreffen.

---

27 Ebd., S. 22. Sperrung und Hervorhebung im Original.

28 Vgl. Günter Thalheim: Gedanken über die gegenwärtigen Forschungsaufgaben der literaturwissenschaftlichen Germanistik (in Thesenform). In: Weimarer Beiträge 4 (1958), Sonderheft, S. 88–92.

29 Vgl. Barck: Ein Genre wird öffentlich (Anm. 1), S. 307.

Selten verbleiben die Beobachtungen im Deskriptiven, in der Regel sind sie mit einer Wertung verbunden. Allerdings zeigen Leserbriefe einen ebenso dezidierten Wertungswillen, etwa wenn gereimte freien Versen vorgezogen oder Gedichte aus der Anthologie *Auftakt 63* wegen Rhythmusfehlern kritisiert werden.[30]

Das Arrangement aus Gedichten, »Bemerkungen« und Essay bildet eine Diskussion nach, die im Anschluss an eine Lesung literarische Verfahren verhandelt. Diese Verbindung aus Vortrag und Kritik lässt zum einen an die Praxis der Gruppe 47 denken, über die in der Zeitschrift des Deutschen Schriftstellerverbandes, der *neuen deutschen literatur*, berichtet wurde. Ebenso findet sich die Form des Diskussionsprotokolls in einem Heft der *Akzente*, dass sich der »Arbeitstagung Lyrik heute« 1961 widmete.[31] Zum anderen lässt sich dieses Format als Modell für die Werkstatttage und -wochen der Singebewegung und die Poetenseminare verstehen, die im Lauf der 1960er Jahre und Anfang der 1970er Jahre von der FDJ etabliert wurden. Der Gedanke, dass die Entwicklung einer künstlerischen Leistung vom Austausch mit anderen abhängt, findet sich im Vorwort der Anthologie *Auftakt 63* wieder:

> Es wäre wünschenswert, daß der Leser dieses kleinen Bandes seine Meinung nicht für sich behält, sein Urteil abgibt über Inhalt und Qualität dessen, was in diesem Band Aufnahme fand. Soll doch dem jungen Künstler geholfen werden, noch besser unser Leben künstlerisch gestalten zu können, im Streben nach Meisterschaft vorwärts zu kommen.[32]

Einen in gewisser Hinsicht komplementären Beitrag zu *Lyrik unter der Lupe* bildet der Artikel *Kunstkritik mit der Kamera*.[33] Konzentriert sich ersterer auf die Gedichte und kommentierende Wortbeiträge, ersetzt letzterer die Gedichte durch Fotografien. Bild und Text stammen von Klaus Marschke, der die Fotografien im Februarheft anfertigte. Für *Kunstkritik mit der Kamera* verwendet Marschke Fotografien einer Open-Air-Lesung des »Literaturfestivals der V. Arbeiterfestspiele im Cottbuser Blechen-Park«. Unter den vorgetragenen Texten waren auch Gedichte, das erschließen die Bildkommentare. Marschke fängt eine Lesungsszenerie ein, aber ohne diese mit literarischen Texten zu kombinieren; stattdessen entscheidet er sich für den Bildkommentar. Er wählt Panoramen, Einzel- und Gruppenporträts. Dominant ist der Typ des konzentrierten, männlichen Zuhörers. Die kurzen Texte neben den Fotografien kommentieren die Abgebildeten. In der Haltung, Mimik und Gestik der Zu-

30 Vgl. Jürgen Jordan: Wo bleibt die Lyrik? In: Forum 18 (1964), H. 14, S. 9 u. 23; sowie Kl.-Peter Hönnicke: An die Redaktion der Zeitschrift. In: Forum 18 (1964), H. 16, S. 16.

31 Vgl. Lyrik heute. Die Diskussion (Podiumsdiskussion und Publikumsdiskussion). In: Akzente 8 (1961), H. 1, S. 38–54.

32 Horst Schumann: Vorwort. In: Auftakt 63. Gedichte mit Publikum. Hg. v. Zentralrat der FDJ. Berlin: Neues Leben 1963, S. 6.

33 Klaus Marschke: Kunstkritik mit der Kamera. In: Forum 17 (1963), H. 13, S. 17, 19 u. 21.

schauer sieht Marschke die Qualität der vorgetragenen Texte gespiegelt, denn für die Beurteilung, so schreibt er, komme es vor allem auf die Wirkung der Texte an. Nur gute Texte könnten Liebende von romantischer Zweisamkeit abhalten, junge Männer in Lederjacke beeindrucken und angehende Ingenieure interessieren. Gedichte würden »prüfend neben den Alltag, den [man] erlebt«, gestellt.[34] Über einen Arbeiter heißt es:

> Selbst dieser Dicke mit der Tüte sitzt wie angestemmt, läßt seine Frau mit dem Abendbrot schwarz werden und hört Rähmer, Weinert und Karasholi. [...] Ein gutes Gefühl, unter klugen, gebildeten und gefühlsreichen Menschen zu leben, und er kostet es aus. Keine Frage, daß ihm am nächsten Tag im Betrieb siebenerlei gelingt, was in der Woche davor einfach nicht gelingen wollte.[35]

Marschke präsentiert Gedichte und Chansons als eine milieu- und altersunabhängig interessierende Literatur. Die Bildbeschreibungen benennen den Platz, den Lyrik in der DDR einnehmen soll: Sie soll einen Bezug zum Alltag haben und Leser:innen für die Erwerbsarbeit motivieren. Dabei hat sie zugleich literarischen Ansprüchen zu genügen.

Die Fotografien von den Lesungen, die die FDJ ausrichtete, und jene von den Veranstaltungen der Arbeiterfestspiele passen zu weiteren Fotografien im *Forum* der 1960er Jahre, zum Beispiel vom Deutschlandtreffen 1964, in einer Städtereportage und in einem Artikel zu Jugendklubs in der DDR (Abb. 3).[36] Immer wieder erinnern Gruppenaufnahmen oder Porträts an die Fotografien des Lesungs-Publikums in den Anthologien. Ob einzelne Fotografien in den Ausgaben des *Forums* von 1964 und 1965 von den Lyriklesungen stammen, ist allerdings nicht mehr nachzuvollziehen. In den Ausgaben ist der Bildnachweis mangelhaft. Zwar werden die Urheber ausgewiesen, nicht aber Ort und Zeit der Bilder. Ebenso fehlen Bildunterschriften. Gleichwohl wird deutlich, dass sich beim fotografischen Inszenieren sowohl von Zuschauer:innen als auch von der Jugend Abbildungsroutinen entwickeln, die bei Leser:innen der Zeitung für einen Wiedererkennungseffekt sorgen sollen.

---

34 Ebd., S. 21.

35 Ebd.

36 Vgl. Hans Weber: Denn sie wissen was sie tun. Jugend in Demmin. In: Forum 19 (1965), H. 7, S. 12–15, Fotografien auf S. 14f.; und [o.A.]: Eine Lücke und ihre Ursachen. Forum startet eine Diskussion über Probleme der Jugendklubs. In: Forum 19 (1965), H. 22, S. 10–13,

Abb. 3: Eine Lücke und ihre Ursachen. Forum startet eine Diskussion über Probleme der Jugendklubs, in: Forum 19 (1965), *Heft 22, S. 10–13, hier S. 12f. (Fotografien von Thomas Billhardt)*

Eine Lücke und ihre Ursachen

FORUM startet eine Diskussion über Probleme der Jugendklubs

Mittwoch, den 5. Mai 1965

Mittwoch, den 2. Juni 1965

Mittwoch, den 7. Juli 1965

Mittwoch, den 14. Juli 1965

Mittwoch, den 21. Juli 1965

Mittwoch, den 28. Juli 1965

Mittwoch, den 4. August 1965

Treff mit Renate

Aus dem Tagebuch eines Berliner Jugendklubs

Mittwoch, den 18. August 1965

Donnerstag, den 9. September 1965

Mittwoch, den 15. September 1965

Mittwoch, den 22. September 1965

Mittwoch, den 29. September 1965

Die Ähnlichkeiten lassen sich mit der kontinuierlichen Beschäftigung derselben Fotografen erklären.[37] Darüber hinaus belegen sie, wie sich eine Motivik über die Jahre verfestigt. Die Jugend wird abseits von offiziellen Paraden oder Arbeitseinsätzen gezeigt, als Privatpersonen und Individuen. Diese Bildpolitik bietet auch parteifernen Jugendlichen ein Identifikationspotential. Sie sollen sich in den Bildern wiedererkennen und so für die Texte in der Zeitung interessieren, die sozialistische Standpunkte vertreten und vermitteln.[38] Einen ähnlichen Zusammenhang stellt Stefan Ulfert her:

37 Bestimmend für das visuelle Bild der Jugend im *Forum* ist in diesen Jahren Thomas Billhardt. Nach einer Ausbildung und einem Studium an der Hochschule für Grafik und Buchkunst Leipzig arbeitete Billhardt seit 1963 freiberuflich als Fotograf. »Seine Fotos sind den meisten Menschen unserer Republik bekannt. [...] Viele gingen durch die Illustrierten.« (Anneliese Hübscher: Bewährung in der Praxis. Über einige Absolventen der Hochschule für Grafik und Buchkunst. In: Bildende Kunst 19 (1971), S. 84–92, hier S. 92.)

38 Die Mitgliederzahlen waren zwar mit 48 % im Jahr 1961 hoch, unter den älteren Jugendlichen waren es jedoch vor allem Oberschüler:innen und Studierende; unter Auszubildenden hatte die FDJ weniger Zulauf. Vgl. Juliane Brauer: Zeitgefühle – Wie die DDR ihre Zukunft besang. Eine Emotionsgeschichte. Bielefeld: transcript 2020, S. 213.

> Die Zielgruppe eines modernisierten Medienangebots war vor allem die Nachkriegsgeneration. Die DDR sollte als junger und dynamischer Staat präsentiert werden, um gerade den Jüngeren ein stärkeres Identifikationsangebot bereitzustellen.[39]

Die Änderung des Untertitels der Zeitung im Februar 1963 von *Zeitung der Studenten und der jungen Intelligenz* zu *Zeitung für geistige Probleme der Jugend* folgt dieser Strategie. Der neue Untertitel verzichtet auf die klare Benennung der Zielgruppe und wird zudem nur noch im Impressum genannt. Auch der Verweis, dass es sich um ein ›Organ des Zentralrats der FDJ‹ handelt, ist nicht mehr Teil der Titelseite.

Im *Forum* finden sowohl Gedichte als auch Fotografien von den Leseabenden Eingang, werden aber selten gemeinsam präsentiert. Gedichte werden meist mit anderen Texten, poetologischen Einlassungen und dokumentierten Publikumsmeinungen kombiniert. Fotografien erscheinen allenfalls reduziert, in kleinem Format. Während Prosatexte – wie Romanauszüge und Reportagen – illustriert werden, kommt Lyrik ohne visuelle Ergänzung aus. Die Fotografien von den Lesungen kommen erst in den Anthologien in großer Zahl zu den Texten hinzu.

2. Fotografien des Publikums in den Anthologien

In den Formaten Zeitung und Anthologie wird Lyrik auf unterschiedliche Weise vermittelt. Die Anthologien verändern die Text- und Bildauswahl wie auch die Anordnung. Nur zwölf Autor:innen sind in der Zeitung und in der Anthologie vertreten. *Auftakt 63. Gedichte mit Publikum* und *Auswahl 64. Neue Lyrik, Neue Namen* enthalten neben den Gedichten Autor:innenporträts und Fotografien, die die Lesungen dokumentieren. Die Bilder zeigen Lesende wie Zuhörende, Gruppen von Schriftsteller:innen und Ansichten des Auditoriums. Der Untertitel von 1963, *Gedichte mit Publikum*, kann als Grundsatz der Bandgestaltung in beiden Jahren gelten. Mit der Dokumentation der Lesungen unterscheiden sich die Anthologien sowohl von anderen Anthologien der 1960er Jahre als auch von allen Nachfolgebänden der Reihe *Auswahl*.[40]

---

39 Stefan Ulfert: Zentralbilder. Pressefotografie in der DDR, URL: https://pressegeschichte.docupedia.de/wiki/Zentralbilder.html, veröffentlicht am 18.05.2011, zuletzt überprüft am 08.07.2024.

40 *Auswahl* gehört zu den bekannteren Serienanthologien der DDR. Unter wechselnder Herausgeberschaft erschien zwischen 1964 und 1988 alle zwei Jahre ein Band. Ab 1972 war die Reihe ein gemeinsames Projekt von Aufbau, Mitteldeutschem Verlag und dem Verlag Neues Leben. Als potentielles »Sprungbrett für junge Talente« widmet sich Anthonya Visser der Reihe und perspektiviert sie als eine von verschiedenen »Fördermaßnahmen für junge Talente in der DDR«. Sie stellt fest: »Die Konzeption der Reihe schwankte zwischen einer ideologischen

Beide Anthologien haben etwa den gleichen Umfang. *Auftakt 63* stellt 29 Autor:innen vor, mit 70 Gedichten, bei einem Umfang von 127 Seiten. Zusätzlich sind 42 Fotografien in den Band aufgenommen. Die Gedichte sind nach ihren Urheber:innen sortiert. Ein neuer Abschnitt beginnt jeweils mit einem Autor:innenporträt in Passfotogröße und einer Kurzbiografie. Diese Gestaltung spiegelt die Seiten des *Forum*-Artikels. Darüber hinaus werden Fotografien des Publikums aufgenommen und direkt neben die Gedichte gesetzt oder ganzseitig reproduziert.

Im Vorwort zur Anthologie *Auftakt 63* charakterisiert Horst Schuhmann, der erste Sekretär des Zentralrats der FDJ, Lyriker:innen und Zuhörende. Es habe sich um ein »aufmerksame[s] und dankbare[s] junge[s] Publikum« gehandelt. Er betont die Verbundenheit von Dichtern und sozialistischer Gesellschaft und die Verbundenheit der Teilnehmenden durch ihr gemeinsames, junges Alter:

> Es war ein Auftakt für die jungen Lyriker, für das junge Publikum und für die Freie Deutsche Jugend. Die jungen Autoren, die wir mit ihren Gedichten vorstellen wollen, sind in unserer sozialistischen Gesellschaft und mit ihr aufgewachsen, leben mitten unter Arbeitern, Bauern und anderen Werktätigen, arbeiten und lernen mit ihnen. [...] Was Wunder, daß die jungen Zuhörer sich selbst erlebten, den Blick tiefer in die Zusammenhänge unseres den Menschen neu formenden Heute richteten und mit zustimmendem, nicht selten stürmischem Beifall dankten.[41]

Die Fotografien, die die Lesesituation festgehielten, modifizieren das von Schuhmann entworfene Bild. Die Autor:innen sitzen zusammen auf der Bühne, das Publikum in Reihen. Einige stehen am Rand.[42] Insgesamt wirkt die Veranstaltung gut besucht, aber gesittet. Man hat sich zurechtgemacht. Stürmischen Beifall würde man hier weniger erwarten, er ist auch auf den Fotos nicht eingefangen. Zudem war das Publikum nicht sehr jung; Detailaufnahmen zeigen ältere Herren, möglicherweise Funktionäre.[43] Die ersten Nahaufnahmen aus den Reihen des Publikums verraten, dass abseits der im Vorwort behaupteten Atmosphäre hoher Konzentration auch das Vergnügen nicht zu kurz kam: Man lacht herzlich.[44] Auf den weiteren

---

Didaktisierung, der Vermittlung literarischer Qualität und der Präsentation eines Generationenbilds schlechthin.« (Anthonya Visser: Die Lyrikreihe *Auswahl* – Ein Sprungbrett für junge Talente in der DDR? In: Im Blick behalten: Lyrik der DDR. Neue Beiträge des Forschungsprojekts DDR-Literatur an der VU Amsterdam. Hg. v. Gerd Labroisse und Anthonya Visser: Amsterdam u.a.: Rodopi 1994, S. 87–134, hier S. 133f.). Nicht beachtet von der Forschung wurden bislang die Buchgestaltung und die Text-Bild-Relationen in den Bänden.

41 Horst Schumann: Vorwort (Anm. 32), S. 5.

42 Vgl. Auftakt 63 (Anm. 32), Innentitel.

43 Vgl. die Fotografie der Herren, ebd., S. 100.

44 Vgl. ebd., S. 34f. Bei dem rechten Bild handelt es sich um dasselbe Foto, das schon für den Titel im *Forum* im Februar 1963 verwendet wurde.

Fotos wechseln ebenfalls Minen der Heiterkeit mit denen der Aufmerksamkeit, und männliche mit weiblichen Protagonisten.

Auswahl 64 ist ähnlich gestaltet. Der Band von 139 Seiten enthält 54 Gedichte von 34 Autor:innen; von ihnen waren sechs bereits im Vorjahr vertreten. Der Bildanteil ist erhöht; in diesem Band gibt es 44 Fotografien. Das Vorwort beschreibt die Zuhörerschaft diesmal als »ein aufgeschlossenes, interessiertes junges Publikum«.[45] Weiter heißt es, dass die Diskussion über die Gedichte, um die man 1963 gebeten habe, nun begonnen habe.[46] Entsprechend werden die aus *Auftakt 63* bekannten Bildmotive ergänzt um Pausen- und Redeszenen, Mitschreibende und Fotografierende.

Auffällig an den Fotografien in beiden Anthologien ist, dass sich nicht ohne Weiteres erkennen lässt, ob die jungen Leute in der Bundesrepublik oder der DDR leben. Der Eindruck mag sich durch die historische Distanz verstärken, aber es gibt Gründe in den Bildern selbst. Trotz öffentlicher Zusammenkunft, organisiert von der DDR-Jugendorganisation, erscheinen die Zuhörer:innen als Privatpersonen. Die Bildausschnitte sind so gewählt, dass sie keine politischen Signets zeigen, wie etwa Fahnen, FDJ-Aufnäher, Blauhemden oder Ähnliches. Offenbar war es nicht das Ziel, die Lyrikveranstaltung als sozialistisches Ereignis auszuflaggen. Die Nahaufnahmen der Personen zeigen diese als Individuen, nicht in einer spezifischen Umgebung. Auf den Fotografien fehlen klare Raummarker wie Architekturen, Ladenschilder, Designs. Ebenso fällt die Kleidung der Jugendlichen nicht besonders ins Auge.[47] Es ist denkbar, dass es sich nur um Bildausschnitte handelt. Zumindest im Fall von Thomas Billhardt betont die Kunstkritik der DDR, dass er die Menschen stets in ihrer Einmaligkeit zeige, aber auch das »Bindende der gesellschaftlichen Realität« sichtbar mache.[48]

45 Auswahl 64. Neue Lyrik, neue Namen. Hg. v. Zentralrat der Freien Deutschen Jugend. Berlin: Verlag Neues Leben 1964, S. 5. Das Vorwort stammt hier vom Verlag.

46 Vgl. ebd., S. 7.

47 Die Forschung hat bereits darauf hingewiesen, dass Jugendkulturen in der Bundesrepublik und DDR vergleichbar waren. Vgl. etwa Bodo Mrozek: Jugend – Pop – Kultur. Eine transnationale Geschichte. Berlin: Suhrkamp 2019, u.a. die Kapitel »Jazzer in der DDR« und »In Spite Of All The Danger. Beatlemania ohne Beatles (DDR)«. Vgl. außerdem Yvonne Liebing: All you need is beat. Jugendsubkultur in Leipzig 1957–1968. Leipzig: Forum 2005. Zu den Fotografien in den Anthologien ist einschränkend zu sagen, dass sich im Publikum keine Angehörigen einer Jugendkultur zu erkennen geben, etwa der Beatkultur oder der Gruppe der ›Halbstarken‹.

48 Vgl. Hübscher: Bewährung in der Praxis (Anm. 37), S. 92: »Schon [in seiner Diplomarbeit *Berlin Alexanderplatz 1962*, M.K.] zeigt sich sein Bestreben, die Menschen in der für sie charakteristischen Umwelt zu erfassen. Er sieht sie in ihrer ganz persönlichen Einmaligkeit, heiter oder ernsthaft, kritisch und voller Sympathien. Doch sucht er dabei immer wieder das für alle Bindende der gesellschaftlichen Realität sichtbar zu machen.«

Die Bilder in den Anthologien sind keine, die man als Klischees des sozialistischen Alltags oder als sozialistische Propaganda klassifizieren kann.[49] Trotzdem sind es Pressefotografien, die darauf abzielen, ein gewünschtes Bild zu vermitteln. Die sozialistische Jugend wird zwar nicht in ihrer Zugehörigkeit zur FDJ, aber doch als eine homogene Gruppe ins Bild gesetzt, mit sich wiederholenden Gesichtsausdrücken und Posen. Sie wird als kulturell interessiert, intellektuell aufgeschlossen und aufmerksam dargestellt. Fröhlichkeit und in Maßen Ausgelassenheit werden eingefangen. Grundsätzlich zeigen beide Geschlechter die gleichen Posen und Gesichtsausdrücke. Frauen wie Männer befinden sich miteinander im Austausch. Es liegt nahe, dass in den Fotografien die allseitig gebildete und interessierte ›sozialistische Persönlichkeit‹ zum Ausdruck kommen sollte, die die Jugendpolitik der DDR als Erziehungsziel über die gesamte Zeit ihres Bestehens leitete.[50] Vor allem das Konzept der Interessiertheit spiegeln die Bilder wieder.

Erst die Gedichte kontextualisieren die Bilder mit spezifischen gesellschaftlichen Fragen und Konstellationen der DDR. Die Entscheidung, Gruppen- und Einzelporträts neben den Gedichten abzudrucken, legt es nahe, die Fotos als Illustrationen der Sprechenden und Handelnden in den Gedichten aufzufassen. Die Fotografie, die mit Volker Brauns *Provokation für mich* kombiniert wurde (Abb. 4) bietet dafür ein Beispiel. Das Gedicht füllt drei Druckseiten aus; die Fotografie findet sich auf der zweiten Doppelseite unterhalb der zweiten Strophe.[51] Sie zeigt eine Gruppe an Zuschauern, mit zwei jungen Frauen und einem Mann im Vordergrund. Alle drei stehen in verweilender Haltung, die Arme verschränkt; ihre Blicke sind zur Bühne rechts außerhalb des Bildausschnitts gerichtet. Man könnte in ihnen den Freund und die Mädchen erkennen, deren Erwartungen sich der lyrische Sprecher in *Provokation für mich* stellen muss: »Genossen, wir singen aber/für diese Leute: [...] Ich habe der Freunde Herz belagert und durchsucht/Ich hab Expeditionen/Über Mädchenstirnen geschickt«. Da Brauns Gedicht über seine Adressat:innen spricht, fallen die fotografisch dokumentierte und die lyrisch imaginierte Situation zusammen.

---

49 Grundsätzlicher formulieren es Annette Vowinckel/Michael Wildt: Fotografie in Diktaturen – Politik und Alltag der Bilder. In: Zeithistorische Forschungen 12 (2015), S. 197–209, hier S. 199: »Viele Fotos *aus* Diktaturen sind in ihren Bildinhalten nicht spezifisch *für* Diktaturen. Eine politische Funktion erhalten sie erst durch bestimmte Deutungszuschreibungen und Verwendungszusammenhänge.«

50 Vgl. Lehmann: Jugendpolitik in der DDR (Anm. 5), S. 58 u. 130.

51 Das Gedicht behält die Formatierung der Zeitungsfassung bei, mit einer auffälligen Zahl an Verseinrückungen, die von Volker Braun für den Druck im eigenen Gedichtband aufgegeben werden. Vgl. für eine Analyse der Leerzeilen und Umbrüche Anke Jaspers: Suhrkamp und DDR. Literaturhistorische, praxeologische und werktheoretische Perspektiven auf ein Verlagsarchiv. Berlin/Boston: De Gruyter 2022, S. 448f.

Abb. 4: Volker Braun, Provokation für mich, *in: Auftakt 63, S. 72f. (Der Fotograf ist aus dem Impressum nicht zu ermitteln.)*

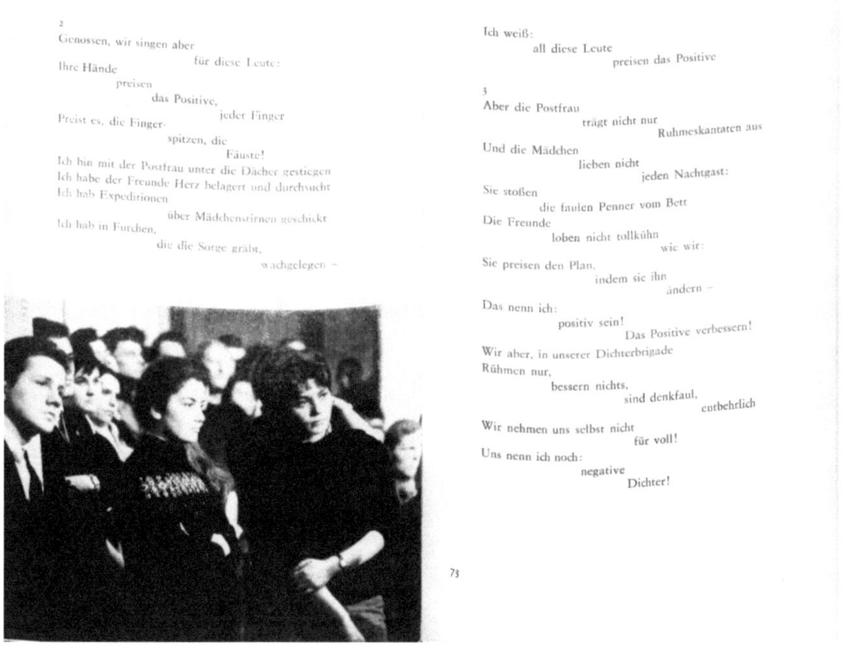

2
Genossen, wir singen aber
für diese Leute:
Ihre Hände
preisen
das Positive,
jeder Finger
Preist es, die Finger-
spitzen, die
Fäuste!
Ich bin mit der Postfrau unter die Dächer gestiegen
Ich habe der Freunde Herz belagert und durchsucht
Ich hab Expeditionen
über Mädchenstirnen geschickt
Ich hab in Furchen,
die die Sorge gräbt,
wachgelegen –

Ich weiß:
all diese Leute
preisen das Positive

3
Aber die Postfrau
trägt nicht nur
Ruhmeskantaten aus
Und die Mädchen
lieben nicht
jeden Nachtgast:
Sie stoßen
die faulen Penner vom Bett
Die Freunde
loben nicht tollkühn
wie wir:
Sie preisen den Plan,
indem sie ihn
ändern –
Das nenn ich:
positiv sein!
Das Positive verbessern!
Wir aber, in unserer Dichterbrigade
Rühmen nur,
bessern nichts,
sind denkfaul,
entbehrlich
Wir nehmen uns selbst nicht
für voll!
Uns nenn ich noch:
negative
Dichter!

73

Weitere Beispiele für die Überlagerung von Realität und Fiktion lassen sich nennen: Der junge Mann im karierten Hemd mit Brille, dessen Gesicht unter die Verse des Gedichts *Wer ist Partei?* von Günter Engelmann gesetzt ist, wirkt rasch wie das Parteimitglied, angesprochen mit dem letzten Vers: »Partei – das ist millionenmal ein ›Ich‹.«[52] Ähnliches gilt für die versonnen schauende junge Frau im Rollkragenpullover, deren Aufnahme neben das Gedicht *Gleisarbeiterschutzengel* von Sarah Kirsch gesetzt ist. Bei Liebesgedichten wird ebenso illustrativ verfahren, etwa wenn eine Paaraufnahme neben Jochen Laabs *Von unserer Liebe sprechen* steht.[53] Auf anderen Doppelseiten stehen die Fotografien von den Veranstaltungen dagegen stärker für sich und haben keinen direkten Bezug zu den nebenstehenden Gedichten. Die Möglichkeit, durch die Bildauswahl eine weitere Interpretationsebene oder sogar einen kritischen Kommentar hinzuzufügen, wird nicht genutzt.

Durch die Verknüpfung von Publikumsfotografien und lyrischen Texten werden die Anthologien als aus Veranstaltungen hervorgegangene Publikationen ausgewie-

52 Vgl. Auftakt 63 (Anm. 32), S. 104.

53 Vgl. Auswahl 64 (Anm. 45), S. 68 u. 83.

sen. In stärkerem Maße als in anderen Veröffentlichungen, sowohl aus bundesrepublikanischen als auch aus DDR-Verlagen, versuchen diese Anthologien die Einbindung der Zuhörenden herauszustellen.[54] Neben den entsprechenden Aussagen im Vorwort zeigt dies die Entscheidung, die Publikumsfotos deutlich größer abzuziehen als die Autor:innenfotos. Im Unterschied dazu stellt das *Forum* die Zusammenarbeit von Autor:innen und Publikum heraus. Das gemeinsame Erleben von Lyrik wird dagegen nicht dokumentiert beziehungsweise inszeniert. Die Veränderung, die sich von der Präsentation der Gedichte in der Zeitung *Forum* zu der in den Anthologien vollzieht, spiegelt sich in den unterschiedlichen Titeln: von der *Jungen Lyrik* und *Lyrik unter der Lupe* zu *Gedichte[n] mit Publikum*, vom Schreiben und Verbessern (zurück) zum kollektiven Erleben. In dieser Hinsicht sind die Anthologien als ein Projekt eines Verlags der FDJ erkennbar: Die FDJ profiliert – zumindest in den Bänden von 1963 und 1964 – eine Gemeinschaft und keine einzelnen Autorpersönlichkeiten.

---

54 Ein bundesrepublikanisches Gegenbeispiel bietet etwa die Anthologie *Ein Gedicht und sein Autor* (hg. v. Walter Höllerer Berlin: Literarisches Colloquium 1967). Ebenfalls aus einer Lesereihe (in der Westberliner Akademie der Künste) hervorgegangen, und in den Peritexten auf diesen Umstand eingehend, blendet die Anthologie das Publikum sowohl visuell als auch in den Texten aus.

Repräsentative Authentizität

Der Typus des sozialistischen Jugendgedichts der DDR in der Anthologie-Reihe *Offene Fenster*

Gregor Streim

Die Förderung des literarischen Schreibens von Jugendlichen in der DDR, die ab 1970 von der FDJ als ›Poetenbewegung‹ organisiert wurde, unterschied sich nicht nur in ihrer institutionellen Struktur und ihren kultur- und jugendpolitischen Zielen von Literaturwettbewerben und Schreibwerkstätten, wie sie in westlichen Ländern für junge Menschen veranstaltet wurden und werden.[1] Sie sollte auch einen neuen Typus von Lyrik hervorbringen, der sich inhaltlich wie formal von sogenannter Primanerlyrik unterschied. »›Primanerlyrik‹ – dieser Begriff birgt Bildungsdünkel und Pubertät, Unfertigkeit und Elitedenken in weltfremd verschwärmter Mischung, ihm haftet der Makel eines bürgerlichen Bildungsprivilegs an«, schrieb Günther Deicke 1967,[2] und implizierte damit, dass Gedichte von im Sozialismus aufwachsenden jungen Menschen notwendigerweise eine andere, nicht ›weltfremd verschwärmte‹ Gefühls- und Denkweise zum Ausdruck bringen. Und Reinhard Weisbach erklärte 1970 im Rückblick auf das 1. Zentrale Poetenseminar, die Bewegung der schreibenden Jugend im Sozialismus unterscheide sich darin von der »neoromantische[n] und refugische[n] Kulturbewegung der bürgerlichen und eines Teils der Arbeiterjugend«, dass sie der Gesellschaft nicht »flüchtend« oder »feindlich« gegenüberstände und deshalb auch keine »Subkultur« sei, sondern den »Charakter sozialistischer Kollektivität« habe, was sich nicht zuletzt an der gemeinsamen Arbeit an den Texten erweise.[3]

1 Zum institutionellen Rahmen vgl. den einleitenden Beitrag von Gregor Streim und Rebecca Franke in diesen Band sowie Gregor Streim: Jugendlyrik der DDR. Skizze eines Forschungsfeldes. In: Internationales Archiv für Sozialgeschichte der deutschen Literatur 47 (2022), H. 2, S. 338–266.

2 Günther Deicke: Vorwort. In: Wir lieben das Leben. Gedichte junger Menschen. Hg. v. der Bezirksleitung Berlin des Deutschen Kulturbundes und der Bezirksleitung Berlin der Freien Deutschen Jugend. o.O. o.J. [Berlin 1967], S. 3–4, hier S. 3; der Text ist abgedruckt in Teil 3.2: Dokumente.

3 Reinhard Weisbach: Pegasus im Schweriner Schloß. Erörterungen zum 1. Zentralen Poetenseminar der FDJ. In: Sonntag, 5. September 1970, S. 3; in Teil 3.5: Dokumente.

Hiervon ausgehend untersucht dieser Beitrag die Frage, ob sich im Rahmen der Poetenbewegung tatsächlich ein besonderer Typus des sozialistischen Jugendgedichts herausgebildet hat, der sich von der als bürgerlich abgelehnten ›Primanerlyrik‹ unterschied. Um sie beantworten zu können, werden zunächst Quellen analysiert, die Auskunft über die mit dem Förderprogramm verfolgten Ziele und die an die ›jungen Poeten‹ gerichteten Erwartungen geben. Wie diese Erwartungen an die Jugendlichen herangetragen wurden, wird dann an der Debatte über die frühere Anthologie *Und Mut gehört zum Wort* (1964) untersucht. Darauf folgen exemplarische Gedichtanalysen, für die der vierte Band der Anthologie-Reihe *Offene Fenster* aus dem Jahr 1973 ausgewählt wurde.

1. Programmatik sozialistischer (Jugend-)Lyrik

Wenn man den programmatischen und kritischen Diskurs – also Wettbewerbsaufrufe, Vorworte, Rezensionen etc. – in den Blick nimmt, zeigt sich, dass den Schreibenden zwar nur allgemeine thematische und kaum formale Vorgaben gemacht wurden, es aber doch klare Erwartungen hinsichtlich der Botschaft und Funktion dieser Lyrik gab. Lutz Seiler, der seine ersten literarischen Schritte im Rahmen eines Zirkels schreibender Arbeiter und der Zentralen Poetenseminare machte, hat diesen Eindruck in einem Interview bestätigt. Auf die Frage, ob den Teilnehmern der Seminare damals eine Idee davon vermittelt wurde, wie ein sozialistisches Gedicht auszusehen habe, antwortete er:

> Ja, ich würde sagen, man wusste damals, was das in etwa sein soll. Man war so geprägt von dieser Gesellschaft und ihrem Erwartungshorizont, dass man wusste, wie ein Gedicht beschaffen sein sollte, das innerhalb dieser institutionellen Rahmen auf Zustimmung stößt. In etwa ging das so: Eine Person, die schon eine subjektive Sicht hat auf die Dinge, gerät in einem bestimmten Moment in Konflikt mit der Gesellschaft, hat dabei eine Erkenntnis aufgrund derer sie sich schließlich dafür entscheidet, durch persönlichen Einsatz die Gesellschaft voranzubringen. Ich glaube dieses Narrativ entsprach in etwa der Erwartungshaltung. Wie man damit umging, war eine andere Sache.[4]

Seiler beschreibt damit das Spannungsfeld von Autonomie und Heteronomie, welches das Schreiben in der DDR allgemein prägte, das aber auch durch das Förderungssystem selbst erzeugt wurde. Denn mit diesem sollte einerseits der literarische Nachwuchs herangezogen werden, von dem man schöpferische Gestaltung und individuelle Schreibweisen forderte. Andererseits verfolgte man erzieherische

4 Interview mit Lutz Seiler in diesem Band.

und propagandistische Ziele und erwartete, dass die in diesem Rahmen entstehenden Gedichte auf ideale Weise das Lebensgefühl und die Weltanschauung der Jugend zum Ausdruck bringen würden, die als erste im Sozialismus aufgewachsen war und an die man besondere politische Erwartungen knüpfte.[5]

Der Diskurs über die Jugendlyrik unterschied sich dabei kaum von dem über die neue Lyrik, die Anfang der sechziger Jahre mit der sogenannten Lyrik-Welle in der DDR aufgekommen war. Charakteristisch für die Gedichte der damals jungen Generation (Volker Braun, Rainer und Sarah Kirsch, Reiner Kunze, Karl Mickel und andere) waren die Hinwendung zur Alltagswelt und die Rehabilitierung des Ich. An der Betonung der Subjektivität entzündete sich dann bekanntlich die Kritik und eine Debatte über die Frage, worin sich sozialistische von nicht-sozialistischer Gegenwartslyrik unterscheidet.[6] Subjektivität wurde zwar als Element auch sozialistischer Lyrik anerkannt, jedoch verbanden Funktionäre und Literaturwissenschaftler dies mit der Forderung, sie müsse in ein dialektisches Verhältnis zur Gesellschaft gesetzt werden. So konzedierte Georg Maurer, der als Lehrer am Leipziger Institut für Literatur »Johannes R. Becher« für viele junge Lyriker einflussreich war, »sozialistische Lyrik« sei »ihrem Wesen nach dazu bestimmt [...], die Selbstverwirklichung eines Subjekts unmittelbar auszudrücken«,[7] erklärte aber auch, die »Welt in der Lyrik« sei »nichts anderes als die in der spezifischen Verhaltensweise des lyrischen Subjekts reflektierte Gesellschaftsordnung«.[8] Anders als in der ›spätbürgerlichen‹ modernen Dichtung, in der sich das Ich als von der Welt getrennt verstehe oder in den Dingen verliere, richte sich die »Perspektive einer sozialistischen Dichtung« auf die »dialektische Einheit der Gegensätze«.[9] Auch in einem Grundsatzartikel über *Entwicklungsprobleme der Lyrik seit dem V. Schriftstellerkongress* aus dem September 1963 wurde die Hinwendung zur Alltagserfahrung als zunächst »positiver Versuch der Gesundung vom Allgemeinen und Plakativen« bewertet, gleichzeitig aber vor einer Beschränkung gewarnt, die »die Gedanken und Gefühlswelt des sozialistischen Menschen in ihrer historischen und weltanschaulichen Fülle nicht erfasst«.[10] Zwar

---

5 »Bei uns handelt es sich um eine Jugend, die bereits unter den Bedingungen des Aufbaus des Sozialismus herangewachsen ist, erzogen in einem sozialistischen Bildungssystem, ausgestattet mit den Perspektiven, die ihr die sozialistische Gesellschaftsordnung eröffnet.« (Deicke: Vorwort, Anm. 2, S. 3.)

6 Vgl. dazu Harald Hartung: Die ästhetische und soziale Kritik der Lyrik. In: Die Literatur der DDR. Hg. v. Hans-Jürgen Schmitt. München: dtv 2008, S. 262–303, bes. S. 264–272.

7 Georg Maurer: Was vermag Lyrik? (1965). Einführende Worte zu einer Lyriklesung von Studenten und Absolventen des Instituts für Literatur »Joh. R. Becher« anläßlich seines zehnjährigen Bestehens. In: ders.: Essay I. Halle: Mitteldeutscher Verlag 1968, S. 12–24, hier S. 17.

8 Georg Maurer: Welt in der Lyrik (1967). In: ders.: Essay I (Anm. 7), S. 35–172, hier S. 140.

9 Ebd., S. 168.

10 Entwicklungsprobleme der Lyrik seit dem V. Deutschen Schriftstellerkongress. In: Neue Deutsche Literatur 17 (1963), H. 9, S. 55–71, hier S. 69.

versuchten viele jüngere Lyriker, »das Ich im Verhältnis zur Umwelt zu gestalten« und dabei »vom Individuellen zur neuen Gestaltung der politisch-moralischen Beziehungen des Menschen im Sozialismus« zu gelangen,[11] doch gebe es problematische Tendenzen bei Autoren, in deren Texten das lyrische Subjekt »der Wirklichkeit gegenüber eine distanzierte Haltung« oder eine »unbedingte – oft moralisierende – Haltung des richtenden Bewußtseins« einnehme.[12] Beklagt wurde eine »für zahlreiche Gedichte charakteristische Gegenüberstellung von ICH und IHR bzw. von WIR und IHR«, bei der »die historisch konkreten Bedingungen mißachtet« und der »Realismus« durch »subjektive Verzerrungen« beeinträchtigt werde.[13]

Im Rückblick auf die in der zweiten Hälfte der sechziger Jahre vor allem in den Zeitschriften *Forum* und *Sinn und Form* geführte Debatte über subjektivistische Tendenzen in der Lyrik bemühte sich ein 1974 vom Zentralinstitut für Literaturgeschichte der Akademie der Künste herausgegebener Tagungsband *Welt im sozialistischen Gedicht* um Klärung »vor allem weltanschaulicher Fragen der Lyrikentwicklung«.[14] Sozialistische Lyrik, so erklärten die Herausgeber im Vorwort, unterscheide sich von »spätbürgerliche[r]«, das heißt westlich-moderner, Poesie dadurch, dass sie »Weltflucht, Unbestimmtheit, Ziellosigkeit« hinter sich gelassen habe und Ich und Welt auf eine »ihr eigene besondere Weise« zueinander in Beziehung setze.[15] Indem »das lyrische Subjekt die gesellschaftliche Welt spiegel[e]«, werde die Lyrik »auf eine besondere Weise in der Entwicklung der Persönlichkeit wirksam«; sie ermögliche dem Leser, »sich mit dem lyrischen Subjekt ins Verhältnis zur Welt zu setzen«, und befördere so die »Entfaltung der Subjektivität des sozialistischen Menschen« bzw. die »Entwicklung allseitiger Persönlichkeiten«.[16] Darin unterscheidet sich sozialistische Lyrik in den Augen der Beiträger des Bandes grundsätzlich von Stimmungslyrik. Erst indem sich das lyrische Ich »selbst als Mitakteur der Verhältnisse« versteht und die Notwendigkeit der »aktiven Beziehungen zur Welt« erkennt, so schreibt Silvia Schlenstedt, »bewährt« es sich »in seiner Subjektivität«.[17] Dieses »Weltverhältnis« kann, wie Reinhard Weisbach hervorhebt, in einer sozialistischen Gesellschaft allerdings nur ein »positives« sein, eine »kämpferische, sozialistische Lebensbejahung«, die sich gerade im »Finden

11 Ebd., S. 69.

12 Ebd., S. 69f.

13 Ebd., S. 70.

14 Silvia Schlenstedt/Heinrich Olschowsky/Bernd Jentzsch: Vorwort. In: Welt im sozialistischen Gedicht. Poeten, Methoden und internationale Tendenzen im Gespräch. Hg. v. dies. Berlin, Weimar: Aufbau 1974, S. 5–16, hier S. 15.

15 Ebd., S. 6f.

16 Ebd., S. 7f.

17 Silvia Schlenstedt: Weltbezüge sozialistischer Lyrik. In: Welt im sozialistischen Gedicht (Anm. 14), S. 19–40, hier S. 33

und Gestalten von lebensnotwendigen Widersprüchen« beweise.[18] Anders als bei der »resignierenden Attitüde im spätbürgerlichen Bereich« trete einem die Welt in sozialistischer Lyrik »nicht fremd, entfremdet und feindlich« gegenüber, sondern setze eine »sozialistische Perspektive« frei;[19] und zwar immer dann, wenn »das Verhältnis zwischen subjektiver Sicht und »historisch-politischer Sicht, die allgemeingültig und für alle Glieder der Gesellschaft stimmig ist,« als »produktiver dialektischer Widerspruch« gestaltet werde.[20]

Im Ton weniger dogmatisch, in der Sache aber übereinstimmend argumentiert die Literaturwissenschaftlerin Mathilde Dau in einem 1979 in der FDJ-Zeitschrift *Temperamente* veröffentlichten Aufsatz, in dem sie die in den siebziger Jahren im Kontext der Talenteförderung entstandene ›junge Lyrik‹ betrachtet und feststellt, dass der Bezug auf »die Konkretheit einzelnen Lebens« in dieser noch stärker ausgeprägt sei als in der vom Anfang der sechziger Jahre: »Nie war für sozialistische Lyrik die Authentizität konkreter individueller Lebenserfahrung so entscheidend wie heute.«[21] Authentizität in sozialistischer Lyrik wird auch von ihr nicht – im ›bürgerlichen‹ Sinn – als Einmaligkeit oder Unverwechselbarkeit, sondern – im ›dialektischen‹ Sinn – als Vermittlung des Allgemeinen im Besonderen verstanden. Die »poetische Ich-Gestalt in der jungen Lyrik« gewinne erst dann Kontur, wenn sie »sich auf das Exemplarische massenhaft gewonnener Sozialismus-Erfahrung als konkretes individuelles Erlebnis berufen« könne und die zum Ausdruck gebrachte subjektive Situation »über das authentische Ich hinausgehend [...] für viele andere verallgemeinerbar« sei.[22] Damit plädiert sie für eine »indirekte« gesellschaftliche Orientierung der Lyrik, das heißt für eine Lyrik, die ihren Stoff zwar aus dem individuellen alltäglichen Erfahrungsbereich nimmt und ein Ich entwirft, das sich »als autobiographisches Ich zu erkennen gibt«, dessen Alltagserfahrung aber als gesellschaftliche gestaltet.[23] Ziel sei »die enge Verschränkung von individueller Alltagserfahrung und unmittelbarem Zugriff auf gesellschaftliche Öffentlichkeit, von authentischem Ich-Gefühl und Anspruch auf soziale Repräsentanz«[24] – also eine gesellschaftlich repräsentative Gestaltung subjektiver Authentizität.

Die zitierten Aussagen lassen die ästhetischen und pädagogischen Implikationen des Konzepts junger sozialistischer Lyrik erkennen. Der Diskurs ist darauf ausgerichtet, die Anerkennung und Aufwertung der Subjektivität mit der nach

---

18 Reinhard Weisbach: Zur Funktionsbestimmung der Lyrik in der entwickelten sozialistischen Gesellschaft. In: Welt im sozialistischen Gedicht (Anm. 14), S. 41–62, hier S. 56 u. 52.

19 Ebd., S. 56 u. 59.

20 Ebd., S. 46.

21 Mathilde Dau: »Mit meinen Augen«. Junge Lyrik beim Entdecken neuer Wirklichkeit. In: Temperamente 4 (1979), H. 3, S 90–106, hier S. 91.

22 Ebd., S. 91f.

23 Ebd., S. 93.

24 Ebd., S. 101.

wie vor gültigen Doktrin des Sozialistischen Realismus zu verbinden, die eine Beschränkung auf die subjektive Wahrnehmung als Verzerrung der Wirklichkeit verurteilt, eine modellhafte Konstruktion der Welt und in der Regel auch einen positiven Helden verlangt, dem in der Lyrik eine positive Perspektive der Sprechinstanz entspricht. Und da der Gegenstand der neuen Lyrik die Gegenwart der DDR, also die realisierte sozialistische Gesellschaft ist, in der es der herrschenden Ideologie nach keine ›antagonistischen Widersprüche‹ gibt, kann das Verhältnis von Ich und Welt von vornherein kein negatives, das heißt gegensätzliches sein.[25] Daraus ergeben sich zwei basale Anforderung an ein sozialistisches Gedicht: Ich und Welt müssen in einem ›dialektischen‹ Verhältnis zueinander stehen und es muss eine optimistische Zukunftsorientierung erkennbar sein. Und dies begründet zugleich die bildende bzw. erzieherische Funktion sowohl des Lesens als auch des Schreibens oder anderer künstlerischer Betätigung. Gerade beim Verfassen eines Gedichtes, so die Annahme, reflektieren die Schreibenden ihr Verhältnis zur Gesellschaft und entwickeln ihre sozialistische Persönlichkeit. »Der junge Lyriker in unserer Republik«, so nochmals Maurer, »schreibt sich alles von der Seele und lernt dabei, sich zu erblicken, und indem er sich erblickt, lernt er zu schreiben«.[26]

Diese Bestimmung sozialistischer Lyrik, die zugleich eine Forderung an die Schreibenden richtet, ist einerseits so allgemein gehalten, dass sie einen Interpretationsspielraum lässt, in dem darüber gestritten werden kann, wann das Verhältnis von Ich und Welt im Gedicht noch ›dialektisch‹ ist und wieviel Distanz und Subjektivität akzeptabel sind. Andererseits zeigt gerade die Debatte über die neue Lyrik, insbesondere die scharfe Kritik an ihr auf dem VI. Deutschen Schriftstellerkongress 1969, dass die Deutungshoheit letzten Endes bei der Parteiführung und SED-Kulturpolitikern lag, die das ›Dialektische‹ mehr oder weniger unverblümt mit parteilicher Haltung bzw. der richtigen politischen Tendenz identifizierten. Eine Kritik an der ästhetischen Gestaltung zielte deshalb immer auch auf die Person des Autors. Als subjektivistisch oder betont modernistisch klassifizierte Gedichte wurden als Zeichen mangelnden sozialistischen Bewusstseins gedeutet und disqualifizierten die Verfasser in moralischer und ideologischer Hinsicht. Die bei der

---

25 Beispielhaft formuliert findet sich dieses Axiom in einem Referat des Chefideologen der SED, Kurt Hager, zur Kulturpolitik: »Als Marxisten-Leninisten wissen wir, daß Widersprüche kein ›Makel‹ der gesellschaftlichen Entwicklung sind, sie sind der Motor der gesellschaftlichen Vorwärtsbewegung. Das gilt auch für den Sozialismus. Hier tragen sie einen nichtantagonistischen Charakter und werden im Vorwärtsschreiten durch gemeinsame Anstrengungen gelöst. [...] Der Sozialismus schafft erstmals die prinzipielle Grundlage, daß persönliche Interessen und Ziele der einzelnen Menschen mit den Interessen und Zielen der ganzen Gesellschaft übereinstimmen.« (Kurt Hager: Zu Fragen der Kulturpolitik. Aus dem Referat auf der 6. Tagung des Zentralkomitees der SED, 6./7. Juli 1972. In: Dokumente zur Kultur- und Kunstpolitik der SED 1971–1986. Hg. v. Zentralrat der FDJ. Berlin: Dietz 1986, S. 53f.)

26 Maurer: Was vermag Lyrik? (Anm. 7), S. 20.

Bewertung von Lyrik entscheidende Frage sei stets die »nach der Richtung«, hielt etwa der Hardliner Weisbach Lyrikern wie Elke Erb entgegen, die – in seinen Worten – eine »diffuse Qualität« forderten und einen »schwächlichen Modernismus« verteidigten.[27]

Dieser Kontext ist für das Verständnis der im Rahmen der Poetenbewegung entstandenen Gedichte wichtig, da sie auch als Reaktion auf die als problematisch angesehene Entwicklung der neuen Lyrik begründet wurde – mit dem Ziel, »die politisch-ideologische Arbeit mit den Lyrikern« zu verbessen und Talente frühzeitig so zu fördern, dass sie »das neue sozialistische Lebensgefühl der Jugend unserer Republik zum Ausdruck bringen«.[28] Die politisch-pädagogische Funktion des Schreibens steht im Diskurs über diese Gedichte daher auch im Mittelpunkt.[29] Lyrik wird als pädagogisches Mittel bzw. – mit einem im Zuge der neuen Jugendpolitik wiederbelebten Begriff – als Mittel der Selbsterziehung verstanden. Im Vorwort des ersten Bandes der Anthologie-Reihe *Offene Fenster* (1967) begründet Edwin Kratschmer den »Erziehungsfaktor Gedicht« damit, dass junge Menschen durch das Schreiben »zu literarisch-schöpferischer Auseinandersetzung mit sich und ihrer Umwelt« angeregt würden.[30] Im Beschluss des Staatsrates der DDR vom 30. November 1967 über die »Aufgaben der Kunst bei der Entwicklung der sozialistischen Menschengemeinschaft« heißt es, der gesellschaftliche Auftrag der Kunst liege in der »Charakterbildung der sozialistischen Persönlichkeit, ihrer Erziehung und Selbsterziehung«.[31] Entsprechend wird auch in einem redaktionellen Artikel in der vom Schriftstellerverband herausgegebenen Zeitschrift *Neue Deutsche Literatur* 1969 auf die wichtige Funktion des literarischen Schreibens für die »Persönlichkeitsbildung« von Schülern hingewiesen: Diese würden »durch ihren Wunsch zu schreiben gezwungen [...], sich echt auseinanderzusetzen«.[32] Und Weisbach, der über viele Jahre Seminarleiter bei den Zentralen Poetenseminaren der FDJ in Schwerin war, erklärte 1970 im Rückblick auf das erste Seminar, die Gedichte der »junge[n] Poeten« seien »Aneignung

27 Reinhard Weisbach: Menschenbild, Dichter und Gedicht. Aufsätze zur sozialistischen Lyrik. Berlin/Weimar: Aufbau 1972, S. 214.

28 BArch DY 24/6793: Vorschläge für die weitere Arbeit mit Lyrikern und Autoren (1969); in Teil 3.3: Dokumente.

29 Vgl. Streim: Jugendlyrik der DDR (Anm. 2), S. 259–263.

30 Edwin Kratschmer: Vorwort. In Offene Fenster. Schülergedichte. Berlin: Neues Leben 1967, S. 5–9, hier S. 5f.

31 Beschluß des Staatsrates der Deutschen Demokratischen Republik vom 30. November 1967: Die Aufgabe der Kultur bei der Entwicklung der sozialistischen Menschengemeinschaft. In: Der Staatsrat der Deutschen Demokratischen Republik 1960–1970. Dokumentation. Berlin: Staatsverlag 1970, S. 610–617, hier S. 617

32 Junge Talente hier und heute oder: Wie kommt es, daß nur an manchen Schulen gedichtet wird. In: Neue Deutsche Literatur 17 (1969), S. 79–81, hier S. 80.

der sozialistischen Wirklichkeit« und die »ästhetische Selbsttätigkeit« bzw. »ästhetische Selbsterziehung« der Jugend sei »ein bedeutendes Element ihrer sozialistischen Bewußtheit und ihres sozialistischen Lebensgefühls«.[33] Man müsse »den jungen Talenten zum Bewußtsein ihrer selbst verhelfen, zur Erkenntnis der Eingebundenheit und der eigenständigen Aufgabe ihrer Generation«, heißt es noch in einem Arbeitspapier der FDJ zum Stand der Poetenbewegung aus dem Jahr 1981.[34]

Das angeleitete Schreiben führt dem pädagogischen Optimismus der Funktionäre nach dazu, dass die jungen Menschen sich selbst als Teil der sozialistischen Gesellschaft und als für deren Entwicklung mitverantwortlich erkennen. Zugleich wird erwartet, dass sie diese Erfahrung in ihren Gedichten zum Ausdruck bringen, wobei ihnen die Wahl der Form und des Sujets – Lernen, Arbeit, Freizeit und antiimperialistisches Engagement werden in den Wettbewerbsaufrufen zur Auswahl gestellt – selbst überlassen bleibt. Die »sozialistische Lebensbejahung« könne, so noch einmal Weisbach, auch in einem Natur- oder Liebesgedicht deutlich werden.[35] Wie gesehen war die Artikulation von Subjektivität dabei gewünscht und gefordert, jedoch mit dem Vorbehalt, dass das Ich nicht von der Gesellschaft abgegrenzt wird. Die Bedeutung der lyrisch »geäußerten Subjektivität« bemesse man »nicht nach dem Grad ihrer Willkür, sondern nach ihrer weltanschaulichen Bestimmtheit«, erklärte Michael Franz.[36] Und Mathilde Dau meinte, die »Authentizität einer ›subjektiv-ehrlichen‹ Empfindung« mache »noch kein Gedicht«, vielmehr befördere die Beschränkung auf den Ausdruck eigener Empfindungen die Tendenz zur Austauschbarkeit: »je ›individueller‹, desto gleichförmiger«.[37] Bei der geforderten Verknüpfung von individueller und gesellschaftlicher Erfahrung konnten und sollten durchaus auch gesellschaftliche Konflikte und Probleme thematisiert werden. Man wünschte gerade keine gereimten Zeitungsartikel oder plakative Gesinnungslyrik. Unabdingbar war jedoch die Ausrichtung auf die Lösung von Problemen im Sinne des Sozialismus und die Reflexion der gesellschaftlichen Verantwortung des Ich. So lobte Dau beispielsweise den Lyriker Steffen Mensching dafür, dass er »erkannte Widersprüche im Interesse der Durchsetzung kommunistischer Ideale« thematisiere und »im Brechtschen Sinne von Eingreifen und von parteilichen Positionen her« Vorschläge mache.[38]

Die ausgewählten programmatischen und kritischen Quellen lassen erkennen: Auch wenn die basalen Anforderungen an ein sozialistisches Gedicht – Zukunfts-

---

33 Weisbach: Pegasus im Schweriner Schloß (Anm. 3), S. 3.

34 BArch DY 24/20839: Erhard Scherner/Klaus Steinhaußen: Arbeitspapier zum Stand und zur Entwicklung der FDJ-Poetenbewegung (November 1981); in Teil 3.3: Dokumente.

35 Weisbach: Zur Funktionsbestimmung der Lyrik (Anm. 18), S. 52.

36 Michael Franz: Selbsterfahrung der jungen Generation. In: Neue Deutsche Literatur 20 (1972), H. 9, S. 144–149, hier S. 144; in Teil 3.6: Dokumente.

37 Dau: »Mit meinen Augen« (Anm. 21), S. 95.

38 Ebd., S. 102.

optimismus (kein Pessimismus) und die Präsentation eines Ichs als Teil der Gesellschaft (kein Subjektivismus) – den jungen Schreibenden Freiheiten in der Wahl des Stoffs und der Form ließen, gaben sie ihnen doch eine bestimmte Perspektive oder ein bestimmtes ›Narrativ‹ (Seiler) bei der Gestaltung vor.

2. Die Debatte um die Anthologie *Und Mut gehört zum Wort* (1964)

Wie die von kulturpolitischer und literaturwissenschaftlicher Seite formulierten Zielsetzungen an Anfänger herangetragen wurden, lässt sich beispielhaft an der Debatte beobachten, die 1964 in einer Beilage der Zeitung *Treffpunkt Klub* über Schülergedichte aus Edwin Kratschmers erster Anthologie *Und Mut gehört zum Wort* (1964) geführt wurde, einen Vorläufer der *Offenen Fenster*. Kratschmer warb für den Abdruck der Gedichte von drei Schülern aus seiner Klasse mit dem Argument, sie zeigten eine Jugend, die »Fragen« und das Bedürfnis nach »echter Auseinandersetzung« habe, die »sich bewähren« und »in der Verantwortung« versuchen wolle.[39] Diese »halbfertigen Produkte Halbfertiger« sprächen »die unverfälschte Sprache der Jugend« und zeugten von »Aufrichtigkeit«.[40] Darauf reagierte unter anderen der Leiter der Arbeitsgemeinschaft Lyrik im Schriftstellerverband, Bezirk Leipzig, Heinz Rusch. Er lobte das Gedichtschreiben zwar als »selbstschöpferische Betätigung« junger Menschen und »Verständigung mit der Welt«, kritisierte an den von Kratschmer ausgewählten Gedichten aber, dass die Realität darin »fast ausnahmslos in recht eigenartigen Verfremdungen abbildet« sei, nämlich »verschattet durch depressive Stimmungen«.[41] Als Beispiel dafür nannte er Peter Beitlichs Gedicht *Sehnsucht*:

Ich träum von Abenteuern
fernen Ländern
weiten Sternen
fremden Welten
von Liebe Kampf Glück
und auch vom
Tod

39 Edwin Kratschmer: Ein Wort zuvor. In: Und Mut gehört zum Wort. Schüler schreiben. Erste Versuche. Hg. im Auftrag des Kreiskulturhauses Saalfeld, Kulturpalast Unterwellenborn. o.O. o.J. [Unterwellenborn 1964], S. 5–7, hier S. 6 (wieder abgedruckt in: Wir diskutieren über junge Lyrik. Teil I. Beilage zur Zeitung »Treffpunkt Klub«. Gera 1964, S. 7); in Teil 3.1: Dokumente.

40 Ebd. S. 5.

41 Heinz Rusch: Anmerkungen zu den ersten Versuchen schreibender Schüler. In: Wir diskutieren (Anm. 39), S. 8–10, hier S. 8; in Teil 3.1: Dokumente.

Öffne ich die Augen einen Spalt
Ist meine Welt
freudlos häßlich kalt

Öffne ich die Augen weit
blendet mich das Licht
Ich muß lächeln
Jetzt und hier lebst Du
Jetzt und hier ist
deine
Zeit[42]

Dieses Gedicht, so Rusch, erfülle zwar in einem gewissen Grad die Anforderung, individuelle Gefühle und Gedanken »künstlerisch umzusetzen und in gegenständliche Bilder zu verwandeln«, und gebe im ersten Teil auch »in die Zukunft reichenden Träume[n]« Ausdruck.[43] Jedoch befremde der zweite Teil:

> Was heißt das: »Öffne ich meine Augen einen Spalt, ist meine Welt freudlos, häßlich, kalt«? Heißt das, daß unsere Welt nur aus in die Ferne gerichteten Träumen bestehen muß, um lebenswert zu sein? Das aber kommt zum Ausdruck. Es fällt auf, daß Peter Beitlich, der unbestreitbar schon recht gut mit dem lyrischen Wort umzugehen weiß, innerlich selbst noch unsicher zwischen Isoliertheit und Einsamkeit, zwischen Wißbegierde und Lernfreude tastet.[44]

Diese Kritik belegt, dass von den jungen Poeten mehr als die Gestaltung eines Gefühls erwartet wurde. Unverständlich bleibt allerdings, dass der Rezensent die dritte Strophe nicht beachtet, in der die Position der zweiten Strophe überwunden und ein Optimismus erkennbar wird. Möglicherweise war Ruschs Interpretation aber auch durch den für ihn negativen Eindruck eines anderen Gedichts von Peter Beitlich beeinflusst:

Im Wasser schwimmt der Mond
zittert matt und schlingert
unter mir

Tief unten der Mond
Ich hohl und stumm
Höhle Vakuum

42 Und Mut gehört zum Wort (Anm. 39), S. 13. (Wieder abgedruckt in: Wir diskutieren, Anm. 39, S. 8.)

43 Rusch: Anmerkungen (Anm. 41), S. 8.

44 Ebd., S. 8f.

Ich bin nicht gesprungen
weil es
dich
dich
gibt[45]

Auch in diesem Gedicht ließe sich beim Übergang von der zweiten zur dritten Strophe die Überwindung einer Krise durch die Hinwendung des Ich zum Du ausmachen. Dennoch konnte es dem Verdikt des Pessimismus und Subjektivismus nicht entgehen. »In Peter Beitlichs Liebesgedicht«, schreibt Rusch, »geht der Ausdruck innerer Vereinsamung so weit, daß die Existenz des geliebten Mädchens den poetischen ›Helden‹ vor dem Selbstmord bewahrt«; und er fährt fort: »Ein Gedicht ist immer ein Stück Weltanschauung. Zufällige und vorübergehende Gefühle und Gefühlchen sollten – wie hier – nicht immer zum Sujet eines Gedichtes werden.«[46] Es reicht also nicht, eine momentane Stimmung überzeugend zum Ausdruck zu bringen: notwendig ist die Reflexion der Halt und Orientierung gebenden gesellschaftlichen Einbindung des Ichs. Als positives Beispiel dafür führt Rusch ein Gedicht von Dieter Schnappauf an:

Wenn ich einsam durch die Straßen geh
unterhalt ich mich mit dir
und ich wünsch‹ dich her

Ich weiß
Eines Tages gehst du neben mir[47]

In diesem Gedicht ist das Gefühl der Einsamkeit nicht verabsolutiert, wird keine existentielle Krise artikuliert. Und obwohl es nur um persönliche Partnerschaft geht und Gesellschaft im soziologischen Sinn gar nicht in den Blick kommt, sieht Rusch hier doch »das in gutem Sinne positive Verhältnis zur Umwelt und zu den Mitmenschen« zum Ausdruck gebracht.[48] Man könnte auch sagen: Schon indem das Ich reflektiert, dass sich der persönliche Glücksanspruch nur in der Beziehung zu anderen

45 Und Mut gehört zum Wort (Anm. 39), S. 25. (Wieder abgedruckt in: Wir diskutieren, Anm. 39, S. 8.)

46 Rusch: Anmerkungen (Anm. 41), S. 9.

47 Und Mut gehört zum Wort (Anm. 39), S. 18. (Wieder abgedruckt in: Wir diskutieren, Anm. 39, S. 8.)

48 Rusch: Anmerkungen (Anm. 41), S. 10.

realisieren lässt, werden die Forderungen nach Zukunftsoptimismus und sozialem Weltbezug erfüllt.[49]

3. Die Anthologie *Offene Fenster* 4 (1973)

Die in *Und Mut gehört zum Wort* abgedruckten Gedichte sind noch vor der Gründung der Poetenbewegung entstanden und behandeln fast ausschließlich private Erfahrungen. Um zu klären, ob sich mit der Institutionalisierung der Talenteförderung durch die FDJ ein besonderer Typus von Jugendlyrik herausgebildet hat, sollen im Folgenden die Gedichte des vierten Bandes der Anthologie-Reihe *Offene Fenster* aus dem Jahre 1973 untersucht werden. Er stammt aus der Phase, in der das Förderungssystem der FDJ bereits voll entwickelt war, und wurde als erster der Reihe von Edwin und Margret Kratschmer gemeinsam mit Hannes Würtz herausgegeben. Für eine exemplarische Analyse bietet er sich auch deshalb an, weil er anlässlich der vom 28. Juli bis zum 5. August 1973 zum zweiten Mal in Ost-Berlin ausgetragenen X. Weltfestspiele der Jugend und Studenten publiziert wurde und die Herausgeber ihm eine repräsentative Funktion zuschrieben. Mit der Anthologie, so heißt es im Vorwort, legten »die Gastgeber ihre Selbstzeugnisse und Weltbetrachtungen auf den Tisch des Hauses«; es handle sich bei den Gedichten um »Aussagen, die nach Bewährung suchen, die aber auch Bestand haben müssen vor den Augen der fortschrittlichen Jugend aus aller Welt«.[50] Man wollte der sozialistischen Welt also die Haltung und Denkweise der in der DDR aufgewachsenen Generation präsentieren, die die Zukunft des Landes bestimmen würde. Nach dem Willen der Herausgeber sollten die Texte weniger hinsichtlich ihres »Kunstwert[s]« diskutiert werden als in Hinblick auf den zum Ausdruck kommenden »Lernprozeß« der jungen Menschen auf ihrem Weg »in Richtung Verantwortung« (OF4, 5f.).

Mit 172 Gedichten von 76 (39 männlichen und 37 weiblichen) Autoren fällt der Band etwas umfangreicher aus als die vorangegangenen *Offenen Fenster*. Den ein-

---

49 Die marxistische Sicht auf Glück und Partnerschaft wird von Michael Franz formuliert: »Wenn Glück nur in der Gesellschaft gefunden werden kann und eine solidarische Gesellschaft im Zusammenwirken aller immer neue Möglichkeiten erschließt, das Glück einer schöpferischen, sinnvollen menschlichen Existenz zu erfahren, dann ist der persönliche Glücksanspruch des einzelnen unter sozialistischen Bedingungen eben keine individualistische Anmaßung gegenüber der Gesellschaft, sondern gerade das Verlangen nach beglückenden Formen menschlicher Partnerschaft und Gemeinschaft, in denen, wie Marx erhoffte, Vertrauen nur gegen Vertrauen, Liebe nur gegen Liebe ausgetauscht werden kann.« (Franz: Selbsterfahrung, Anm. 36, S. 146.)

50 Edwin Kratschmer/Margret Kratschmer/Hannes Würtz: Vorwort. In: Offene Fenster 4. Schülergedichte. Hg. und mit einem Vorwort von dies. Berlin: Neues Leben 1973, S. 5–8, hier S. 7. (Dieser Band wird im Folgenden im Text mit der Sigle ›OF4‹ zitiert.)

zelnen Kapiteln sind Zitate von bekannten Autoren wie Johannes R. Becher, Heinz Kahlau, Günther Deicke oder Volker Braun vorangestellt, denen so der Status von Lehrern zugewiesen wird, an denen sich der Nachwuchs orientieren soll. Die Basis für die Textauswahl bildeten die Gedichte, die junge Menschen aus der ganzen DDR auf Aufrufe hin an Edwin Kratschmer oder, in den meisten Fällen, an die *Junge Welt* bzw. Hannes Würtz geschickt hatten, der als Redakteur der Rubrik *Poetensprechstunde* und Juror beim Literaturwettbewerb der Jugend ein zentraler Akteur der Poetenbewegung war. Mit ihren Einsendungen verbanden die Jugendlichen die Hoffnung auf eine Publikation in einer Anthologie und im Idealfall auch eine Einladung zum Zentralen Poetenseminar. 25 Beiträger des Bandes waren allerdings auch schon in den *Offenen Fenstern 3* vertreten gewesen, weshalb es sich keineswegs nur um Debuts handelte. Der Erwartungshorizont war den Schreibenden durch die in der *Jungen Welt* und in Anthologien abgedruckten Gedichte sowie die begleitenden Vorworte, Kommentare und Diskussionen bekannt.[51] Zudem waren 40 von 76 Autoren, so lässt sich den biografischen Informationen am Ende des Bandes entnehmen, Mitglied eines Poetenklubs, einer Arbeitsgemeinschaft junger Autoren oder eines Zirkels schreibender Schüler, Studenten oder Arbeiter, also bereits in institutionellem Rahmen beim Schreiben angeleitet worden.

Nimmt man die Gedichte selbst in den Blick, so unterscheiden sie sich in den Sujets und Schreibweisen kaum von denen in den vorangegangenen *Offenen Fenstern*. Das Spektrum reicht von Liebesgedichten über Beschreibungen des eigenen Wohnorts und erste Einblicke in die Arbeitswelt bis zu Besuchen in sozialistischen Bruderländern; es werden aber auch historisch-politische Gegenstände behandelt, wie Auschwitz, Buchenwald und der Vietnamkrieg. Das Alter der Beiträger reicht von 13 bis 21 Jahren, die meisten sind zwischen 16 und 20. In qualitativer Hinsicht gibt es große Schwankungen. Die metaphorisch und rhythmisch elaborierten Naturgedichte Gabriele Eckarts etwa heben sich deutlich vom Durchschnitt ab. Und die Gedichte von Jürgen Fuchs, der in dem Band mit insgesamt 17 Texten – unter anderem aus seinem Zyklus *Schriftprobe* – überproportional vertreten ist und durch Kratschmer besonders gefördert wurde, fallen durch ihre gesellschaftskritische Tendenz aus dem Rahmen. Wenn man das gesamte Korpus in den Blick nimmt, lassen sich

51 Diese Funktion erfüllte insbesondere die viel gelesene *Poetensprechstunde* in der *Jungen Welt*, in der Gedichte abgedruckt und Hinweise für das Schreiben gegeben wurden. Aus dem ersten Band der *Offenen Fenster* (1967) wurde dort etwa ein Gedicht von Dieter Schnappauf als positives Beispiel vorgestellt und der Band zur Orientierung empfohlen: »Jeder Jugendliche, der selbst schreibt, sollte diese Gedichte kennen, sich mit ihnen auseinandersetzen und sich anregen lassen.« (Hannes Würtz: Sicht durch ein offenes Fenster. In: Junge Welt, 12. Januar 1968.) Auch Kratschmer wollte mit seiner Anthologie-Reihe »schreibenden Jugendlichen eine Orientierungsmöglichkeit« geben (Margret Kratschmer/Edwin Kratschmer: Vorwort. In: Offene Fenster 2. Schülergedichte. Hg. und mit einem Vorwort v. dies. Berlin: Neues Leben, S. 5–8, hier S. 5).

jedoch durchaus Homologien in der Topik, der Gestaltung der Sprechsituation und der Aussagestruktur feststellen.

Die jungen Autoren verwenden fast durchgängig metrisch nicht regulierte und meist auch ungereimte Verse. Wortwahl und Syntax sind – von Ausnahmen wie Gabriele Eckart abgesehen – einfach und prosanah, dabei aber künstlich verknappt. Signifikant ist die gleichartige Gestaltung der Redesituation. Von den 172 Gedichten haben 114 ein artikuliertes Ich als Sprechinstanz, 21 ein artikuliertes Wir. Das Ich wie auch das Wir sind dabei als Stimmen von ihren Alltag beobachtenden jungen Menschen gestaltet, die wiederum in der Regel wenig individualisiert sind, vielmehr jugendtypische Merkmale aufweisen. Oft wird das sprechende Ich gleich zu Beginn altersmäßig charakterisiert und in einer unspezifischen lokalen oder beruflichen Umgebung situiert: »Die Stadt, in der ich lebe,/ist klein« (OF4, 73), »Neunzehn bin ich,/Liebe den Wind um die Birkenstämme« (OF4, 153) oder »Ich, zwanzigjährig,/Student im vierten Semester« (OF4, 156). Für die damaligen Leser legte diese Gestaltung der Redesituation eine autobiografische Lektüre der Gedichte nahe, die im Vorwort auch als »Selbstzeugnisse« (OF4, 5) vorgestellt wurden. So meinte Michael Franz in seiner Rezension, fast alle Texte seien »mehr oder weniger autobiographisch angelegt« und »im wesentlichen lyrische Notate aus dem unmittelbaren Erlebnisbereich: Schule, erste Liebe, jugendliche Konfrontation mit der Erwachsenenwelt«, kurz »die Selbsterfahrung einer neuen Generation in einer für ihr Welt- und Selbstverständnis entscheidenden Lebensphase«.[52]

Damit macht Franz aber auch deutlich, dass es sich bei diesen Gedichten nicht um eine subjektive Erlebnislyrik handelt, sondern um modellhafte, repräsentative Gestaltungen der Erfahrung der jungen Generation. Das zeigt sich an der fehlenden Individualisierung des artikulierten Ichs, der idealtypischen Gestaltung der Situationen sowie der Art und Weise, in der das Ich sein Verhältnis zur Welt reflektiert. Die Sprechsituation ähnelt dabei meist einer kritischen Selbstbefragung. Das lässt sich selbst an manchen Liebesgedichten beobachten, wie an *Mosaik* von Iris Schilke:

Ich will kein Bild von dir
hingeschmiert
in einer flüchtigen Nacht.
Ich will es malen
wochenlang.
Bunte Steinchen schenkst du mir
bei jeder Begegnung
für ein Mosaik

52 Franz: Selbsterfahrung (Anm. 36), S. 145.

aus Licht und Schatten
das immer ähnlicher dir wird

aber fertig niemals.
(OF4, 16)

Nicht das Gefühl des Verliebtsein steht im Zentrum dieses Gedichts. Vielmehr formuliert das Ich in Form einer Selbstansprache den Vorsatz, mit der Liebe verantwortungsbewusst umzugehen, damit aus der flüchtigen Begegnung ein Kennenlernen wird. Noch deutlicher zeigt sich der selbstreflexive oder selbsterzieherische Gestus in den Gedichten, die das Jugendalter allgemein thematisieren, wie im folgenden von Renate Gröbe:

Die BEATLES
liegen bei dir im MANIFEST
über deinem Bett hängt CHE
neben dem DÜRERHASEN.

Die MATTHÄUS-PASSION kennst du,
der UNDERGROUND-GITARRE Dauerschlag.
KANT (Immanuel) hat du gelesen
und BENNS Gedichte auch.

Abends kannst Du nicht schlafen,

weil Du noch suchst
und schon gefunden haben sollst.
(OF4, 26)

Die Jugend wird hier als Phase weltanschaulicher Unsicherheit dargestellt, was im Nebeneinander widerstreitender kultureller Einflüsse zum Ausdruck kommt: westliche Popmusik (Beatles) und Politik (Marx), jugendliche Protestkultur (Che-Plakat) und humanistisches Erbe (Dürer, Bach), Irrationalismus (Benn) und Vernunft (Kant). Im Vergleich zu anderen Gedichten hat dieses eine relativ offene Aussagestruktur und wirbt erkennbar um Verständnis für junge Menschen, die noch auf Orientierungssuche sind und zugleich mit politisch-pädagogischen Erwartungen an ihre Persönlichkeitsbildung konfrontiert werden. Indem das sprechende Ich den Konflikt auf diese Weise zu deuten vermag und den typisierten jungen Menschen (mit dem auch das eigene Ich gemeint sein kann) als Du anspricht, nimmt es jedoch bereits einen überlegenen Standpunkt ein bzw. eine (selbst)reflexive Distanz zur beschriebenen Situation.

Noch deutlicher wird die Distanzierung an Bernd Maßuthes Gedicht *Tanzabend*, das kein artikuliertes Ich, aber ebenfalls eine die Gegenwart beobachtende Sprechinstanz entwirft:

Von der Bühne heißtönig Musik der
Tausendfüßler stampft das
Parkett grau und läßt
es schwitzen.
Träume stapeln sich in Biergläsern und
in den Aschenbechern Männlichkeit.

Einige haben sich abgegeben
an der Garderobe.
(OF4, 34)

Wie das vorige beginnt dieses Gedicht mit einer typisierenden Darstellung von Jugendkultur, die schon in der Metaphorik eine pädagogische Bewertung transportiert: Wo Träume in Bier ertränkt werden und Männlichkeit sich in der Pose des Rauchens erschöpft, fehlt jungen Menschen offensichtlich das Bewusstsein gesellschaftlicher Verantwortung. Diese Reife beweist dagegen die nicht benannte Redeinstanz, die die Szene beobachtet und das Verhalten der Beteiligten in den letzten Versen als unreif beurteilt: Die Verantwortung für sich selbst haben einige ›an der Garderobe abgegeben‹.[53]

An den Beispielen wird eine für diese Gedichte charakteristische emblematische Struktur deutlich. Sehr viele präsentieren zunächst eine alltägliche Szene und enden – meist in der letzten Strophe bzw. den letzten abgesetzten Zeilen – mit einer Pointe oder Sentenz, die den Charakter einer resümierenden Bewertung hat: »aber niemals fertig«, »weil Du noch suchst/und schon gefunden haben sollst«, »Einige haben sich abgegeben/an der Garderobe«. Der bereits damals von einzelnen Rezensenten kritisch vermerkte »epigrammatische Zug«[54] dieser Lyrik tritt vor allem da hervor, wo die Selbsterkundung und Selbstbefragung zum Thema gemacht wird. So wie in diesem Gedicht von Astrid Becker:

53 Auch andere Gedichte kritisieren auf ähnliche Weise die fehlende sozialistische Reife junger Menschen, die den Verführungen westlicher Kultur erliegen; beispielsweise Jens Sparschuh in seinem Gedicht *Standpunkt*: »Er steht auf unserem Fernsehturm/Hoch/Nahe der Sonne/Und bewundert durchs Fernglas/Den Kudamm« (OF 4, S. 126).

54 Michael Franz: Welche Vorbilder? In: Neue Deutsche Literatur 19 (1971), H. 7, S. 158–164, hier S. 160. – Franz bezieht sich dabei auf *Offene Fenster* 2 (1970) und die Anthologie *Auswahl 70* (1970).

Aber heute
beginn ich den Streifzug durch mich

Find mich noch nicht zurecht im Spiegel
tast ab alle Räume in mir
schick Expeditionen entlang den Konturen
entdeck offene Türen ab und an

Wirst mich kaum wiedererkennen
wenn wir uns treffen
unterwegs
(OF4, 26)

Die ersten beiden Verse führen das Thema der Selbstsuche ein, die mittlere Strophe entwickelt das Bildfeld der Entdeckungsreise – Wege, Straßen Kreuzungen oder Fenster sind oft wiederkehrende Motive in den Gedichten –, die in diesem Fall von der Selbstbespiegelung zur Entdeckung offener Türen führt, und die letzte Strophe bietet einen reflektierenden und hoffnungsvollen Ausblick auf eine Zukunft, in der diese Suche zu einer Weiterentwicklung der eigenen Persönlichkeit geführt haben wird. Signifikant ist dabei der Übergang von der Ich-Introspektion zur Ansprache eines Du und zur Rede in der Wir-Form, die deutlich macht, dass diese Entwicklung nur im sozialen bzw. zwischenmenschlichen Bereich möglich ist. Gerade die Erwartung der Begegnung mit dem anderen scheint der Ansporn für die eigene Entwicklung zu sein. Viele Gedichte enden mit einem an das eigene Ich gerichteten Appell oder Vorsatz, der explizit oder implizit formuliert sein kann, wie in Fritz Martin Barbers *Ich setz nicht mehr auf die Flaschenpost*:

Hab einfach die Leitungen genommen,
Kontakte geschlossen,
alle Nummern gewählt
und gesprochen.

Wenige haben geantwortet.

Ich suche Fehler.
(OF4, 118)

Barbers Gedicht zeigt, dass die allegorische Überformung von alltäglichen Szenen ganz unterschiedliche Stoff- und Bildbereiche nutzen kann. In diesem Fall dient die Kommunikationstechnik zur Veranschaulichung des Modells einer Persönlichkeitsentwicklung, die nur im Austausch mit anderen und in der kritischen Selbstbefragung gelingen kann. Das Ausbleiben von Antworten führt nicht zum Rückzug des

Ichs von der Welt, sondern ist ihm Anlass zur Überprüfung des eigenen (monologisierenden bzw. ›flaschenpostschreibenden‹) Verhaltens. Auch hier liegt der Gedanke nahe, dass der sich in drei Schritten vollziehende Erkenntnisprozess ein dialektisches Verhältnis von Ich und Welt darstellen sollte.

Die strukturellen Ähnlichkeiten der beispielhaft ausgewählten Gedichte, deren Reihe sich problemlos verlängern ließe, stützen die These, dass die Poetenbewegung – in der Breite, nicht in der Spitze – tatsächlich einen bestimmten Gedichttypus ausgeprägt bzw. gefördert hat. Kennzeichnend für die meisten der in den *Offenen Fenstern* präsentierten Gedichte sind die Typisierung der Figuren und Situationen – also eine autobiografisch deutbare Figurierung der Ich-Sprechinstanz als Jugendlicher im DDR-Alltag –, die reflektorisch überlegene Position dieser Sprechinstanz sowie die allegorische Überformung der geschilderten Situationen und Erfahrungen im Sinn einer ›dialektischen‹ Vermittlung von Ich und Welt, womit die jungen Autoren anscheinend die an sie gerichteten Erwartungen zu erfüllen versuchten.[55] Ein auffälliger Befund ist, dass das Programm der Selbsterziehung zur sozialistischen Persönlichkeit dabei oft auch zum Inhalt der Gedichte wird, wodurch diese einen pädagogischen Charakter erhalten.

Das Bemühen um eine diesen Erwartungen entsprechende dialektische und zukunftsfrohe und für die Jugend im Sozialismus repräsentative Gestaltung des Ich-Welt-Verhältnisses geriet jedoch notwendigerweise in Konflikt mit der Forderung nach einer authentisch wirkenden und individuell-besonderen Ausdrucksweise und förderte stattdessen die Tendenz zur Uniformität. Die »weitgehend einheitliche Machart vieler Gedichte unterschiedlicher Autoren« wurde schon in den 1970er Jahren von einigen Kritikern und Schriftstellern in der DDR offen kritisiert.[56] So schrieb Andreas Reimann 1974 in einem provokanten Beitrag in *Sinn und Form*, der »Abdruck solcher Texte en masse« bringe die eigene Sache »in Verruf«, da der Eindruck entstehe, »der Sozialismus brächte keine individuellen Persönlichkeiten hervor«.[57] Die Ursachen für die mangelnde Originalität der Texte wurden von den Kritikern jedoch nicht im systemimmanenten Konflikt unterschiedlicher ästhetischer und pädagogischer Zielsetzungen gesucht. Vielmehr machte man

---

55 So meinte der Rezensent Michael Franz, man könne »nur froh sein über die lebensbejahende, lebensfreudige Grundhaltung«, die in diesen Gedichten zum Ausdruck komme (Franz: Selbsterfahrung, Anm. 36, S. 145).

56 Werner Stapelfeld: Mehr als »die vierte Rate«. In: Das Volk (Erfurt), 7. Juli 1973. – Es handelt sich um eine Rezension von *Offene Fenster* 4.

57 Andreas Reimann: Die neuen Leiden der jungen Lyrik. In: Sinn und Form 26 (1974), H. 2, S. 439–448, hier S. 439f. – Reimann bezieht sich darin auf die ersten drei Bände der *Offenen Fenster*, die Anthologie *Auswahl 72* und verschiedene Hefte des *Poesiealbums*. Reimanns Aufsatz und die darauf Bezug nehmenden Debattenbeiträge in *Sinn und Form* finden sich auszugsweise in Teil 3.6: Dokumente.

dafür wechselweise falsche literarische Vorbilder und mangelndes »revolutionäre[s] sozialistische[s] Traditionsbewußtsein«,[58] fehlende Lebenserfahrung,[59] eine unzureichende formal-handwerkliche Ausbildung,[60] einen durch die massenhafte Förderung mitverursachten »Niedergang des Formbewußtseins«[61] oder die Überforderung von Lektoren und Deutschlehrern verantwortlich.[62] In einer durch Reimanns Aufsatz ausgelösten Diskussion widersprachen dem drei junge Autoren, die zwar den kritischen Befund teilten, aber andere Ursachen ausmachten. Uwe Klabunde meinte, die in Anthologien abgedruckten Texte ähnelten sich deshalb »in erschreckendem Maße«, weil sich »die Gedanken und die Denkweisen« ihrer Verfasser ähnelten »oder keine eigenen« seien.[63] Lutz Rathenow erklärte, das Problem liege darin, dass »nicht die besten, sondern die politisch am brauchbarsten erscheinenden Gedichte« veröffentlicht würden.[64] Und Jürgen Fuchs schrieb, »das beklagte ›unterschiedslose Empfinden‹« in den Gedichten weise »vor allem auf unterschiedsloses Weltverständnis, auf kanalisiertes Denken« hin und »die Klage, daß Schüler keine eigene Handschrift mehr besitzen, auf die von Lehrern und anderen Amtspersonen verteilten und in ihrer Anwendung überwachten Schablonen«.[65]

Diese Wortmeldungen weisen ihrerseits darauf hin, dass manche der Autoren, die im Rahmen der Poetenbewegung gefördert worden waren, durchaus ›eigene Handschriften‹ entwickelten und das institutionelle Angebot von ihnen auch aus eigenem Interesse und zur Verfolgung persönlicher Ziele genutzt werden konnte – vor allem dann, wenn sie von einzelnen Zirkelleitern und Herausgebern unterstützt wurden. Tatsächlich entsprechen keineswegs alle in *Offene Fenster 4* abgedruckten Gedichte dem oben skizzierten Typus. Die Besonderheit einzelner Texte lässt sich gerade an der Abweichung von diesem Muster erkennen und beschreiben. Dies soll zum Schluss an zwei Beispielen gezeigt werden. Das eine ist Matthias Biskupeks Gedicht *Sitzungsprotokoll*:

Redner zwölf
Las mit Elan:

---

58 Franz: Welche Vorbilder (Anm. 54), S. 163.

59 Vgl. Michael Franz: Elementare Maßstäbe. In: Neue Deutsche Literatur 20 (1972), H. 9, S. 169–174, hier S. 171.

60 Vgl. ebd.

61 Reimann: Die neuen Leiden (Anm. 57), S. 439.

62 Vgl. Arno Pielenz: Zu »Die neuen Leiden der jungen Lyrik«. In: Sinn und Form 26 (1974), H. 3, S. 661–663, hier S. 662.

63 Diskussion. Die neuen Leiden der jungen Lyrik. In: Sinn und Form 26 (1974), H. 5, S. 1087–1103, hier S. 1094.

64 Ebd., S. 1099.

65 Ebd., S. 1092.

Es kommt vor allem
Darauf an,
Daß auch der letzte
Funktionär
Frei sprechen kann.

(Beifallsorkan)
(OF4, 136)

Biskupeks Gedicht fällt aus dem Rahmen, weil es mit dem Mittel der Satire und mit einem Irritationseffekt arbeitet. Man erfasst die Pointe erst nach kurzem Nachdenken. Sie ergibt sich aus dem performativen Widerspruch, dass die Forderung nach freier Rede nicht frei vorgetragen, sondern vorgelesen wird, und dies offenbar nach elf vorangegangenen Verlesungen von Reden. Angeprangert wird also die Ritualisierung des politischen Lebens bzw. eine bürokratische Verkrustung des Sozialismus. Zwar fehlt hier die dialektische Vermittlung von Ich und Welt. Da aber keine grundsätzlich negative Haltung zum Ausdruck kommt, konnte diese Satire noch als konstruktive und einer auf Partizipation und Veränderung drängenden Jugend zuzugestehende Kritik eingeordnet werden.

Schwieriger war dies bei manchen Gedichten von Jürgen Fuchs, etwa bei *Vorschlag*:

Ich überprüf also euren Vorschlag
So zu leben wie ihr
Und überdenk eure Worte:
Vor allem solide
Und bemerke dabei:
Dieses Solide heißt nicht solidarisch
Heißt kleingartenwärts
Längst vergessen Solidarität

Also überprüft meinen Vorschlag
Und überdenkt meine Worte
Und bemerkt bald:
So leben Sterbende
Nicht Ich
(OF4, 135)

Ein für Fuchs charakteristisches Verfahren ist die Gegenüberstellung von kommunistischer Idee und real existierendem Sozialismus, die hier in der wortspielerischen Unterscheidung von »solidarisch« und »solide« anklingt. Die implizite Aussage des Gedichts ist dabei eindeutig: Die Utopie einer lebendigen und solidarischen Gemeinschaft ist in der DDR vergessen und durch einen kleinbürgerlichen Tugendkanon ersetzt worden. Problematischer als die Kritik selbst, die ja von sozialistischem Idealismus zeugt, ist die Form, in der sie geäußert wird. Das artikulierte Ich tritt der von ihm als »ihr« adressierten Gesellschaft in einer konfrontativen Haltung entgegen, wobei die Anspielung auf Goethes *Prometheus*-Hymne insbesondere am Schlussvers deutlich wird. Da das Verhältnis zum Antagonismus von Leben und Sterben stilisiert wird, ist eine dialektische Auflösung des Widerspruchs nicht denkbar. Das letzte Wort ist ein großgeschriebenes »Ich«. Das Gedicht als Rollenlyrik zu lesen, wie es die Goethe-Referenz nahelegt, war im Kontext der Poetenbewegung, wo vorbildlich gestaltete Sprechinstanzen erwartet wurden, keine Option. Linientreue Funktionäre und Kritiker konnten *Vorschlag* daher leicht als subjektivistisch, negativistisch und bürgerlich einstufen.

Der vierte Band der *Offenen Fenster* war zugleich der letzte, in dem Gedichte von Fuchs erscheinen konnten, und seine Entgegnung auf Reimann in *Sinn und Form* vom Mai 1974 war seine letzte Publikation in der DDR. Am Beispiel von Fuchs, der anfangs durch die Poetenbewegung gefördert wurde und 1971 und 1972 an Zentralen Poetenseminaren teilnahm, 1975 aber aus der FDJ ausgeschlossen und von der Jenaer Universität exmatrikuliert wurde, werden so nicht nur die Spielräume, sondern auch die Grenzen des im institutionellen Rahmen Sag- und Publizierbaren sichtbar.

»Maßstäbe für Lyrik«

Junge Lyrik herausgeben im agonalen Feld der DDR: *Poesiealbum* versus *Sonderhefte Poetenseminar*

Bénédicte Terrisse

»Die Reihe war nicht zuletzt als Bühne für erste Auftritte neuer Talente gedacht. Hier konnte man auf bemerkenswerte poetische Texte stoßen – von Wilhelm Bartsch, Thomas Brasch, Richard Leising, Kathrin Schmidt … «, so schreibt Jürgen Engler 2012 rückblickend über die Lyrikreihe *Poesiealbum* (1967–1990).[1] Sie erfüllte die Funktion einer talententdeckenden Instanz und wurde dafür anerkannt. Darüber hinaus wird das *Poesiealbum* zum »Netz« der »Förderungsmaßnahmen für junge Talente in der DDR« gezählt, neben der Singebewegung, der Poetenbewegung, dem Literaturinstitut »Johannes R. Becher« und Anthologie-Reihen wie *Offene Fenster* und *Auswahl*.[2] In den retrospektiven Würdigungen der Reihe finden die *Sonderhefte Poetenseminar*, die zwischen 1971 und 1990 unter dem Dach des *Poesiealbums* erschienen, keine Erwähnung. Diese Hefte hatten einen Sonderstatus, da in ihnen ein »Teil der [auf dem Poetenseminar in Schwerin, B.T.] vorgetragenen Arbeiten« veröffentlicht wurde.[3]

In ihrem Kapitel über die Lyrik-Welle im Mitteldeutschen Verlag lenkt Simone Barck die Aufmerksamkeit auf das »permanent[e] Spannungsverhältnis« zwischen den »kulturpolitischen Forderungen und Erwartungen der Partei und [der] Entwicklung der Jungen Künstler«.[4] Der vorliegende Aufsatz vertritt die These, dass das editorische Modell der Lyrikreihe *Poesiealbum* genau diese Spannung zur Schau

1 Jürgen Engler: Poesiealbum oder Anders geht es weiter. In: Marginalien. Zeitschrift für Buchkunst und Bibliophilie 207 (2012), H. 3, S. 22–29, hier S. 24.

2 Anthonya Visser: Die Lyrikreihe *Auswahl* – Ein Sprungbrett für junge Lyrik in der DDR? In: Im Blick behalten: Lyrik der DDR. Neue Beiträge des Forschungsprojekts DDR-Literatur an der Vrije Universiteit Amsterdam. Hg. v. Gerd Labroisse und Anthonya Visser. Amsterdam/Atlanta: Rodopi 1994, S. 87–134, hier S. 134.

3 Zweite Seite des *Sonderhefts Poetenseminar* 1971.

4 Simone Barck: Ein Genre wird öffentlich. In: »Jedes Buch ein Abenteuer«. Zensur-System und literarische Öffentlichkeiten in der DDR bis Ende der sechziger Jahre. Hg. v. Simone Barck, Martina Langermann und Siegfried Lokatis. Berlin: Akademie Verlag 1997, S. 286–317, hier S. 290.

stellt und gleichzeitig mit dem editorischen Dispositiv von Hauptreihe und Sonderreihe, regulären Heften und Sonderheften zu lösen versucht. Er konzentriert sich auf die ersten Jahre der Lyrikreihe: von ihrer Mitgründung durch den Lektor Bernd Jentzsch im Jahre 1967 bis zu dessen Nicht-Rückkehr von einem Arbeitsaufenthalt in der Schweiz 1976.[5] Inwiefern prägen die ›agonalen‹ Dynamiken, die dem Literaturfeld der DDR – betrachtet man es mit Bourdieus Feldtheorie – in den 1960er Jahren innewohnen,[6] das *Poesiealbum* und spiegeln sich im Format, Layout und Paratext der Reihe wider? Im Fokus der vorliegenden Untersuchung steht die editorische Leistung des *Poesiealbums*. Zuerst wird Bernd Jentzschs Situation innerhalb des literarischen Feldes in der DDR der 1960er Jahre und der sogenannten Lyrik-Welle umrissen. Anschließend wird das doppelte editorische Profil des *Poesiealbums* als Ort eines Kampfes um die Definition von Literatur am Beispiel der Serien für junge Lyrik ausgelotet.

1. Bernd Jentzsch und die Lyrik-Welle

Die Lyrikreihe *Poesiealbum* (1967–1990) erschien im Verlag Neues Leben, dem Verlag des Jugendverbandes Freie Deutsche Jugend (FDJ). Damit war die Jugend von vornherein das Zielpublikum. Die Urkunde, in der die Genehmigung zur Gründung durch die Sowjetische Militärverwaltung in Deutschland 1946 erteilt wurde, lautet:

> Gegenstand des Unternehmens ist der Verlag von Büchern und anderen Druckerzeugnissen zur Schulung und Bildung der deutschen Jugend im Geiste der Demokratie und der Völkerverständigung. Außer guter neuer Jugendliteratur soll auch die Herausgabe der klassischen deutschen und ausländischen Jugendliteratur Aufgabe des Verlages sein.[7]

In vielerlei Hinsicht firmiert die Lyrikreihe *Poesiealbum* mit ihren anspruchsvollen Heften mit Gedichten von Klopstock, Paul Celan, Walt Whitman, Pablo Neruda,

5 Jentzsch wurde damals mit einer Gefängnisstrafe bedroht, nachdem er einen offenen Brief an Erich Honecker in der *Frankfurter Allgemeinen Zeitung* als Protest gegen Reiner Kunzes Ausschluss aus dem Schriftstellerverband der DDR und Wolf Biermanns Ausbürgerung veröffentlicht hatte. Vgl. Bernd Jentzsch: Erster Offener Brief. In: ders.: Die alte Lust, sich aufzubäumen. Lesebuch. Leipzig: Reclam 1992, S. 87–91.

6 Vgl. Leon Hempel: Die agonale Dynamik des lyrischen Terrains. Herausbildung und Grenzen des literarischen Feldes der DDR. In: Literarisches Feld DDR. Bedingungen und Formen literarischer Produktion in der DDR. Hg. v. Ute Wölfel. Würzburg: Königshausen & Neumann 2005, S. 13–29; Pierre Bourdieu: Les règles de l'art. Genèse et structure du champ littéraire. 2. Aufl. Paris: Seuil 1998.

7 [o.A.] Stationen der Verlagsgeschichte. In: Jedes Buch ist ein Abenteuer. Ein Almanach. Vierzig Jahre Verlag Neues Leben Berlin. Berlin: Neues Leben 1986, S. 245.

Thomas Brasch und Grafiken von Einar Schleef, Ronald Paris, Gisèle de Lestrange oder Picasso als Ausnahmeerscheinung im Verlag Neues Leben. Es ist die einzige Reihe mit kanonischem Anspruch im Verlagskatalog, der ansonsten aus massenwirksamen, oft populär-wissenschaftlichen und unterhaltsamen Titeln besteht, die an ein jugendliches Lesepublikum adressiert sind. Durch diese Besonderheit rückt der Gründer und langjährige Leiter der Reihe Bernd Jentzsch ins Rampenlicht. Zwischen 1965 und 1974 war er als Lektor und zwischen 1974 und 1976 als freier Mitarbeiter im Verlag Neues Leben tätig.[8] Die Beobachtung seiner ersten Auftritte im Literaturbetrieb ermöglicht es uns, die ästhetischen, politischen und intellektuellen Standpunkte zu verstehen, die seine Entscheidungen als Lektor der Lyrikreihe *Poesiealbum* und anderer Lyrikreihen bestimmten.[9]

Bernd Jentzsch (*1940) trat bereits als sehr junger Dichter in die Öffentlichkeit. Seit 1959 war er – zusammen mit Sarah und Rainer Kirsch – Mitglied der von Gerhard Wolf geleiteten Arbeitsgemeinschaft Junger Autoren in Halle.[10] Wolf arbeitete gleichzeitig als Lektor beim Mitteldeutschen Verlag,[11] wo 1961 Jentzschs Debütband *Alphabet des Morgens* erschien. Im gleichen Jahr nahm Wolf ihn in die Anthologie *Bekanntschaft mit uns selbst. Gedichte junger Menschen I* auf. Auf dem »Neue Lyrik – unbekannt und unveröffentlicht« betitelten Lyrikabend, den Stephan Hermlin in der Akademie der Künste am 11. Dezember 1962 veranstaltete und der die sogenannte Lyrik-Welle initiierte, trug dieser 63 Gedichte von jungen Dichtern vor,[12] darunter einige von Jentzsch. Auch nachdem die FDJ 1963 die Kontrolle über die Lyrikveranstaltungen übernommen hatte, nahm Jentzsch zusammen mit Wolf Biermann, Volker Braun und anderen an diesen teil.[13] In den ersten beiden Ausgaben der daraus entstandenen Lyrikreihe *Auswahl* ist Jentzsch mit Gedichten vertreten;[14] 1966 wird er zu ihrem Herausgeber.[15] Die Reihe mit Schülergedichten *Offene Fenster* lektorier-

8 Vgl. Jentzsch: Die alte Lust (Anm. 5), S. 226–227.

9 Vgl. Hervé Serry: Figures d'éditeurs français après 1945: habitus, habitus professionnel et transformation du champ éditorial. In: Figures de l'éditeur. Hg. v. Bertrand Legendre und Christian Robin. Paris: Nouveau monde éditions 2005, S. 73–89.

10 Vgl. Sarah Kirsch/Christa Wolf: »Wir haben uns an allerhand gewöhnt«. Der Briefwechsel. Berlin: Suhrkamp 2019, S. 425.

11 Vgl., ebd., S. 7, Fußnote 1.

12 Vgl. Anke Jaspers: Suhrkamp und DDR. Literaturhistorische, praxeologische und werktheoretische Perspektiven auf ein Verlagsarchiv. Berlin/Boston: de Gruyter 2022, S. 440.

13 Vgl. Bernd Jentzsch: Das lange Jahr des öffentlichen Gedichts. In: ders.: Flöze. Schriften und Archive 1954–1992. Leipzig: Connewitzer Verlagsbuchhandlung 1993, S. 40–48, hier S. 42f.

14 Vgl. Jentzsch: Die alte Lust (Anm. 5), S. 233 (die erste Ausgabe trug den Titel *Auftakt 63. Gedichte mit Publikum*); Visser: Die Lyrikreihe *Auswahl* (Anm. 2), S. 90.

15 Vgl. Visser: Die Lyrikreihe *Auswahl* (Anm. 2), S. 90.

te er zwischen 1967 und 1976.[16] Doch diese Kontinuität verdeckt einen Konflikt, der das »sich in den 1960er Jahren etablierende[] lyrische[] Terrain[] der DDR« lange prägte .[17] Denn Hermlin, der mit seinem Abend in der Akademie die Lyrik-Welle ausgelöst hatte, wurde 1963 von seinem Posten als Sekretär der Sektion Dichtkunst abgesetzt – unter anderem, weil er Wolf Biermann eine Plattform für die Aussage »Es ist natürlich schwierig Maßstäbe für Lyrik zu finden, wenn man ständig das *ND* liest«,[18] gegeben hatte. Diese und weitere Ereignisse ließen das lyrische Terrain der 1960er Jahre zum »Ort eines [...] Wettstreits zwischen orthodoxen und häretischen Positionen«,[19] zwischen »Stalinisten und Reformern« werden.[20]

Jentzschs poetischer Geschmack wurde durch Hermlin, Gerhard Wolf und Georg Maurer geprägt, an dessen Seminaren am Institut für Literatur »Johannes R. Becher« er neben Sarah und Rainer Kirsch teilnahm, ohne dort immatrikuliert zu sein.[21] Maurer war für seine Seminare über moderne Lyrik bekannt. Um ihn bildete sich das, was Adolf Endler später die Sächsische Dichterschule genannt hat.[22] Um mit Volker Brauns Klassifikation zu sprechen, gehörte Jentzsch zu den »Engagierten« und nicht zu den »Panegyrikern«.[23] Parallel zu seinen Dispositionen als Dichter entwickelte er soziale und professionelle Fähigkeiten im Bereich der Edition junger Lyrik sowie politisch-bürokratische Kompetenzen im Umgang mit den Entscheidungsprozessen eines DDR-Verlages unter Einbeziehung der Leitlinien der FDJ. So wurde Jentzsch zum Experten für die Veröffentlichung junger Lyrik in der DDR. Matthew Philpotts schreibt, dass die »charismatischen Dispositionen als Poet« und die »bürokratisch-professionellen Dispositionen« per se gegensätzlich und selten in einer Person vereint seien; gleichzeitig sei dieser »vielfältige Habitus« der Schlüs-

---

16 Vgl. Gerd Dietrich: Kulturgeschichte der DDR. Band II: Kultur in der Bildungsgesellschaft 1958–1976. 2., überarb. Aufl. Göttingen: Vandenhoeck & Ruprecht 2019, S. 1319; Axel Reitel: Schöne Jugend. Jugendliche im Widerspruch zur DDR. Berlin: Dr. Köster 2007, S. 79.

17 Hempel: Die agonale Dynamik (Anm. 6), S. 18.

18 Zit. n. Marcus Heumann: »Was verboten ist, das macht uns gerade scharf«. Der »öffentliche« Biermann 1962 bis 1965. In: Wolf Biermann. Ein Lyriker und Liedermacher in Deutschland. Hg. v. Dorlis Blume, Monika Boll und Raphael Gross. Berlin: Ch. Links 2023, S. 46–59, hier S. 47. (Mit dem ND ist das *Neue Deutschland* gemeint.)

19 Hempel: Die agonale Dynamik (Anm. 6), S. 25.

20 Heumann: »Was verboten ist, das macht uns gerade scharf« (Anm. 18), S. 46.

21 Vgl. Isabelle Lehn/Sascha Macht/Katja Stopka: Schreiben lernen im Sozialismus. Das Institut für Literatur »Johannes R. Becher«. Göttingen: Wallstein Verlag 2018, S. 284.

22 Zur anthologischen Praxis dieser Lyriker und Lyrikerinnen, die dadurch »Maßstäbe [...] setzen« wollten, einen »Umsturz des Kanons« anstrebten und »›Streit‹ aufs Programm« setzten, vgl. Ursula Heukenkamp: Staat und Lyrik. Die DDR-Lyrikdebatten der 1960er Jahre. In: Benutzte Lyrik. Text + Kritik (2007), Heft 173, S. 81–92, hier S. 84–86.

23 Zit. n. Hempel: Die agonale Dynamik (Anm. 6), S. 26.

sel für editorische Erfolge im Sinne der Langlebigkeit eines editorischen Projekts.[24] Dies war beim *Poesiealbum* der Fall.

2. Die Lyrikreihe *Poesiealbum*: editorische Absichtserklärungen in drei Epitexten

Die von Bernd Jentzsch im Jahre 1967 begründete Lyrikreihe *Poesiealbum* ist nur vor dem Hintergrund der Lyrik-Welle zu verstehen. In einem Interview mit Christel und Walfried Hartinger aus dem Jahr 1975 beschreibt Bernd Jentzsch das Konzept der Lyrikreihe wie folgt:

> Anfang der sechziger Jahre erlebte die Lyrik der DDR einen großen Aufschwung. [...] Mit dieser Entwicklung fiel die sogenannte Lyrik-Welle zeitlich zusammen. Vor einem nach Tausenden zählenden Publikum wurden Gedichte rezitiert. Eine solche Popularität hatten Gedichte bei uns bis dahin noch nicht erlebt. Es stellte sich bald heraus, daß die Lyriker nicht über ein unerschöpfliches Reservoir an neuen und zugleich zum Vortrag geeigneten Texten verfügten. Dies wurde ganz besonders bei jungen Talenten spürbar, die Anfang der sechziger Jahre auf diese Weise ihr Debüt gaben. Da das auch die Veranstalter der Lyrik-Foren bemerkten, wurde in zunehmendem Maße auf ausländische und deutschsprachige Gedichte aus vergangenen Epochen zurückgriffen. Dieser Tatbestand spielte bei der Konzipierung der Reihe *Poesiealbum*, die etwa im Frühjahr 1967 einsetzte, eine wesentliche Rolle. Es hatte sich zudem herausgestellt, dass sich nicht alle Gedichte zum öffentlichen Vortrag eigneten. Bei jener Lyrik, die etwa in weltanschaulicher oder ästhetischer Hinsicht höhere Anforderungen stellte, war die Aufnahme schwierig. Die Reihe *Poesiealbum* versteht sich nicht als Fortsetzung der Lyrik-Welle, wohl aber ist auch sie darauf aus, ein sehr breites Lesepublikum zu erreichen, und das bedeutet, viele Leseinteressen zu treffen.[25]

Auffallend an dieser Bekundung des editorischen Vorhabens[26] aus dem Jahr 1975 ist die Betonung des notwendig gewordenen Übergangs von der Mündlichkeit zur

---

24 Matthew Philpotts: The Role of the Periodical Editor: Literary Journals and Editorial Habitus. In: The Modern Language Review 107 (2012), S. 39–64, hier S. 54.

25 Bernd Jentzsch zit. n. Christel und Walfried Hartinger: Das Interview. *Poesiealbum* contra Albumpoesie. Interview mit Bernd Jentzsch. In: Deutsch als Fremdsprache. Zeitschrift für Theorie und Praxis des Deutschunterrichts für Ausländer. Literarisches Sonderheft 1975, S. 116–120, hier S. 116f.

26 Vgl. dazu Frédéric Palierne: La déclaration d'intention, une identité entre manifeste et péritexte commercial. Une approche du discours d'intention dans les collections littéraires de la seconde moitié du XXe siècle. In: La collection. Essor et affirmation d'un objet éditorial (Europe/Amériques XVIIIe-XXIe). Hg. v. Miriam Nicoli und Christine Guégo. Rennes: Presses universitaires de Rennes 2014, S. 19–35; https://doi.org/10.4000/books.pur.54786.

Schriftlichkeit, was den Editionsprozess geradezu definiert. Zugleich formuliert Jentzsch den Anspruch, »bedeutend[e]« Gedichte bzw. kanonische Weltpoesie – »die wichtigsten zeitgenössischen Autoren fremdländischer Literaturen« – zu publizieren.[27] In dieser Hinsicht erscheint das *Poesiealbum* als Korrektiv der Lyrikreihen für Debütanten, an denen Jentzsch gleichzeitig beteiligt war. An keiner Stelle wird die Leserschaft als junges Publikum dargestellt. Der editorische Intentionsdiskurs im Interview blendet die Rolle der FDJ aus, deren Richtlinie für das *Poesiealbum* lautete:

> Die Reihe wendet sich an einen breiten, insbesondere jedoch an einen jugendlichen Leserkreis. Es ist ihr Ziel, den jugendlichen Leser kontinuierlich mit der Vielfalt progressiver Lyrik der Gegenwart und Vergangenheit vertraut zu machen, zur Lektüre umfangreicher Ausgaben zu ermutigen und bei der Erziehung zu sozialistischen Persönlichkeiten zu helfen.[28]

Der pädagogische Auftrag und die politische Dimension der Gedichte, die der Jugend zum Lesen angeboten werden, stehen hier im Vordergrund. Die Zeilen lesen sich als eine mit Jentzschs Anspruch konkurrierende editorische Absicht. Die durch die Lyrik-Welle vererbte agonale Dynamik zwischen Ästhetik und Politik im ostdeutschen ›lyrischen Terrain‹ der 1960er Jahre setzt sich so gesehen im *Poesiealbum* fort.[29]

Als weitere, dritte Quelle für die editorische Absicht können die Verlagsgutachten in den Druckgenehmigungsakten der jeweiligen Publikationen herangezogen werden. Dort kann man beobachten, wie der Herausgeber Bernd Jentzsch die editorischen Leitsätze der verschiedenen Reihen mit Lyrik von Jugendlichen, die er im Verlag Neues Leben betreut, zu profilieren und zu differenzieren versucht. Diese Aufgabe stellt sich 1971 um so dringender, als die Gedichte, die junge Leute auf den seit August 1970 in Schwerin stattfindenden Poetenseminaren vorstellen, in mehrere Lyrikreihen des Verlags Neues Leben Eingang finden. Die Schülergedichte des

---

27 Jentzsch zit. n. Hartinger: Das Interview (Anm. 25), S. 118.

28 Zit. n. Anne-Marie Pailhès: La recherche d'une identité dans la poésie de RDA de 1960 à 1989. Stuttgart: Hans-Dieter Heinz 1998, S. 107, Fußnote 3.

29 Der Werbeprospekt des Jahres 1967 bietet jedoch eine Art Kompromisslösung an: Auf der einen Seite wird die Jugend als Zielpublikum erwähnt. Der Initiator der ersten Veranstaltung der Lyrik-Abende, Stephan Hermlin, bleibt tabu. Der pädagogische Auftrag tritt zugunsten des emanzipatorischen Ideals des »Vergnügens am Denken« durch die Begegnung mit der Poesie zurück. Schließlich gibt das Syntagma »gute Lyrik« die qualitativen Ansprüche des Dichter-Herausgebers Jentzsch für die Reihe wieder. Für eine Abbildung des Werbeprospekts vgl. Poesiealbum. Der Katalog. 275 Hefte in 23 Jahren. Lyrik in der DDR für 90 Pfennige. Hg. v. Rainer Schulz. Göttingen: Heras Verlag 2014, S. 5.

dritten Bandes der Anthologie-Reihe *Offene Fenster* werden 1971 in Jentzschs Verlagsgutachten dem kulturpolitischen Projekt des Bitterfeldes Weges zugeordnet und in die Nähe der Laienkunst gerückt:

> Es scheint notwendig, noch einmal und mit Nachdruck auf die Aufgabe hinzuweisen, die die Serie der Offenen-Fenster-Bände nach unserer Meinung zu erfüllen hat: es handelt sich hier in erster Linie um die Sichtbarmachung eines Prozesses, der zunächst im weitesten Sinn etwas mit dem zu tun hat, was wir den Bitterfelder Weg genannt haben. Unter diesen Überbegriff fassen wir ja auch zusammen, was wir meinen, wenn wir vom künstlerischen Volkskunstschaffen; vom kulturvollen Leben sprechen. [...] Gedichte stellen einen Schritt der Bekanntschaft mit sich selbst. Sie sind bewusstseinsbildend und daher sehr wichtig. Darin sehen wir ihre Bedeutung. Je ehrlicher, je differenzierter die gesellschaftliche Standortbestimmung in ihnen ausgetragen wird, umso bedeutsamer sind sie. Eins sind diese Gedichte jedoch nicht und sie können es auch gar nicht sein: Literatur. [...] Schülergedichte fordern andere Kriterien der Bewertung. Ihr soziologischer Wert ist erheblicher als ihr rein literarischer. Dass Gedichte dieser Art dennoch auch einen Kanal bilden, über den Nachwuchs ›eingeschwommen‹ wird, braucht wohl nicht besonders betont zu werden. Aus den vorangegangenen Bänden sind Kristian Pech und Sonja Schüler-Schubert hervorgegangen, die inzwischen die ›Poesiealbum-Reife‹ erreicht haben. Aus dem vorliegenden Manuskript sind die Namen von eventuellen potentiellen Nachwuchsautoren noch nicht mit Sicherheit abzulesen. [...] Wahrscheinlich ist es aber eine gute Quote, wenn sich aus jedem Band zwei bis drei Namen als überdurchschnittlich, als literarisch talentiert herausstellen. Wichtiger scheint jedoch die Breite, das Erfassen möglichst vieler Stimmen zu sein. [...] Interessanter ist wohl eher eine Untersuchung über den Gebrauchswert dieser Arbeiten. Sind sie ehrlich, kritisch, gesellschaftlich relevant? [...][30]

Dieses Verlagsgutachten, das den Charakter einer Gebrauchsanweisung für junge Lyrik hat, ist auf zweifache Weise von Taktik geprägt.[31] Einerseits geht es darum, die Publikation der lektorierten dritten Ausgabe der *Offenen Fenster* zu ermöglichen,[32]

30 Verlagsgutachten zu Offene Fenster 3 – Schülergedichte; BArch DR 1/3545a, Bl. 564–566. – Ähnliche Reflexionen (mit zusätzlichem Brecht-Bezug) stellt Jentzsch in dem Vorwort zu seiner Anthologie an: Bernd Jentzsch: Beweisführung durch Urkunden. In: Ich nenn euch mein Problem. Gedichte der Nachgeborenen. 46 junge, in der DDR lebende Poeten der Jahrgänge 1945–1954. Hg. v. Bernd Jentzsch. Berlin: Neues Leben 1971, S. 5–8.

31 Vgl. Siegfried Lokatis' Definition von Gutachten in Druckgenehmigungsakten als »taktisch kontaminierte Gebrauchstexte« (Siegfried Lokatis: Der Argusblick des Zensors. In: Die Argusaugen der Zensur. Begutachtungspraxis im Leseland DDR. Hg. v. ders. und Martin Hochrein. Stuttgart: Dr. Ernst Hauswedell 2021, S. 13–25, hier S. 17).

32 Vgl. Stephan Pabsts Definition der Verlagsgutachten der DDR als das, was »das Erscheinen der Bücher ermöglichen soll« (Stephan Pabst: Kritik und Genehmigung. Hanns Cibulka in der

indem auf die Einwände des externen Verlagsgutachtens im Hinblick auf ästhetische und politische Mängel der zum Druck angebotenen Gedichte und auf die Rezensionen zu den beiden ersten Bände geantwortet wird.[33] Andererseits verteidigt Jentzsch seine künstlerischen Maßstäbe für die von ihm betreute Reihe *Poesiealbum*, indem er die unfertige Lyrik der Debütanten von junger Lyrik in Ersterscheinungen mit hohem ästhetischem Niveau abgrenzt. Er unterscheidet zwei Kategorien junger Lyrik mit je eigenen Zielsetzungen und Bewertungskriterien, benennt aber auch Übergangsmöglichkeiten von der ersten in die zweite Kategorie. Unter die erste Kategorie fällt eine junge Lyrik als Massenphänomen, die einen »soziologischen Wert« hat, da sie den gesellschaftlichen Standpunkt der Jugend der DDR dokumentiert.[34] Sie habe zudem einen »Gebrauchswert«, da sie für die Herausbildung der kommunistischen Persona und damit für die Gesellschaft der DDR nützlich sei. Sie sei »ehrlich, kritisch, gesellschaftsrelevant«. Sie lässt sich zwischen dem autobiografischen Schreiben der Adoleszenz[35] und der für die »biografische Kultur« der kommunistischen Welt typischen kritischen Selbstbeobachtung verorten.[36] Dabei klingt auch der Glaube an die gesellschaftsverändernde Kraft von Lyrik an.[37] Unter die zweite Kategorie fällt eine junge Lyrik, die sich durch ästhetische Qualität und Besonderheit auszeichnet. Sie wird von Jentzsch der »Nachwuchsförderung« zugerechnet, also Lyrikern bzw. Lyrikerinnen mit der Aussicht auf eine professionelle Laufbahn, für die ein eigenes *Poesiealbum*-Heft die nächste Etappe bildet.

Im Verlagsgutachten zum *Sonderheft Poetenseminar 1972*, das ein Jahr später verfasst wird, gestaltet sich der Versuch einer Grenzziehung zwischen dem, was zur Literatur gehört und was nicht, schwieriger. Das »Sonderheft Poetenseminar«

DDR. In: In der Landschaft, mit anderen Augen. Essays zum Werk von Hanns Cibulka. Hg. v. ders. und Jan Röhnert. Halle: Mitteldeutscher Verlag 2022, S. 136–161, hier S. 157).

33 »Es wäre nützlich, wenn sich die Rezensenten daran gelegentlich erinnern würden. Schülergedichte fordern andere Kriterien der Bewertung.« (Verlagsgutachten zu Offene Fenster 3 – Schülergedichte; BArch, DR 1/3545a, Bl. 565.)

34 Vgl. die Unterscheidung zwischen Jugendlyrik und junger Lyrik bei Gregor Streim: Jugendlyrik der DDR. Skizze eines Forschungsfeldes. In: Internationales Archiv für Sozialgeschichte der deutschen Literatur 47 (2022), S. 338–366, hier S. 343.

35 Vgl. Olivier Belin: La poésie des premiers venus. In: Le poète et le joueur de quilles. Enquête sur la construction de la valeur de la poésie (XIVe-XXIe siècles). Hg. v. Olivier Gallet, Adeline Lionetto, Stéphanie Loubère u.a. Mont-Saint-Aignan: Presses universitaires de Rouen et du Havre 2023, S. 91–101, hier S. 100.

36 Claude Pennetier/Bernard Pudal: Avant-propos. In: Autobiographies, autocritiques, aveux dans le monde communiste. Hg. v. dies. Paris: Belin 2002, S. 7–14, hier S. 10 (im Original »Culture biographique« »omniprésent[e] en URSS« »généralisé[e] à l'ensemble du mouvement communiste international«).

37 Vgl. Ursula Heukenkamp über Elke Erbs lobende Rezension der Anthologie *In diesem besseren Land* 1966 in: Heukenkamp: Staat und Lyrik (Anm. 22), S. 86.

wird zwar nicht aus dem Bereich der »Talentenförderung« und der »Nachwuchsarbeit« ausgeschlossen, sind es doch »die besten Arbeiten« der Poetenseminare aus Schwerin, die »hoffnungsvollsten jüngsten Begabungen«, die dort gesammelt werden. Mit der Charakterisierung des Sonderheftes als »Dokumentation«, »Arbeitsbericht« und »Protokoll« wird aber – genauso wie bei den *Offenen Fenstern* – der ästhetische Wert der Anthologie in den Hintergrund gerückt.[38] Die Unabgeschlossenheit des Prozesses und die Unfertigkeit dieser Lyrik wird betont. Die Gedichte des *Poetenseminar-Sonderhefts* werden dabei als Zwischenstufe zwischen den Schülergedichten der Reihe *Offene Fenster* und der dichterischen Reifestufe der Gedichte in den regulären Heften des *Poesiealbums* angesehen.

An Jentzschs Argumentation lassen sich sein rhetorisches Talent und die professionelle Beherrschung des Genres des Verlagsgutachtens ablesen, aber auch das auktoriale Streben nach Definitionshoheit über die Literatur und ihre Grenzen, oder, im Sinne Bourdieus: der Kampf um die Konsekrationsmacht im Literaturfeld.[39] Jentzsch agiert als Dichter und Herausgeber mit einem doppelten Habitus. Er befürwortet die Publikation der von ihm betreuten Laienlyrik-Reihen unter Berufung auf deren dokumentarischen Wert, ohne grundsätzlich auf den dichterischen Anspruch zu verzichten.

3. *Poesiealbum* und *Sonderhefte Poetenseminar*: Ambiguitäten einer Lyrik-Reihe mit zwei Debütanten-Serien

Die Abgrenzung von zwei verschiedenen Auffassungen von junger Lyrik setzt sich mit der Einrichtung der Sonderreihe *Sonderhefte Poetenseminar* im *Poesiealbum* fort. Die Hefte der Hauptreihe lassen sich in fünf Serien gliedern: die der »Debüts von jungen Dichtern der Republik«, die der DDR-Schriftsteller, die der sowjetischen oder russischen Dichter, die der Dichter aus dem »Nationalen Kulturerbe« und die der »sozialistischen Klassik aus dem sozialistischen Lager oder der Sozialkritiker aus dem ›kapitalistischen Ausland‹«,[40] die abwechselnd jeden Monat vertreten sind. Die *Sonderhefte Poetenseminar* bilden ab 1971 eine kleine Serie innerhalb der Sonderhefte des *Poesiealbums* und erscheinen zwischen 1979 und 1990 alljährlich.[41] Die *Sonderhefte Poetenseminar* werden nicht von Jentzsch herausgegeben, sondern von

38 Verlagsgutachten zu: Sonderheft der Lyrikreihe »Poesiealbum« – Poetenseminar 1972; BArch DR1/3545a, Bl. 847–848.

39 Vgl. Pierre Bourdieu: Le champ littéraire. In: Actes de la recherche en sciences sociales 89 (1991), S. 3–46, hier S. 13; https://doi.org/10.3406/arss.1991.2986.

40 Vgl. Pailhès: Identité dans la poésie de RDA (Anm. 28), S. 108; Bernd Jentzsch: Die Reihe Poesiealbum I. Ein Kreidekreis. Euskirchen: Edition Gablenz 2019, S. 65–70.

41 Die Poetenseminar-Sonderhefte erscheinen 1971 und 1972 und dann 1980 zum Poetenseminar 1979, 1981 zum Poetenseminar 1980 und so weiter mit einem jährlichen Erscheinungs-

Seminarleitern der Poetenseminare in Schwerin. Das *Sonderheft Poetenseminar 1971* wird von Hannes Würtz, das *Sonderheft Poetenseminar 1972* von Reinhard Weisbach herausgegeben. Bis zu Jentzschs Absetzung erschienen diese beiden *Sonderhefte Poetenseminar* und 16 Debütbände in der Hauptreihe *Poesiealbum*.
Das Dispositiv einer editorischen Reihe wurde etwa gleichzeitig mit dem Taschenbuch erfunden. Beides sind verwandte Phänomene.[42] Hervé Serry zufolge kann man eine Verlagsreihe als »intellektuelle und materielle Einheit« begreifen; die »grafische Homogenität« dient als »vereinheitlichendes Prinzip« einer Verlagsreihe.[43] Das *Poesiealbum* erfüllt die Definitionskriterien eines Taschenbuchs im Heft-Format[44] und einer Verlagsreihe. Das Dispositiv der Reihe impliziert nämlich »ein regelmäßiges Erscheinen« »unter einem gleichbleibenden Reihensignet« und »bei gleichzeitiger Bandzählung«, was »eine Sammellust« wecken soll.[45] Mit den drei Linien und der Kursivschrift auf dem Umschlag gleichen die *Sonderhefte Poetenseminar* grafisch der Hauptreihe *Poesiealbum*. Gleichzeitig stehen sie außerhalb des »Reihenverbunds«,[46] da sie keine Nummer haben.

Sonderreihen sind oft ein Indiz für Reibungen und Konflikte in der Definition von editorischen Absichten.[47] Im Fall des Poesiealbums zeigte sich dies schon vor der Veröffentlichung des ersten regulären Heftes der Reihe (Bertolt Brecht) im Herbst 1967, als einige Monate zuvor auf dem VIII. Parlament der FDJ in Karl-Marx-Stadt im Mai 1967 ein *Poesiealbum*-Sonderheft zu Erich Weinert als »Beilage für die Tagungsmappen«[48] verteilt wurde, zu einem Autor, der selbst im Zentralrat der

---

rhythmus. Eine Ausnahme bildet das *Sonderheft Poetenseminar 1970–1984*, das 1985 veröffentlicht wurde.

42 Vgl. Isabelle Olivero: Les trois révolutions du livre de poche. Une aventure européenne. Paris: Sorbonne Université Presses 2022, S. 7f.

43 Hervé Serry: Les marmites à livres. Logiques de sélection des œuvres et construction des collections. In: Études littéraires 50 (2021), 1, S. 113–128, hier S. 118–119 (im Original »l'homogénéité graphique« und »le principe unifiant«, Übers. v. B.T.).

44 Zum Heft- bzw. Broschürenformat des *Poesiealbums* als »Grenzfall« des Taschenbuchs vgl. Jane Langforth: 5.3.1.11. Das Taschenbuch. In: Geschichte des deutschen Buchhandels im 19. Und 20. Jahrhundert. Deutsche Demokratische Republik. Teil 1: SBZ, Institutionen, Verlage 1, Teilband 2. Hg. v. Christoph Links, Siegfried Lokatis und Klaus G. Saur, in Zusammenarbeit mit Carsten Wurm. Berlin/Boston: De Gruyter 2022, S. 754. Zur kulturpolitischen Aufgabe der »DDR-Heftchen-Literatur« vgl. Thomas Kramer: 6.5. DDR-Heftchen-Literatur – unbeliebt und unverzichtbar. In: Handbuch zur Kinder- und Jugendliteratur. SBZ/DDR. Von 1945 bis 1990. Hg. v. Rüdiger Steinlein, Heidi Strobel und Thomas Kramer. Stuttgart: J.B. Metzler 2006, S. 495–510, hier S. 509.

45 Langforth: Das Taschenbuch (Anm. 44), S. 753f.

46 Ebd. S. 754.

47 Vgl. Serry: Marmites à livres (Anm. 43), S. 119.

48 Märkischer Verlag Wilhelmshorst: Startseite, http://poesiealbum.info, zuletzt aufgerufen am 10.04.2024.

FDJ als bekannt und über alle politischen Zweifel erhaben gelten musste. Während Weinerts Ansehen vom Verlagsleiter Hans Bentzien als Mittel genutzt wurde, um die Reihe im Zentralrat »dauerhaft durchzusetzen«,[49] wurde dem zwar politisch ambivalenteren, dafür aber literarisch ambitionierteren Brecht die Ehre zuteil, die Hauptreihe zu eröffnen. Aufgrund dieses Präzedenzfalls im Gebrauch der Sonderreihe als strategischer Kompromiss über das literarische Profil des *Poesiealbums* liegt es nahe, die *Sonderhefte Poetenseminar* ebenfalls als Ausdruck editorischer Divergenzen zu interpretieren.

Die Debütbände im *Poesiealbum* präsentieren Lyriker bzw. Lyrikerinnen, die mit einzelnen Gedichten meist zuvor schon in anderen Lyrikanthologien vertreten waren. Der größte Unterschied zwischen den *Sonderheften Poetenseminar* und dem *Poesiealbum* liegt darin, dass die *Poesiealbum*-Hefte einem einzigen Autor gewidmet sind. Auf dem Umschlag des jeweiligen Poesiealbum-Hefts firmiert der Autorname als Titel. Die Autornamen bilden das symbolische Kapital der Lyrikreihe *Poesiealbum*,[50] die als ein Kanon der Weltpoesie mit besonderer Rücksicht auf die Tradition der Arbeiter- und Sozialistenlyrik konzipiert ist. Da in der Lyrikreihe *Poesiealbum* die Serien der Debütanten mit den anderen Serien von bekannten Dichtern und Dichterinnen verwoben sind und abwechselnd erscheinen, hat eine Publikation im *Poesiealbum* eine kanonisierende Wirkung.[51] Diese ergibt sich aber auch aus dem Reihenformat: »Der Reihenverbund sorgt [...] dafür, dass sich die Titel gegenseitig stützen, als Referenz dien[en] und so auch unbekannte Autoren Aufmerksamkeit finden [können]«.[52] Jedem Lyriker, jeder Lyrikerin, ob bekannt oder unbekannt, wird das gleiche Heft-Format, die gleiche Seitenzahl gewährt. Gleichzeitig darf das Niveau der ganzen Reihe nicht allzu deutlich sinken,[53] um das symbolische Kapital der Lyrikreihe nicht zu gefährden. Wegen der symbolischen Ökonomie der Reihe geht es Jentzsch darum, besonders talentierte Lyriker und Lyrikerinnen zu entdecken und zum ersten Mal zu veröffentlichen. Jedes Heft der Hauptreihe bildet zudem ein schönes, zu sammelndes Objekt, in dem Grafik und Text eine kohärente Einheit bilden. Neben Germanistik studierte Jentzsch Kunstgeschichte.[54] In der

---

49 Jentzsch: Die Reihe Poesiealbum I (Anm. 40), S. 54; vgl. auch Vierzig Jahre Verlag Neues Leben Berlin (Anm. 7), S. 249.

50 Vgl. Hervé Serry: Constituer un catalogue littéraire. La place des traductions dans l'histoire des éditions du Seuil. In: Actes de la recherche en sciences sociales 144 (septembre 2002), S. 70–79, https://doi.org/10.3406/arss.2002.2809.

51 Vgl. Thomas Rehfeld: Richard Pietraß – Vom Lyrikclub Pankow ins Schriftstellerlexikon. In: Der Lyrikclub Pankow. Literarische Zirkel in der DDR. Hg. v. Roland Berbig. Berlin: Ch. Links Verlag 2000, S. 151–176, hier S. 176.

52 Langforth: Das Taschenbuch (Anm. 44), S. 754.

53 Zur Angst vor dem Niveauverlust vgl. Richard Pietraß im Interview mit Anne-Marie Pailhès in: Pailhès: Identité dans la poésie de RDA (Anm. 28), S. 353.

54 Jentzsch: Die alte Lust (Anm. 5), S. 226.

Regel suchte er sich die Bilder zu den Heften selbst aus und besuchte mit dem Kunsthistoriker Lothar Lang die Grafiker und Grafikerinnen in ihren Ateliers.[55] In der Serie der Debütbände standen sowohl die Grafik als auch der Text meistens im Zeichen der Jugend. Grafiker und Dichter waren gleich alt beziehungsweise veröffentlichten beide zum ersten Mal ihre grafischen und dichterischen Arbeiten.[56]

Organisation, Komposition und Grafik der *Sonderhefte Poetenseminar* verweisen dagegen auf ein anderes Konzept: Während in der Hauptreihe *Poesiealbum* eine Autorenpolitik im Hinblick auf Grafik und Dichter betrieben wird, haben die *Sonderhefte Poetenseminar* den Charakter einer ›Gemeinschaftsanthologie‹. Im Vergleich zu den Heften der Hauptreihe, die sich dadurch auszeichnen, dass beinahe kein Kommentar und keine Fußnoten den Gedichtteil des Hefts begleiten, werden in den Anthologien der *Sonderhefte Poetenseminar* Jahrgang und Beruf des Autors vor dem jeweiligen Gedicht (in den ersten Heften bis 1979) oder in einer alphabetischen Liste am Ende des Heftes angeführt. Das befördert eine soziologische Lesart. Die Sonderhefte sind Gruppenporträts bzw. Porträts der jungen Generation in der DDR.[57] Im ersten *Sonderheft* herrscht das anthologische Modell einer demokratischen Nullordnung, in der die Texte in alphabetischer Reihenfolge der Autorennamen angeordnet sind – eine übliche Präsentation bei der Herausgabe unbekannter Schriftsteller und Schriftstellerinnen.[58] Im Unterschied zur Hauptreihe des *Poesiealbums* sind die Bilder und Grafiken auch nicht passend zu dem jeweiligen Sonderheft ausgewählt,

55 Jentzsch: Die Reihe Poesiealbum I (Anm. 40), S. 103–128.

56 Vgl. zum ähnlichen Phänomen im Mitteldeutschen Verlag Marlene Kirsten: »Papierbedarf: 0,3 Tonnen«. Umgang mit Ressourcen im Mitteldeutschen Verlag (Halle/Saale) in den 1960er Jahren. In: Ressource »Schriftträger«. Materielle Praktiken der Literatur zwischen Verschwendung und Nachhaltigkeit. Hg. v. Martin Bartelmus, Yashar Mohagheghi und Sergej Rickenbacher. Bielefeld: transcript 2023, S. 265–276 (https://doi.org/10.1515/9783839461723-015). In der Hauptreihe des *Poesiealbums*, siehe etwa Wulf Kirsten (*1934) und den Grafiker Peter Nagengast (*1935) im *Poesiealbum*-Heft 4 im Jahre 1968, Richard Leising (*1934) und den Grafiker Klaus Magnus (*1936) für das *Poesiealbum*-Heft 97 im Jahre 1975, Thomas Brasch (*1945) und den Künstler Einar Schleef (*1944) für das *Poesiealbum*-Heft 89 im Jahre 1974.

57 Zur ähnlichen Praxis einer »fehlenden Anordnung« und eines »Tableaus« – im Sinne eines »wirkungsvoll gruppierte[n] Bild[es] auf der Bühne oder Leinwand« (Duden) – mit Alters- und Berufsangaben vor den Gedichten unbekannter Laienlyriker (mit bekannten Lyrikern gemischt) vgl. Jean Paulhan: Tableau de la poésie. In: Nouvelle revue française 241 (1933) u. 242 (1933), zit. n.: Belin: La poésie des premiers venus (Anm. 35), S. 93.

58 Zum Beispiel in *Astronauten und Sonnenpferde. Gedichte junger Menschen* (hg. v. Gerhard Wolf. Halle: Mitteldeutscher Verlag 1964). In dieser Anthologie sind die Gedichte der Lyriker und Lyrikerinnen alphabetisch nach den Namen – Braun, Biermann, Franz, Greßmann, Kirsch, Möckel, Rähmer, Schmidt, Schulze, Wolff – geordnet, mit einer Ausnahme: Die Anthologie durfte nicht mit dem Namen »Biermann« anfangen. Vgl. Heumann: Der öffentliche Biermann (Anm. 18), S. 49.

sondern bilden eine Serie, die regelmäßig von den Grafikern Uwe Häntsch (*1949) bzw. Jürgen Malik (*1948) bedient wird.[59]

Auf der vorderen Umschlaginnenseite der regulären *Poesiealbum*-Reihe werden die Gedichte durch den »Vorspruch« eines bekannten Literaten vorgestellt und biografische Informationen zu der Dichterin bzw. dem Dichter gegeben. In den *Sonderheften Poetenseminar* steht auf dieser Seite meistens ein Kommentar zum Verlauf des jeweiligen Poetenseminars in Schwerin und den dort geführten Diskussionen über Lyrik, seltener eine Präsentation des Inhalts des Hefts. Oft behandeln die Kommentare poetologische Fragen, die Definition von Lyrik oder den Entstehungsvorgang von Gedichten, oder vermitteln Eindrücke der Poetenseminar-Teilnehmenden. Dabei kommen die Herausgeber und Herausgeberin des jeweiligen Sonderhefts (Hannes Würtz, Reinhard Weisbach, Kathrin Schmidt), Seminarleiter und Seminarleiterinnen, Schriftsteller und Schriftstellerinnen, die an den Schweriner Poetenseminaren teilnahmen (Heinz Kahlau, Brigitte Struzyk), oder die jungen Lyriker selbst zu Wort. An diesen Peritexten lässt sich die programmatische Entwicklung verfolgen, die die *Sonderhefte Poetenseminar* durchlaufen. Die elf »Sätze über Lyrik«, die »eine Gruppe junger Lyriker auf dem 2. Zentralen Poetenseminar der FDJ zur Selbstverständigung« formuliert haben soll und die auf der vorderen Umschlaginnenseite im ersten *Sonderheft Poetenseminar 1971* zu lesen sind, bekunden noch die Anbindung an das ideologisch-politische Programm des sozialistischen Realismus und seine Forderungen nach Parteilichkeit, Volksverbundenheit und Verständlichkeit. Der erste Satz lautet:

> 1. Vorrangige Aufgabe des Schreibenden ist es, den Standpunkt der Arbeiterklasse einem größtmöglichen Kreis gegenüber klar, verständlich und auf seine Art zum Ausdruck zu bringen.[60]

Solche apodiktischen Sentenzen weichen im *Sonderheft Poetenseminar 1985* unterschiedlichen persönlichen und poetischen Bekenntnissen zur Lyrik in der Ich-Form. Mit ihnen antworten die jungen Leute vom Poetenseminar im eigenen Namen und ohne Alters- und Berufsangabe auf die Frage: »WARUM SCHREIBST DU?« Im Vordergrund steht also die Frage, wie möglichst viele Jugendliche zum Schreiben motiviert werden können. Und es geht auch um den sozialen Aspekt der Poetenseminare. Dieser wird humorvoll und in einer Art mise en abyme im letzten Satz der Liste von Lutz Seiler benannt:

---

59 Uwe Häntsch zeichnete für die Grafik und Bilder der *Sonderhefte* 1979, 1980, 1981, 1982 und 1970–1984 verantwortlich. Jürgen Malik übernahm die Grafik und Bilder der *Sonderhefte* 1985, 1986, 1988 und 1989.

60 Vordere Umschlaginnenseite im *Sonderheft Poetenseminar 1971*

> Bestimmt schreib ich auch deshalb, um im nächsten Sommer wieder zum Schweriner FDJ-Poetenseminar fahren zu können und Leute zu treffen, die ähnlich oder ganz anders denken und mir das sagen.[61]

Erst nach einiger Zeit versuchte man, den *Poetenseminar-Sonderheften* eine ähnliche innere Kohärenz zu geben wie den regulären *Poesiealbum*-Heften. Nun wurden die Gemeinschaftsanthologie-Hefte nicht mehr als ›Protokolle‹ der Poetenseminare, sondern als eigenständige künstlerische Bände inszeniert. So wurden der Umschlag und die Grafik des *Sonderhefts Poetenseminar 1983* vom »Graveur-Lehrling«[62] Johannes Jansen (*1966) gestaltet, der an mehreren Poetenseminaren in Schwerin teilnahm.[63] Hannes Würtz' Vorspruch auf der vorderen Innenseite des Umschlags des Heftes antwortet auf Jansens Collagegrafik mit einer »Gedichtcollage« in der Ich-Form, die die »Grundhaltung heutiger Jugendlyrik« »komprimieren« soll und in der jeder Vers (in manchmal leicht abgewandelter Form) einem im Heft enthaltenen Gedicht entnommen ist.[64] Durch diese doppelte Collage wird ein neues anthologisches Konzept angedeutet, das weniger das Kollektive als das schöpferische Nebeneinander individueller künstlerischer Handschriften in Szene setzt.

In den 1970er Jahren stehen die *Sonderhefte Poetenseminar* im Kontrast zum liberaleren und ästhetisch-anspruchsvolleren Programm des *Poesiealbums* und stellen so die Konkurrenz von zwei unterschiedlichen Auffassungen von Nachwuchsförderung geradezu zur Schau. Debütantenanthologien stehen Debütbänden gegenüber. Die *Sonderhefte Poetenseminar* sind für die Lyriker und Lyrikerinnen in dieser Zeit alles andere als ein Wartezimmer auf die Hauptreihe. In den 1980er Jahren gleichen sie sich jedoch der Lyrikreihe *Poesiealbum* sowohl in ihrem Lyrikverständnis als auch in ihrer grafischen Gestaltung und Textpräsentation an. Zudem debütieren immer mehr Teilnehmende am Poetenseminar in einem eigenen *Poesiealbum*-Heft (während immer mehr *Sonderhefte Poetenseminar* erscheinen). Die Funktion einer Reserve von Lyrikern für die Hauptreihe des *Poesiealbums* erfüllen die *Sonderhefte Poetenseminar* also vor allem in den 1980er Jahren, nach der Absetzung der beiden Dichter-Herausgeber Bernd Jentzsch und Richard Pietraß.[65]

---

61 Vordere Umschlaginnenseite im *Sonderheft Poetenseminar 1985*.

62 Vgl. die innere Umschlagrückseite im *Sonderheft Poetenseminar 1983*.

63 Seine Gedichte waren unter anderem in den *Sonderheften 1982* und *1970–1984* vertreten.

64 Vordere Innenseite des Umschlags des *Sonderhefts Poetenseminar 1983*.

65 Allerdings wurden mit Gabriele Eckart (Heft 80) und Pietraß (Heft 82) schon 1974 zwei Lyriker mit einem eigenen Poesiealbum bedacht, die zuvor in den *Sonderheften Poetenseminar* vertreten waren.

Lyrik in der Almanach-Zeitschrift *Temperamente* (1976-1990)

Qualitative und quantitative Auswertung

Andreas Degen

Schon Mitte der 1950er Jahre gab es Überlegungen, im Literatursystem der DDR neben der auf Hochliteratur mit internationaler Strahlkraft ausgerichteten Zeitschrift *Sinn und Form* (seit 1949) und der die Selbstverständigung der entstehenden sozialistischen Nationalliteratur organisierenden Verbandszeitschrift *Neue Deutsche Literatur* (1952–2004) eine Zeitschrift speziell für junge Autor:innen zu schaffen.[1] Diese Funktion wurde von der Studentenzeitschrift *Forum* (1947–1983) und der die Zirkel-Arbeit für Werktätige begleitenden *ich schreibe. Zeitschrift für die Bewe-*

1 Vgl. Martina Langermann: »Schaufenster der jungen Literatur«? Von *Junge*(r) *Kunst* und anderen *Temperamente*(n). In: Zwischen »Mosaik« und »Einheit«. Zeitschriften in der DDR. Hg. v. Simone Barck, Martina Langermann und Siegfried Lokatis. Berlin: Ch. Links 1999, S. 328–338, hier S. 332. Im Rahmen des Schriftstellerverbandes der DDR wurden im Oktober 1970 Maßnahmen zur Förderung des Nachwuchses beschlossen, für den weiterhin die Verbandszeitschrift *Neue Deutsche Literatur* zur Verfügung stand (vgl. Interview 71. In: Neue Deutsche Literatur 19, 1971, H. 1, S. 3–5, hier S. 4). Einige Jahre früher wurde in der gleichen Zeitschrift konstatiert, dass die »Aufgaben zur Förderung des künstlerischen und literarischen Nachwuchses so umfassend und kompliziert geworden [sind], daß eine einzige gesellschaftliche Institution allein [...] sie nicht mehr befriedigend lösen kann« (Marianne Schmidt: Prognostische Überlegungen und literarischer Nachwuchs. In: Neue Deutsche Literatur 16, 1968), H. 3, S. 9–12; in Teil 3.2: Dokumente in diesem Band). – Bis auf den Überblicksbeitrag von Langermann und die Erinnerungen der beiden Mitglieder der ersten Redaktion, Richard Pietraß (Ich pendelte zwischen den Welten. Der Dichter Richard Pietraß. Gespräch mit Barbara Felsmann. In: Durchgangszimmer Prenzlauer Berg. Eine Berliner Künstlersozialisationsgeschichte in Selbstauskünften. Hg. v. Barbara Felsmann und Annett Gröschner. Berlin: Lukas 1999, S. 341–359) und Joochen Laabs (*Temperamente* – ein lohnendes Scheitern. In: Die Insel vor Augen. Ein Buch von Freunden zum 60. Geburtstag von Frank Hörnigk. Hg. v. Michael Opitz. Berlin: Theater der Zeit 2004, S. 122–131), finden sich zur Zeitschrift *Temperamente* in der Forschung allenfalls Randbemerkungen. Ein Sonderfall ist die unten vorgestellte Leserstudie von Bernhard Lindner (Die *Temperamente* und ihre Nutzung durch die jungen Poeten. Leipzig: Zentralinstitut für Jugendforschung 1983).

gung schreibender Arbeiter[2] (1960–1989) nur am Rand, von der Zeitschrift *Junge Kunst* (1957–1962) nur kurzzeitig ausgefüllt. Der Bedarf schien dringlicher, nachdem Anfang der 60er Jahre, angeregt von stadionfüllenden Deklamationsveranstaltungen in der Sowjetunion, das öffentliche Interesse an Gedichten junger unbekannter Autor:innen der DDR zunahm.[3] Diese sogenannte Lyrik-Welle wurde – nach Stephan Hermlins legendärer Akademie-Lesung am 11. Dezember 1962 und nach weiteren zentral organisierten Lesungen in mehreren Städten der DDR – publizistisch durch den Lyrik-Foto-Band *Auftakt 63* und ab 1964 durch eine unter dem Titel *Auswahl. Neue Lyrik – Neue Namen*[4] (1964–1988) aller zwei Jahre erscheinende Anthologie unterstützt.[5] Als Katalysator für dieses jugend- und kulturpolitisch wichtige Lyrikinteresse wirkte das ab 1970 jährlich im August in Schwerin stattfindende einwöchige Zentrale Poetenseminar der FDJ, an dem jeweils ca. 100 bis 120 Schreibende im Alter von 14 bis 26 Jahren aus allen Regionen der DDR teilnahmen.[6] Das Schreibwerkstatt und kulturpolitische Schulung verbindende Seminar, in dessen Zentrum Lyrik stand, praktizierte literarische Laienförderung auf hohem Niveau. Die Ausbildung einer künftigen Autorengeneration war von nachrangiger Bedeutung;[7] für diese Aufgabe war das Leipziger Literaturinstituts Johannes R. Becher zuständig. Die Organisation des Zentralen Poetenseminars, dessen beste Ergebnisse prämiert und als Sonderheft (1971–1989) der epochen- und sprachübergreifenden Lyrikreihe *Poesiealbum* publiziert wurden, lag ebenso wie die Publikation von *Forum*, *Junge Kunst*, *Auftakt 63*, *Auswahl*, *Poesiealbum* und die Organisation der gesamten »Poetenbewegung«[8] in den Händen der FDJ und ihres Berliner Hausver-

2 Die Zeitschrift annoncierte auch Schreibwettbewerbe für Jugendliche, so den an 10- bis 25jährige gerichteten *Federwettstreit der Jugend* mit Einladung der Talentiertesten zum Zentralen Poetenseminar (in: ich schreibe. 13, 1972, H. 3, S. 4f.) oder *Frieden, Freundschaft, Solidarität. Aufruf zum literarischen Wettbewerb der Schuljugend* (in: ich schreibe. 13, 1972, H. 9, S. 29–31).

3 Vgl. Bernd Jentzsch: Flöze. Schriften und Archive. 1954–1992. Leipzig: Connewitz 1993, S. 40f.

4 Ausführlich zur Reihe siehe Anthonya Visser: Blumen ins Eis. Lyrische und literaturkritische Innovationen in der DDR. Zum kommunikativen Spannungsfeld ab Mitte der 60er Jahre. Amsterdam/Atlanta: Rudopi 1994, S. 87–150. Visser resümiert, dass das Autor:innen-Spektrum der Reihe näherungsweise die lyrische Entwicklung in der DDR repräsentiert. Die Konzeption der Reihe schwanke zwischen »ideologischer Didaktisierung«, literarischer Qualität und »Präsentation eines Generationenbilds« (S. 138).

5 Vgl. ebd. S. 88–90.

6 Vgl. Erika Tschernig/Monika Kollega/Gudrun Müller: Unsere Kultur. DDR-Zeittafel 1945–1987. Berlin: Dietz 1989. 1973 fand aufgrund der X. Weltfestspiele kein Zentrales Poetenseminar statt.

7 Vgl. Klaus Steinhaußen: Vor dem 10. Poetenseminar der FDJ – Erfahrungen von Seminarleitern und Teilnehmern. In: Temperamente 5 (1980), H. 2, S. 6–8, hier S. 8.

8 Der im Bereich der FDJ übliche Begriff bezeichnet die breiten staatlichen Fördermaßnahmen: »Gewiß ist das Ergebnis aller Bemühungen, die wir als ›Poetenbewegung‹ verstehen, nicht nur an jenen zu messen, deren Name in Zeitschriften, Anthologien […] erscheint.« (Ebd.) Grundsätzlich zum gesamten Themenkomplex jetzt Gregor Streim: Jugendlyrik der

lages Neues Leben. Dies gilt auch für die altersmäßig vorgeschaltete Anthologie-Reihe mit Schülergedichten *Offene Fenster* (1967–1985) und für die ›Poetensprechstunde‹ der Tageszeitung *Junge Welt*.[9] Anschließend an eine Anfang der 1970er Jahre vorgenommene Schätzung, der zufolge zwischen dem 15. und 23. Lebensjahr »sich jeder sechste junge Mensch durch Gedichte auszudrücken versucht« und »allein im Frühjahr 1968 in der DDR schätzungsweise 80.000 Gedichte« von Jugendlichen geschrieben wurden,[10] empfahl Reinhard Weisbach, einer der Programmatiker der Poetenbewegung, diese »keinesfalls nur als Begabtenförderung«, sondern »als kulturpolitisch betonte Massenarbeit« aufzufassen.[11] Im Rahmen dieser konzertierten, in erster Linie auf lyrische Texte ausgerichteten staatlichen Maßnahmen zu einer breiten literarischen Förderung und weltanschaulichen Lenkung kulturinteressierter Jugendlicher erschien ab 1976 der allgemein als Zeitschrift wahrgenommene Almanach *Temperamente. Blätter für junge Literatur*.[12] Im Folgenden werden mit wechselnden methodischen Perspektiven die Konzeption, einzelne Debatten sowie die Leser:innen und Autor:innen des Almanachs in Hinblick auf Lyrik vorgestellt.

DDR. Skizze eines Forschungsfeldes. In: Internationales Archiv für Sozialgeschichte der deutschen Literatur 47 (2022), H. 2, S. 338–366.

9 Neben der FDJ wirkten auch der Kulturbund der DDR und die Bezirksliteraturzentren fördernd, etwa durch Literaturwettbewerbe für Schüler:innen (vgl. z.B. Aus der Ernte. 1985. Wettbewerb junge Dichter gesucht. Hg. v. Kulturbund der DDR, Bezirksleitung Dresden. 1985; Dresdner Hefte 7, 1989, H. 4. Beiträge zur Kultur 1, S. 1).

10 Diese Angaben nennt ein Beitrag des unter anderem für die *Junge Welt* tätigen Literaturredakteurs Rulo Melcherts (Schülergedichte im Examen. In: Beiträge zur Kinder- und Jugendliteratur 24, 1972, S. 79–81), sie werden wiedergegeben nach: Manfred Altner: Zur Entwicklung der sozialistischen Kinder- und Jugendlyrik in der DDR von 1945 bis 1975. Berlin: Kinderbuchverlag 1976, S. 68.

11 Weisbach, der sich ohne Quellenangabe auf die bei Melchert genannten Zahlen bezieht, wird wiedergegeben nach Martin Viertel: Schwerin und immer noch kein Ende. In: Temperamente 5 (1980), H. 2, S. 13–15, hier S. 14.

12 Auf Beschluss des Politbüros des ZK der SED vom 21. Januar 1977 sollte *Temperamente* in eine »Literaturzeitschrift« umgewandelt werden; damit sollte eine »spürbare Lücke im Zeitschriftenangebot auf kulturpolitischem Gebiet« geschlossen werden (Bundesarchiv. Deutsche Demokratische Republik mit sowjetischer Besatzungszone [1945–1990], Literaturalmanach »Temperamente – Blätter für junge Leute« [im Folgenden: BArch DR 1/3298], Dokument 425: Entwurf: Konzeption der Literaturzeitschrift *Temperamente*, S. 1). Dazu kam es nicht; noch in Heft 1/1989 betont die Chefredakteurin Ulrike Bresch, dass *Temperamente* ein Almanach sei (Junge Bäume und die Axt des Rezensenten oder Streit schafft Berührung. Eine Debatte über Literaturkritik in den *Temperamenten*. In: Temperamente 14, 1989, H. 1, S. 127–147, hier S. 128).

1. Startprobleme: Konzeption und Adressierung der *Temperamente*

Die vom Zentralrat der FDJ herausgegebene Almanach-Zeitschrift *Temperamente* erschien vom Herbst 1976 bis zum Sommer 1990 im Verlag Neues Leben mit insgesamt 55 Heften in einer (beantragten) Auflage zwischen 10.000 und 15.000 Exemplaren.[13] Sie sollte Nachwuchsförderung mit allgemeiner jugendkultureller Adressierung und ideologischer Lenkung verbinden. Vor allem in den Anfangsjahren führte die charakteristische Profilierungsaporie von Breite und Spitze zu Spannungen zwischen Redaktion und Herausgeber. Dessen »[i]nhaltliche Zielstellung« lautete: »*Temperamente* erscheint als Almanach für junge sozialistische Literatur von vorwiegend jungen Autoren, deren Arbeiten sich durch Parteilichkeit, Volksverbundenheit und sozialistischen Ideengehalt auszeichnen.«[14] Im Zentrum stehe der »Abdruck von sozialistischer Gegenwartsliteratur der DDR« in allen Genres und von »politisch aktuellen Texte[n] der FDJ-Singebewegung«.[15] Die Literatur und bildende Kunst verbindende Konzeption sollte drei Gruppen künstlerische Anregung und Publikationsmöglichkeit bieten: dem »schriftstellerischen Nachwuchs«, »jungen Künstlern« und »den literarischen Talenten der Poetenbewegung der FDJ und der FDJ-Singebewegung«.[16] Zudem sollte durch »langfristige Auftragstätigkeit« die »Entwicklung neuer Werke mit sozialistischem Ideengehalt« vorangetrieben werden,[17] was insbesondere für dokumentarische Texte umgesetzt wurde.[18] Als »Hauptleserkreis« waren »Arbeiter, Lehrlinge, Schüler, Studenten, Kulturfunktionäre der FDJ, Angehörige der bewaffneten Organe, junge Künstler und Wissenschaftler« im Alter von 14 bis 25 Jahren vorgesehen; dabei sei »dem unterschiedlichen Bildungs- und Entwicklungsstand der Leser [...] und sowohl dem Bedürfnis nach Unterhaltung als auch nach geistiger Auseinandersetzung zu entsprechen«.[19]

---

13 Die Angaben folgen den Verlagsgutachten in BArch DR 1/3298.

14 BArch DR 1/3298, Dokument 419: Herausgabe des Almanachs *Temperamente* für junge sozialistische Literatur, S. 1.

15 BArch DR 1/3298, Dokument 421: Herausgabe des Almanachs *Temperamente* für junge sozialistische Literatur, S. 3.

16 BArch DR 1/3298, Dokument 420: Herausgabe des Almanachs *Temperamente* für junge sozialistische Literatur, S. 2.

17 Ebd.

18 Vgl. etwa das Verlagsgutachten zu Heft 3/1981, aus dem hervorgeht, dass die Reportage über das von der DDR, Polen und der ČSSR durchgeführte RGW-Integrationsobjekt Pumpspeicherwerk Markersbach und der Lebensbericht über die Kommunistin Erna Senkel »Auftragstexte der Redaktion« sind (BArch DR 1/3298, Dokument 278: Verlagsgutachten zu Heft 3/1981, S. 1).

19 BArch DR 1/3298, Dokument 421: Herausgabe des Almanachs *Temperamente* für junge sozialistische Literatur, S. 3.

Mit einer zweimonatlichen, dann vierteljährlichen Publikationsfolge angekündigt, erschien die Zeitschrift anfangs (1976, 1977, 1978) aufgrund von Zensur und mehrfachem Austausch der Redaktion nur mit zwei Heften pro Jahr, obgleich redaktionell doppelt so viele vorbereitet worden waren.[20] Das bereits gedruckt vorliegende Heft 1/1977 musste eingestampft werden.[21] Welche Bedeutung dem Projekt zugesprochen wurde, lässt sich daran ermessen, dass das neugefasste Heft 1/1977 sowie dessen Folgeheft am 26. Januar 1978 Gegenstand einer Aussprache zwischen dem neu eingesetzten (und sechs Monate später mit der gesamten Redaktion vom Zentralrat der FDJ wieder abgesetzten)[22] zweiten *Temperamente*-Chefredakteur Rulo Melchert und dem stellvertretenden Kulturminister und Leiter der (für die Zensur zuständigen) Hauptverwaltung Verlage und Buchhandel Klaus Höpcke war. An dem Treffen nahmen auch der Verlagsleiter und Vertreter des ZK der SED, des Zentralrates der FDJ und des Schriftstellerverbandes teil. Man vereinbarte unter anderem, künftig Originalität nicht zu Ungunsten ideologischer Klarheit anzustreben, keine ausschließlich »kritisch negative[] Sicht auf Gegenwartsprobleme« durch Autor:innen zuzulassen und mit Aphorismen »politisch klüger« umzugehen. Problematisch waren auch Absatz und Adressierung: Weniger »Fachleute« als »an Literatur heran[zu]führen[de]« Leser sollten angesprochen werden; der Leserkreis müsse aber noch »näher bestimmt und gefunden« werden.[23]

Zwischen 1979 und 1988 erschien die Zeitschrift vier Mal im Jahr. 1989 waren es – vielleicht aufgrund des Staatsjubiläums, zu dem das 50. Heft (4/1989) unter anderem mit den Ergebnissen eines Literaturwettbewerbs und einem Gesamtregister aufwartete – fünf Hefte. Von den für 1990 angekündigten sechs Heften wurden nur noch vier gedruckt. Konzeptionell lässt sich *Temperamente* zwischen dem (genreübergreifenden) Organ des Schriftstellerverbandes *Neue Deutsche Literatur* und den (lyrikbezogenen) jährlichen Sonderheften des *Poesiealbum* zum Zentralen Poetenseminar einordnen: Allen Genres offenstehend, durch kulturpolitische, ausländische und literarhistorische Beiträge flankiert, wandte sich die Zeitschrift an junge Literaturinteressierte und Schreibende außerhalb des Schriftstellerverbandes. Faktisch war sie ein Publikationsorgan der FDJ-Poetenbewegung, wie personelle Über-

20 Vgl. Pietraß: Ich pendelte (Anm. 1), S. 352. Pietraß war von 1975 bis Heft 1/1978 in der Redaktion für Lyrik zuständig.

21 Abgebildet ist das Heft-Cover in Langermann: Schaufenster (Anm. 1), S. 336.

22 Vgl. Pietraß: Ich pendelte (Anm. 1), S. 351f.; Laabs: *Temperamente* (Anm. 1), S. 130.

23 BArch DR 1/3298, Dokument 364: Kurzprotokoll zur Sitzung mit dem stellv. Kulturminister am 26.1.1978, S. 1; außerdem wurde ein Beirat zur Redaktion gebildet (vgl. ebd., Dokument 365), dem Vertreter des Zentralrats der FDJ, des Ministeriums für Kultur, des Schriftstellerverbandes, des Literaturinstituts Johannes R. Becher, wichtiger Belletristik-Verlage und einzelne Autor:innen angehörten (vgl. Laabs: *Temperamente*, Anm. 1, S. 129).

schneidungen, zahlreiche Beiträge[24] und die unten vorgestellte Leser-Studie erkennen lassen. Leser-Reaktionen auf Beiträge blieben dennoch eine Ausnahme.[25]

Damit jedes Einzelheft wie ein Buch durch die Zensur geprüft werden konnte, wurde *Temperamente* nicht als Zeitschrift (mit Jahreslizenz), sondern als Almanach geführt.[26] Das Genehmigungsverfahren führte zu langen Herstellungszeiten; zwischen Redaktionsschluss und Auslieferung verging in den 80er Jahren »im günstigsten Fall über ein halbes Jahr«.[27] Die Distribution erfolgte durch den Postzeitungsvertrieb und den Buchhandel. Aus den Gutachten des Verlages, das heißt der Redaktion, geht hervor, dass jedes Heft ein oder zwei Themen fokussiert, etwa »Jugendzeit und Lateinamerika« (2/1978), »Geselligkeit und Lebensweise im Sozialismus« (1/1982) oder »Texte weiblicher Autoren, [...] Frauen-Porträts« (3/1986).[28] Ein Heft umfasst 160 Seiten im DIN-A5-Format, kostete 2,50 Mark und ist mit einem farbigen, jeweils von einem anderen Grafiker gestalteten Einband (Abb. 1 und 2) sowie Schwarz-Weiß-Abbildungen in meist geringer Zahl ausgestattet. Papier- und Druckqualität sind im Vergleich mit anderen Literaturzeitschriften der DDR minderwertig. Abgesehen von Heft 1/1990, das Dokumente zu den gesellschaftlichen Veränderungen im Herbst 1989 abdruckt, sind viele Beiträge Rubriken zugeordnet, am häufigsten kommen die Rubriken ›Lyrik‹, ›Prosa‹, ›Kritik‹ und ›Vorrat‹ (literaturgeschichtlich »Vorhandenes, Ungenutztes – zu Nutzendes«)[29] vor, gelegentlich ›Meinungen‹, ›Umschau‹ (zeitgenössische junge Literatur anderer Länder), ›Essay‹, ›Anfänge‹ (junge Debütanten) und andere. Schreibtipps oder Erläuterungen literarischer Kategorien wie in der Zeitschrift *ich schreibe* werden nicht gegeben. Zur Eigenart von *Temperamente* gehört, dass neben beispielsweise sowjetischen und chinesischen auch junge Autor:innen aus Frankreich, Finnland oder Österreich in einer ›Umschau‹ vorgestellt werden, Literatur der BRD aber nicht vorkommt beziehungsweise unsichtbar bleibt.[30]

---

24 Beiträge zum Zentralen Poetenseminar erschienen z.B. in *Temperamente* 2/1978, 1/1979, 2/1980, 4/1981, 3/1982, 1/1983, 1 u. 4/1984, 1/1986, 1/1987, 1/1988, 2/1989 sowie 2/1990.

25 Vgl. Bemerkung im Verlagsgutachten zu Heft 3/1984 (BArch DR 1/3298, Dokument 192).

26 Vgl. Langermann: Schaufenster (Anm. 1), S. 329.

27 Junge Bäume und die Axt des Rezensenten oder Streit schafft Berührung. Eine Debatte über Literaturkritik in den *Temperamenten*. In: Temperamente 14 (1989), H. 1, S. 127–147, hier S. 128.

28 BArch DR 1/3298, Dokumente 361, 261 u. 137: Verlagsgutachten zu den genannten Heften.

29 Eva-Maria Siegel: Vorrat Rudolf Leonhard. In: Temperamente 14 (1989), H. 1, S. 107–126, hier S. 108.

30 Da das Gesamtregister zu den ersten fünfzig Heften in 4/1989 ausschließlich Autor:innen der DDR verzeichnet, stößt man auf Werke bundesdeutscher Autor:innen allenfalls zufällig, so auf den Liedermacher Dieter Süverkrüp (3/1982), den (schwedisch-deutschen) Autor Peter Weiss (mit einem Auszug aus der *Ästhetik des Widerstandes* in ›Vorrat‹ zu Werner Möller in 2/1986) oder den SPD-Politiker Carlo Schmid (als Baudelaire-Übersetzer in 2/1989). Vermutlich als sarkastischer Kommentar in eigener Sache ist in Heft 1/1980 der Loriot-Comic *Hinweise*

Abb. 1 und 2: Titelseiten der Zeitschrift Temperamente *1/1976 (gestaltet von Hans Ticha) und 1/1978 (gestaltet von Fritz Barthel und Manfred Schütz)*

2. *Temperamente* als Instrument der Lyrik-Förderung

Wie bei der staatlichen Literaturförderung insgesamt ist auch in *Temperamente* Lyrik überproportional vertreten, meist waren zwei Redaktionsmitglieder für die Gattung zuständig. Auf die Vorrangstellung weist das von Hans Ticha gestaltete Coverbild des ersten Heftes (1/1976) hin, das eine abstrahierte Büste mit geöffneten Schubfächern zeigt, von denen jedes eine andere Rubrik als Aufschrift trägt (Abb. 1). Nur die Rubrik ›Lyrik‹ ist doppelt vertreten: an einem Schubfach an der Stirn, aus dem eine blaue Blüte ragt, und an einem mit einem Herzen gefüllten Fach an der linken Brust. Die Doppelung resultiert wahrscheinlich aus dem vor allem seitens der FDJ vertretenen weiten Lyrik-Begriff, der die »(schlechte) Arbeitsteilung« zwischen »der ›Leselyrik‹ (gern als die ›eigentliche‹ ausgegeben) und dem operativ eingreifenden Lied« zu überwinden auffordert und beide als gleichberechtigt versteht.[31]

für das Benehmen während einer Rüge vom Vorgesetzten aufzufassen, der ohne Autorenangabe auf der Innenseite des Einbands abgedruckt ist.

31 Mathilde Dau: »Mit meinen Augen«. Junge Lyrik beim Entdecken neuer Wirklichkeit. In: Temperamente 4 (1979), H. 3, S. 90–106, hier S. 99. Sich absetzend von der in *Weimarer Beiträge* (vgl. 1979, Heft 7) zeitgleich präsentierten neuen Lyriker-Generation stellt die Literatur-

Die ›Lyrik‹ der blauen Blume (Romantik) könnte somit für bild- und gefühlsintensive (Lese-)Lyrik stehen, die ›Lyrik‹ des (linksseitigen) Herzens für leidenschaftlich-engagierte (Lied-)Lyrik.

Im ersten *Temperamente*-Heft folgen auf Vorbemerkungen des Chefredakteurs und des Ministers für Kultur unterschiedliche Beiträge mit Lyrik oder Lyrikanteilen. In der expliziten Lyrik-Rubrik wird unter dem Titel *Pferd mit vier weißen Füßen. Gedichte zum spanischen Bürgerkrieg 1936–1939* eine von Richard Pietraß vorgenommene Auswahl deutscher und übersetzter Gedichte vorgestellt: von Federico García Lorca, Rafael Alberti, Antonio Machado, Paul Eluard, Pablo Neruda, Miguel Hernández, César Vallejo, Wystan Hugh Auden, Stephen Spender, Attila József, Bertolt Brecht, Johannes R. Becher, Erich Arendt, Erich Weinert und Archibald MacLeish. Diese anspruchsvolle, dezidiert auf Moderne ausgerichtete Auswahl wird – entsprechend der Lyrik-Lied-Argumentation – durch die Rubrik ›Lied‹ balanciert, die »[b]iographische Lieder«[32] der FDJ-nahen Liedermacher bzw. Song-Texter Gerd Eggers, Kurt Demmler und Gerd Kern vorstellt. Demmlers Liedtexte werden außerdem in der Rubrik ›Kritik‹ durch die Rezension seiner Langspielplatte *Verse auf sex Beinen* (Amiga 1975) kommentiert. Die Rubrik ›Vorrat‹ stellt Georg Büchner vor, enthält aber auch ein Büchner betreffendes Gedicht von Peter Hacks. In der Rubrik ›Überblick‹ würdigt die Literaturwissenschaftlerin Ursula Heukenkamp die Lyrikreihe *Poesiealbum* aus Anlass ihres 100. Heftes. Die deutsche und ausländische, proletarische und bürgerliche Autor:innen der Vergangenheit und Gegenwart präsentierende Reihe habe, so Heukenkamp, in sechs Jahren »[h]undert Lyrikern zur Auferstehung aus gesammelten Werken und Anthologien verholfen bzw. ihr erstes Erscheinen veranlaßt«.[33] Als DDR-Beispiele werden die *Poesiealbum*-Hefte zu Thomas Brasch (!), Richard Leising und Walter Werner ausführlich rezensiert.

Mit dem auch stilistisch und qualitativ breiten Spektrum an in- und ausländischer Lyrik sowie explizit oder implizit lyrikbezogenen Beiträgen ist das erste *Temperamente*-Heft repräsentativ für die folgenden. Deutliche thematisch-formale Veränderungen hinsichtlich der präsentierten Gedichte junger DDR-Autor:innen

---

wissenschaftlerin Dau am Beispiel der 21 bis 35 Jahre alten Autor:innen Steffen Mensching, Bernd Wagner, Bernd Rump und Christiane Grosz eine anders charakterisierte junge Lyriker-Generation vor: Sie sei »keine unbeteiligt oder gar zynisch beobachtende ›lost generation‹«, sondern bestehe aus »selbst ›Betroffenen‹ und Mitgestaltern ihrer eigenen Zukunft« (S. 106). In diesem Zusammenhang spricht sie sich, wie schon in *Beobachtungen an junger Lyrik* (Sonntag 31, 1977, H. 28, S. 3 sowie H. 29, S. 6), für eine – etwa bei Mensching gegebene – »Verschmelzung« von Lied und Leselyrik aus. Darin widersprechen ihr Ingrid und Klaus-Dieter Hähnel (Junge Lyrik am Ende der siebziger Jahre. In: Weimarer Beiträge 27, 1981, H. 9, S. 127–156, hier S. 156). Zu Daus Reaktion auf Hähnels Aufsatz vgl. Anm. 63.

32 Temperamente 1 (1976), H. 1, S. 36.

33 Ursula Heukenkamp: Hundertfache Poesie. In: Temperamente 1 (1976), H. 1, S. 90–99, hier S. 90.

lassen sich während des 15-jährigen Erscheinens der Zeitschrift kaum erkennen, von der auf die letzten Hefte ausstrahlenden politischen Dynamik abgesehen. Weitgehend handelt es sich um reimlose prosanahe Gedichte mit einem meist eher zurückhaltenden Metapherngebrauch. In der zweiten Hälfte der 80er Jahre kommen sprachspielerische Elemente und eine freiere Textanordnung etwas häufiger vor, ebenso wird die Tonlage verhaltener. Unerwartetes kann hier nur punktuell erwähnt werden: der geringe Anteil offen ideologischer Gedichte, die frühe, von Richard Pietraß eingeleitete Publikation von acht *Linguistischen Gedichten* von Bert Papenfuß (2/1977), das gesellschaftskritische Gedicht *Heimatkunde* von Ralph Grüneberger (2/1989) oder einige der in ›Vorrat‹ vorgestellten Lyriker:innen, wie Charles Baudelaire, Henriette Hardenberg, Georg Heym, Gertrud Kolmar, Quirinus Kuhlmann und Selma Meerbaum-Eisinger. Da die Redaktion nicht für Zusendungen warb (abgesehen von Literaturwettbewerben) und keine Postadresse angab, ist davon auszugehen, dass die meisten Texte aus den bezirklichen und den Zentralen Poetenseminaren, ebenso aus Schreibzirkeln der Bezirkskabinette für Kulturarbeit und einzelner Schulen oder Hochschulen stammen. Die zu jedem Heft verfassten meist zweiseitigen Verlagsgutachten zeigen, dass andere publizistische Einstiegsformate wie die *Auswahl*-Bände oder *Poesiealbum* beobachtet wurden; diese standen, aufgrund der zentralen Lenkung, grundsätzlich in keinem konkurrierenden, sondern einem einander zuarbeitenden Verhältnis.

Das hier exemplarisch für die Lyrik-Beiträge ausgewertete Gutachten von Marion Titze zu Heft 2/1988 konstatiert, dass diesmal »überwiegend gelungen [sei], was immer am schwierigsten zu realisieren ist: daß *Temperamente* seine eigentliche Interessantheit aus den Denk- und Schreibangeboten der Jungen bezieht: 24 junge und teilweise unbekannte Autoren werden vorgestellt, 5 Kritik-Beiträge beschäftigen sich mit Debüts [...].« Zu den als Block zusammengefassten Liebesgedichten von Bernd Igel, Marion Naujack, Lothar Koch, Barbara Köhler, Ute Gelfert, Peter Ludewig, Lutz Seiler, Undine Materni, Ramona Metzing und Lothar Walsdorf heißt es, dass dadurch »auch die Aufnahme von Texten, die sich einzeln nur schwer behaupten können«, ermöglicht wurde: »Kühn (Igel), innig (Naujack), wehmütig (Koch), tapfer (Materni), witzig verworfen (Walsdorf) läßt sich über die Liebe schreiben. Die Intelligenz des Gefühls spricht aus Kathrin Schmidts Arbeit, die poetisch ist, welthaltig, intim. Ein großer kleiner Text.« Dass sich die außerhalb des Blocks stehende lyrische Prosa Schmidts *»... ändert mein Traum seine Richtung«: literarischer Kommentar zu einem Gedicht von Friederike Mayröcker* auf die erstmals 1985 selbstständig in der DDR publizierte Österreicherin Mayröcker bezieht, wird im Gutachten nicht erwähnt. Ähnlich bei den in ›Vorrat‹ vorgestellten christlichen Gedichten Quirinus Kuhlmanns, der als »eine echte Ausgrabung« charakterisiert wird. »Verdienstvoll« sei die Vorstellung von *Literatur des ANC* in ›Umschau‹, mit Gedichten von Dikobe wa Mogale, Dee September, Zinvjiva Nkondo und Rebecca Matlou. Im Gutachten unerwähnt bleiben fünf Gedichte der erstmals in *Temperamente* präsentierten 23-

jährigen Ina Koutoulas. Zur Lyrik von Miriam Margraf, Jana Marquardt und Sabine Frick-Lange heißt es: »Dreimal drei Texte zur Musik, von jungen musikbegabten und -kundigen Lyrikerinnen.« Der »frische Wind« in der ›Kritik‹ betrifft auch eine Rezension Dieter Kerscheks zu Michael Wüstefelds Gedichtband *Heimsuchung* (Aufbau 1987).

Neben der Publikation literarischer Texte unterstützte die Zeitschrift die staatliche Langzeit-Förderung von schreibbegabten Jugendlichen, etwa durch ausführliche Darstellungen zum Zentralen Poetenseminar. Erhellend für die Organisation der Poetenbewegung durch die FDJ ist ein Beitrag des *Junge Welt*-Redakteurs Hannes Würtz (zuständig für die ›Poetensprechstunde‹), Seminarleiter und Jurymitglied beim Zentralen Poetenseminar und Herausgeber der entsprechenden Sonderhefte des *Poesiealbum*. Sein im *Temperamente*-Heft 3/1982 veröffentlichter Bericht *Was machen Talente in den Wochen nach Schwerin? Zur Arbeit von Poetenklubs der Freien Deutschen Jugend* behandelt die literarische Breitenarbeit auf Bezirksebene.[34] Die in Schwerin Teilnehmenden seien verantwortlich, durch die Vermittlung der dort gemachten Erfahrungen den »Stafettenstab der Talenteförderung zur nächsten Generation« zu tragen.[35] »Sammelpunkte für Talente« seien die in vielen, aber nicht allen Bezirken etablierten FDJ-Poetenklubs oder jährlichen Poetenseminare mit ca. 30 bis 40 Jugendlichen. Im Vordergrund der Bezirksarbeit stehe das Schreiben von Lyrik (zwei Drittel oder mehr).[36] Die Treffen dienten der kollektiven Aussprache über eigene Texte, außerdem wurden Vorträge, Lesungen etablierter Autor:innen, eigene Lesungen vor Werktätigen oder Studierenden sowie Kulturabende veranstaltet. Am Beispiel der Poetenbewegung im Bezirk Erfurt, aus der »so beachtliche Begabungen wie Kathrin Schmidt und Hans Brinkmann« hervorgegangen seien, erläutert Würtz eine vorbildliche, am Beispiel des Bezirkes Frankfurt/Oder eine in Qualitätsfragen zu nachsichtig agierende Breitenförderung. Würtz fordert eine engere Zusammenarbeit der »›sechs Säulen der Nachwuchsbetreuung‹«, das sind die FDJ, der Schriftstellerverband, der FDGB, die Volksbildung, der Kulturbund und die Bezirkskabinette für Kulturarbeit.[37]

Angesicht dieser und ähnlicher Beiträge wäre kaum zu vermuten, dass *Temperamente* eine andere als die offizielle, vom Erfolg der aufwändigen Nachwuchsförderung überzeugte Sicht der Poetenbewegung veröffentlichen könnte. Dass es mit Peter Wawerzineks Sammelrezension *In den Lyrikkamin gesprochen* (4/1988) doch dazu

---

34 Vgl. Hannes Würtz: Was machen Talente in den Wochen nach Schwerin? Zur Arbeit von Poetenklubs der Freien Deutschen Jugend. In: Temperamente 7 (1982), H. 3, S. 124–131; in Teil 3.5: Dokumente.

35 Ebd., S. 126f.

36 Ebd., S. 125.

37 Ebd., S. 131.

kam, dürfte letztlich auf den verspäteten Versuch der Jugendpolitik zurückzuführen sein, dem seit Jahren unübersehbaren »Generationenriss«,[38] der sich im Abwandern der Jugend in alternative Szenen oder in die BRD zeigte, durch eine halbherzige Kritikfähigkeit und gewisse Liberalisierung zu begegnen. Vorsorglich wurde die Rezension aus der Rubrik ›Kritik‹ genommen und als ›Lesart‹ ausgewiesen. Ebenso hebt das Verlagsgutachten von Ulrike Bresch sie von den übrigen »solide gearbeiteten [...] Rezensionen« ab, da sie »deutlich den üblichen ›Kritik-Rahmen‹ sprengt, aber in der Redaktionsdebatte als eine überzeugende Groteske durchaus positive Aufnahme fand«.[39]

Die in Stil und Schärfe innerhalb von *Temperamente* einzigartige Kritik der Nachwuchsförderung entzündet sich an vier Heften des *Poesiealbum*:[40] den 1987/88 publizierten Gedichten von Henry-Martin Klemt, Marion Naujack, Udo Degener und Johannes Jansen; alle vier auch in *Temperamente* vertreten. Wawerzinek geht es um die grundsätzliche Abrechnung mit der Mittelmäßigkeit und Belanglosigkeit staatlich geförderter Lyrik. Ursache dafür sei ein falscher Qualitätsmaßstab: »Wenn aber [...] jüngere Leute schlechte Gedichte zum Maßstab ihrer Dichtkunst statuieren, dann haben wir ein Faß, aus dem immer der gleiche fade Saft tröpfelt.«[41] Aus Anlass der rezensierten Autorin (Naujack) wird auf die Existenz bedeutender weiblicher Lyrik

---

38 Gerd Dietrich: Kulturgeschichte der DDR. Bd. 3. 1977–1990. Überarb. Neuaufl. Göttingen: Vandenhoeck & Ruprecht 2019, S. 2038. »Nach 1975 hatte sich [...] ein folgenschwerer Paradigmenwechsel in der Generationenfolge vollzogen. Nicht mehr die systemfreundlichen Strömungen stellten die prägende Generationeneinheit, sondern jene Jugendlichen, die der DDR distanziert bis ablehnend gegenüberstanden« (ebd., S. 2038f.). Ab Mitte der 1980er Jahre versuchte der Staat, die abwandernde Jugend durch »Integrationsangebote« zurückzugewinnen: »Die ideologische Ablehnung dieser Subkulturen bleibt weiterhin strikt, im Alltag wurde nun kulturell aber toleranter agiert« (Ronald Galenza: Diese Situation war nicht tanzbar. In: Die Addition der Differenzen. Die Literaten- und Künstlerszene Ostberlins 1979 bis 1989. Hg. v. Uwe Warnke und Ingeborg Quaas. Berlin: Verbrecher Verlag 2009, S. 272–291, hier S. 280).

39 BArch DR 1/3298, Dokumente 89f.: Verlagsgutachten zu 4/1988, S. 1f.

40 Eine in Teilen satirische Bilanz mit konstruktiv gemeinten Vorschlägen bietet die Rede von Thomas Wieke auf dem Poetenseminar im August 1989, die allerdings erst unter veränderten politischen Bedingungen in Heft 2/1990 (Redaktionsschluss 28. November 1989; Wieke war Redaktionsmitglied) unter dem Titel *Resümee* und eingeleitet mit einem Benn-Zitat publiziert wurde (S. 46–51): »Zu dem Bild, das man sich von uns macht, gehört auch die traurige Tatsache, daß das Resultat von Informationspolitik nicht selbstverständlich eine Information ist« (S. 48). Erwähnt werden unter anderem ein unrealistisches Selbstbild, Spaltung der Seminargruppen und »Seminaradel« (S. 50).

41 Peter Wawerzinek: In den Lyrikkamin gesprochen. In: Temperamente 13 (1988), H. 4, S. 155–158, hier S. 155; Auszüge in Teil 3.6: Dokumente. Wawerzinek, in *Temperamente* 1/1986 mit zwei Gedichten vertreten, gehörte zur unabhängigen Autorenszene im Ost-Berliner Stadtteil Prenzlauer Berg.

in der DDR hingewiesen (Inge Müller, Elke Erb, auch die in die BRD übergesiedelte Sarah Kirsch werden genannt), die aber bei der Förderung keine Rolle spielten. Verantwortlich zu machen für die wenig überzeugenden Debüthefte sei nicht die Redaktion des *Poesiealbum*, die faktisch zu einem »Vollzugsorgan fernab jeden Entdeckerseins« degradiert werde. Vielmehr richtet sich die »dringende Frage« an das gesamte auf bloßes »lyrisches Mittun« ausgerichtete Förderungssystem:

> Ist die praktizierte Folgerichtigkeit, diese Kettenlogik, langjähriges lyrisches Mittun von Poetenseminaren bis zum Direktstudium für Literatur mit einem ersten Bändchen zu würdigen, nicht der Gefahr ausgesetzt, einen Flop nach dem anderen zu liefern?[42]

Wawerzinek wirft den rezensierten Lyriker:innen unter anderem »seltsame Frauenbilder«, »austauschbare[] Liebesgedichte[]«, »pseudokritische[] Färbung«, »Formulierungsnot«, Gedichte, die zu »gefällig, entgegenkommend, durchschaubar, unverschlüsselt« sind, oder schlichtweg Talentlosigkeit vor. Stattdessen fordert er Gedichte, die »die ohnehin besetzten Worte auswechseln« und »aus der Reihe treten, Wortmeldungen außerhalb von Anpassungen und Wunschdenken«. Einzig Jansen lasse erahnen, dass »[d]ieses Land nicht arm an Talenten, Leuten mit Stil und Eigenart [sei]«.[43]

Wawerzineks Abrechnung blieb nicht ohne Resonanz. In Heft 3/1989 veröffentlichte die Redaktion kommentarlos längere Auszüge aus vier Leserbriefen, die Wawerzinek vehement widersprechen und ihm Selbstdarstellung, eine oberflächliche, formalistische oder destruktive Lektüre oder persönliche Abneigung gegen bestimmte Gedichte oder die Poetenseminare vorwerfen. Lediglich einmal wird vermerkt, dass der Beitrag »insofern produktiv [sei], als er Probleme der ›jungen‹ Lyrik umreißt«.[44] Das gesamte Heft 3/1989 erschien mit einer modifizierten Konzeption. Aufgrund (so das Verlagsgutachten vom 2. März 1989) von »sich in jüngster Zeit häufenden Wünschen nach mehr Polemik« und Kritik erscheine es als »Werkstattheft«, das stärker auf »Gespräche, Meinungsstreit, Debatte zu literarischen und kulturellen Fragen« ausgerichtet sei.[45]

---

42 Ebd., S. 156.

43 Ebd., 156–158.

44 Zitate aus Briefen in: Zu: Peter Wawerzinek, *In den Lyrikkamin gesprochen*, Heft 4/88. In: Temperamente 14 (1989), H. 3, S. 157–159, hier S. 158.

45 BArch DR 1/3298, Dokument 70: Verlagsgutachten zu Heft 3/1989, S. 1.

3. Die *Temperamente*-Leser-Studie von 1983

Vielleicht als Folge der Konzeptdiskussionen von 1977/78 wurde 1981 im Rahmen einer großen soziologischen Studie des Leipziger Zentralinstituts für Jugendforschung (ZIJ) zum allgemeinen Leseverhalten von Jugendlichen (*Buch 81*) auch die Rezeption von *Temperamente* untersucht.[46] Das Ergebnis war gegenüber den Zielsetzungen der FDJ ernüchternd: Von 1159 zu belletristischer Literatur befragten »Jugendlichen im Durchschnitt«[47] (Schüler:innen, junge Werktätige, Studierende aus sechs Bezirken) kennen 71 Prozent die Zeitschrift überhaupt nicht. Nur 57 Jugendliche (5 Prozent), von denen ein Großteil dezidiert an Lyrik interessiert ist, geben an, sie »gelegentlich« zu lesen; kontinuierlich gelesen wird sie von niemandem.[48] Da die gelegentliche Lektüre der 57 Jugendlichen zumeist (85 Prozent) länger als ein Jahr zurücklag, war ihr motivierender Effekt offenbar gering.[49] Aufgrund dieses Negativbefundes wurde eine schriftliche Nachbefragung ausschließlich von Teilnehmer:innen des Zentralen Poetenseminars (der vier Jahre 1978–1981) und damit von einer ausgesprochen literaturaffinen »Sonderpopulation«[50] von Jugendlichen durchgeführt. Von 321 verteilten Fragebögen zu *Temperamente* wurden 167 ausgefüllt: Diese bilden die Datenbasis der von Bernhard Lindner veröffentlichten Leser-Studie, die in Teilen auch die *Neue Deutsche Literatur* berührt.[51] 56 Prozent dieser 167 »jungen Poeten«[52] lesen (fast) jedes Heft, ein weiteres Drittel liest ein solches »gelegentlich«.[53] Dieses große Interesse resultiert Lindner zufolge daraus, dass *Temperamente* als potentieller Publikationsort eigener Texte aufgefasst wird.[54] Als Hauptgründe für ihre Lektüre nennen die Befragten: Anregung für das »eigene Hobby-Schreiben« und Interesse an Nachwuchsautoren (jeweils ca. 75 Prozent volle Zustimmung).[55] Die von der Zeitschrift »angestrebte Mischung

---

46 Bernhard Lindner: Die *Temperamente* und ihre Nutzung durch die jungen Poeten. Hg. v. Zentralinstitut für Jugendforschung. Leipzig 1983; https://www.ssoar.info/ssoar/handle/document/38542 (letzter Zugriff 13.07.2024).

47 Ebd., S. 8.

48 Ebd., S. 7.

49 Vgl. ebd., S. 8.

50 Ebd., S. 4.

51 Vgl. ebd., S. 9. Von den 167 jungen Schreibenden, die sich als Teilnehmer:innen des Poetenseminars zu *Temperamente* äußern, sind 58 Prozent männlich. Ihr Durchschnittsalter liegt bei 22,3 Jahren (das heißt relativ hoch). 29 Prozent besitzen einen Hoch- oder Fachschulabschluss, weitere 43 Prozent haben Abitur; der Anteil von Produktionsarbeitern liegt bei nur 6 Prozent (vgl. ebd., S. 10). Über die Hälfte der 167 sind Mitglied eines Literaturzirkels (vgl. ebd., S. 14).

52 Ebd., S. 4.

53 Ebd., S. 5.

54 Ebd., S. 18.

55 Ebd., S. 5.

von Literatur- und Jugendmagazin«[56] findet hingegen kaum Resonanz (15 Prozent volle Zustimmung). Im Zentrum des *Temperamente*-Interesses steht Lyrik, was bei überwiegend selbst Lyrik Schreibenden wenig überrascht: 70 Prozent lesen Lyrik »sehr gern«, 24 Prozent »gern«, nur 4 Prozent »weniger gern«.[57] In der Beliebtheit folgen (grafisch gestaltete) Aphorismen (63 Prozent »sehr gern«), Prosatexte und Rezensionen (42 bzw. 40 Prozent »sehr gern«), während Reportagen und Porträts nur 12 Prozent »sehr gern« lesen. Die freie Nennung herausragender Einzelbeiträge (aus den letzten Heften) bildet diese Rangfolge allerdings nicht ab, hier stehen konkrete Lyrikbeiträge nach Beiträgen der Rubriken ›Prosa‹, ›Vorrat‹ und ›Essay‹/'Porträt‹.[58] Die grafische Ausstattung findet kaum Zustimmung, eine dichtere Erscheinungsfolge wird von vielen gewünscht.

Die Studie resümiert – darin vermutlich die Position der Redaktion in Auseinandersetzung mit dem FDJ-Zentralrat nachvollziehend –, dass *Temperamente* eine »wichtige Orientierungsgröße für junge Poeten« sei, zu der es »offensichtlich keine Alternative« gebe.[59] Als zentrales Resultat der Studie sieht Lindner die Notwendigkeit einer »eindeutige[n] Profilierung«. Für eine mögliche »Umorientierung auf breite Leserschichten« (etwa durch die Publikation von Abenteuer- und Science-Fiction-Texten), die unweigerlich zu »Leserverlusten« bei den »jungen Poeten« führen würde, zeigt er dabei weniger Sympathie als für eine Profilierung zugunsten einer »Literaturzeitschrift von jungen Autoren für junge Autoren« bzw. in der Freizeit Schreibende.[60]

Deutliche Auswirkungen der Studie auf *Temperamente* lassen sich nicht erkennen. Ob Tendenzen wie der Rückbau von Unterhaltungs-Genres (Abenteuer, Schlager, Krimi, Science Fiction) während der 80er Jahre oder der dezidierte Werkstattcharakter von Heft 4/1984, das unter anderem noch nicht »Endgültiges« sowie Arbeitsdialoge zwischen den Lyrikern Steffen Mensching und Hans-Eckardt Wenzel (Lied) bzw. Thomas Böhme und Johannes Jansen (Leselyrik) präsentiert,[61] Profilierungsimpulse der Studie umsetzen, lässt sich nicht beantworten.

---

56 Ebd.

57 Ebd., S. 14. Lyrik wird mehr von weiblichen Schreibenden gelesen: 79 Prozent der weiblichen, 65 Prozent der männlichen Befragten bevorzugen die Gattung.

58 Vgl. ebd., S. 6. Zu den 21 Einzelbeiträgen, die mehr als fünf Mal genannt werden, siehe S. 14.

59 Ebd., S. 6.

60 Ebd., S. 22f.

61 BArch DR 1/3298, Dokument 186.: Verlagsgutachten zu 4/1984, S. 2.

4. Erfolgsmodell: Werkstatt-Gespräche mit Hans Brinkmann und Kathrin Schmidt

Bereits die ersten *Temperamente*-Hefte enthalten Interviews mit jungen Autor:innen, zunächst aus dem Ausland (Pascal Lainé, Juri Dodolew), bald vor allem aus der DDR. Sind solche »Werkstattgespräche«[62] noch in Heft 4/1981 dem »Bereich Kritik/Theorie« zugeordnet, wird mit dem Jahrgang 1982 eine eigene ›Werkstatt‹-Rubrik ein- und bis 1990 fortgeführt. Erstmals werden 1982 mit Hans Brinkmann (geb. 1956) und Kathrin Schmidt (geb. 1958) zwei junge Lyriker:innen interviewt. Beide nahmen zuvor mehrfach erfolgreich am Zentralen Poetenseminar teil und gehörten bis 1990 zu den am häufigsten in *Temperamente* publizierten (literarische Texte und andere Beiträge) und thematisierten (Rezensionen) Autor:innen. Aus dem Verlagsgutachten zu Heft 1/1982 geht hervor, dass das ›Werkstatt‹-Gespräch mit Brinkmann und die folgenden Gedichte anderer Lyriker:innen (Christiane Grosz, Thomas Böhme, Henry-Martin Klemt, Gerd Adloff, geb. zwischen 1944 und 1960) als Beitrag zu der durch mehrere Autor:innen-Gespräche und Beiträge in den *Weimarer Beiträgen* angestoßenen Debatte über eine neue Autorengeneration zu verstehen sind; ausdrücklich wird der dort 1981 publizierte Aufsatz *Junge Lyrik am Ende der siebziger Jahre* von Ingrid und Klaus-Dieter Hähnel genannt: Diese »Auswahl [...] polemisiert auf ästhetische Weise mit bestimmten Ansichten zur jungen Poesie (Weimarer Beiträge 9/81)«.[63] Darüber hinaus ist anzunehmen, dass die Einführung von ›Werkstatt‹-Gesprächen in Heft 1/1982 (Redaktionsschluss 24. November 1981) auch eine Folge der Beschlüsse des Zentralkomitees der SED vom 11. November 1981 zu »dem Problem der ›Nachwuchsschriftsteller‹« war.[64] Anlass zu den Beschlüssen gab vor allem die von Franz Fühmann (bei *Sinn und Form* für Nachwuchs zuständig) angeregte, durch die jungen (Nicht-*Temperamente*-)Lyriker Uwe Kolbe und Sascha Anderson durchgeführte Sammlung von Texten jüngerer Autor:innen, die in der DDR nicht publiziert werden durften.[65]

---

62 BArch DR 1/3298, Dokument 261, Verlagsgutachten zu 1/1982, S. 1. Das Wort ist im Gutachten in Anführungszeichen gesetzt.

63 Ebd. – Angeregt wurde die Debatte durch den Abdruck mehrerer Autor:innen-Gespräche in *Weimarer Beiträge* 25 (1979), H. 7, eingeleitet von Siegfried Rönisch (S. 5–10). Neben Hans Kaufmann und Michael Rudnitzki beteiligten sich auch I. und K.-D. Hähnel (Weimarer Beiträge 27, 1981, H. 9, S. 127–154), die sich in einzelnen Punkten gegen Mathilde Daus *Temperamente*-Beitrag in 3/1979 positionierten (vgl. Anm. 31). Mathilde und Rudolf Dau reagierten mit: Noch einmal: Junge Lyrik am Ende der siebziger Jahre. In: Weimarer Beiträge 28 (1982), H. 3, S. 152–156.

64 Klaus Michael: Alternativkultur und Staatssicherheit. In: Aktenlage. Die Bedeutung der Unterlagen des Staatssicherheitsdienstes für die Zeitgeschichtsforschung. Hg. v. Klaus-Dietmar Henke und Roger Engelmann. Berlin: Ch. Links 1995, S. 138–149, hier S. 144.

65 Vgl. ebd., S. 143f. – Ein Arbeitsexemplar der sogenannten Akademie-Anthologie enthält Manuskripte verschiedener Genres von Sascha Anderson, Peter Brasch, Stefan Döring, Dieter

Der Eklat um diese der Akademie der Künste der DDR im Herbst 1981 übergebene Sammlung führte seitens der SED wenig später zu einer *Konzeption zur Arbeit mit jungen Schreibenden und anderen am Schreiben interessierten Bürgern*, die vorsah, junge Autor:innen entweder per Kandidatenstatus in das staatliche Literatursystem (Schriftstellerverband) zu integrieren oder aber, wenn ideologisch problematisch, von jeder Publikationsmöglichkeit auszuschließen und einer geregelten Erwerbstätigkeit zuzuführen; im äußersten Fall (»asozial und staatsfeindlich«)[66] drohte strafrechtliche Verfolgung.[67] Vor diesen beiden Hintergründen lässt sich die ›Werkstatt‹-Rubrik als Versuch der *Temperamente*-Redaktion bzw. deren Beirats interpretieren, mit Brinkmann, Schmidt und dem gleichfalls 1982 interviewten Prosa-Autor Volker Ebersbach (geb. 1942) Beispiele für eine staatlicherseits gewünschte literarische Nachwuchsgeneration vorzustellen.

Eue, Thomas Günther, Eberhard Häfner, Wolfgang Hegewald, Wolfgang Hilbig, Uwe Kolbe, Katja Lange, Leonhard Lorek, Sabine Mathes, Uta Mauersberger, Christa Moog, Gert Neumann, Detlef Opitz, Bert Papenfuß, Lutz Rathenow, Andreas Röhler, Michael Rom, Thomas Rosenlöcher, Rüdiger Rosenthal, Dieter Schulze, Bernhard Theilmann, Lothar Trolle, Bettina Wegner, Erhard Weinholz und Michael Wüstefeld; das Inhaltsverzeichnis gibt außerdem Arbeiten von Jochen Berg und Monika Maron an (vgl. Franz-Fühmann-Archiv, Signatur 758; https://archiv.adk.de/objekt/2053283, letzter Aufruf 13.12.2023). Die Autor:innen der aus dieser Sammlung hervorgegangenen Anthologie *Berührung ist nur eine Randerscheinung. Neue Literatur aus der DDR* (hg. v. Sascha Anderson und Elke Erb. Köln: Kiepenheuer & Witsch 1985) weichen teilweise davon ab.

66 Konzeption zur Arbeit mit jungen Schreibenden und anderen am Schreiben interessierten Bürgern. Maßnahmen zur Durchführung des Beschlusses des Sekretariats des ZK vom 11.11.1981, zit. n. Michael: Alternativkultur (Anm. 64), S. 144

67 Vgl. ebd. – Ende November 1981 informierte Rudi Mittig, Stellvertreter des Ministers für Staatssicherheit, in Bezug auf die ZK-Sitzung vom 11. November 1981 »die Bezirksverwaltungen der Staatssicherheit über den Beschluß zur Gründung von ›Literaturzentren‹ in den einzelnen Bezirksstädten der DDR. Diese Literaturzentren sollen sich der Probleme der jüngeren Autoren annehmen, ihnen die Möglichkeit zur literarischen Diskussion bieten, zugleich aber sicherstellen, daß die literarischen Aktivitäten nicht außer Kontrolle geraten« (Klaus Michael: Feindbild Literatur. Die Biermann-Affäre, Staatssicherheit und die Herausbildung einer literarischen Alternativkultur in der DDR. In: Aus Politik und Zeitgeschichte 1993, H. 22/23; https://www.bpb.de/shop/zeitschriften/apuz/archiv/536522/feindbild-literatur-die-biermann-affaere-staatssicherheit-und-die-herausbildung-einer-literarischen-altemativkultur-in-der-ddr/, letzter Aufruf 22.11.2023). Um junge Schreibende ohne Mitgliedschaft im Schriftstellerverband und ohne Verlagsanbindung zu überwachen, bildete das MfS 1981 den neuen operativen Schwerpunkt »Linie XX/9«. Vgl. Matthias Braun: Die Überwachung von Schriftstellern und Verlagen durch das Ministerium für Staatssicherheit (MfS). In: Geschichte des deutschen Buchhandels im 19. und 20. Jahrhundert, Bd. 5. Deutsche Demokratische Republik, Teil 1. SBZ, Institutionen, Verlage 1, Teilband 1. Hg. v. Christoph Links, Siegfried Lokatis und Klaus G. Saur. Berlin/Boston: de Gruyter 2022, S. 207–238, hier S. 233.

Unter dem Titel *Arbeit ist mehr als Geld verdienen* wird Brinkmann mit Foto und bio-bibliografischem Abriss eingeführt, der über Abitur, dreijährigen Wehrdienst, Studium der Museologie und eine entsprechende Tätigkeit, die Teilnahme an der Poetenbewegung, zwei Förderpreise und Publikationen unter anderen in *Junge Welt*, *Sonntag*, *Temperamente*, *Neue Deutsche Literatur* und ein eigenes *Poesiealbum* informiert. Das von der *Temperamente*-Redakteurin Mathilde Dau in beiderseitigem Du geführte knapp achtseitige Interview ist in einem Mündlichkeit und Authentizität markierenden Stil abgefasst.[68] Themen sind der Schreibbeginn (als Unteroffizier der NVA, aus der Erfahrung der »Diskrepanz zwischen Anspruch und Wirklichkeit« als Vorgesetzter),[69] frühe Lektüren (Heine, Brecht, Freiligrath, Weinert, Tucholsky) und Anregungen (bildkünstlerische »Dadaisten- und Surrealistensujets«), erste Erfolge (»Hannes Würtz hat mich [...] entdeckt« und in der ›Poetensprechstunde‹ gedruckt),[70] nahestehende DDR-Lyriker (Karl Mickel, Steffen Mensching) und der eigene Stil (verfremdete Alltagssprache, doch im verständlichen »Duktus der Umgangssprache meiner Leser«;[71] »Überraschungsmomente« durch Zeilenbrechung,[72] Mehrdeutigkeit; »die Grundidee meiner Lyrik ist Sprachkritik«,[73] die auch zu bewussterer Zeitungslektüre beiträgt). Anregungen verdanke er einzelnen Gedichten Volker Brauns, Karl Mickels, Adolf Endlers, Uwe Greßmanns sowie Erich Frieds, Ernst Jandls und Beat Brechbühls.[74] Der Bogen anregender Impulse wird darüber hinaus weit gespannt: »Ich habe, glaub ich, von Lyrikern nicht mehr und nicht weniger gelernt als zum Beispiel von der Sprache Müntzers oder Lenins, von den Bildern Grünewalds oder René Magrittes, von den Liedern der Doors oder Talking Heads.«[75] Auf die heikle Frage nach der »junge[n] Lyrikszene der DDR« verweist Brinkmann auf den weitgehenden Kontaktverlust junger Literatur mit der breiten Bevölkerung. Er betont, dass aber »das reale Lyrikbedürfnis größer sei, als wir denken«, andernfalls wäre »Unterhaltungskunst« als »Ersatz«-Angebot nicht so gefragt.[76] Die Poetenbewegung bemühe sich zu wenig »um andere Publikumsschichten als Oberschüler und Studenten, Künstler und Zahnärzte«. Anschließend überblendet er diese Tendenz zur sozialen Abschottung mit der zur politischen Kritik und grenzt sich so von der entstehenden alternativen Literaturszene ab. Er lehne

68 Vgl. Hans Brinkmann: Arbeit ist mehr als Geld verdienen. Werkstatt mit Mathilde Dau. In: Temperamente 7 (1982), H. 1, S. 66–74.

69 Ebd., S. 67.

70 Ebd., S. 68.

71 Ebd., S. 72.

72 Ebd.

73 Ebd., S. 70.

74 Nur erwähnt und auf die grafische Gestaltung fokussiert wird die Lektüre des Enzensberger-*Poesiealbums* (ebd., S. 67).

75 Ebd., S. 71.

76 Ebd., S. 72.

»junge Lyriker« ab, die die »Erwartung des Publikums, ›gewagte Stellen‹ zu finden«, bedienen;[77] sich derart »am Geschmack ›verbotener Früchte‹ [zu] berauschen«, habe ebenso wenig mit Kritik zu tun wie die Kultivierung einer »allgemeine[n] Meckerhaltung«.[78] Bei der – vor dem Hintergrund der erwähnten SED-Beschlüsse vom 11. November 1981 – bemerkenswerten Aufforderung Daus, sich zu »freiberuflichen jungen Lyrikern« zu positionieren, legt Brinkmann sich nicht fest. Er äußert Verständnis, dass intensives Schreiben nicht nebenberuflich geleistet werden kann; er selbst benötige aber den alltäglichen Kontakt mit Kollegen, seinem Publikum, denen er literarische Anregung und Kritik verdanke: »ohne Arbeitskollektiv und -aufgaben, glaub ich, geht mir was verloren«.[79]

An der Brinkmann-›Werkstatt‹ fallen einerseits unerwartete ästhetische Lizenzen hinsichtlich der (westlichen) Moderne und Pop-Kultur auf: Dada, Surrealismus, The Doors, Talking Heads oder der Hinweis, zu einem Gedicht durch einen Song von Elton John und eine Grafik Andy Warhols in *Poesiealbum* angeregt worden zu sein.[80] Andererseits wird ein Autor präsentiert, der nicht ›asozial‹, sondern fest in ein Arbeitskollektiv eingebunden lebt und sich grundsätzlich mit dem Selbstverständnis der DDR und ihrer Arbeits- und Kulturpolitik identifiziert. Das folgende Gedicht Brinkmanns *An die Setzer* spricht sich – die Abgrenzung zur Lyrik der ›gewagten Stellen‹ fortführend – gegen eine »Wahrheit/[...] zwischen den Zeilen« aus.[81]

Die zweite Lyrik-*Werkstatt* stellt in Heft 3/1982 ohne Foto und biografischen Abriss Kathrin Schmidt vor.[82] Eingeführt wird sie durch das Gedicht *Aufzug am Horizont*, das – im Stil einer zeugmatisch-zeilensprunggenerierten Bedeutungsdialektik – an die gesellschaftliche Selbst-Bewusstwerdung einer jungen (Dichter-)Generation appelliert: »das nehmen wir doch nicht auf/uns kommt es an!«[83] Das sechsseitige, gleichfalls von Dau geführte Interview *Es liegt an uns, Überkommenes aufzubrechen* berührt ähnliche Themen, Schmidts Antworten wirken aber konflikthafter. Zum ernsthaften Schreiben geführt habe sie das Gefühl des Unverstandenseins und der »Widerspruch zwischen der äußerlichen Glätte meines Engagements in der Schulzeit und meiner im Inneren doch ziemlich problematischen Sicht auf Lehrer-Schüler-Beziehungen«.[84] Thematisch angeregt hätten sie zuerst der schwedische Lyriker Artur Lundkvist, formal Johannes Bobrowski, anfangs auch die Expressionisten und

---

77 Ebd., S. 72.

78 Ebd., S. 73f.

79 Ebd., S. 74.

80 Vgl. ebd., S. 69.

81 Temperamente 7 (1982), H. 1, S. 75.

82 Vgl. Kathrin Schmidt: Es liegt an uns, Überkommenes aufzubrechen. Werkstatt mit Mathilde Dau. In: Temperamente 7 (1982), H. 3, S. 38–44.

83 Ebd., S. 38 (aus Schmidts Gedicht *Aufzug am Horizont*).

84 Ebd., S. 39.

Giuseppe Ungaretti.[85] Ähnlich wie Brinkmann Würtz dankt Schmidt mit Reinhard Weisbach einem Protagonisten der FDJ-Poetenbewegung für einen entscheidenden Anstoß, in diesem Fall zu einer reflektierteren Haltung im Anschluss an die dialektische Lyrik Brechts. Innerhalb der DDR sieht Schmidt Verbindungen zu Mickel und Braun; wie Brinkmanns ist ihre Poetik nicht nur literarisch, sondern auch marxistisch geschult: »Derzeit den größten Einfluß auf mich hat Marx«.[86] Mehrfach bezeichnet sie selbstkritisch überwundende bzw. zu überwindende Schreibhaltungen: So sei früher unter dem Einfluss Bobrowskis und Lasker-Schülers das Dichten »eher unbewußt« durch ein »Schwingen von Worten und Bildern« in Gang gekommen; nun versuche sie, von einer klaren, im Titel angegebenen »Absicht« auszugehen und danach eine entsprechende Form zu wählen.[87] Bislang dem »Empfindungsgedicht« verpflichtet, möchte Schmidt künftig auch ein »politisches Gedicht schreiben können«.[88] Im Bild eines doppelten Reizes (»Stachel«) argumentierend verbindet sie beides zu einer dialektischen Wirkungsästhetik: »Der ästhetische Genuß der Schönheit (was ist das?) entsteht für mich zweimal: Zuerst als Stachel, der mich zum Eindringen in den Text treibt, zum zweiten als Stachel, der mich aus dem Begreifen des Texts zum Eindringen in die Wirklichkeit treibt.«[89] Wie als Beitrag zur Lied-Lyrik-Frage plädiert Schmidt angesichts der begrenzten Reichweite von Lyrik bei Politischem für das »kommunikativer[e]« Lied,[90] dem sie sich gegenwärtig zuwende. Auch im Schmidt-Interview nimmt die Berufstätigkeit der 26-jährigen Psychologin und wissenschaftlichen Assistentin großen Raum ein: vor allem hinsichtlich der Möglichkeit, sich zu engagieren und »unsere Demokratie selbst zu machen«: »weil wir nicht bloß Gekaufte, Be- und Entlohnte, sondern Eigentümer und ›Macher‹ sind«.[91] Zur positiv gewendeten Mehrfachbelastung (»schreibe am besten in großer Anspannung«)[92] als junge Wissenschaftlerin, Autorin und Mitglied der SED tritt die Rolle als (offenbar alleinerziehende) Mutter. Von Dau nach ihrer Position »in der jungen Lyrikszene« gefragt, plädiert Schmidt mit ihren Erfahrungen vom Schriftstellerverbands-Heim in Petzow »für eine Gemeinschaft junger Schreibender, die […] sich einig sind in ihrem Bemühen, mit ihren Mitteln in Gesellschaftliches einzugreifen«. Als deren »Organisationszentrum« schlägt sie *Temperamente* vor.[93]

Auffallend an Schmidts Interview sind die selbstkritischen oder sich absichernden Einschränkungen eigener Aussagen oder früherer Positionen: hinsichtlich der

85 Vgl. ebd., S. 40.
86 Ebd., S. 41.
87 Ebd.
88 Ebd., S. 43.
89 Ebd., S. 42.
90 Ebd., S. 43.
91 Ebd.
92 Ebd., S. 41.
93 Ebd., S. 44.

grüblerischen Schülerin (»nicht als isolierende Lebenshaltung, nein«),[94] dem traurigen Ton ihrer Texte (»Ich bin's nicht«),[95] der Vergänglichkeitsmotivik im zitierten Brecht-Gedicht *Über die Städte* (»Die Stadt, in der ich wohne, gehört nicht zu denen«)[96] und der Absage an die – sie einst faszinierende – Wirkungsästhetik Hölderlins oder Bobrowskis, die gleich zwei Mal im Bild eines Sich-Einfangen-Lassens als Gefahr bezeichnet wird: »Da muß man sich schulen, eben lernen.«[97] Noch das Resultat solcher Selbstdisziplinierung wird distanziert: »meine Art, neuerdings rumzuphilosophieren«.[98]

Schmidt, zu der es noch eine zweite Lyrik-›Werkstatt‹ in Heft 3/1986 gibt, und Brinkmann werden, zumal vor dem Hintergrund der oben skizzieren Debatten und Beschlüsse, als Erfolgsmodelle der Poetenbewegung präsentiert: als poetologisch reflektierte, parteilich engagierte Autor:innen, denen es gelingt, kollektiv-beruflichen Alltag und literarisches Schreiben zu vereinbaren; darin setzen sich ihre Porträts von der entstehenden alternativ-bohèmehaften Literatur- und Künstlerszene ab. Nach 1990 nahmen ihre literarischen Karrieren einen deutlich unterschiedlichen Verlauf. Während Brinkmanns Publikationen allenfalls regionale Aufmerksamkeit fanden, etablierte sich Schmidt als national und international viel beachtete Romanautorin.

5. Lyrik-Ranking: Autor-Positionen in *Temperamente* und im literarischen Feld[99]

In den 55 publizierten *Temperamente*-Heften wurden Gedichte von über 260 verschiedenen Autor:innen aus der DDR (inklusive Liedermacher und Songtexter) abgedruckt.[100] Ihr Geburtsjahr liegt in der Regel zwischen 1935 und 1970.[101] Ihre Texte machen nicht den lyrischen Gesamtbestand der Zeitschrift aus (dazu gehören

94 Ebd., S. 39.

95 Ebd., S. 42.

96 Ebd., S. 40.

97 Ebd., S. 40 u. 42.

98 Ebd., S. 44.

99 Unter einem literarischen Feld werden im Anschluss an Pierre Bourdieu (Die Regeln der Kunst. Genese und Struktur des literarischen Feldes. Frankfurt a.M.: Suhrkamp 1999) Positionen und (abgrenzende) Positionierungen von Autor:innen innerhalb eines politisch-gesellschaftlichen Rahmens verstanden: etwa Anerkennungskämpfe zwischen arrivierten und jungen Autor:innen.

100 Teilweise oder vor allem Songtexte geschrieben haben unter anderen Wolfgang Bodag, Gerd Eggers, Gerhard Gundermann, Werner Karma, Gerd Kern, Henry-Martin Klemt, Martin Miersch, Wolfgang Protze, Bernd Rump, Klaus-Peter Schwarz, Frank Viehweg, Jan Witte.

101 Grundlage dieser quantitativen Auswertung ist das Gesamtregister in Heft 4/1989, ergänzt um die Gedichte in den fünf folgenden *Temperamente*-Heften.

auch Gedichte ausländischer und älterer Autor:innen), aber deren Hauptteil. Die Zahl der jeweils publizierten Gedichte differiert stark: Sehr viele Autor:innen sind mit sehr wenigen Gedichten, wenige Autor:innen sind mit vielen Gedichten (in mehreren Heften) vertreten. Etwa 160 der DDR-Lyriker:innen sind mit einem, zwei oder drei Gedichten vertreten (Gruppe I), darunter Stefan Döring, Kurt Drawert, Ines Eck, Caritas Führer, Heinz Kahlau, Barbara Köhler, Frank Lanzendörfer, Leonhard Lorek, Rüdiger Rosenthal, Lutz Seiler und Peter Wawerzinek. Mit mehr als drei Gedichten sind 98 Autor:innen vertreten. Sie werden im Folgenden nach der Anzahl ihrer publizierten Gedichte aufgelistet. ›Werkstatt‹-Gespräche werden extra angegeben (WSt). Zusätzlich wird – durch Klammern abgesetzt – die Anerkennung durch weitere feldspezifische Instanzen im Zeitraum 1964 bis 1991 vermerkt (Berücksichtigung in ausgewählten Anthologien, Zeitschriften oder ein Studium am Literaturinstitut). Die Auswahl dieser acht anderen Konsekrationsinstanzen,[102] die in Kürzeln angegeben werden, intendiert aussagekräftige Ergebnisse. Sie kann aber keinen Anspruch auf Repräsentativität erheben, da wichtige Wertungsfaktoren wie Preise, Literaturgeschichtsschreibung oder selbstständige Publikationen nicht berücksichtigt werden. Unterschieden wird zwischen Konsekrationsinstanzen innerhalb und außerhalb der Zensur (Druckgenehmigungsverfahren), abgegrenzt durch einen doppelten Schrägstrich.[103]

Konsekrationsinstanzen *im Rahmen* der Zensur

(1) AW: Auswahl. Neue Lyrik – Neue Namen. Berlin: Neues Leben 1964–1988 (mit Erscheinungsjahr)
(2) PA: Poesiealbum. Berlin: Neues Leben 1967–1990 (mit Erscheinungsjahr)[104]
(3) UH: Die eigene Stimme. Lyrik der DDR. Hg. von Ursula Heukenkamp, Heinz Kahlau und Wulf Kirsten. Berlin, Weimar: Aufbau 1988.
(4) KD: Die Wärme die Kälte des Körpers des Andern. Liebesgedichte. Hg. von Kurt Drawert. Berlin, Weimar: Aufbau 1988.

---

102 Unter Konsekration wird mit Bourdieu (Die Regeln der Kunst, Anm. 99, S. 198–201 u. 237) die symbolische Macht innerhalb eines z.B. literarischen Feldes verstanden, die einem Akteur aufgrund des Anerkanntwerdens durch feldspezifisch einflussreiche Instanzen (wie Verlage, Preis-Jurys, Literaturkritik, Buchreihen, Herausgeber und andere) zukommt.

103 Das letzte in BArch DR 1/3298 verzeichnete Verlagsgutachten betrifft Heft 2/1990 (Gutachten vom 26.10.1989); es kündigt in der üblichen Diktion ein Heft zum 125. Geburtstag Lenins an. Die letzten zwei Hefte der *Temperamente* sind offenbar schon ohne Genehmigungsverfahren publiziert worden.

104 Die Angaben folgen (ohne Sonderhefte zum Zentralen Poetenseminar) dem Katalog der Deutschen Nationalbibliothek https://portal.dnb.de/opac.htm (letzter Aufruf 14.01.2024).

(5) LI: Zulassung zum dreijährigen Direktstudium am Literaturinstitut Johannes R. Becher Leipzig, 1955–1990[105]

Konsekrationsinstanzen *außerhalb* der Zensur

(6) IZ: inoffizielle Zeitschriften in der DDR 1982 bis ca. 1990 (mit Angabe zur Textanzahl)[106]
(7) EH: Sprache & Antwort. Stimmen und Texte einer anderen Literatur aus der DDR. Hg. von Egmont Hesse. Frankfurt a.M.: S. Fischer 1988.
(8) PG: Ein Molotow-Cocktail auf fremder Bettkante. Lyrik der siebziger/achtziger Jahre von Dichtern aus der DDR. Hg. von Peter Geist. Leipzig: Reclam 1991.

Unterschieden wird zwischen DDR-Autor:innen mit 4 bis 10 Gedichten (Gruppe II: insgesamt 76 Namen) und Autor:innen mit 11 bis 29 Gedichten (Gruppe III: 22 Namen).[107] Relevant im Ranking ist nur die Anzahl, nicht der Umfang der Gedichte; *Temperamente*-Publikationen anderer Gattungen werden nicht berücksichtigt.

a) Gruppe II: 4 bis 10 Gedichte in *Temperamente* (76 Autor:innen)
   (4) Dietmar BEETZ (AW'76/78) – Ulrich BERKES (LI; AW'68/74; UH//PG) – Jürgen BERNT-BÄRTEL (LI) – Lothar DEMELIUS – Susanne FIENHOLD – Bernd IGEL (PA'89; KD//IZ:35; EH; PG) – Andreas KÁRPÁTI (PA'90;

105 Die Angaben folgen: Forschungsplattform Literarisches Feld DDR https://ddr-literatur.app.datexis.com/autorinnen/(letzter Aufruf 04.12.2023). Am Literaturinstitut gab es verschiedene Kursformate. Die Datenbank verzeichnet ausschließlich Studierende im dreijährigen Direktstudium, nicht Teilnehmer:innen am Fernstudium oder von Sonderkursen. Aus diesem Grund wird beispielsweise Kathrin Schmidt nicht aufgeführt, obgleich sie einen Sonderkurs absolviert hat (vgl. Isabelle Lehn/Sascha Macht/Katja Stopka: Schreiben lernen im Sozialismus. Das Institut für Literatur Johannes R. Becher. Göttingen: Wallstein 2018, S. 77f.). Das Autorenverzeichnis von *Temperamente* 2/1988 bezeichnet sie hingegen als »Absolventin des Literaturinstituts« (S. 159).

106 Die Angaben folgen den (nicht auf Lyrik begrenzten) Autor:innen-Angaben der Datenbank *Künstlerzeitschriften* der Sächsische Landesbibliothek – Staats- und Universitätsbibliothek Dresden mit 177 Heften von 24 in der DDR inoffiziell hergestellten Zeitschriften (nicht vollständig): https://www.deutschefotothek.de/cms/kuenstlerzeitschriften.xml (letzter Aufruf 12.12.2023). Wenige Angaben zur Zeitschrift *Mikado* wurden ergänzt aus: Mikado oder der Kaiser ist nackt. Selbstverlegte Literatur in der DDR. Hg. v. Uwe Kolbe, Lothar Trolle und Bernd Wagner. Darmstadt: Luchterhand 1988. Ein Vergleich mit den Autor:innen-Angaben in *Vogel oder Käfig sein. Kunst und Literatur aus unabhängigen Zeitschriften in der DDR 1979–1989* (hg. Klaus Michael und Thomas Wohlfahrt. Berlin: Galrev 1992) erbrachte keine weiteren Autor:innen.

107 Die Abgrenzung der drei Gruppen folgt pragmatischen Gesichtspunkten, sie könnte auch anders vorgenommen werden.

AW'82//IZ:6) – Annerose KIRCHNER (LI; AW'74/76/78; KD; UH//IZ:2) – Rolf KLEINSTEUBER (AW'72/74) – Lothar KOCH (AW'82//IZ:5) – Christoph KUHN (AW'86//IZ:3) – Gerald LEHMANN (AW'84/86) – Karl MICKEL (PA'81; AW'68; UH//IZ:1; PG) – Martin MIERSCH – Monika NOTHING – Kristian PECH (PA'71; AW'70/72/74//PG) – Jörg ROMANSKI (IZ:1) – Günter SAALMANN (LI) – Kurt SCHARF – Rainer SCHEDLINSKI (AW'88; KD//IZ:143; EH; PG) – Stefan SCHÜTZ – Franz ULLMANN (LI)

(5) Lothar BARTH (IZ:35) – Matthias BISKUPEK (AW'80/82//IZ:2) – Wenke FERDINAND – Reinhart HEINRICH (PA'77; UH//IZ; PG) – Gerald HÖFER – Paul KAISER – Ulrich KIEHL (LI) – Thomas KUNST (KD//IZ:9; PG) – Roland LAMPE (LI) – Peter LUDEWIG – Wolfgang MOCKER – Gerhard NATH – Hans-Ullrich PRAUTZSCH (AW'80; KD//IZ:10) – Reiner PUTZGER (AW'70/72) – Manfred SCHIRCH – Thomas SPANIEL (AW'88) – Frank VIEHWEG

(6) Uta ACKERMANN (PA'89; AW'88) – Ingeborg ARLT (AW'76/78/80; UH) – Kurt DEMMLER – Ute GELFERT – Christiane GROSZ (AW'76; KD; UH//PG) – Gerhard GUNDERMANN – Jens JARMER – Marion NAUJACK (PA'87//PG) – Elfriede STEFFKE – Knut WOLFGRAMM (LI; AW'80/84)

(7) Gisbert AMM – Liane v. BILLERBECK – Gerhard GRÖSCHKE – Bernd-Dieter HÜGE (AW'82; KD; UH//PG) – Jörn HÜHNERBEIN – Freymuth LEGLER (AW'80/82//IZ:15) – Tobias REX – Thomas ROSENLÖCHER (LI; AW'82; KD; UH//IZ:2; PG) – Jörg SCHIEKE – Holger TESCHKE (AW'82/84; UH//PG) – Lothar WALSDORF (AW'80; KD//IZ:14)

(8) Fritz-Martin BARBER (LI; PA'87; AW'74/78/84//IZ:34) – Gabriele BERTHEL (AW'82/88; KD//PG) – Gerd EGGERS (LI; PA'69; AW'64/66) – Sabine FRICK-LANGE – Ingeburg KLIPPEL– Bert PAPENFUSS (AW'78; KD; UH//IZ:227; EH; PG) – Reinhard WEISBACH (PA'80) – Elisabeth WESULS (PA'85; AW'82/84; KD//IZ:3; PG)

(9) Gerd E. KÖNIG (LI; AW'84/86) – Brigitte STRUZYK WSt4/86 (PA'78; AW'76/78; KD; UH//IZ; PG) – Norbert WEISS (AW'86) – Hans-Eckardt WENZEL (PA'83; AW'80; KD; UH//IZ:23; PG) – Gudula ZIEMER (LI; PA'89; AW'84/88//IZ:26)

(10) Steffen MENSCHING WSt4/84 (PA'79; AW'80; KD; UH//IZ:22; PG) – Wolfgang PROTZE (PA'86; AW'84) – Udo SCHEER

b) Gruppe III: 11 bis 29 Gedichte in *Temperamente* (22 Autor:innen)

(11) Wilhelm BARTSCH WSt4/87 (PA'85; AW'82/84; KD; UH//IZ:3; PG) – Klaus-Peter SCHWARZ (PA'82; AW'80/82//IZ:9)

(12) Gerd ADLOFF (AW'80; KD//IZ:17; PG) – Christian HECKEL (AW'84//IZ:30; PG) – Christian HOHBERG (AW'80/82/84//IZ:1) – Werner KARMA WSt4/86 – Birgitt LIEBERWIRTH (PA'88; AW'84/88)
(13) Kerstin HENSEL WSt3/89 (LI; PA'86; AW'84/86; KD; UH//IZ:21; PG) – Johannes JANSEN (PA'88; AW'86/88//IZ:115; PG) – Dieter KERSCHEK WSt4/85 (PA'83; AW'82/84; UH)
(15) Ina-Kathrin KOUTOULAS(-SCHILDHAUER) (AW'86//IZ:52) – Gregor KUNZ (AW'86/88//IZ:31)
(16) Eberhard HÄFNER WSt2/90 (AW'84/86; KD; UH//IZ:38; PG) – Klaus RAHN (AW'78/82; UH)
(17) Uwe LUMMITSCH (AW'86//IZ:6)
(18) Gundula SELL (LI; AW'86)
(19) Kathrin SCHMIDT WSt3/82 u. 3/86 (PA'82; AW'82; KD; UH//IZ:2; PG)
(20) Henry-Martin KLEMT (LI; PA'87; AW'82)
(25) Thomas BÖHME WSt3/86 (AW'80/82; KD//IZ:19; PG)
(26) Uta MAUERSBERGER (PA'80; AW'76/80; KD; UH//PG)
(27) Ralph GRÜNEBERGER (LI; PA'84; AW'82/84//PG)
(29) Hans BRINKMANN WSt1/82 (PA'81; AW'80/82; UH//IZ:25; PG)

Der Anteil an Autor:innen mit weiblichem Vornamen liegt in Gruppe II bei ca. 22 Prozent (17), in Gruppe III bei ca. 32 Prozent (7).

Aufgrund des Alters-Bias,[108] der beschränkten Auswahl der Konsekrationsinstanzen, Einschränkungen oder Lücken der Datenbanken[109] und der spezifischen Feldsituation von vorrangig Liedtexte schreibenden Autor:innen hat die folgende Auswertung einen bloß orientierenden Charakter. Wie zu erwarten, korreliert die *Temperamente*-Rubrik ›Werkstatt‹ mit einer hohen Textanzahl (nicht unter neun Gedichten). Schmidt ist als einzige mit zwei ›Werkstatt‹-Gesprächen vertreten. Die am häufigsten abgedruckten Lyriker:innen (Gruppe III) sind auch sonst im Feld anerkannt: Alle (bis auf den im musikalischen Feld stark anerkannten Rock- und Song-Texter Karma) sind mindestens durch zwei, zehn mindestens durch vier weitere Instanzen anerkannt. Die (bis auf Karma) gesamte Gruppe III ist zumindest in einem der *Auswahl*-Bände vertreten. Die Spitzengruppe (über 20 Gedichte) aus Brinkmann (geb. 1956), Grüneberger (geb. 1951), Mauersberger (geb. 1952) und Böhme (geb. 1955) weist allerdings nur einen mittleren Konsekrationsgrad auf (vier bzw. fünf von acht Instanzen). Diesen teilt sie in Gruppe III mit Häfner, Jansen, Adloff, in Gruppe II

108 Bei später geborenen Autor:innen sinkt die Wahrscheinlichkeit, in mehreren *Temperamente*-Heften vertreten zu sein.

109 Die Angaben zum Literaturinstitut beziehen sich nur auf ein Direktstudium (vgl. Anm. 105), die Angaben zu den inoffiziellen Zeitschriften berücksichtigen nicht alle Zeitschriften-Hefte (vgl. Anm. 106).

mit Wesuls, Schedlinski, Kirchner, Igel, Mickel, (je fünf) bzw. Ziemer, Hüge, Grosz, Heinrich, Berkes (je vier). Einen höheren Konsekrationsgrad (sechs Instanzen) haben hingegen Schmidt und Bartsch in Gruppe III, Mensching, Wenzel, Struzyk, Papenfuß und Rosenlöcher in Gruppe II. Die höchste Anerkennung im Feld genießt die 1961 geborene Hensel (sieben Instanzen). Insgesamt liegen die genannten Autor:innen mit dem höchsten Konsekrationsgrad (sechs oder sieben Instanzen) in *Temperamente* im oberen Mittelfeld (7 bis 13, nur Schmidt 19 Gedichte).

Neben Karma in Gruppe III weist In Gruppe II mehr als die Hälfte der Autor:innen einen sehr geringen Konsekrationsgrad auf (28 ohne, 14 mit einer weiteren Anerkennung);[110] von diesen sind aber Scheer, Klippel, Frick-Lange, Weiß und Weisbach vergleichsweise häufig in *Temperamente* vertreten (10 bis 8 Gedichte): Die Zeitschrift wertet hier also spezifisch. Zwar korreliert die *Temperamente*-Häufigkeit in der Spitzengruppe und im unteren Bereich von Gruppe II mit der sonstigen Anerkennung im Feld, aber nicht stark bzw. nicht durchgehend. Markant abweichend ist die relativ hohe Häufigkeit von Lyriker:innen mit ansonsten niedrigem Konsekrationsgrad in Gruppe III (Sell, Lummitsch, Rahn, Kunz, Koutoulas-Schildhauer, Lieberwirth, Karma, Hohberg) sowie umgekehrt die niedrige Häufigkeit (5 oder 4 Gedichte) bei ansonsten mittelhoher Konsekration (Heinrich, Schedlinski, Mickel, Kirchner, Igel, Berkes).

Im Vergleich der Anerkennung innerhalb bzw. außerhalb der Zensur (Druckgenehmigungsverfahren) fällt bei Gruppe III auf, dass wer außerhalb der Zensur nicht berücksichtigt wird, auch unter Zensurbedingungen eine eher geringe Anerkennung findet (Klemt, Sell, Rahn, Kerschek, Lieberwirth und der Sonderfall Karma): Die hohe Anerkennung (Häufigkeit) der Genannten in *Temperamente* stellt also eine abweichende (spezifische) Wertung dar. Dies gilt aber nicht umgekehrt: Die insgesamt außerhalb der Zensur am stärksten anerkannten Autoren (Papenfuß, Schedlinski, Igel: drei von drei Außerhalb-Instanzen) weisen hinsichtlich von *Temperamente* und anderen Instanzen innerhalb der Zensur einen mittleren bis niedrigen Wert auf.

Die Häufigkeits-Position lässt sich auch mit einzelnen Konsekrationsinstanzen vergleichen: So ist der Anteil der Lyriker:innen mit einem Studium am Literaturinstitut erstaunlicherweise in Gruppe III und II fast identisch (ca. 18 bzw. 17 Prozent, das heißt die Auswahl beider Instanzen korreliert – im Bereich Lyrik – nicht). Darunter sind fünf Autor:innen mit nur vier Gedichten in *Temperamente*. Dagegen liegt der Anteil mit einem eigenen *Poesiealbum* in Gruppe III bei 50 Prozent, in Gruppe II bei ca. 21 Prozent, das heißt die Auswahl beider Instanzen korreliert stärker. Der Unterschied zwischen dem Autor:innen-Vergleich *Temperamente*-Position – Literaturinstitut und dem Autor:innen-Vergleich *Temperamente*-Position – *Poesiealbum* er-

110 Darunter Autoren wie Karma, Demmler, Miersch oder Gundermann, die nicht literarisch, aber als Liedermacher oder Song-Texter durchaus anerkannt waren.

klärt sich dadurch, dass im zweiten Vergleich ausschließlich Lyrik eine Rolle spielt, wogegen eine Delegation zum Literaturinstitut auch aufgrund anderer Gattungen erfolgt sein kann. Unerwartet dürfte sein, dass viele der am häufigsten in der FDJ-Zeitschrift *Temperamente* vertretenen Lyriker:innen (Gruppe III) zeitgleich in inoffiziellen Zeitschriften der alternativen Szene publizierten (ca. 64 Prozent); im Mittelfeld (Gruppe II) sind es deutlich weniger (ca. 30 Prozent). Die in der Forschung häufig vorgenommene Scheidung zwischen offizieller und inoffizieller bzw. oppositioneller Literatur wäre also zumindest in Hinblick auf die Autor:innen zu hinterfragen.

Über Schwerin nach Prenzlauer Berg

Streifzug durchs Grenzgebiet offizieller und inoffizieller junger DDR-Literatur

Rebecca Franke

Schon 1994 führte Anthonya Visser anhand bibliografischer Daten unter anderen zu Gerd Adloff, Bert Papenfuß und Uwe Kolbe aus, dass es schwierig sei, »einen Autor auf Grund von Publikationen als zum Prenzlauer Berg gehörig zu bezeichnen oder nicht«, da es viele Autoren gebe, »die sowohl in nicht-offiziellen als auch in offiziellen Medien Texte veröffentlichten«.[1] Ebenso problematisierte sie die Fokussierung auf einzelne Autoren wie Uwe Kolbe und Sascha Anderson »im Vergleich zu anderen (auch ›Nicht-Prenzlberger[n]‹)«[2] in der (West-)Forschungsliteratur und der feuilletonistischen Wahrnehmung. So seien zunächst subversive Intentionen auch dort unterstellt worden, wo es keine gab; nach Bekanntwerden der Stasi-Tätigkeiten Andersons und Rainer Schedlinskis habe die gesamte ›Szene‹-Literatur wiederum einen umso radikaleren Bewertungsumschlag erfahren.[3] Diese Kritik an einer Art Fetischisierung der inoffiziellen DDR-Literatur, der ich mich anschließen möchte, richtet sie auch an Wolfgang Emmerichs *Kleine Literaturgeschichte der DDR*.[4] In dieser auch zwanzig Jahre später immer noch einzigen Gesamtdarstellung erscheinen bezogen auf die junge DDR-Literatur der 1980er Jahre zwei Aspekte problematisch: einerseits die Einschätzung, dass die schreibende wie nicht-schreibende »Jugend in der späten DDR […] eine staatlich gelenkte Jugendkultur […] pauschal ablehnte«,[5] und andererseits die damit verbundene Abwertung aller mit dem Stigma ›offiziell‹ belegten literarischen Erscheinungen als weniger relevant. Autor:innen wie Kerstin Hensel und Steffen Mensching, heißt es bei Emmerich, »zersprengten die

1 Anthonya Visser: Blumen ins Eis. Lyrische und literaturkritische Innovationen in der DDR. Zum kommunikativen Spannungsfeld ab Mitte der 60er Jahre. Amsterdam/Atlanta: Rodopi 1994, S. 236. Vgl. ebd., S. 232–236.

2 Ebd., S. 241.

3 Vgl. ebd.

4 Vgl. ebd., S. 244.

5 Wolfgang Emmerich: Kleine Literaturgeschichte der DDR. Erweiterte Neuausgabe. Berlin: Aufbau 2005, S. 407.

überlieferte Sprache nicht, sie hielten an vertrauten Formen des gesellschaftlichen Engagements fest, und sie suchten die große Öffentlichkeit«, weshalb sie in seiner Literaturgeschichte »nicht im Vordergrund stehen« sollen.[6]

Das Ziel dieses Beitrags ist es, zur Auflösung solcher Dichotomisierungen entlang der Zugehörigkeit zum offiziellen Literaturbetrieb oder zur inoffiziellen Literaturszene beizutragen und stattdessen die Grauzonen in den Blick zu nehmen.[7] Visser beschränkte sich bei ihrer Einschätzung auf die Publikationsbiografien einiger Prenzlauer-Berg-Autor:innen. Ich will zeigen, dass viele dieser Schreibenden nicht nur offizielle Veröffentlichungsmöglichkeiten im Allgemeinen begrüßten, sondern auch – wenngleich mit wechselndem Selbstbewusstsein und Enthusiasmus – Förderangebote der sogenannten Poetenbewegung der FDJ in Anspruch nahmen oder sogar selbst daran mitwirkten. Neben den jährlich stattfindenden Zentralen Poetenseminaren der FDJ in Schwerin betrachte ich als Schauplätze der gegenseitigen Durchdringung der beiden Sphären die inoffizielle Zeitschrift *Bizarre Städte* (1987–1989) und ihre Rezeption in der ›Szene‹ sowie das Werkstattheft *tau/frisch* (1989).

Als kulturpolitische Kontexte werden unter anderem das Scheitern der ›Akademie-Anthologie‹ 1981, die Kulturkonferenz der FDJ 1982 und Konflikte zwischen den für die Organisation der Zentralen Poetenseminare zuständigen Mitarbeiter:innen der Abteilung Kultur des FDJ-Zentralrats und dem Ministeriums für Staatssicherheit (MfS) beleuchtet. Die hierfür (teilweise auch für andere Abschnitte) ausgewerteten Dokumente aus dem Stasi-Unterlagen-Archiv erfordern eine besonders quellensensible Lektüre, da die Berichte von Inoffiziellen Mitarbeitern (IM) oder anderen Quellen zum selben Ereignis oder Sachverhalt naturgemäß unterschiedlich ausfallen. Was wie berichtet wird, hängt sowohl von den persönlichen politischen Wert-

6 Ebd., S. 415.

7 Im *Metzler Lexikon DDR-Literatur* wird die entsprechende Tendenz in der jüngeren Forschung deutlich: »Ab Mitte der 1980er Jahre verwischten sich die Unterschiede zwischen ›offiziell‹ und ›inoffiziell‹. Vormals subkulturelle Nischen lösten sich auf, viele Autoren bewegten sich in staatlichen und außerstaatlichen Kreisen zugleich, während andere jeden offiziellen Kontakt vehement ablehnten.« (Birgit Dahlke: Art. ›Inoffizielle Zeitschriften‹. In: Metzler Lexikon DDR-Literatur. Autoren – Institutionen – Debatten. Hg. v. Michael Opitz und Michael Hofmann. Stuttgart/Weimar: Metzler 2009, S. 139f., hier S. 139.) In Bezug auf die FDJ-Poetenbewegung zeigt sich dort jedoch eine für dieses Themengebiet typische Einbahnstraße im Forschungsdiskurs: Mirko F. Schmidt weist in seinem Artikel zu den Poetenseminaren der FDJ richtigerweise darauf hin, dass viele Kontakte, die dort geknüpft worden waren, später zu Kooperationen in der inoffiziellen Szene führten (Mirko F. Schmidt: Art. ›Poetenseminare‹. In: Metzler Lexikon DDR-Literatur, S. 259f., hier S. 260), umgekehrt ist aber im Artikel Peter Böthigs (der selbst Teil der Szene war) zur Literatur des Prenzlauer Berg keine Rede davon, woher sich die Akteur:innen der auf persönlichen Kontakten basierenden inoffiziellen Literaturszene kannten (Peter Böthig: Art. ›Literatur des Prenzlauer Berg‹. In: Metzler Lexikon DDR-Literatur, S. 192–194).

vorstellungen (wo hört konstruktive Kritik auf und wo beginnt eine ›feindlich-negative‹ oder eine ›dekadente‹ Haltung?) als auch von der eigenen Involviertheit und möglichen strategischen Absichten der verschiedenen Personen ab. Berichte, deren individuelle Denunziationsabsicht leicht durchschaubar ist oder die bestimmte Umstände, die sich übereinstimmend aus anderen Berichten ergeben, verschweigen oder beschönigen, wurden für diese Studie nicht verwendet.

1. Die Zentralen Poetenseminare der FDJ in den 1980er Jahren

Die jährlichen Zentralen Poetenseminare der FDJ (1970–1989 mit Unterbrechung 1973) waren die wichtigste Erscheinungsform der FDJ-Poetenbewegung. Die Zielstellungen der Veranstaltung waren eindeutig – sie sollte laut Konzept von 1970 in erster Linie »der politisch-ideologischen Arbeit mit dem literarischen Nachwuchs« und »der Erläuterung der Kulturpolitik der SED« dienen.[8] Der Zentralrat der FDJ musste die zur Teilnahme vorgesehenen Personen, die im Literaturwettbewerb der Jugend überzeugen konnten, jedes Jahr vom MfS genehmigen lassen – wer diesem schon einmal negativ aufgefallen war, hatte damals also schlechte Chancen, zu den Zentralen Poetenseminaren nach Schwerin fahren zu dürfen. War diese Hürde genommen, drohte weiterhin die Gefahr, von der FDJ wieder ausgeladen oder sogar des laufenden Seminars verwiesen zu werden, wenn man seine Haare zu lang trug,[9] sich weigerte, bei offiziellen Programmpunkten die blaue FDJ-Bluse zu tragen,[10] Biermann-Lieder rezitierte[11] oder in den eigenen Texten die gebotene Ehrfurcht gegenüber dem Staatsapparat vermissen ließ. Auch die Vergabe oder Verweigerung von Förderpreisen war oft mit politisch-gesellschaftlichen Erziehungszielen verbunden.[12]

Das Klima in Schwerin wird dementsprechend von vielen Ehemaligen im Rückblick als zwiespältig beschrieben: Denn trotz dieser Gängelungsmaßnahmen erlebte man im vorgeblich geschützten Rahmen der Poetenseminare eine größere Mei-

---

8 BArch, DY 24/6796: Beschluß des Sekretariats des Zentralrates der Freien Deutschen Jugend vom 19. Februar 1970. Konzeption zur Durchführung des 1. zentralen Poetenseminars vom 22. bis 28. August 1970 in Güstrow, S. 1f.

9 Vgl. Lutz Rathenow: Einer, der tatsächlich etwas getan hat. In: GDR Bulletin 18 (1992), H. 1, S. 53–55, hier S. 53.

10 Vgl. Philip Oltermann: The Stasi Poetry Circle. The Creative Writing Class that Tried to Win the Cold War. London: Faber 2022, S. 101. Der Autor hat 2017 mit der Zeitzeugin Anne Gollin gesprochen.

11 Vgl. Rathenow: Einer, der tatsächlich (Anm. 9), S. 53.

12 Vgl. das Interview mit Annett Gröschner in diesem Band; vgl. Uta Ackermann: Als ich nach Schwerin kam. In: Anne-Marie Pailhès: La recherche d'une identité dans la poésie de R.D.A. de 1960 à 1989. Stuttgart: Hans-Dieter Heinz 1998, S. 365–367, hier S. 366.

nungsfreiheit als sonst, lernte interessante Gleichaltrige und etablierte Schriftsteller:innen kennen und erhielt mit ein wenig Glück Zugang zu Veröffentlichungsmöglichkeiten.[13] Manche Schreibende erinnern die Seminare rückblickend als zunehmend beklemmend,[14] andere als »Inseln« (Bettina Melzer)[15] oder »eine Woche Party« (Steffen Mensching).[16] Dieses breite Bewertungsspektrum resultiert einerseits aus persönlichen Faktoren (Alter bei Teilnahme, Herkunft, politische Grundhaltung, Erinnerungsbias), andererseits aber auch aus der historischen Entwicklung der Poetenseminare, die stark von den jeweiligen kulturpolitischen Ereignissen und Wetterlagen geprägt war.

Zu Beginn der 1980er Jahre war ein solches einschneidendes Ereignis das von Franz Fühmann angestoßene Projekt der sogenannten ›Akademie-Anthologie‹, in der einige inoffiziell publizierende Autor:innen vorgestellt werden sollten, und dessen Unterbindung im September 1981.[17] Mit einem Schlag kam der Staatsführung die Erkenntnis, dass »die bisher erprobten Steuerungsmechanismen von Literatur zu versagen« begannen: »Denn auf Autoren, […] die in keine der offiziellen Strukturen eingebunden waren, die entweder Aussteiger waren oder, wie die Jüngsten unter ihnen, gar nicht mehr eingestiegen waren, hatte man nur wenig Einfluss.«[18] Zwei Monate später beschloss das ZK der SED die flächendeckende Einrichtung von Bezirksliteraturzentren, die dem Ministerium für Kultur rechenschaftspflichtig waren. Diese sollten unter anderem Autor:innen für die Zusammenarbeit mit dem Staat ›rückgewinnen‹ – ein Ausdruck des neuen Problembewusstseins für die Entwicklung einer Alternativkultur, die auch ein Ergebnis der Exklusionsstrategien im Literaturbetrieb der 1970er Jahre war.[19] Außerdem nutzten viele junge Schreibende die im Vergleich zu früheren Jahrzehnten erleichterten Ausreisemöglichkeiten, was einem kontinuierlichen Aderlass für das kulturelle Leben der DDR gleichkam. Es stand nun die nicht mehr einheitlich beantwortete Frage im Raum, ob man

---

13 Siehe dazu die Beiträge von Andreas Degen, Gregor Streim und Bénédicte Terrisse in diesem Band.

14 Vgl. das Interview mit Annett Gröschner in diesem Band.

15 Interview mit Bettina Melzer durch Annika Jahns und die Verfasserin am 16.11.2023 in Jena.

16 Interview mit Steffen Mensching durch Gregor Streim und die Verfasserin am 07.11.2023 in Rudolstadt.

17 Vgl. Klaus Michael: Eine verschollene Anthologie. Zentralkomitee, Staatssicherheit und die Geschichte eines Buches. In: MachtSpiele. Literatur und Staatssicherheit. Hg. v. Peter Böthig und Klaus Michael. Leipzig: Reclam 1993, S. 202–216.

18 Gerd Dietrich: Kulturgeschichte der DDR. Bd. 3. Kultur in der Konsumgesellschaft 1977–1990. 2., überarb. Aufl. Göttingen: Vandenhoeck & Ruprecht 2019, S. 1811.

19 Vgl. Klaus Michael: Alternativkultur und Staatssicherheit 1976–1989. In: Materialien der Enquete-Kommission »Aufarbeitung von Geschichte und Folgen der SED-Diktatur in Deutschland«. Bd. III/3: Rolle und Bedeutung der Ideologie, integrativer Faktoren und disziplinierender Praktiken in Staat und Gesellschaft der DDR. Hg. v. Deutscher Bundestag. Baden-Baden: Nomos 1995, S. 1636–1675, hier S. 1643–1648.

Abweichungen vom gewünschten Kurs weiterhin mit Kontrolle durch Ausgrenzung begegnen sollte – diesen Weg beschritt bis zum Ende der DDR das MfS – oder mit Kontrolle durch (begrenzte) Integration. Die *Konzeption zur Arbeit mit jungen Schreibenden und anderen am Schreiben interessierten Bürgern* des ZK der SED von 1981 ordnet diesbezüglich eine Doppelstrategie an: Während sich die Einrichtung der Bezirksliteraturzentren als (Re-)Integrationsversuch deuten lässt, sollten offen ideologisch abweichende Autor:innen vom Veröffentlichen abgehalten und »einer geregelten Arbeit zugeführt« werden.[20] Hartmut König (damals Sekretär für Kultur im Zentralrat der FDJ) präsentierte sich auf der Kulturkonferenz der FDJ 1982 als unbeirrbarer Verfechter eines engen, parteinahen und optimistischen Sozialismusverständnisses, das er als Grundlage für jegliche Kunstproduktion betrachtete, und äußerte sich abschätzig zu »völlig unbegründeter freischaffender Tätigkeit«, die in der jungen Generation von Schreibenden auffalle.[21]

Obwohl die FDJ sich 1982 also klar für die Fortführung des Exklusionskurses positioniert hatte, entsprach erstaunlicherweise die Einladungs- und Prämierungspraxis der Organisator:innen der Zentralen Poetenseminare spätestens ab Mitte der 1980er Jahre eher dem integrativen Ansatz. Schon 1983 deutete sich dieser bemerkenswerte Dissens innerhalb des Zentralrats der FDJ an, als beim Zentralen Poetenseminar durch Intervention ›von ganz oben‹ der geplante Verkauf der im Verlag der Nation erschienenen Debütanten-Anthologie *Vogelbühne* (1983) unterbunden wurde, die ähnlich wie die ›Akademie-Anthologie‹ einigen Autor:innen, die bis dato hauptsächlich inoffiziell publizierten, die Möglichkeit geboten hatte, sich der Öffentlichkeit vorzustellen – darunter Sascha Anderson, Stefan Döring und Dieter Kerschek, der ironischerweise in diesem Jahr selbst Seminarsekretär in Schwerin war.[22]

Aus Materialien des Stasi-Unterlagen-Archivs, Unterlagen des FDJ-Zentralrats und Gesprächen mit Zeitzeug:innen[23] ergibt sich aber übereinstimmend, dass die klaren ideologischen Zielstellungen für die FDJ nach 1983 zunehmend an Verbindlichkeit verloren, wodurch sich profunde Differenzen mit dem MfS ergaben. 1987 wird MfS-intern Folgendes beklagt:

---

20 Ebd., S. 1643f.

21 Hartmut König: Die Verantwortung der FDJ für Kultur und Kunst in den Kämpfen unserer Zeit. Referat auf der Kulturkonferenz der Freien Deutschen Jugend – gehalten von Hartmut König, Sekretär des Zentralrats der FDJ. In: Junge Welt vom 22.10.1982, S. 5–12, hier S. 9.

22 Vgl. Matthias Salge: Die Lyrikanthologie *Vogelbühne. Gedichte im Dialog.* Eine Rekonstruktion der Entstehungsgeschichte. In: Der Lyrikclub Pankow. Literarische Zirkel in der DDR. Hg. v. Roland Berbig. Berlin: Ch. Links 2000, S. 227–266, hier S. 253–255. Seminarsekretär:innen unterstützten bei den Zentralen Poetenseminaren seit den späten 1970er Jahren die Seminarleiter:innen bei ihrer Arbeit.

23 Vgl. das Interview mit Lutz Seiler in diesem Band.

– [D]er Anspruch des Poetenseminars als FDJ-Veranstaltung zur politisch-ideologischen Erziehung und Klärung von Bewußtseinsfragen von jungen Nachwuchsautoren geht immer mehr verloren. So wurden beispielsweise die Veranstaltungen mit den politisch bedeutsamsten Inhalten, wo Klaus Höpcke, Stellv. des Ministers für Kultur; Gerhard Kort, Botschafter im MfAA referierten bzw. Fragen beantworteten von der überwiegenden Mehrheit der Teilnehmer boykottiert (25–30 % Anwesenheit);
– eingeladene Gäste wurden mit teilweise offen provokatorischen Fragen belästigt [zum Beispiel zum Schießbefehl an der Grenze, R.F.] […];
– das Poetenseminar wird immer mehr zur »Dichterschule« umfunktioniert, d.h. handwerkliche Fragen des Schreibens dominieren und drängen das ursprüngliche Hauptanliegen, die politisch-ideologische Schulung und Standpunktbildung in den Hintergrund […].[24]

Die Abteilung Kultur des FDJ-Zentralrats sah ihr Kerngeschäft ab Mitte der 1980er offenbar weniger darin, ideologische Exerzitien für staatstreue junge Schreibende zu organisieren, als sich angesichts der schwindenden Zustimmung zur Politik der SED um die Integration auch von nonkonformen Talenten zu bemühen.

In einem Resümee des letzten Zentralen Poetenseminars 1989 bewertet Irina Pfützenreuter vom Zentralrat, die von einer Teilnehmerin zur Hauptorganisatorin der Zentralen Poetenseminare geworden war, die Fähigkeit der FDJ, »geeignete Gesprächspartner zu gewinnen, die konsequent und problembewußt anstehende Fragen diskutieren, ohne fertige Antworten vorsetzen zu wollen«, als zukunftsweisendes Verdienst.[25] Die Notwendigkeit, inoffiziell Publizierende mit ins Boot zu holen – hier ist etwas verklausulierend die Rede von der »breiten literarischen ›Szene‹«, »breitere[n] Kreise[n]« oder »literarischen Gruppen (die oft Kleinpublikationen herausgeben)« –, wird mit dem sinkenden literarischen Niveau der Poetenseminare begründet: »[E]s fiel […] der Satz: wenn es für keinen der literarischen Kreise reicht, kann man ja immer noch nach Schwerin fahren[]. Das senkt automatisch das Niveau.«[26]

24 BArch, MfS HA XX 5712 Teil 1: Ergebnisse des Differenzierungsprozesses im künstlerisch-kulturellen Bereich, Bl. 71.

25 BArch, DY 24/21154: Irina Pfützenreuter: Information [zum 19. ZPS 1989, Anm. RF], S. 2. Zu diesen Gesprächspartnern zählte 1989 auch der Seminarleiter Peter Geist, der in den frühen 1970er Jahren selbst Teilnehmer gewesen war und sich nun als Literaturwissenschaftler und Herausgeber ausgiebig mit der inoffiziellen Szene auseinandersetzte (vgl. Peter Geist: Die Lyrik der nichtoffiziellen Literaturszene, in: Die Addition der Differenzen. Die Literaten- und Künstlerszene Ostberlins 1979 bis 1989. Hg. v. Uwe Warnke und Ingeborg Quaas. Berlin: Verbrecher Verlag 2009, S. 20–52; Ein Molotow-Cocktail auf fremder Bettkante. Ein Lyriklesebuch von Dichtern aus der DDR. Hg. v. Peter Geist. Leipzig: Reclam 1991).

26 Irina Pfützenreuter: Information (Anm. 25), S. 2.

Diese Einschätzungen aus dem Spätsommer 1989 stehen unter dem Eindruck der immer deutlicher werdenden Krise des Staates. Das Interesse an politisch oder ästhetisch eigenwilligen Teilnehmer:innen ist aber auch schon früher zu beobachten. So ist einer Information des MfS über das 18. Zentrale Poetenseminar der FDJ 1988 zu entnehmen, dass Hannes Würtz, der zu diesem Zeitpunkt seit mehr als 20 Jahren in der *Jungen Welt* die Rubrik »Poetensprechstunde« betreute und als wichtigste Vermittlungsfigur zum Urgestein der Poetenbewegung gehörte, beim Seminar offene Kritik am Einfluss des MfS geäußert habe:

> daß er sich nicht mehr wundere, warum nur »brave« junge Schreibende nach Schwerin kommen. Er will mitbekommen haben, daß die diesjährige Liste der vorgeschlagenen Teilnehmer am Poetenseminar fast vier Wochen beim Ministerium für Staatssicherheit zur Bestätigung lag. Dieses bezeichnete er als »idiotisch«. Er vertrat weiterhin die Meinung, daß man mit komplizierten jungen Schreibenden arbeiten muß, um sie im Sinne unserer Gesellschaft zu beeinflussen, jedoch verhindert das MfS, daß solche jungen Autoren zum Poetenseminar kommen. Für ihn ist es kein Wunder, daß viele komplizierte junge Autoren die FDJ nicht als Gesprächspartner akzeptieren, da es ja umgekehrt genau so ist. Das Ergebnis dieser Kaderpolitik ist seiner Meinung nach, daß sich junge Autoren eigene Literaturkreise bilden und, da von der DDR nicht akzeptiert, nach den [sic!] »Westen« schauen. Diesen »unhaltbaren Zustand« müsse man seiner Meinung nach beenden.[27]

Der von Würtz angesprochene Genehmigungsprozess der Teilnehmer:innen durch das MfS wurde allerdings ohnehin immer öfter vom Zentralrat der FDJ ignoriert. Die lange Wartezeit auf Rückmeldung war ein willkommener Vorwand, um durch die Einladung von sämtlichen Schreibenden, die die Jury ausgewählt hatte, Tatsachen zu schaffen. Spuren solcher Vorfälle finden sich sowohl in den Unterlagen des Zentralrats der FDJ als auch in den Stasi-Unterlagen zuhauf. Exemplarisch sei auf eine junge Schreibende verwiesen, deren Teilnahme 1987 von der Stasi unter anderem wegen »enger Verbindungen und Kontakte[n] zu politisch-negativen Studenten« und »extrem pazifistisch eingestellten Personen« untersagt worden war.[28] Sie wurde trotzdem eingeladen.[29] Im nächsten Jahr wiederholte sich das Spiel und die junge Frau bekam einen der Förderpreise.[30] 1989 wurde sie sogar zur letzten Preis-

---

27 BArch, MfS HA XX 5712 Teil 1: Information über das 18. Zentrale Poetenseminar der FDJ (31.08.1988), Bl. 53–57, hier Bl. 55.

28 Vgl. BArch, MfS HA XX 5712 Teil 1, Bl. 113.

29 Vgl. ebd.: Rückspr. mit Abt.ltr. Gen. Dyck. Prüfung der möglichen Teilnahme der [anonymisiert] am Poetenseminar, Bl. 118.

30 Vgl. Information über das 18. Zentrale Poetenseminar der FDJ (Anm. 27), Bl. 56

trägerin des als Hauptpreis vergebenen Reinhard-Weisbach-Preises.[31] Die hier gezeigte Renitenz war einer von mehreren Gründen, warum die komplette Abteilung Kultur des Zentralrats der FDJ vom MfS zu einem »schwerpunktmäßig zu sichernde[n] Bereich« erklärt und operativ kontrolliert wurde.[32] In einem Lagebericht des MfS berichtet ein entgeisterter IM schon 1983 von einem »Kreis von Zentralrats-Mitarbeitern, die eine uneffektive, nicht kontrollierte Arbeit leisten«, ihre »Arbeitszeit für Privatlektüre nutzen«, die »eigentliche Arbeit aber an andere« weitergeben; es komme »zu Disziplinlosigkeiten und ›intellektueller Selbstbefriedigung‹, die der Verbandsarbeit nichts nützt.«[33] Und in einer Lageeinschätzung aus dem Jahr 1985 wurde die Abteilung Kultur des Zentralrats dafür kritisiert, dass »bei der Auswahl der jungen Schreibenden, mit denen in irgendeiner Form gearbeitet werden soll, zu wenig die Gesamtpersönlichkeit und das soziale Umfeld dieser Personen beachtet« würden, weshalb es »bei den Poetenseminaren zu Konzentrationen von Personen mit gesellschaftsfremdem Verhalten (Homosexuelle)« und sozialismusfernen Einstellungen komme:

> Inoffiziell liegen Hinweise vor, nach denen eine Reihe von Mitarbeitern [...] nicht voll hinter der kulturpolitischen Linie der Kulturkonferenz [der FDJ von 1982, R.F.] stehen. Ausgehend von prinzipieller Übereinstimmung wird versucht, die Voraussetzungen und Grenzen, innerhalb deren der Zentralrat mit jungen Künstlern zusammenarbeitet, zu erweitern. [...] Nach vorliegenden Erkenntnissen sind solche Erscheinungen auf Bestrebungen zurückzuführen, die Kulturarbeit der FDJ für möglichst breite Kreise der Bevölkerung »attraktiv« zu machen. In der Folge besteht bei einigen Mitarbeitern die Bereitschaft, begrenzt auch sozialismusfremde Erscheinungen zu tolerieren.[34]

Dieser grundsätzliche Dissens zwischen den verantwortlichen Organisator:innen der Zentralen Poetenseminare (die zur vom IM denunzierten Gruppe innerhalb der Abteilung Kultur des Zentralrates zählten) und der Staatssicherheit bezieht sich zwar nicht exklusiv auf die inoffiziellen Literaturszenen, verdeutlicht jedoch die

31 Vgl. Literatur in der SBZ/DDR. Bibliographische Annalen 1945–1990. Hg. v. d. Berlin-Brandenburgischen Akademie der Wissenschaften. Berlin/Boston: de Gruyter 2021, S. 3730.

32 BArch, MfS HA XX 5709 Teil 1: Lageeinschätzung der Abteilung Kultur des Zentralrates der FDJ (08.04.1985), Bl. 338–343, hier Bl. 338. Unter den 16 Mitarbeiter:innen der Abteilung Kultur waren vier ›Inoffizielle Mitarbeiter zur politisch-operativen Durchdringung und Sicherung des Verantwortungsbereiches‹ (IMS »Irina«, »Charly«, »Peter Simon« und »Kurt«) sowie ein ›Gesellschaftlicher Mitarbeiter für Sicherheit‹ (GMS), »Bernd« (vgl. ebd., Bl. 349).

33 BArch, MfS HA XX 5709 Teil 2: Bericht zum Treff mit IMS »Peter Simon« (17.08.1983), Bl. 415f., hier Bl. 415.

34 Lageeinschätzung der Abteilung Kultur des Zentralrates der FDJ (Anm. 32), Bl. 341f. Zur Kulturkonferenz der FDJ 1982 vgl. Michael Opitz: Art. ›Kulturkonferenz der FDJ‹. In: Metzler Lexikon DDR-Literatur (Anm. 7), S. 179f.

einander zuwiderlaufenden Strategien von MfS und FDJ, die in diesem speziellen Milieu besonders virulent waren.

Der Schlingerkurs der FDJ begünstigte die ohnehin unter den Schwerinfahrer:innen beobachtbare Tendenz, die Poetenbewegung weniger als staatliches Identifikationsangebot, denn als Gelegenheit zum Netzwerken und zur literarisch-handwerklichen Weiterbildung wahrzunehmen. Wer für seine Karriere ganz auf die Poetenbewegung setzte (wie etwa Henry-Martin Klemt), fand außerhalb der Publikationen des FDJ-Verlags Neues Leben oft nur wenig Anerkennung.[35] Viele Teilnehmer:innen nutzten daher die in Schwerin geknüpften Kontakte zu Gleichaltrigen oder zum Kreis der Seminarleiter:innen, um sich im offiziellen Literaturbetrieb jenseits der Poetenbewegung und/oder in informellen Kreisen zu profilieren. Neben dem Prenzlauer Berg in Berlin tummelten sich auch in Dresden als zweitem wichtigem Zentrum der inoffiziellen Literatur zahlreiche Teilnehmer:innen und Preisträger:innen der FDJ-Poetenseminare.[36] Die (bestimmt nicht vollständige) Liste von Autor:innen inoffizieller Zeitschriften, die zuvor oder parallel an den Zentralen Poetenseminaren teilgenommen hatten, ist lang und vielfältig.[37] Sie umfasst sowohl Schreibende, die der Poetenbewegung nach wenigen Jahren den Rücken kehrten und später eher in der inoffiziellen Szene in Erscheinung traten (wie Stefan Döring) als auch Personen, die abwechselnd (Gerd Adloff,

35 Vgl. den Beitrag von Andreas Degen in diesem Band.

36 In einer Operativinformation des MfS informiert eine Quelle über »eine negative Gruppierung junger Poeten […], durchweg Teilnehmer an Zentralen Poetenseminaren der FDJ, z.T. Förderpreisträger des FDJ-ZR« in Dresden (BArch, MfS HA XX 5709 Teil 2: Operativinformation (14.02.1983), Bl. 392f., hier Bl. 392) und »stellt die Meinung auf, daß durch den ZR und auch JW (Würzt) [gemeint ist Hannes Würtz, R.F.] die falschen Leute gefördert werden, die die Poetenszene nur benutzen, um bestimmte Dinge, die nicht in unserem Interesse sind, zu bemänteln. Dabei werden sie unterstützt und bewußt oder unbewußt gefördert« (ebd., Bl. 393). Zwei Bände *Bizarre Städte Dresden* (1988 und 1989), deren Beiträger:innenkreis sich mit der vom MfS identifizierten »negativen Gruppierung« überschneidet, entstanden als Nebenprojekt der inoffiziellen Zeitschrift *Bizarre Städte*. Die wichtigste inoffizielle Literaturzeitschrift aus Dresden war *UND* (bzw. *U.S.W./usf*, 1982–1989).

37 Gerd Adloff, Thomas Böhme, Hans Brinkmann, Stefan Döring, Steffen Fischer, Annett Gröschner, Kerstin Hensel, Johannes Jansen, Dieter Kerschek, Uwe Kolbe, Gregor Kunz, Ina Kutulas, Asteris Kutulas, Frank Lanzendörfer aka flanzendörfer, Uwe Lummitsch, Frank-Wolf Matthies, Steffen Mensching, Lutz Rathenow, Kathrin Schmidt, Hans-Eckart Wenzel, Elisabeth Wesuls.

Thomas Böhme, Dieter Kerschek)[38] oder sogar gleichzeitig (Johannes Jansen)[39] die offiziellen Förderstrukturen *und* die inoffiziellen Veröffentlichungsmöglichkeiten nutzten. Auch einige Schreibende, die sich aus der Poetenbewegung kommend im offiziellen Literatur- und Kulturbetrieb etablieren konnten, waren vereinzelt an inoffiziellen Editionsprojekten beteiligt. Insbesondere Vertreter:innen der letzten Gruppe (Kerstin Hensel, Steffen Mensching, Kathrin Schmidt) traten bei den Zentralen Poetenseminaren selbst als Seminarleiter:innen in Erscheinung, ebenso wie die in der ›Szene‹ hervorragend vernetzte Brigitte Struzyk. Sie leitete von 1986 bis 1988 ein Seminar in Schwerin und machte dabei unter anderen Lutz Seiler mit der Literatur des Prenzlauer Berg bekannt.[40]

Das gegenseitige Interesse von Schwerinfahrer:innen und inoffizieller Literaturszene war zwar nicht durchgehend vorhanden, ging aber immerhin so weit, dass selbst Sascha Anderson 1982 uneingeladen zum Zentralen Poetenseminar reiste[41]

---

38 Adloff und Kerschek gehören zur ersten Generation ›Junger Poeten‹, die in den 1970ern an Zentralen Poetenseminaren der FDJ teilnahm. Kerschek hatte 1978/79 gemeinsam mit Gerd Adloff und Lothar Feix die »[l]iterarische Flugschrift« *Papiertaube* herausgegeben, einen der ersten literarischen Samisdats der DDR (vgl. Vogel oder Käfig sein. Kunst und Literatur aus unabhängigen Zeitschriften in der DDR 1979–1989. Hg. v. Klaus Michael und Thomas Wohlfahrt. Berlin: Druckhaus Galrev 1992, S. 411). Dieser Umstand scheint seiner Karriere in den offiziellen Förderstrukturen jedoch nicht im Wege gestanden zu haben: 1982 konnte er in der Anthologie-Reihe *Auswahl* veröffentlichen und 1983 kehrte er als Seminarsekretär nach Schwerin zurück, im selben Jahr erschien sein *Poesiealbum*. 1984 arbeitete er in der Redaktion der *Roten Feder* mit, die täglich als Werkstattzeitung der Zentralen Poetenseminare erschien, und gehörte abermals zum Autor:innenkreis von *Auswahl* (Vgl. Hoch zu Ross ins Schloss. 15 Jahre Poetenbewegung der FDJ. Gedichte – Kurze Prosa – Berichte. Hg. v. Waltraud Böhm. Berlin: Neues Leben 1986, S. 256). Adloff wirkte nach seinem altersbedingten Ausscheiden aus dem Teilnehmerkreis der Poetenseminare dort als Seminarsekretär mit (1981) und konnte 1985 sein offizielles Debüt mit dem Gedichtband *Fortgang* feiern, der im Verlag der Nation erschien. Er veröffentlichte aber auch Gedichte in den inoffiziellen Zeitschriften *MIKADO* und *Bizarre Städte*, wobei er letztere 1989 sogar mitherausgab (vgl. Visser: Blumen ins Eis, Anm. 1, S. 233). Thomas Böhme nahm 1976 am Zentralen Poetenseminar teil und veröffentlichte in den 1980er Jahren sowohl offiziell (*Auswahl* 80 und *Auswahl* 82, eigene Gedichtbände bei Aufbau 1983, 1985 und 1988) als auch inoffiziell (*MIKADO*, *SCHADEN*, *Anschlag*, *Sno'boy* und *Zweite Person*; vgl. Visser: Blumen ins Eis, Anm. 1, S. 361 f.). Mitte der 1980er Jahre war er mehrmals bei den Zentralen Poetenseminaren zu Gast (vgl. das Interview mit Lutz Seiler in diesem Band).

39 Das Doppeltalent Johannes Jansen veröffentlichte seine Texte und Grafiken nicht nur in fast allen wichtigen inoffiziellen Editionen und Zeitschriften, sondern auch in den *Sonderheften Poetenseminar* der Reihe *Poesiealbum* für die Jahre 1982–1985 und der Freitagsausgabe der *Roten Feder* 1989. Beim Zentralen Poetenseminar 1987 war er Mathilde Daus Seminarsekretär.

40 Vgl. das Interview mit Lutz Seiler in diesem Band.

41 Vgl. BArch, MfS HA XX 5712 Teil 2: Information (16.08.1982), Bl. 360. Obwohl die MfS-Bezirksverwaltung Dresden vorschlug, »dem als IM anvisierten ANDERSON« eine Teilnahme zu ermöglichen, sollte die Bezirksverwaltung Schwerin seine »sofortige Rückreise« veranlassen (ebd.).

und 1984 laut Bericht des IM ›Michael Stein‹ einen Teilnehmer beauftragt haben soll, »in Schwerin Texte für den Untergrund zu sammeln«.[42]

2. Die inoffizielle Zeitschrift *Bizarre Städte* (1987-1989)

Die inoffizielle Zeitschrift mit den meisten Beiträger:innen aus der Poetenbewegung war *Bizarre Städte*. Sie erschien von 1987–1989 und wurde vom Griechen Asteris Kutulas herausgegeben, der 1984 beim Zentralen Poetenseminar für seine Übersetzertätigkeit mit dem Reinhard-Weisbach-Preis ausgezeichnet worden war.[43] Auch seine in der Redaktion tätige Frau Ina Kutulas und der Mitherausgeber Gerd Adloff konnten auf eine lange Geschichte in der Poetenbewegung zurückblicken. Viele Autor:innen waren einmal oder mehrfach in Schwerin dabei (Hans Brinkmann, Stefan Döring, Steffen Fischer, Frank Lanzendörfer, Annett Gröschner, Kerstin Hensel, Johannes Jansen, Uwe Kolbe, Gregor Kunz, Steffen Mensching, Thomas Rosenlöcher, Kathrin Schmidt und Elisabeth Wesuls).[44] Zu Döring, Jansen, Kolbe und Kunz gesellten sich als zweite Gruppe weitere ›Szenegrößen‹ des Prenzlauer Berg wie Jan Faktor, Barbara Köhler oder Bert Papenfuß-Gorek; eine dritte Gruppe bildeten schließlich etablierte Autoren, die ganz unterschiedliche Haltungen zur inoffiziellen Szene hatten (Volker Braun, Heinz Czechowski, Christoph Hein, Heiner Müller). Die daraus resultierende besondere Situierung der Zeitschrift »zwischen Alternative und Öffentlichkeit« (Peter Wawerzinek)[45] möchte ich kurz anhand zweier Ereignisse aus dem Jahr 1988 verdeutlichen: an der Vorstellung der Zeitschrift bei der Akademie der Wissenschaften und einem Schlagabtausch zwischen dem Herausgeber und Klaus Michael alias Michael Thulin.

Im Juni 1988 stellten Rainer Schedlinski und Asteris Kutulas ihre Zeitschriften *Ariadnefabrik* und *Bizarre Städte* am Zentralinstitut für Literaturgeschichte der Akademie der Wissenschaften der DDR vor, was bereits an sich ein bemerkenswerter Vorgang war. Schedlinski bezog dabei Stellung gegen den Totalanspruch des Öffentlichkeitsbegriffes in der DDR und verteidigte das selbstgenügsame Nischendasein

---

42 BArch, MfS HA XX 5712 Teil 1: Bericht zum 14. Zentralen Poetenseminar der FDJ in Schwerin (19.08.1984), Bl. 256f., hier Bl. 257.

43 Vgl. Böhm: Hoch zu Ross ins Schloss (Anm. 38), S. 182.

44 Frank Lanzendörfer war 1985 Teilnehmer des Zentralen Poetenseminars, »kehrte aber von derlei Bevormundung angewidert vorzeitig zurück« (vgl. Andrea Klimt. Art. ›Lanzendörfer, Frank‹. In: Deutsches Literatur-Lexikon Online. Berlin/Boston: De Gruyter 2020. URL: https://www.degruyter.com/database/DLLO/entry/dllo.zw.35.30039/html am 07.12.2023)

45 Peter Wawerzinek: Die Chance zur Unvoreingenommenheit. BIZARRE STÄDTE – zwischen Alternative und Öffentlichkeit. In: Liane 2 [Juli 1988].

der nicht-offiziellen Literatur,[46] während Kutulas sich nach eigenen Angaben den Spaß machte, die in der DDR »irrwitzige« Frage zu stellen, warum man ein Projekt wie die *Bizarren Städte* nicht als legale, aber unzensierte Autorenzeitschrift realisieren könne. Er erinnerte sich später:

> Während des Gesprächs sagte Rainer den Satz: »Jede Öffentlichkeit über 100 ist mir suspekt.« Ich habe sofort erwidert: »Jede Öffentlichkeit unter 100 ist mir suspekt.« Ich hatte, ohne es zu wissen, ins Schwarze getroffen. Es ist völlig klar, dass die Stasi genau das wollte, denn jede Öffentlichkeit – zumal »innerliterarische« – unter 100 Personen war noch zu kontrollieren.[47]

Ob es sich bei Kutulas' Vorschlag wirklich nur um einen kecken Witz gehandelt hat oder nicht, wird von den ehemaligen Beteiligten des Projekts und anderen Zeitgenossen unterschiedlich eingeschätzt.[48] In der inoffiziellen Zeitschrift *Liane* (1988–1990) lobten sowohl Peter Wawerzinek als auch Olaf Nicolai den offenen Ansatz der *Bizarren Städte*. Wawerzinek schrieb 1988:

> Dieses Grundkonzept bewies Zeitgeist und ist brauchbarste Plattform [...]. Die Mischung von gestandenen Autoren [...] und weniger bekannten Schreibern [...] ist das gröszte Plus dieser Heftedition und gegenüber allen anderen Publikationen vorher der wohl radikalste Vorstosz literarischer Art. [...] Die BIZARREN STAEDTE haben gute Motivation und besitzen den notwendigen Bisz, sich aus der kuhwarmen provinzialität einer SZENE(Wwas [sic!] dies auch immer sein mag.) herauszuhalten, die Reihe existiert durch Abstand gegenüber Falsch und Lüge, Schleimigkeit und Herumgekünstel.[49]

Über diese positive Einschätzung herrschte allerdings kein Konsens. Klaus Michael, der als Michael Thulin die Zeitschrift *Liane* mitherausgab und als wissenschaftlicher Mitarbeiter der Akademie der Wissenschaften möglicherweise Zeuge der Vorstellungsveranstaltung gewesen war, sah einen »Bruch in der literarischen Zeitschriften-Landschaft Berlins« und kritisierte das Projekt in einer ebenfalls in *Liane* veröffentlichten Polemik als unzulässige Funktionalisierung der veröffentlichten Texte

---

46 Vgl. Rainer Schedlinski: An das Literaturinstitut der Akademie der Wissenschaften. In: Ariadnefabrik 5/1988, zit.n. Vogel oder Käfig sein (Anm. 38), S. 313–315. Es handelt sich bei diesem Text um eine Nachlese der Veranstaltung (vgl. ebd., S. 315).

47 Elgin Haelmstedt/Haiko Hübner/Stefanie Maach: »Ein Ausdruck von Freiheit« – Gespräch mit Asteris Kutulas. In: Berliner Hefte zur Geschichte des literarischen Lebens 4 (2001), S. 159–167, hier S. 162.

48 Vgl. Jan Faktor: Was ist neu an der jungen Literatur der achtziger Jahre. In: Ariadnefabrik 6 (1988), zit. n. Michael/Wohlfahrt: Vogel oder Käfig sein (Anm. 38), S. 367–389, hier S. 385.

49 Peter Wawerzinek: Die Chance zur Unvoreingenommenheit (Anm. 45), S. 3f.

für kulturpolitische Anliegen, nämlich die »Veränderung der Druck- und Veröffentlichungspraxis« in der DDR und die »Gründung einer Autorenzeitschrift«.[50] Das auf den öffentlichen Dialog unterschiedlicher Schreibweisen ausgerichtete Plattformkonzept der *Bizarren Städte* verwarf er und forderte stattdessen literarischen Konsens unter den Beiträger:innen und die gemeinsame Suche nach neuen Sprachformen als Voraussetzungen eines gelungenen Editionsprojekts.[51] In Bezug auf die Öffentlichkeitsdebatte argumentierte er ähnlich wie Schedlinski:

> Die Hefte [der anderen Projekte, R.F.] wenden sich vor allem an den Kreis ihrer Autoren, [...] und sie wenden sich an den Kreis der unmittelbar Interessierten. Mehr möchte man nicht, aber auch keinesfalls weniger. Und Mißverständnisse entstehen, wenn diesen Editionen ein anderes Selbstverständnis unterstellt wird.[52]

In seiner Entgegnung, die sowohl in der nächsten Nummer der *Liane* als auch in den *Bizarren Städten* veröffentlicht wurde,[53] verwies Asteris Kutulas darauf, dass die Beiträger:innen der *Bizarren Städte* freiwillig und nicht trotz, sondern wegen des offenen Konzeptes teilgenommen hätten und keinen Anwalt wie Thulin benötigten.[54] Außerdem gab er zu bedenken, dass Veröffentlichungen aus dem Kontext der DDR-Samisdats im Westen (etwa »eine repräsentative Auswahl aus ›mikado‹ in einer Auflage von mehreren Tausend als Taschenbuch bei ›Luchterhand‹«) szene-intern nicht die gleiche allergische Reaktion auf größere Öffentlichkeiten provoziert hatten.[55]

Birgit Dahlkes Einschätzung, dass die Grenzen zwischen der offiziellen und inoffiziellen Sphäre ab Mitte der 1980er Jahre zunehmend verwischten,[56] kann durch die Betrachtung des Autor:innenkreises und der Rezeption der Zeitschrift *Bizarre Städte* bestätigt werden: Es gab zwar vereinzelt starke Abwehrreflexe gegenüber dem offiziellen Literaturbetrieb (und den Personen, die damit assoziiert wurden), diese wurden aber nicht von einer Mehrheit der inoffiziell Publizierenden geteilt.

---

50 Michael Thulin: Das bizarre Patchwork der Aufgeklärten. In: Liane 3 [Dezember 1988], S. 1–3, hier S. 2.

51 Vgl. ebd., S. 3.

52 Ebd.

53 Vgl. Asteris Kutulas: Erwiderung. In: Liane 4 (März 1989), o.S.; ders.: Erwiderung. In: Bizarre Städte 4 (1989), S. 71–78.

54 Vgl. Kutulas: Erwiderung (Anm. 53), S. 77.

55 Ebd., S. 76. Gemeint ist der Band: Mikado oder Der Kaiser ist nackt. Selbstverlegte Literatur in der DDR. Hg. v. Uwe Kolbe. Darmstadt: Luchterhand 1988.

56 Vgl. Dahlke: Inoffizielle Zeitschriften (Anm. 7).

3. Das Werkstattheft *tau/frisch* (1989)

Ein Kuriosum, das ich als letztes Beispiel für den Kontaktbereich zwischen offizieller und inoffizieller junger DDR-Literatur der 1980er Jahre vorstellen möchte, ist das »Werkstattheft« *tau/frisch* (1989). Es wurde von Ingrid Kirschey-Feix herausgegeben, einer ehemaligen Kulturredakteurin der *Jungen Welt*. Das Projekt war im Verlag Neues Leben angesiedelt, wobei man diese Information nur zwei kleinen Stempeln entnehmen kann, die offensichtlich nicht alle Exemplare tragen – die stempellosen werden auf Online-Plattformen teilweise als mutmaßlich inoffizielle Zeitschriften gehandelt. Verwunderlich ist das nicht: Den Titel ziert eine Grafik von Johannes Jansen, im Inhaltsverzeichnis tauchen unter anderen die bekannten ›Prenzlberger‹ Wolfram Kempe, Steffen Mensching und Annett Gröschner auf. Das Heft, eigentlich als Nullnummer konzipiert, erschien im Mai 1989, wobei ›erscheinen‹ nicht ganz richtig ist, da die 350 Exemplare nur an die Beteiligten und an Kulturinstitutionen verteilt wurden und nicht in den Handel kamen. In der Manier einer inoffiziellen Zeitschrift wurde es auch nicht in einer Druckerei gedruckt, sondern von der Herausgeberin selbst an Computer und Kopierer hergestellt.[57] Die Vermutung, dass die Unternehmung von inoffiziellen Zeitschriften inspiriert war, liegt nahe, zumal die Herausgeberin durch ihren Bruder, Lothar Feix, Kontakte zur ›Szene‹ hatte. Sie wurde auf eigenen Wunsch Anfang 1989 von ihrer bisherigen Tätigkeit abberufen und sollte für Neues Leben ein »Werkstattheft für junge Literatur inhaltlich und technisch entwickeln«.[58] Obwohl im Anstellungsbeschluss von »enger Zusammenarbeit mit dem Lektorat Belletristik«[59] die Rede ist, hatte Kirschey-Feix ihren Arbeitsplatz nicht am selben Ort, sondern in direkter Nachbarschaft zur Redaktion des Almanachs *Temperamente*, wo damals Frank Goyke und Wolfram Kempe für die Lyrik zuständig waren.

Den Anstoß zum Projekt hatte Irina Pfützenreuter gegeben, die nicht nur Mitglied des Organisationsteams der Zentralen Poetenseminare im Zentralrat der FDJ war, sondern auch Nachwuchsbeauftragte im Berliner Bezirksverband des Schriftstellerverbandes. Nach Kirschey-Feix' Angaben hatte sie in dieser Funktion angeregt, ein Pendant zu *Temperamente* zu entwickeln, das die dort schon beinahe verlässlich erwartbaren Querelen im Publikationsprozess – Michael Hofmann und Dirk Hänschen sprechen von »offener Zensur« – umgehen sollte.[60] Im Ergebnis präsentierte sich *tau/frisch* als Werkstattheft, als work in progress und Forum für

57 Gespräch der Verfasserin mit Ingrid Kirschey-Feix am 22. November 2022

58 Zit. n. dem Dokument »Einstellung von Ingrid Kirschey-Feix« (19.01.1989), in: Privatarchiv Ingrid Kirschey-Feix.

59 Ebd.

60 Michael Hofmann/Dirk Hänschen: Art. ›Temperamente‹. In: Metzler Lexikon DDR-Literatur (Anm. 7), S. 333f., hier S. 334; Gespräch der Verfasserin mit Ingrid Kirschey-Feix am 22.11.2022.

Austausch, wie Kirschey-Feix in ihrer Einleitung *Mindestens drei Vor-Sätze* betont. Das schlägt sich in der dialogischen Struktur nieder: Einem Prosa- oder Lyrikbeitrag folgen eine oder mehrere Einschätzungen durch andere Autor:innen (wie es zum Beispiel auch in der Zeitschrift *Liane* praktiziert wurde). Beworben wurde das Heft unter anderem im Kontext der Berichterstattung zum 19. Zentralen Poetenseminar in Schwerin im Sommer 1989.[61] Die Herausgeberin bekennt jedoch, dass es in dieser politisch stark aufgeheizten Zeit nur auf wenig Interesse gestoßen sei.

Die äußere Erscheinung und die Entstehungskontexte dieses Heftes belegen, dass nicht nur der Aufbau-Verlag sich in den letzten Jahren der DDR zaghaft gegenüber den inoffiziellen Literaturszenen öffnete – nämlich durch die von Gerhard Wolf herausgegebene und von Tilo Köhler lektorierte Publikationsreihe *außer der reihe* –, sondern auch Neues Leben als Verlag der FDJ und Partner der Zentralen Poetenseminare 1989 mit einer Art Mimikry-Strategie (wieder) Anschluss suchte. Die ›On-off-Beziehung‹ des Verlags mit den inoffiziell Publizierenden lässt sich auch anhand des Beiträger:innenkreises von *Temperamente* nachvollziehen: Bis 1981 konnten Lyriker wie Bert Papenfuß noch dort veröffentlichen, nach dem Scheitern der ›Akademie-Anthologie‹ wurde jedoch ein Publikationsverbot über sie verhängt, das 1988 wieder aufgeweicht wurde.[62]

4. Fazit

Die Annahme, dass die Poetenbewegung der FDJ innerhalb der jungen DDR-Literatur der 1980er Jahre nichts weiter als einen politisch angepassten und ästhetisch uninteressanten Gegenpol zur literarischen Subkultur dargestellt habe, ist nicht haltbar. Insbesondere für die zweite Hälfte des Jahrzehnts lassen sich Überschneidungen, gegenseitiges Interesse und enge Verbindungen zwischen den beiden Sphären nachweisen, was einerseits auf Uneinigkeiten innerhalb der Abteilung Kultur des FDJ-Zentralrates und deren allmähliche Abkehr vom durch Hartmut König repräsentierten Kurs der FDJ-Kulturkonferenz 1982 zurückgeführt werden kann und andererseits auf die uneinheitlichen Selbstverständnisse und Publikationsabsichten der Szeneangehörigen.

Die inoffiziellen Zeitschriften und Editionen strahlten auf die offizielle junge Literaturlandschaft aus und die Zentralen Poetenseminare der FDJ waren ironischerweise für manche der Ort, an dem sie erstmals mit den Akteur:innen des Prenzlauer

---

61 Vgl. Stiftung Deutsches Rundfunkarchiv, Jugendradio DT 64, OMS08500: Spezialausgabe der Sendung »Szene« vom 19. Zentralen Poetenseminar der FDJ, 15.08.1989, 20:03 Uhr, 00:27:30-00:32:30.

62 Vgl. Geist: Die Lyrik der nicht-offiziellen Literaturszene (Anm. 25), S. 21, sowie den Beitrag von Andreas Degen in diesem Band.

Berg bekannt gemacht wurden[63] oder sogar Mitstreitende für zukünftige inoffizielle Zeitschriftenprojekte fanden. Doch nicht nur die jungen Schreibenden selbst suchten Anschluss an beide Sphären, auch der Zentralrat der FDJ bemühte sich mit einer zunehmend integrativen Strategie darum, Einflussmöglichkeiten auf den Nachwuchs zu sichern, was wiederum der Strategie des Ministeriums für Staatssicherheit zuwiderlief, den offiziellen Literaturbetrieb von politisch oder ästhetisch Abweichenden freizuhalten und diese in die umfassend überwachte inoffizielle Szene zu segregieren. Die zunehmende Renitenz von Teilen des FDJ-Zentralrates ist symptomatisch für die nachlassende Wirksamkeit der diffusen Drohkulisse des MfS[64] und die schwindende Macht des SED-Regimes gegen Ende der 1980er Jahre.

---

63 Vgl. das Interview mit Lutz Seiler in diesem Band.

64 Hierbei darf jedoch nicht verschwiegen werden, dass es im hier vorgestellten Personenkreis Opfer von Zersetzungsmaßnahmen gab. So beging Frank Lanzendörfer im August 1988 nach jahrelanger ›Bearbeitung‹ durch Mitarbeiter des MfS Selbstmord; vgl. Böthig: Literatur des Prenzlauer Berg (Anm. 7), S. 193.

»Echte Gefühle zeigen«
Singen als Emotionspraktik in der frühen FDJ-Singebewegung (1960–1973)

Juliane Brauer

1. Neues Singen 1967

»Carpe diem, carpe diem, carpe diem, nutze den Tag!« schallte es von der Bühne in der Bezirkshauptstadt Halle. Die Studierenden der »Folkloregruppe der TU Dresden« präsentierten in dieser letzten Septemberwoche 1967 ihr neues Lied. Sie gehörten zu einem der 16 Singeklubs, die es geschafft hatten, zur ersten DDR-weiten »Werkstattwoche« delegiert zu werden. Der Vorsänger füllte mit seiner vollen Stimme eindrücklich den Saal mit circa 250 anwesenden FDJler*innen. Die Sänger*innen auf der Bühne wiederholten leise im Backgroundchor das rhythmisch markante »Carpe diem«. In der Strophe wechselte der Vorsänger in einen Sprechgesang, gekennzeichnet durch Tonwiederholungen und Triolen: »Der Tag gehört uns und wir werden ihn nutzen, es geht um die glückliche, bessere Welt.« Die Gitarren unterstützten den typischen Moll-Klang und unterstrichen mit harmonischen Wendungen vor den Offbeats den eindrücklichen und eingängigen Charakter des Sounds.[1]

Neu klangen die chromatischen Wendungen, die das Lied uneindeutig zwischen Moll und Dur changieren ließen: »Denn unsre alte Erde soll der Stern des Friedens sein/Für alle soll die Sonne glühn/und allen soll die Rose blühn/für alle Brot und Wein.« Aufgefangen wurde dieser als Aufruf intonierte Refrain durch das Mantra des dreimal wiederholten »Carpe diem«, unterstützt durch die Verwendung der Triolen bei »Nutze den Tag«.

Das Lied war verklungen, doch das markante »Carpe diem« hatte das Potential, noch weiter in den Köpfen des Publikums nachzuklingen. Vielleicht haben die im Publikum sitzenden Zuhörer*innen an einigen Stellen mitgesungen. Anders als bei den FDJ-Jugendliedern der 1950er Jahre war das Mitsingen nicht das Ziel der neuen Singeklublieder. *Carpe Diem* war ein Lied zum Zuhören. Es gehörte auf die Bühne

1 Live-Aufnahme siehe Amiga (1968): Werkstattwoche, Track 1.

und nicht auf die Straße zu Massendemonstrationen und Aufmärschen, wie die Lieder, die die Jugendlichen in der Schule, der Pionierorganisation und der FDJ gelernt hatten. Wie kam es in den 1960er Jahren zu dieser Wende vom jugendlichen Massengesang zu den Singer-Songwriter-Auftritten der FDJ-Singeklubs? Was lässt sich über die Frage danach, was und wie gesungen wird, über eine Alltagsgeschichte der DDR schreiben? Diesen Fragen geht folgender Beitrag nach, indem er methodisch die enge Verbindung von Singen und Emotionsgeschichte in das Konzept Singen als Emotionspraktik überführt und auf dieser Grundlage diskutiert, wie in den frühen FDJ-Singeklubs der 1960er Jahre über das Arbeiten an Liedern und das Singen eine jugendliche Laienkunst entstand, die sich zwar unter dem Dach – damit unter Beobachtung und Anleitung der FDJ – befand, aber dennoch einen eigenständigen Sound entwickelte.

2. Singen als Gefühlserziehung: Das Erziehungsprogramm der DDR

Zunächst hilft jedoch zur besseren Einordnung des Singens ein Blick auf das erste Nachkriegsjahrzehnt. Das gemeinschaftliche Singen gehörte für die Kinder und Jugendlichen, die in der DDR groß geworden sind, von klein auf zu ihrem Alltag. Das ist vor allem darauf zurückzuführen, dass dem gemeinschaftlichen Singen eine besondere Kraft für die Erziehung von Denken, Fühlen und Handeln zugeschrieben wurde: »[...] die stärksten erzieherischen Potenzen des Musikunterrichtes liegen im Liedgesang«, heißt es in einer Unterrichtshilfe 1960:

> Im Lied sind Text und Melodie zu einer unlösbaren Einheit verschmolzen. Verstand und Gefühl werden im gleichen Maße beeinflußt. Lieder, gemeinschaftlich gesungen, fördern die Herausbildung kollektiver Überzeugungen und das kollektive Handeln; sie stärken den Willen und die Bereitschaft, gute Taten für unsere gemeinsame sozialistische Sache zu vollbringen.[2]

Diese Überzeugung speiste sich aus der Tradition der musischen Erziehung der späten 1920er Jahre. Die in der Weimarer Republik ausgebildeten Musikpädagog*innen knüpften daran unmittelbar nach Ende des Zweiten Weltkrieges mit der Reorganisation der Kinder- und Jugenderziehung an. Die im Sommer 1945 gegründeten »Antifaschistischen Jugendausschüsse«,[3] aus denen im März 1946 die Freie Deutsche Jugend (FDJ) hervorging, bauten von Beginn an auf das gemeinschaftliche Singen als

---

2 Kurt Dittrich/Dr. Manfred Frisch: Frohes Singen und Musizieren in den 1.-4. Klassen. Eine erste Unterrichtshilfe für Lehrer, Berlin: Volk und Wissen 1960, S. 5

3 Auf Befehl vom 31. Juli 1945 von General Georgij Konstantinovič Žukov konnten sich auf dem Gebiet der SBZ erste Jugendorganisationen als »Antifaschistische Jugendausschüsse« gründen.

zentrales Element der Freizeitgestaltung und zugleich auch der politischen Erziehung. Auch der erste Lehrplan in der Sowjetischen Besatzungszone von 1946 spiegelt deutlich die Tradition der musischen Erziehung wider. Dort heißt es: »Singen ist eine unmittelbare Lebensäußerung des Menschen. Es bringt seelische Regungen zum Ausdruck, beschwingt und steigert das Lebensgefühl.«[4]

Mit dem Gesang neuer Kinder- und Jugendlieder sollte bereits in der unmittelbaren Nachkriegszeit das »neue Fühlen und der neue Geist« erzogen werden, wie in der Zeile eines der ersten neuentstandenen Lieder *Lied der neuen Jugend* aus der Feder des Arbeiterdichters Walter Dehmel und des Berliner Kinder- und Jugendchorleiters Walter Rhode 1946 formuliert.[5] Ein Blick in Liederbücher, Musiklehrbücher, Lehrpläne und Handreichungen für Jugenderzieher und Erzieherinnen des ersten Nachkriegsjahrzehnts verdeutlicht eindrücklich, dass das Singen dieser Lieder als Schlüssel zur Erziehung der neuen Jugend galt.[6] Zu diesem Zweck entstanden innerhalb weniger Jahre bis Mitte der 1950er Jahre an die 120 neue Lieder.[7]

Gerade weil dem Liedgesang eine solche immense Bedeutung zugesprochen wurde, um Denken, Fühlen, Handeln von Kindern und Jugendlichen zu erziehen, war es in den Augen der Staatsmacht absolut notwendig, das Singen zu kontrollieren und zu regulieren. Das geschah insbesondere dadurch, dass regelmäßig Liedwettbewerbe ausgelobt wurden, wie beispielsweise zum Deutschlandtreffen der Jugend 1964 in Berlin,[8] gezielt Aufträge für Liedkomposition an Mitglieder

4 Deutsche Verwaltung für Volksbildung in der Sowjetischen Besatzungszone Deutschlands (1946): Lehrpläne Musik, Grund- und Oberschulen, 24. Ab dem 1. Juli 1946 galten die von der Deutschen Zentralverwaltung für Volksbildung herausgegebenen Lehrplänen für die Grund- und Oberschulen in der sowjetischen Besatzungszone Deutschlands.

5 Vgl. Lied der neuen Jugend. In: Neues Leben, Januar (1946), S. 10.

6 Vgl. Juliane Brauer: »Mit neuem Fühlen und neuem Geist«. Heimatliebe und Patriotismus in Kinder- und Jugendliedern der frühen DDR«. In: Das Imaginäre des Kalten Krieges. Beiträge zu einer Kulturgeschichte des Ost-West-Konfliktes in Europa. Hg. v. David Eugster und Sibylle Marti. Essen: Klartext 2015, S. 163–185.

7 Diese Zahl stützt sich auf die Analyse von zwanzig in den Jahren 1946–1956 publizierten Liederbüchern und Musiklehrbüchern.

8 Der Wettbewerb »Wer schreibt uns neue Lieder« gehörte nach derzeitigem Kenntnisstand zu den größten in der Geschichte der DDR mit 849 eingesendeten Liedern, vgl. die entsprechenden Ordner im Überlieferungsbestand der Freien Deutschen Jugend: BArch DY 24/6327; DY 24/6328; DY 24/6329; DY 24/6331; vgl. ausführlicher Juliane Brauer: Zeitgefühle. Wie die DDR ihre Zukunft besang. Bielefeld: transcript 2020, S. 227–246.

des Komponistenverbandes gegeben wurden,[9] beziehungsweise durch Festlegung eines Pflichtrepertoires für den schulischen Musikunterricht.[10]

Trotz dieser ressourcenintensiven Steuerungs- und Überwachungsstrategien ließ sich alltägliches Singen von Kindern und Jugendlichen nicht komplett kontrollieren, das jedenfalls belegen Erhebungen auf dem Deutschlandtreffen der Jugend 1964,[11] Berichte aus den FDJ-Grundorganisationen und Berichte in den Unterlagen des Ministeriums für Staatssicherheit.[12] Ebenso gab es mit Beginn der 1960er Jahre trotz oder wegen der alltäglichen Anleitung von gemeinschaftlichem Singen eine von der FDJ diagnostizierte Krise jugendlichen Singens. Im Gegenzug stieg das Bedürfnis Jugendlicher, selbstbestimmt zu musizieren und zu singen. Nach dem Mauerbau lässt sich – so Marc-Dietrich Ohse – in der »geschlossenen Gesellschaft« der DDR eine »Verinselung« der Jugendkultur beobachten, die zu einer eigenständigen kulturellen Entwicklung jugendlichen Musizierens und Singens führte.[13] Die umfangreichen Quellen offenbaren regelrecht eine Welle jugendlichen Singens, die zunächst auf Initiative der Jugendlichen zurückging und zu Beginn wohlwollend vom Staat protegiert und unterstützt, aber später vereinnahmt wurde. Diese Entwicklung der frühen 1960er Jahre mündete in die FDJ-Singebewegung, die ihren staatlich koordinierten und kontrollierten Ausgangspunkt 1967 hatte.

Markant für diese Phase ist das Aushandeln eines neuen Lied- und Gesangstiles in Abgrenzung zu den eingeübten FDJ-Liedern. Dieses Ringen nach einem eigenständigen musikalischen Ton lässt sich exemplarisch an dem Lied *Carpe Diem* heraushören. Einerseits findet sich im Text die formelhafte Sprache der von der Staatsmacht in Auftrag gegebenen Jugendlieder der 1950er Jahre, wie in den Liedzeilen »Uns gehört eine neue, bessere Welt«, »für alle soll die Sonne glühn«, »uns mahnen die Gräber«. Andererseits lässt der neue musikalische Ton aufhören, der eine eigenwillige und zugleich markante Mischung aus Elementen des Beats, deutschen

9 So zeigt beispielsweise ein Schreiben aus dem Haus Volk und Wissen, volkseigener Verlag Berlin, an das Ministerium für Volksbildung vom 6. August 1958 eine Auflistung fehlender Lieder, die abgewandelt an die Mitglieder des Verbandes Deutscher Komponisten und Musikwissenschaftler weitergeleitet wurde, vgl. BArch DR 2 4945, Bl. 347f.

10 Das Konzept der »Pflichtlieder« wurde mit dem neuen Lehrplan von 1954/55 neu eingeführt. Zur schnelleren Verbreitung der Pflichtlieder gab es Beihefte in den Lehrerzeitschriften, vgl. Beilage: »Pflichtlieder für die Unterstufe, die bisher noch nicht in ›Komm, sing mit‹ enthalten sind«. In: Unterstufe, 2. Beilage (1959).

11 Eva-Maria Hillmann: Das Massenlied. Seine historische und gesellschaftliche Funktion. Leipzig: Institut für Volkskunstforschung des Zentralhauses für Kulturarbeit 1966.

12 ZAIG Bericht Nr. 200/61: Über die Lage unter der Jugend und die Tätigkeit des Gegners, in: BStU MfS ZAIG 397, Bl. 12–63

13 Marc-Dietrich Ohse: Jugend nach dem Mauerbau: Anpassung, Protest und Eigensinn (DDR 1961–1974). Berlin: Ch. Links 2003, S. 139.

Schlagers sowie russischer Volkslieder darstellt und typisch für die Singer-Songwriter-Lieder und den Singeklub-Sound dieser Jahre war. Damit stellt das Lied *Carpe Diem* einen Schluss- und zugleich Ausgangspunkt dar. 1967 ist das Jahr, in dem das ursprünglich ungeplante, freie jugendliche Singen strukturell in die FDJ überführt wurde. Damit ist das Ende der frühen Phase markiert und der Beginn der staatlich angeleiteten Singebewegung der FDJ. Vor dem Hintergrund des ungebrochenen Willens der Staatsmacht, Singen als Emotionserziehung zu instrumentalisieren, stellt sich die Frage danach, wie Jugendliche in den 1960er Jahren das gemeinschaftliche Singen als ›eigensinnige‹ Praktik der Aushandlung von Macht und Herrschaft verstanden.[14] Folgend interessieren in Hinblick auf die Frage der Aushandlung von Herrschaft erstens die frühen Jahre und damit die Vorläuferentwicklung der FDJ-Singebewegung im Wechselspiel mit den staatlichen Bemühungen, der Krise des jugendlichen Singens zu begegnen. Zweitens sollen die FDJ-Singeklubs als ›Freizeitkollektive"[15] und damit als Räume des eigensinnigen Aushandelns von Herrschaft betrachtet sowie drittens beispielhaft das Singeklublied in seiner ästhetischen Praxis diskutiert werden.

3. Die Vorphase der FDJ-Singebewegung: Hootenannys in Ostberlin

Ende Januar 1960 begann in der Sporthalle Stalinallee in Ostberlin etwas Neues. Der »Klub der Jugend und Sportler« lud zu 19:30 Uhr für fünfzig Pfennig Eintritt zum ersten »Hootenanny« ein.[16] Es kamen Jugendliche und junge Erwachsene, Sänger*innen und Laien, um zwanglos und spontan miteinander zu singen; alte und neue, bekannte und unbekannte Lieder.[17] Die Genehmigung für den Abend erteilte der 1. Sekretär des Zentralrates der FDJ Hans Modrow.[18]

---

14 In Anlehnung an Alf Lüdtke: Geschichte und Eigensinn. In: Alltagskultur, Subjektivität und Geschichte. Zur Theorie und Praxis von Alltagsgeschichte. Hg. v. d. Berliner Geschichtswerkstatt. Münster: Westfälisches Dampfboot 1994, S. 139–153.

15 So die Begrifflichkeit des Singefunktionärs Winfried Stanislau (Winfried Stanislau: FDJ-Singebewegung. Erfahrung, Probleme, Tendenzen. Leipzig: Zentralhaus für Kulturarbeit der DDR 1972).

16 H.P.: Was ist ein Hootenanny? In: Berliner Zeitung, 26. Januar 1960, S. 3.

17 Ebd.: »Was ›Hootenanny‹ eigentlich ist, das wissen nur die Eingeweihten. Das sind in diesem Falle viele Menschen in den USA, in Kanada, in Australien und in England. Während der Zeit der großen Arbeitslosigkeit hatten viele kein Geld, ins Kino oder ins Theater zu gehen. So kamen sie zusammen und sangen einander zu.« Wann genau der erste Hootenanny-Abend stattfand, ist ungewiss. Die *Neue Zeit* datierte den Abend auf Mittwoch, den 27. Januar (Vgl. Anonym: Noch ist Zeit zur Verständigung. In: Neue Zeit, 30. Januar 1960, S. 12).

18 Perry Friedman: ›Wenn die Neugier nicht wär‹. Ein Kanadier in der DDR. Berlin: Karl Dietz 2004, S. 66.

Die ersten Treffen dieser Art gab es in den USA Ende der 1930er Jahre. Im Kontext des von Nordamerika ausgehenden weltweiten Folksong-Revivals belebten prominente Folkmusiker, wie Pete Seeger oder Woody Guthrie, die »Hootenannies« neu.[19] Für Pete Seeger bedeutete Hootenanny: »a rip-roaring party, a wingding, a blowout«.[20] Es gab Vorsänger, die im Wechsel in die Mitte traten. Diese stimmten ein Lied an, die anderen Sänger fielen in den Gesang ein, spätestens beim Refrain sollte dann auch das ganze Publikum dabei sein: ›songswapping‹ nannte Seeger dieses Prinzip. Alle Anwesenden sollten sich ermutigt fühlen, mitzusingen, neue Liedideen einzubringen, Melodien und Texte zu improvisieren.[21]

Fast zeitgleich zu dem Hootenanny-Hype in den USA hielten die Hootenannys Einzug in die Jugendszene in Ostberlin. Dafür verantwortlich war Perry Friedman, »ein junger kanadischer Volkssänger«,[22] der das Gesangsformat aus Nordamerika mitbrachte. Er war gerade 24 Jahre alt, als er mit seinem Banjo, einem kleinen Koffer und vielen amerikanischen Folksongs im Kopf, aber ohne konkreten Plan am 28. April 1959 in Ostberlin ankam.[23]

Das Angebot des Hootenanny im Januar 1960 wurde dankbar und enthusiastisch angenommen, der erste Abend war ausverkauft, der Saal »übervoll«, 150 weitere »junge Leute« standen noch vor der Tür, erinnerte sich Friedman.[24] Es erklangen alte deutsche Volkslieder – von Friedman neu arrangiert –, Lieder der amerikanischen Bürgerrechtsbewegung und englischsprachige Folksongs. »Die Stimmung hätte nicht besser sein können, alle lachten mit, und vor allem sangen alle mit, oft zu

19 Zu Beginn der 1960er Jahre gab es in den USA einen regelrechten Hootenanny-Hype; vgl. Pete Seeger/Jo Metcalf Schwartz: The Incompleat Folksinger. Lincoln: University of Nebraska Press 1992 S. 328: »In the next ten years several hundred thousend Americans attended hootenannies in various cities and campuses of the Union.« Während die ursprünglichen »Hoots« vorrangig in Privathäusern und sehr spontan stattfanden, begann mit den 1960ern eine zunehmende Professionalisierung und Kommerzialisierung dieser Singe-Events (S. 328f).

20 Ebd. S. 327. Gesungen wurden Gewerkschaftslieder, Friedenslieder und Lieder gegen den Rassismus; vgl. Lutz Kirchenwitz: Pete Seeger: Liedermacher – Mutmacher. Interview. In: Der Sonntag 51, 1981, S. 11, zit.n. Kirchenwitz, Lutz: Folk, Chanson und Liedermacher in der DDR. Chronisten, Kritiker, Kaisergeburtstagssänger. Berlin: Dietz, 1993, S. 28.

21 Ebd. und Seeger: Folksinger (Anm. 19), S. 328: »[...] would have an audience of several hundred, jammed tight into a small hall, and seared semicircular wise, so that they face each other democratically. The singers and musicians would vary from amateur to professional, from young to old, ant the music square to hip, cool to hot, long-hair to short. Some songs might be quiet – like a pin drop. Others would shake the floor und rafters till the nails loosen. Something old and something new, something borrowed and something blue, as at a wedding.«

22 H.P.: Hootenanny (Anm. 16), S. 3.

23 Friedman: Neugier (Anm. 18), S. 55.

24 Ebd., S. 66, und Regina Scheer: Hootenanny ausverkauft. Gespräch mit Perry Friedman. In: Lieder und Leute. Die Singebewegung der FDJ. Hg. v. Lutz Kirchenwitz. Berlin: Neues Leben 1982, S. 89–92, hier S. 92.

ihrer eigenen Überraschung«, erinnerte sich der aus den USA in die DDR umgesiedelte Publizist, Lektor und Weggefährte Friedmans, Victor Grossmann.[25] Friedman selbst sprach vom »Traum eines jeden Künstlers«:

> Der kleine Saal verwandelte sich in eine singende Gemeinde [...] Menschen von überallher, junge und alte, ernsthaft interessierte, neugierige und skeptische, alle wurden Teilnehmer der ersten deutschen Hootenanny und vergaßen für zwei Stunden, daß sie eigentlich keine deutschen Volkslieder singen wollten.[26]

Perry Friedman brachte mit seinen spezifischen Arrangements nicht nur den amerikanischen Folksong, sondern auch das deutsche Volkslied zu den Jugendlichen. Für ihn begann mit der ersten Hootenanny die »Volksliederbewegung«.[27]

Ein Jahr später liefen die Hootenannys auch im Radio und Fernsehen. Am 9. Januar 1961 übertrug das Jugendfernsehen der DDR eine Hootenanny live. Gemeinsam mit dem Publikum sangen die anwesenden Künstler Perry Friedman, Lin Jaldati, Erika Radtke und Hermann Hähnel *Ein Jäger aus Kurpfalz*, das Lied der Weltfestspiele der Jugend 1951 *Im August, im August blühn die Rosen* (1951, Armin Müller/Günter Fredrich) und das *Einheitsfrontlied* (1932, Bertolt Brecht/Hanns Eisler). Diese Mischung traf auf jeden Fall den Geschmack des Zentralrates der FDJ und vielleicht auch den der Jugendlichen.

Das war auch der Grund, dass die Hootenannys mit wohlwollender Unterstützung der jeweiligen FDJ-Bezirksregierungen stattfanden. Sie waren jedoch zu diesem Zeitpunkt nicht wichtig genug für die Singepolitik des Jugendverbands. In den Akten gibt es kaum Hinweise auf diese Events, keine misstrauische Beobachtung oder Dokumentation dieser Abende, keine Auswertung oder Planung, wie mit dieser Form jugendlichen Singens umzugehen sei. Das lag wohl auch daran, dass die zwanglosen Hootenannys in einem kompletten Gegensatz zu dem Singen in der Schule und der Jugendorganisation standen.

Die Hootenannys lebten von der Spontanität des Publikums, dessen Begeisterungsfähigkeit und der Lust am Improvisieren. Vergleicht man das freie Singen mit den bis dahin üblichen Gesangsperformances innerhalb der Erziehungsinstitutionen, die gerade Spontanität und Emotionalität zügelten und kanalisierten, lässt sich erahnen, wie anregend dieses neue Singen auf die Jugendlichen gewirkt haben muss. Dabei profitierten die Hootenannys indirekt von der Beat-Bewegung und deren zwangsweise abruptem Ende 1965.

---

25 Victor Grossmann: Von der »Hootenanny« zum Oktoberklub. Rückblick auf die Anfänge der FDJ-Singebewegung in der DDR. In: Musik und Gesellschaft 5 (1988), S. 238.

26 Friedman: Neugier (Anm. 18), S. 67.

27 Ebd., S. 68.

Mitte der 1960er Jahre war der Beat in der DDR angekommen. Die FDJ-Funktionäre nahmen ihn als Konkurrenten im Kampf um die Herzen und Köpfe der Jugendliche wahr. Was die Heranwachsenden überzeugte, war die »Emotionalität jenseits der Enge und Selbstbescheidung der Erwachsenenwelt«.[28] Ende Oktober 1965 gab es allein in Berlin 300 »Gitarrencombos«.[29] Viele dieser Gruppen verloren mit dem berüchtigten 11. Plenum des ZK der SED im Dezember 1965, dem sogenannten Kahlschlagplenum,[30] ihre Spielberechtigung. Für die Beat-begeisterten Jugendlichen boten die Hootenannys mit ihrem selbstbestimmten, spontanen, nicht vorgegebenen Singen und Musizieren eine Chance, sich ihren musikalischen Vorlieben unter anderem Label widmen zu dürfen.

Zusammenfassend ist festzuhalten: Unter dem zunächst uninteressierten, aber wohlwollenden Blick der Staatsmacht etablierte sich in der ersten Hälfte der 1960er Jahre eine unabhängige Form gemeinschaftlichen Singens, die von der Lust am Ausprobieren neuer Sounds und Songs und der Wiederentdeckung alter Lieder geprägt war. Auch wenn es sich dabei eher um eine Entwicklung handelte, die nur eine kleinere Zahl interessierter Oberschüler aus dem städtischen Milieu erreichte, ist die Phase der Hootenannys als Nukleus der sich daraus entwickelnden Singebewegung nicht zu unterschätzen. Die Hootenannys liefen so lange unterhalb des Radars der Jugendpolitiker, wie deren Potential für das erziehungspolitische Programm unterschätzt blieb und die kulturpolitische Aufmerksamkeit der Jugendfunktionäre von der Beat-Bewegung absorbiert war. Erst nach dem ›Kahlschlagplenum‹ im Dezember 1965 änderte sich das schlagartig. Die Kultur- und Jugendpolitik brauchte auf ihrem neuerlichen Weg der Annäherung an die musikkulturell als verloren geglaubte Jugend dringend neue Erfolge. Im Januar 1966 übernahm die Berliner FDJ-Bezirksleitung die Hootenanny-Abende und begann, sie nach bewährten Mustern zentral zu koordinieren und zu kontrollieren. Das freie, ungeplante, spontane Singen wurde abgelöst vom organisierten Singen.

Am 6. September 1966 erging vom Zentralrat der FDJ der »Beschluss über die Entwicklung des Singens«.[31] Er ließ keinen Zweifel daran, wie sehr sich die Jugendpolitik an die Jugend dranhängen wollte und doch an ihr vorbeidachte. Singen aus

---

28 Michael Rauhut: Beat in der Grauzone. DDR-Rock 1964 bis 1972 – Politik und Alltag. Berlin: Basisdruck 1993, S. 50.

29 Vgl. Heiner Stahl: Jugendradio im kalten Ätherkrieg. Berlin als eine Klanglandschaft des Pop 1962–1973. Berlin: Landbeck 2010, S. 108.

30 Vgl. Kahlschlag. Das 11. Plenum des ZK der SED 1965. Studien und Dokumente. Hg. v. Günter Agde. 2. Aufl. Berlin: Aufbau 2000.

31 Zentralrat der FDJ: Über die Entwicklung des Singens in der Freien Deutschen Jugend, Beschluß des Zentralrates der FDJ vom 6. September 1966, in: BArch DY 24/1583, o.Bl.; desgleichen auch in: AdK VKM 366, o.Bl; Abdruck auch in der Zeitschrift Junge Generation, November 1966, S. 56–60.

Freude – das Prinzip der Hootenannys – war nach dem Beschluss nicht vorgesehen. Das freie, spontane und ungeplante Singen sollte abgelöst werden vom organisierten Singen. Im Mittelpunkt der Festsetzung stand die »stärkere Durchsetzung« des »Massensingens [...] bei allen Zusammenkünften.«[32] Der geforderten Leidenschaft des Singens eher widersprechend sollte das gemeinsame Erlernen alter und neuer Lieder schematisch erfolgen. Das spontane *learning by doing* der Hootenannys wurde ersetzt vom planmäßig durchorganisierten Liedlernen. Dafür verantwortlich waren »Funktionäre für Lied und Gesang«.[33] Die FDJ-Kulturpolitiker*innen kamen zu dem folgerichtigen Fazit: »›Hootenannies‹ [sind, J.B.] für die Entwicklung der Singebewegung im Jugendverband wichtige Vorstufen und [verdienen, J.B.] unsere Unterstützung.«[34]

4. Singeklubs zwischen politischer Erziehung und eigensinnigem Aushandeln

Im Frühjahr 1967 wurde aus dem ein Jahr zuvor gegründeten ›Hootenanny-Club‹ im Zuge der kulturpolitischen Offensive ›zur Bekämpfung der amerikanischen Unkultur‹ der ›Oktoberklub‹, ein Name, der sich als Andenken an die ›Große sozialistische Oktoberrevolution‹ 1917 verstand. Die Lust am Singen sollte umdefiniert werden in ein Bekenntnis zur Heimat DDR. Lutz Kirchenwitz, Gründungsmitglied des Oktoberklubs, unterstrich in einer Rede vor 2.500 Jugendlichen 1967 diese Idee, indem er Singen als »natürlichen Ausdruck unseres Denkens und Fühlens« bezeichnete und sich an den altbekannten Vorstellungen der Jugendfunktionäre bediente: »Das Lied muß sich organisch in unseren Alltag einfügen. Das Singen muß zu einer guten Gewohnheit werden«; »Spaß« und das »ernsthafte Bekenntnis zur Stärkung unserer Republik« gingen Hand in Hand.[35] Rund um das Pfingsttreffen der Jugend im Mai 1967 in Karl-Marx-Stadt gründeten sich an Schulen, innerhalb der Jugendbrigaden in den Betrieben oder an den Universitäten immer mehr FDJ-Singeklubs. Bis zu den Weltfestspielen 1973 erreichte die Singebewegung mit 3.800 bis 4.500 Singeklubs ihren Höhepunkt.

Waren diese FDJ-eigenen Klubs Erziehungsräume oder selbstständige Freizeitgestaltung? Anhand der Geschichte des Singeklubs ›Oder-Neiße‹ aus dem VEB Petrolchemisches Kombinat Schwedt lässt sich diese Frage näher diskutieren.

32 Ebd. (Unterstreichung im Original).

33 Siehe dazu Anonym: Der Funktionär für Lied und Gesang. In: Junge Generation 1966, S. 47.

34 Beschluß des Büros des Zentralrates der Freien Deutschen Jugend: Konzeption für die kulturpolitische Tätigkeit der Freien Deutschen Jugend bis zum 20. Jahrestag der Gründung der DDR, 10. Mai 1966, in: BArch DY 24/6183, o. Bl.

35 Lutz Kirchenwitz: Wo wir stehn und was wir singen. In: Neues Leben (1967), Juli, S. 35–39, S. 36.

Die Grundlage dafür bilden folgend die Überlieferung dieses Singeklubs und die Erinnerungen von Jürgen Langhans, der als Auszubildender 1970 nach Schwedt kam und Mitglied dieses FDJ-Klubs wurde. An dem Beispiel lässt sich erkennen, wie jugendliche Interessen mit staatlichen Erziehungsambitionen im Kleinen ausgehandelt wurden, wie sich »Herrschaft als soziale Praxis« ausprägte.[36] Der institutionelle Rahmen der Singeklubs als ein Freizeitangebot mit dem Anspruch der politischen und ideologischen Erziehung definierte den Raum, in dem sich die Jugendlichen bewegten. Doch wie der Raum gefüllt wurde, was darin stattfand, das war das Ergebnis von »Aushandlung und Kompromissbildung«, von »sozialer Interaktion«.[37]

Die Singeklubs waren nicht nur ein musikalisches Phänomen, sondern sie sollten auch einen erzieherischen Zugriff auf die Heranwachsenden in ihrer Freizeit ermöglichen. Denn als »Freizeitkollektive« hatten die Klubs »politische und musikalisch-ästhetische Aufgaben« zu erfüllen.[38] »Unterhaltung« und »Freude am Singen« sollten verbunden werden mit der »ideologischen Erziehungsarbeit«.[39] »Singeklub, statt Singeklub« – so brachte Lutz Kirchenwitz die erwünschte Doppelfunktion der Singeklubs auf den Punkt.[40] Der Singeklub galt demnach nicht ausschließlich als Ort des gemeinsamen Singens, sondern als Ort der gemeinsamen Freizeit.

Das erlebten auch die Lehrlinge des Schwedter Kombinats. Sie erfüllten die ihnen zugewiesenen Repräsentationsaufgaben: Sie sangen zu den festgeschriebenen Terminen und probten die Lieder, die die FDJ in der Person des ›Singefunktionärs‹ vorgab. Das bedeutet jedoch nicht, dass die Jungen und Mädchen erst die Lieder politisch durcharbeiteten und diskutierten, ehe sie diese sangen, oder dass sie daran ihren eigenen politischen Standpunkt reflektierten, wie es die staatlichen Konzeptionen zu den Singeklubs vorsahen. Sie imitierten das, was sie aus dem Radio kannten, sangen die Lieder, die sie gerne mochten (und dazu gehörten auch die Lieder, die die FDJ vorgab), probierten sich mit ihren Instrumenten und Stimmen aus, experimentierten mit der neuen Bass- und Aufnahmetechnik.

So beschrieb Jürgen Langhans den Singeklub Oder-Neiße als soziales Phänomen. Im September 1970 kam der damals 16-Jährige in eine fremde Stadt. Die wöchentlichen Treffen mit den Mitgliedern des Singeklubs ermöglichten es ihm,

36 Hier im Sinn von Thomas Lindenberger: SED-Herrschaft als soziale Praxis, Herrschaft und ›Eigensinn‹. Problemstellung und Begriffe. In: Staatssicherheit und Gesellschaft. Studien zum Herrschaftsalltag in der DDR. Hg. v. Jens Giesecke. Göttingen: Vandenhoeck & Ruprecht 2007; Alf Lüdtke: Einleitung. Herrschaft als soziale Praxis. In: Herrschaft als soziale Praxis. Historische und sozial-anthropologische Studien. Hg. v. Alf Lüdtke. Göttingen: Vandenhoeck und Ruprecht 1991.

37 Thomas Lindenberger: SED-Herrschaft (Anm. 36), S. 30f.

38 Winfried Stanislau: FDJ-Singebewegung (Anm. 15) S. 4, Zahlen auf S. 9.

39 Ebd, S. 4.

40 Roland Wunderlich/Bernhard Hönig (Hg.): Oktav Nr. 5. Berlin: Verlag Junge Welt 1968, S. 2.

schnell Kontakt zu schließen. »Wir waren alle so auf derselben Schiene, wir wollten einfach ein bissel Spaß haben, mal in der Woche zusammenkommen, rausfahren und Musik machen.« Über Politik wurde genauso wenig diskutiert, wie über den Inhalt der Lieder. »Wir haben einfach nur die Lieder gesungen, daraus ergab sich ja dann schon, wenn man den Inhalt singt, de facto die richtige Richtung. Also ich habe keinerlei Diskussionen darüber erlebt. Für uns war die Welt noch in Ordnung, da 1970.«[41]

Fotos oder 8mm-Schmalspuraufnahmen von Jürgen Langhans aus der Zeit zeigen Jugendliche, die auf Spielplätzen rumtollen. Sie aßen, tranken, rauchten, lachten oder tanzten zusammen – das, was 16–18-Jährige eben tun. Scheinbar nebenbei texteten sie ihre eigenen Lieder, probierten neue Sounds und packten ihre Gedanken und Gefühle in neue Songs, die offensichtlich wenig Anstoß erregten, aber auch nicht ihren Weg auf die große Bühne fanden.

Im ›Singezentrum‹, dem Ort des Singeklub Schwedt, ging es daher bei weitem nicht allein um das angeleitete Singen; im Gegenteil wurde es von den Schwedtern als Jugendklub genutzt, in dem abendliche ›Diskos‹ stattfanden mit der Technik, die der Singeklub für seine Proben und Auftritte gesponsert bekommen hatte. Im Verständnis von Alf Lüdtke könnte das als ein eigensinniges Verhalten der Jungen und Mädchen interpretiert werden, als eine von vielen möglichen »(selbst)deutenden« und sinnproduzierenden »Aneignungspraktiken«.[42] Dabei ging es eben nicht darum, die von der FDJ ausgeübte Herrschaft infrage zu stellen, sondern sich in den derart strukturierten Räumen sinngebend zu verhalten. Damit hat der »Eigensinn« nicht notwendigerweise eine »Herrschaft in Frage stellende Wirkung«, sondern eben auch das Potential, »herrschaftsstabilisierend« zu sein.[43]

Dieser kurze Einblick in den Singeklub Oder-Neiße zeigt, dass die Singeklubs durchaus in den Jahren um 1970 als herrschaftsstabilisierende Räume interpretiert werden können. Es geschah wenig darin, was den Funktionären der Jugendorganisation Anlass zum Misstrauen geben konnte. In den Singeklubs näherten sich die Jugendlichen und die Interessen des Jugendverbandes einander an. Das lässt sich insbesondere an dem neuen Singeklublied erkennen, das ein Produkt der Annäherung, Aushandlung und Kompromissbildung ist.

41 Alle direkten Zitate stammen aus einem lebensgeschichtlichen Interview mit Jürgen Langhans, von der Autorin am 4. März 2017 geführt.

42 Lüdtke: Geschichte und Eigensinn (Anm. 14), S. 142 u. 146.

43 So Thomas Lindenberger: SED-Herrschaft (Anm. 36), S. 34. Er versteht basierend auf Lüdtke das Eigensinn-Konzept »polyvalent«.

5. Das Singeklublied und Singen als Emotionspraxis

Für den Zeitraum 1966 bis 1973 lassen sich circa 350 verschiedene Lieder aus dem Umfeld der Singebewegung dokumentieren.[44] Weit über die Hälfte dieser Lieder waren Neukompositionen der Singeklubs. Die anderen Lieder zählten zu den Volksliedern und Arbeiterliedern. Die Quellen zeigen deutlich auf, dass es bei dem Singen wiederum um die Erziehung der Gefühle, um das richtige Fühlen der Jugend ging. Um welche Gefühle geht es eigentlich? Wie lässt sich das methodisch fassen?

Da die Analyse von Liedern wenig aussagt über die Wirkung von Singen, wird hier der Vorschlag unterbreitet, Singen als emotionale Praxis zu definieren.[45]

Die Emotionsgeschichte macht nachdrücklich deutlich, dass Emotionen vor allem in Praktiken erforscht werden können. »The History of Emotions is not so much a history of words and concepts, but of practices«, stellte Ute Frevert heraus.[46] Genau darin liegt die entscheidende methodische Herausforderung, aber auch der Gewinn einer Geschichte der Emotionen. Monique Scheer gab dafür den entscheidenden methodischen Impuls. Emotionen sind demzufolge etwas, was wir erlernen, erfahren und managen, aber auch etwas, das wir *tun*:

> Wir tun sie nicht im Sinne einer intentionalen Handlung, sondern im Sinne des *doing* der Performativitäts- und Praxistheorie, und da dieses *doing* stets mit anderen Praktiken verbunden ist, kommen wir methodisch in der historischen und kulturwissenschaftlichen Forschung über diese Praxiskomplexe an die Gefühle ›heran‹.[47]

---

44 Dafür wurden ausgewertet Liedhitparaden von DT 64, *DT 64* Liederbücher, Oktav-Hefte, Programme der Werkstattwochen, Liedblätter in der *FF DABEI* (ab 21. Mai 1967), Liedblätter aus den Jugendzeitschriften *Junge Generation* und *Neues Leben* sowie Programme, die sich in Akten des Bundesarchives befanden. Damit können nur die Lieder berücksichtigt werden, die auf irgendeine Art auch verbreitet und bekannt waren. Mit Sicherheit ist davon auszugehen, dass in den einzelnen Singeklubs auch immer wieder neue Lieder entstanden, die nicht den Weg in eine breitere Öffentlichkeit gefunden haben. Es lässt sich aber auch begründet davon ausgehen, dass die bekannten Lieder prototypisch das Liedschaffen in den Singeklubs abbilden.

45 Vgl. zum Folgenden Juliane Brauer: Lied und Musik im Geschichtsunterricht. Frankfurt a.M.: Wochenschau Verlag 2021.

46 Ute Frevert: The History of Emotion. In: Handbook of Emotions. Hg. v. Lisa Feldman Barrett et al. New York: Guilford Press 2016, S. 56: »Words and concepts are interesting only to the extent that they inform, guide, and frame emotional practices […]. It is in those practices that give emotion words their historically precise meaning.«

47 Monique Scheer: Emotionspraktiken. Wie man über das Tun an die Gefühle herankommt. In: Emotional Turn?!: europäisch ethnologische Zugänge zu Gefühlen & Gefühlswelten. Hg. v. Matthias Beitl und Ingo Schneider. Wien: Selbstverlag 2016, S. 15–36, hier S. 16f.

Lieder, so die Grundannahme hier, haben an sich keine einprogrammierte emotionale Wirkmächtigkeit, auch wenn es die Komponisten vielleicht so beabsichtigt haben. Die Wirkung entsteht im Gebrauch der Lieder, der Präsentation und Wahrnehmung des Gesanges. Singen als eine Emotionspraktik lässt sich in einem methodischen Dreieck abbilden, das der Idee der Emotions*praktik* gerecht wird und einen historischen Zugriff auf das gesungene Lied erlauben soll. Die Eckpunkte des Dreieckes lassen sich wie folgt benennen:

Lieder als musikalische Produkte: Lieder sind musikalische Kompositionen, die sich daraufhin überprüfen lassen, welche emotionalen Angebote die Komponisten machen, welches musikalische Material sie verwenden und wie dieses kulturell eingebettet ist, das heißt gedeutet werden kann. Anhand zeitgenössischer Diskurse wird herausgearbeitet, welche Vorstellungen und Wirkungsabsichten der Komposition zu Grunde liegen, welche zeitgenössischen Konzepte emotionaler Wirkmächtigkeit von Gesang das Texten und Komponieren beeinflusst haben können.

Praktiken des Singens: Lieder werden durch ihren Gebrauch soziale Realität, durch Aufführung, Interpretation, Darbietung oder Vorstellung. Gemeinschaftliches Singen ist eine Praktik, die auf Selbsttätigkeit der Anwesenden baut. In diesem interaktiven Prozess der Beteiligten werden Emotionen aktiviert, kommuniziert und sozial geteilt. Diese Aufführung ist ein einmaliger, nicht reproduzierbarer Akt. Dennoch können Aufführungen strukturell, wenn auch nicht identisch, wiederholt werden. Durch solche Wiederholungen können Praktiken zu Ritualen werden. Rituale werden gedeutet als wiederholtes Re-enactment gelernter emotionaler Dispositionen in einer Gemeinschaft zum Zwecke der Stabilisierung und Definition dieser Gemeinschaft über Emotionen.

Singen als Emotionsarbeit: Im gemeinschaftlichen Singen erfolgt die spezifische kulturelle Wahrnehmung, Deutung und Einverleibung der kulturellen Praktik. Wenn erlernte Präferenzen, Erwartungshaltungen, Erfahrungsgewohnheiten die Wahrnehmung von Musik prägen, dann bildet sich auf dieser Ebene ab, ob und wie Kinder und Jugendliche durch gemeinschaftlichen Gesang gelernt haben, sich erwünschte emotionale Dispositionen einzuprägen, sie zu manifestieren und auszuagieren – oder eben auch nicht.

Diese drei Aspekte sollen folgend an dem ›Klassiker‹ der FDJ-Singebewegung *Sag mir, wo Du stehst* (1966, Hartmut König) diskutiert werden in Hinblick auf die Forderung nach dem ›echten‹ Fühlen. »Verlangt wird echtes Gefühl«, hieß es 1966 in einem Bericht der FDJ-Zeitschrift *Neues Leben*:

> Aufrichtigkeit, man will sich selbst ausdrücken, das eigene Lebensgefühl, die eigene Haltung zur Welt. Man will lustig sein und nachdenklich, man will spüren,

> was man gemeinsam hat und daß man zusammengehört. Deshalb läßt man sich nicht ein Konzert geben, sondern macht es selbst.[48]

Wie wird dieses ›echte‹, ›authentische Fühlen‹ hergestellt? Gerade an dem ersten und bekanntesten Lied der Singeklubs lässt sich prototypisch zeigen, wie die Singebewegung ein Konglomerat vieler gleichzeitig existierender Musikstile, Gesangsformate und Freizeitinitiativen war und damit etwas ganz Eigenständiges im Mittelfeld der Interessen der FDJ und der Jugendlichen darstellte. Deutlich erkennbar sind die amerikanischen Protestsongs als Ideengeber zu benennen. *Sag mir, wo Du stehst*, dieses Lied soll vom amerikanischen Gewerkschaftslied *Which side are you on* (1931, Florence Reece, auf die Melodie einer Baptistenhymne) inspiriert worden sein.[49] Zu erkennen ist das an der Old-Time-Jazz-Technik, die riff-ähnliche rhythmische Strukturen favorisiert, das bedeutet, dass kurze prägnante Motive stetig wiederholt werden und damit über einen hohen Wiedererkennungswert verfügen.[50] Unverkennbar ist der ähnliche Duktus beider Lieder, die mehrmalige direkte und persönliche Aufforderung, einen Standpunkt zu beziehen, sich für eine Sache zu bekennen.

Die Aufforderung »Sag mir, wo Du stehst« kann sowohl musikalisch als auch sprachlich als eine Adaption der Frage »Which side are you on?« gesehen werden. Auch wenn die englischsprachige Vorlage als Frage formuliert ist, handelt es sich genauso wie bei König um die Aufforderung, einen Standpunkt zu beziehen. Die parallele musikalische Gestaltung ist daher auch nicht verwunderlich. Auffallender sind eher die Unterschiede zum amerikanischen Protestsong der frühen 1930er Jahre. Der erste Teil des Liedes zeichnet sich durch eine dreifache Wiederholung der Aufforderung »Sag mir, wo Du stehst« aus. Harmonisch gibt es einen konstanten Wechsel zwischen Grundtonarten e-moll und dem parallelen G-Dur. Dieses harmonische Oszillieren markiert auch den zweiten Teil des Liedes. Wobei die letzten dreieinhalb Takte klar in e-moll stehen und damit sich für eine Grundtonart und – im übertragenden Sinne – für eine Seite entscheiden. Dieses unentschlossene Changieren zwischen den Grundtonarten symbolisiert die Unentschiedenheit, die der Text so plakativ ankreidet, das stetige Wechseln der Seiten oder, um es musikalisch zu beschreiben, der Grundstimmung. Aus der Zögerlichkeit entsteht ein Zustand des gehetzten Stillstehens. So ließe sich der zweite Teil deuten, der zum einen aus fünf Takten Vierteltriolen und in der Phrasierung sieben Takten Vierteltriolen besteht, die zudem keinerlei sprachliche Pausen ermöglichen. Die Triolen stehen für

48 Anonym: Hootenanny im Club. In: Neues Leben (1966), Juli, S. 17.

49 Mosche Zuckermann: Konkreter und abstrakter Gesinnungskampf. In: Melodie und Rhythmus (2015), Nr. 5. S. 78.

50 Vgl. dazu auch Ludwig Matthies: Liederernte im Liederfrühling. Bemerkungen zum Massenliedschaffen des 1. Halbjahres 1967. In: Musik und Gesellschaft (1967), H. 17, S. 775.

das Ruhelose, das Tempo wirkt durch die Drittelung der Notenwerte deutlich angezogen, die rhythmischen Wiederholungen erzwingen jedoch einen musikalischen Stillstand. Unterstützt wird dieser ambivalente Eindruck durch die taktweisen Tonwiederholungen und das schrittweise Ansteigen der Melodie über die fünf Takte. In der Phrasierung wird der Zustand des Ruhelosen in den letzten drei Takten aufgelöst. Dieses geschieht durch das klare Bekenntnis zu e-Moll als Grundtonart und durch den abfallenden Melodiebogen über eine Oktave hinweg auf den Grundton. Im Duktus fordert es eine klare Stellungnahme, ein eindeutiges Bekenntnis für eine Idee ein. Damit nimmt es ein wesentliches Charakteristikum der Lieder der Singebewegung vorweg: Die Forderung nach einem festen Standpunkt.

In der Jugendpresse wurden diese Songs hoch gelobt. Ohne rebellisch zu sein, nahmen sie sich die »großen« Themen vor: »Frieden, Freundschaft, Liebe und Parteilichkeit«. Dabei blieben sie bei den Prinzipien von »Einfachheit und Verständlichkeit«, ohne sie mit »Kitsch und Banalität« zu verwechseln. Das jedenfalls betonte der Redakteur in seiner Reportage im *Neuen Leben* mit einem Seitenhieb auf die unliebsame Erscheinung des Schlagers.[51] Damit ging es zum einen um jugendliche Gefühle, aber auch um die Festsetzung der wahren und authentischen Gefühle gegenüber den falschen »Gefühlchen«.[52]

Auch der Beat mit seinen »unsauberen Gefühlsexzessen« stand als Negativbeispiel Pate. Gezügelt, »gesäubert« und von der »Banalität«[53] befreit fanden aber nicht nur Elemente des Beats Eingang in die Liedkompositionen der Singeklubs, sondern mit den Triolen auch Elemente der Tanzmusik. Damit zeigte sich, wie sehr die Singeklubs tatsächlich zu Räumen der Aushandlung und des Ausprobierens von Musik wurden, die eigentlich bei den Funktionär*innen auf Ablehnung gestoßen, in der Verarbeitung der Singeklublieder aber akzeptabel war.[54]

Deshalb war das Lied *Sag mir, wo Du stehst* so erfolgreich. Es forderte ein klares Bekenntnis zum Staat ein. Das bedeutete Aufrichtigkeit und Ehrlichkeit, kein verstecktes Fühlen, sondern ein das »wahre Gesicht«-Zeigen.[55] Es ist ein Bekenntnislied in der Tradition der Arbeiterlieder und der amerikanischen Gewerkschaftslieder. In diesem Sinn lobte Gisela Steineckert die Lieder von Hartmut König als »unverkrampft«, seine Sprache als »natürlich und eindrucksvoll«. Sie betonte die »Ehr-

51 H. B.: Team4. In: Neues Leben (1966), Juni, S. 49.

52 Klaus Kern: Schlager, Chansons, Festivals. In: Neues Leben (1966), November, S. 34.

53 Schade, Karin: Den Singeklubs in die Werkstatt geschaut. FDJ-Singestudio Müritz will mit seinen Liedern wirksam werden. In: Volksmusik (1968), Nr. 7, S. 21.

54 Vgl. Fritz Bachmann: Eine Woche lang lernen – singen – kämpfen. In: Volksmusik 1 (1968), S. 2f.

55 Olaf Schäfer: Pädagogische Untersuchungen zur Musikkultur der FDJ. Ein erziehungswissenschaftlicher Beitrag zur Totalitarismusforschung. Berlin: Wissenschaftlicher Verlag 1998, S. 268f.

lichkeit und sein Engagement«, die zu einem »reichen Gefühl« würden.[56] Für die Jugendlichen in den Singeklubs bedeuteten ›echt‹ und ›authentisch‹, dass sie selbst ausprobieren konnten, welche musikalische Sprache, welche Themen, welche Art zu singen zu ihnen passte.

6. Fazit

Die Suche nach dem ›ehrlichen‹, ›echten‹ und ›authentischen‹ Fühlen wurde unter den Begriff ›DDR-konkret‹ gefasst. Es brauchte nur eine kurze Zeitspanne von circa zwei Jahren, bis diese Idee des Konkreten in den Liedern und dem Singen angekommen war. Die Lieder waren nicht mehr Auftragskompositionen von ›verdienten‹ Schriftsteller*innen und Komponisten*innen, die dem jugendlichen Denken und Fühlen hinterherjagten, sondern Ergebnisse der gemeinschaftlichen Beschäftigung mit Musik in den Singeklubs. Die Jungen und Mädchen arbeiteten sich regelrecht an den Texten und Kompositionen ab, verarbeiteten Klänge, Harmonien und Rhythmen zahlreicher ihnen vertrauter Stilrichtungen. Sie vermischten offizielle Begriffe mit der ihnen geläufigen Jugendsprache, definierten Themen, die sich aus ihren eigenen alltäglichen Beobachtungen ergaben. Diese mussten nicht notgedrungen anders als die Themen der älteren Jugendlieder sein, sie waren aber variantenreicher und hatten viel mehr mit dem persönlichen Erleben der Jugendlichen zu tun.

Die großen Konzepte der 1950er und 1960er Jahre wurden heruntergebrochen auf die konkreten, alltäglichen Beobachtungen, Gedanken und Gefühle. Das stellten auch die zeitgenössischen Beobachter*innen fest. Die Jugend wolle die »Unmittelbarkeit des Emotionalen«, sie sei »allergisch gegen Pathos und gegen das zu groß betonte Marschtempo«, fasste die zentrale Liedkommission ihre Erkenntnisse 1972 zusammen und insistierte: auch »Humor und Konkretheit dürfen nicht fehlen«.[57]

Gefühle wurden in den Liedern der Singebewegung anders als bei den FDJ-Singefunktionären adressiert, denn es ging um das individuelle Fühlen. Im Gegensatz zu den Liedern der 1950er Jahre waren es dieses Mal Gefühle, an denen sich die Jugendlichen in ihren Liedern selbst abarbeiteten. Das Komponieren und Dichten der Lieder und die Diskussion darüber in den Singeklubs waren die eigentliche Gefühlsarbeit, nicht so sehr das Singen, wie es bis dahin in den Massenliedern angelegt war.

---

56 Gisela Steineckert: Werkstattgespräche. In: Melodie & Rhythmus 6 (1968), S. 27.

57 Kommission Lied: Niederschrift über die Sitzung vom 13. April 1972, in: AdK VKM 2031, o. Bl.

»Wer, wenn nicht wir«[1]

Annäherungen an eine sozialistische Gesellschaft über die FDJ-Singebewegung (1966/67–1990)

Cornelia Bruhn

Die FDJ-Singebewegung wird zumeist mit Jugendlichen im FDJ-Hemd und mit Gitarre in der Hand assoziiert. Der Oktoberklub als bekanntester Singeklub symbolisiert für viele ehemalige DDR-Bürger*innen eine uniformierte Staatsjugend, die sich bereitwillig in den Dienst des SED-Regimes stellte und sich von diesem inszenieren ließ.[2] Wolf Biermann prägte den Namen der »Kaisers-Geburtstags-Sänger« für die Singeklubs.[3] Auch in der DDR-Forschung dominiert diese Einschätzung der FDJ-Singebewegung, wodurch diese auf ihre agitatorisch-propagandistische Funktion reduziert wird.[4] Dieser Einschätzung liegt eine dichotome Vorstellung des Ver-

1 Helmut Preißler/Horst Traut: Wer, wenn nicht wir! In: Oktav 10/11 (1970), S. 3–4; als Frage »Wer, wenn nicht wir?« auch in Heinz Kahlau/Klaus Schneider: Terra Humanitas, auf: Solidarität geht weiter [LP zu den Weltfestspielen der Jugend und Studenten 1973], ETERNA 8 15 073, 1974, B7. Alle Entstehungsdaten der Lieder bilden die ersten mir bekannten Veröffentlichungen oder Mitschnitte ab.

2 Zur Entstehungsgeschichte der FDJ-Singebewegung vgl. den Beitrag von Juliane Brauer in diesem Band.

3 Wolf Biermann zit. n. Ich bin nicht der einsame Sänger. Interview mit Wolf Biermann in seiner Ost-Berliner Wohnung. In: *ran* Nr. 4 (1975), 4, S. 32–33, hier S. 32.

4 Dorothee Wierling spricht von der Singebewegung als Teil der »immer perfekteren Inszenierungen des Jugendlebens« (Dorothee Wierling: Die Jugend als innerer Feind. Konflikte in der Erziehungsdiktatur der sechziger Jahre. In: Sozialgeschichte der DDR. Hg. v. Hartmut Kaelble, Jürgen Kocka und Hartmut Zwahr. Stuttgart: Klett Cotta 1994, S. 404–425, hier S. 419), Stefan Wolle vom späten Oktoberklub als »staatsfromm bis zur Peinlichkeit« (Stefan Wolle: Der Traum von der Revolte. Die DDR 1968. Berlin: Ch. Links 2008, S. 63). Arbeiten von ehemaligen Singebewegten, wie jene von Lutz Kirchenwitz, werden durch die Fachwissenschaft trotz ihrer detaillierten und quellenbasierten Darstellung meist weitgehend ignoriert. Juliane Brauer hat mit ihrem Kapitel zur Singebewegung in ihrer Habilitationsschrift *Zeitgefühle* eine erste umfassendere aktuelle Studie vorgelegt. Sie endet, wie auch Lutz Kirchenwitz' Arbeit, um 1973. Vgl. Juliane Brauer: Zeitgefühle. Wie die DDR ihre Zukunft besang. Bielefeld: transcript 2020, S. 253–320 (Kapitel zur FDJ-Singebewegung). Für die Zeit der Singebewegung ab Mitte der 1970er besteht eine Leerstelle.

hältnisses von Staat und Zivilgesellschaft zugrunde, wobei die Singebewegten monolithisch der staatlichen Seite zugerechnet werden. Damit wird ein Verständnis absoluter Durchherrschung der DDR tradiert, welches in der Forschung bereits aufgebrochen wurde.[5] Die Singebewegten werden dieser Interpretation folgend in der Forschung kaum als Akteure mit eigenen Interessen und Gedanken wahrgenommen. Auch wenn sie überwiegend mit der Parteilinie übereinstimmten bzw. dieser folgten, kam es ihrerseits auch zu Differenzen, Distanzierungen und Kritik an parteipolitischen Zielvorgaben bzw. Herrschaftspraktiken.[6]

Dieser Beitrag stellt die Frage, inwieweit die FDJ-Singebewegung ein »staatlicher Partizipationsraum« war.[7] Ziel ist, die beiden Seiten des Engagements der Singebewegten zu skizzieren: einerseits ihre herrschaftsstabilisierende Funktion zu beschreiben und die FDJ-Singebewegung andererseits als offiziellen Partizipationsraum zu begreifen.[8] Dieser umfasste »nicht nur staatliche Steuerungsinstanzen,

---

5 Zusammenfassend dazu aus der aktuellen Literatur: Jörg Ganzenmüller: Herrschaft, Partizipation und Vergemeinschaftung. Perspektiven einer Gesellschaftsgeschichte der DDR. In: Gesellschaft als staatliche Veranstaltung? Orte politischer und kultureller Partizipation in der DDR. Hg. v. ders. und Bertram Triebel. Köln: Böhlau 2022, S. 17–40; sowie ders./Bertram Triebel: Einleitung. In: ebd., S. 7–16; zu den beiden Positionen: Jürgen Kocka: Eine durchherrschte Gesellschaft. In: Sozialgeschichte der DDR (Anm. 4), S. 547–553, hier S. 548–550; Detlef Pollack: Die konstitutive Widersprüchlichkeit der DDR. Oder: War die DDR-Gesellschaft homogen? In: Geschichte und Gesellschaft 24 (1998), S. 110–131, hier S. 115.

6 Vgl. Cornelia Bruhn: Die FDJ-Singebewegung – eine staatliche Veranstaltung? Engagement und Entfremdungsprozesse in der Sphäre staatssozialistischer Jugendkultur der DDR. In: Gesellschaft als staatliche Veranstaltung? (Anm. 5), S. 151–181.

7 Ganzenmüller/Triebel: Einleitung, in: Gesellschaft als staatliche Veranstaltung? (Anm. 5), S. 7–16, hier S. 8–11. Die Autoren benennen hier als »staatliche Partizipationsräume« die Handlungsmöglichkeiten von Kommunen, die Blockparteien CDU und LDPD, die Behandlung kulturalistischer Themen wie Heimat, Identität und Umwelt sowie Forschungen zur Historisierung der DDR im Oktober 1990. Sie beziehen sich dabei auf die von Thomas Lindenberger beschriebenen »Räume des Mitmachens« (ebd., S. 10f.). Vgl. dazu Thomas Lindenberger: Das Land der begrenzten Möglichkeiten. Machträume und Eigen-Sinn der DDR-Gesellschaft. In Deutschland Archiv, 10.08.2016; https://www.bpb.de/232099, zuletzt abgerufen am 12.07.2024.

8 Dieser Aufsatz basiert auf den Recherchen zu meiner Doktorarbeit »Lieder für den Sozialismus. Akteure, Alltag und Utopie der FDJ-Singebewegung (1966–1990)«, Projektskizze unter der URL: https://www.imre-kertesz-kolleg.uni-jena.de/graduate-school/members/cornelia-bruhn, letzter Zugriff: 12.07.2024. Das Quellenkorpus der Arbeit bilden im Wesentlichen das SED- und FDJ-Aktenmaterial aus dem Bundesarchiv Berlin, 20 Interviews mit ehemaligen Singeklubmitgliedern, das umfangreiche Musikarchiv des Vereins Lied und soziale Bewegungen e.V. (Berlin) sowie Unterlagen aus dem Stasi-Unterlagen-Archiv im Bundesarchiv. Hinzu kommen Mitschnitte, Aufzeichnungen, Notenpublikationen u.a. aus Privatarchiven, dem Deutschen Rundfunkarchiv, der Akademie der Künste Berlin sowie Schallplattenproduktionen.

sondern auch Vergesellschaftungskerne«.[9] Es konnten, wie Ralph Jessen es nannte, nicht-intendierte »Nebenfolgen« sozialistischer Herrschaft eintreten.[10] Gemeint sind jene Momente, in welchen die Singebewegten als eigenständig denkende und handelnde Akteur*innen sichtbar wurden und mit den jugend- und kulturpolitischen Zielen der SED und FDJ in Konflikt gerieten. Das herrschaftsstabilisierende Moment findet in Mary Fulbrooks Begriff der »partizipatorischen Diktatur« seine Entsprechung. Dies meint nach ihrer Definition, »dass die Menschen durch das sich ständig verändernde soziale und politische System der DDR eingeschränkt und beeinflusst wurden, es gleichzeitig aber auch aktiv und oft freiwillig trugen«.[11] Die These dieses Aufsatzes ist, dass sich die Singebewegten individuell wie als jugendkulturelles Phänomen zwischen diesen beiden Positionen bewegten.

1. Lieder für eine sozialistische Gesellschaft

Was brachte junge Menschen dazu, in einem Singeklub aktiv zu werden? Im Folgenden sollen vorrangig die politischen Gründe diskutiert werden, auch wenn ›profanere‹ Gründe, wie das gesellige Beieinandersein, die Möglichkeit, für die eigenen Lieder eine Bühne zu finden, und die Chance, jungen Frauen und Männern durch das gemeinsame Singen näher zu kommen, immer eine Rolle spielten. Die Mitgliedschaft im Singeklub, das dort gesungene Repertoire und der Einsatz der Gruppen für parteistaatliche Anlässe jeder Art setzte auch bei jenen, welche nicht primär aus politischer Überzeugung in die Singeklubs eintraten, zumindest ein grundsätzliches Einverständnis mit dem Staatssozialismus voraus. Wie die hunderte ›DDR-konkreten‹ Lieder zeigen, ging das Engagement vieler Jugendlicher weit über dieses Grundeinverständnis hinaus.[12]

Grundlegend für die affirmative Haltung der Singebewegten zum Sozialismus, der SED und DDR war eine gemeinsame Weltanschauung, welche vom Indivi-

9 Ganzenmüller/Triebel: Einleitung (Anm. 5), S. 7–16, hier S. 8f.

10 Ralph Jessen: Die Gesellschaft im Staatssozialismus. Probleme einer Sozialgeschichte der DDR. In: Geschichte und Gesellschaft 21 (1995), H. 1, S. 96–110, hier S. 110 u. 100.

11 Mary Fulbrook: Ein ganz normales Leben. Alltag und Gesellschaft in der DDR. 2. durchges. und mit einem neuen Vorwort versehene Aufl. Darmstadt: Wissenschaftliche Buchgesellschaft 2011, S. 28 (engl. Originalausgabe 2005).

12 In den Singeklubs entstanden Lieder, denen die Jugendlichen die Bezeichnung ›DDR-konkrete Lieder‹ gaben. Sie zeichneten sich durch eine agitatorisch-affirmative Haltung zum Sozialismus und stilistische Nähe sowohl zu Kampf- und Arbeiterliedern als auch zur Popularmusik aus. Der richtungsweisende Artikel für die ›DDR-konkreten‹ Lieder stammt von Reinhold Andert: Jugendobjekt: Lieder von uns. Einige Gedanken zur Auswertung der Werkstattwoche der FDJ-Singeklubs in Halle. In: Forum 21 (1967), H. 22, S. 2. Das erste Mal wurde die Formulierung ›DDR-konkret‹ als Beschreibung der Jugendlichen festgehalten von Gisela Steineckert: Stand der Singe. In: Forum 23 (1969), H. 15, S. 12–13, hier S. 12.

duum ausgehend einen zukünftig zu erreichenden Kommunismus in den Blick nahm. Dies war insbesondere für die ersten Jahrgänge der Singebewegten, geboren etwa zwischen 1945 und 1955, wesentlich. Sie wurden durch die Erfahrungen der unmittelbaren Nachwirkungen des Zweiten Weltkriegs in ihren Familien und die schwierige wirtschaftliche Situation der SBZ/DDR geprägt.[13] Ihnen wurden durch die SED-Jugendpolitik die Heldengeschichten der kommunistischen Widerstandskämpfer*innen zum Vorbild. Daraus erwuchs bei vielen ein starkes Verantwortungsgefühl für die neue Gesellschaftsordnung in der DDR.[14]

Ihr Gesellschaftsbegriff wurde durch den Marxismus-Leninismus in der Interpretation der SED geprägt: Erstens wurzelte er in der Vorstellung von der wirtschaftlichen Bedingtheit von »Gesellschaft«.[15] Zweitens galt die Idee des revolutionären (Klassen-)Kampfes als Triebfeder gesellschaftlicher Prozesse. Dem einzelnen Revolutionär wie auch der revolutionären Arbeiterklasse kamen in diesem Weltbild eine gesellschafts- und geschichtsbildende Kraft zu. Drittens waren die Singebewegten überzeugt, der Sozialismus sei das dem Kapitalismus überlegene wirtschaftliche und politisch-gesellschaftliche System, wobei der Kapitalismus mit ›Faschismus‹, Krieg und Unterdrückung assoziiert wurde.[16] Viertens kam dem sozialistischen Staat der DDR als Grundlage für die Umsetzung eines sozialistischen Gesellschaftsentwurfs eine große historische Bedeutung zu.

Die Lieder zeigen insbesondere bis Mitte der 1970er Jahre, wie stark die Singebewegten sich dieses Auftrags, eine bessere, das hieß für sie eine sozialistische, Gesellschaftsordnung zu erbauen und für die Zukunft zu sichern, annahmen. Dreh- und Angelpunkt waren dabei Werte wie Tatkraft, Mut, Ehrlichkeit, Fleiß, Arbeitswille, der unerschütterliche Glaube an den Fortschritt und die ganz persönliche Verantwortung für den positiven, das heißt sozialistischen, Verlauf der Geschichte.[17] Die-

---

13 Zur Erfahrung dieser Jahrgänge als ›Jahrgang 1949‹ vgl. Dorothee Wierling: Geboren im Jahr Eins. Der Jahrgang 1949 in der DDR. Versuch einer Kollektivbiografie. Berlin: Ch. Links 2002, sowie als autobiografische Darstellung Hartmut König: Warten wir die Zukunft ab. Autobiografie. Berlin: Neues Leben 2017, S. 20.

14 Juliane Brauer beschreibt diesen Prozess der Wertebildung sehr anschaulich in ihren Kapiteln zu den Pionierliedern der 1950er Jahre. Vgl. Brauer: Zeitgefühle (Anm. 4), S. 141–207.

15 Matthäus Klein: Art. »Sozialismus und Kommunismus«. In: Philosophisches Wörterbuch. Hg. v. Georg Klaus und Manfred Buhr. Bd. 2. 7. Aufl. Leipzig: VEB Bibliographisches Institut 1970, S. 997–1008, hier S. 997.

16 Im Sinne der Dimitrov'schen Faschismustheorie (1933), in welcher »Faschismus« als »offene terroristische Diktatur der am meisten reaktionären, chauvinistischen und imperialistischen Elemente des Finanzkapitals« definiert wird (Georgi Dimitrov zit. n. Leonid Luks: Entstehung der kommunistischen Faschismustheorie. Die Auseinandersetzung der Komintern mit Faschismus und Nationalsozialismus 1921–1935. Stuttgart: Deutsche Verlagsanstalt 1985, S. 177).

17 In den Liedern kommt dies insbesondere durch das Fahrtenmotiv stark zum Ausdruck. Vgl. Brauer: Zeitgefühle (Anm. 4), S. 295–297. Anschaulich diskutiert Juliane Brauer auch das

se hohen Ansprüche kommen in vielen Liedern zum Ausdruck. Ein Beispiel dafür ist das *Lied vom Besserwissen* (1970). Es liegt in zwei Varianten vor: Einmal in der Druckfassung von 1970 und einmal als Mitschnitt von der 4. Werkstattwoche der FDJ-Singeklubs 1970:

Wer die Welt verändert,
muß durch Taten lernen,
denn der Sozialismus
fällt nicht von den Sternen. [...]
[Refrain:]
Nachher
wird man's immer besser wissen.
Doch das Nachher
kommt nicht von allein.
Und weil wir's wissen,
stets besser wissen,
[gesungen auf der 4. Werkstattwoche: Und weil wir's stets besser wissen müssen]
muß die Arbeit
heut bewältigt sein.

Jene, die am Tage ihre Zeit verpennen,
mühen sich am Abend Mängel zu erkennen.
Wenn sie lamentieren, weil sie Fehler sehn –
habt die bessren Nerven, laßt sie einfach stehn!

[Refrain:] Nachher...
Haben wir die Mängel
endlich so behoben,
daß selbst all die Nörgler
unsre Sachen [unsre Sache] loben;
ist der Sozialismus
endlich aufgebaut –
dann seid nicht zufrieden,
dann sagt selber laut:

Nachher
wird man manches besser wissen.
[Nachher wird man's immer besser wissen]
Doch das Nachher
kommt nicht von allein.
Und weil wir's

Wechselspiel von Vertrauen und Misstrauenspraktiken für die Mitte der 1960er Jahre (vgl. ebd., S. 209–252).

stets besser wissen müssen,
dürfen wir niemals zufrieden sein.
[muss die Arbeit heut' bewältigt sein][18]

Die Tatkraft und das Tun des ›Wir‹ stehen dem Nichtstun oder dem als destruktiv empfundenen Nörgeln der Nichtstuer entgegen. Der Unterschied zwischen der gesungenen Variante und der Druckfassung (»Und weil wir's wissen, stets besser wissen«/»Und weil wir's stets besser wissen müssen«) artikuliert den hohen Selbstanspruch. Der Weg zum Sozialismus sei von Taten, auch vom Fehlermachen und dem Daraus-Lernen, geprägt. Selbst dann, wenn der Sozialismus erreicht sei, dürfe man sich nicht darauf ausruhen (»dann seid nicht zufrieden«): Der Fortschritt wird also nie abgeschlossen sein, die Dynamik nie an ein Ende gelangen. Dies zeigt, dass auch der Sozialismus als – auf den Kommunismus zulaufender – Prozess verstanden wird.[19] Juliane Brauer hat für diese Ausrichtung der Lieder auf die Zukunft den Begriff der »Übergangslieder« gefunden, begrenzt diese Phase jedoch auf die Zeit bis Mitte der 1970er Jahre.[20] Meines Erachtens prägen solche ›Übergangslieder‹ die Singebewegung aber bis zum Ende der DDR. Dies zeigen die mit dem Amtsantritt Michail Gorbačëvs unter den Singebewegten aufflammenden Hoffnungen auf Reformen des DDR-Staatssozialismus und die auch daraus resultierenden Entfremdungen von der Parteilinie Ende der 1980er Jahre.[21]

Die Aufforderungen zum Mitgestalten der sozialistischen Gesellschaft vermittelten zugleich Feindbilder. Dem tatkräftigen, in die Zukunft weisenden sozialistischen ›Wir‹ werden die zögerlichen, faulen Anderen entgegengestellt. In dieser Dichotomie zeigt sich deutlich das agitatorische Moment der Singebewegungslieder. Im Lied *So bin ich* (1980 – Parodie auf die Melodie von Peter Maffays *So bist du*, 1979)

---

18 Helmut Preißler/Jörn Fechner/Fred Krüger: Lied vom Besserwissen. In: Oktav 10/11 (1970), S. 24–25 (Variante 1). Die Variante 2 findet sich auf der LP *Sagen wir's mit unseren Liedern*, ETERNA 8 15 041, 1971, B1.

19 Vgl. Das Programm der SED zum IX. Parteitag 1976: »[Die SED, C.B.] sieht ihre Aufgabe darin, die entwickelte sozialistische Gesellschaft weiter zu gestalten. Ihr Ziel ist es, die kommunistische Gesellschaft zu errichten.« (SED-Programm, beschlossen auf dem IX. SED-Parteitag 18.-22.5.1976. Berlin: Dietz 1976, S. 5.)

20 Brauer verwendet diesen Begriff für die »Verortung der Lieder zwischen Gestern und Morgen«, in denen sich die »Zeithorizonte vermischen« (Brauer: Zeitgefühle, Anm. 4, S. 295–296). In den späteren Liedern der Singebewegten finde laut Brauer durch die Verkündung des ›real existierenden Sozialismus‹ eine Ankunft in der Gegenwart statt, sodass keine Erwartungen an die Zukunft mehr thematisiert würden (vgl. ebd., S. 318). Meine Beobachtung ist, dass sich die Lieder weiterhin in großem Maß (wenn auch vielleicht weniger explizit) auf eine sozialistische bzw. kommunistische Zukunft hin orientieren.

21 Zu den Phasen von beinahe vollständiger Übereinstimmung mit der Parteilinie bis hin zur Verweigerung eines Liedes zum 40. Jahrestag der DDR 1989 vgl. Bruhn: Die FDJ-Singebewegung – eine staatliche Veranstaltung? (Anm. 6).

wird ein Spießbürger als Gegenbild beschrieben, der niemals sagt, was er denkt.[22] Noch deutlicher werden die Gegenbilder in den Liedern *Der Disco-Fan* (1978)[23] und *Kleine Frage* (1969).[24] Der Disco-Fan hat keine Hobbys, sondern geht nur zur Disco, raucht und trinkt Bier. Es entsteht das Bild eines antriebslosen Opportunisten. In *Kleine Frage* versteht sich das lyrische Ich als nicht für »die Praxis« bestimmt und zieht nun »gammelnd« durch das Land. Hier wird das Feindbild der sogenannten Gammler oder Tramper reproduziert.[25]

Solchen Figuren wird in den Liedern der ›sozialistische Held‹ entgegengestellt. Er tritt in verschiedenen (männlichen und weiblichen) Varianten des Kämpfers der deutschen oder sowjetischen Arbeiterbewegung bzw. Revolutionen auf, als Widerstandskämpfer gegen den Nationalsozialismus, als sowjetischer Soldat, als Revolutionär im globalen Süden oder als Held des Alltags, zumeist als Arbeiter.[26] Die Singebewegten nahmen das Identifikationsangebot der ›sozialistischen Helden‹ an und nutzten es agitatorisch.[27] Die ›gruppe pasaremos‹ (Dresden) vertonte etwa 1972 den Text *Der Revolutionär* von Volker Braun:

> Der hält nur still, um zu denken,
> der ist für gar nichts zu schwach. [...]
> Der denkt nicht nach, sondern weiter,
> der macht nicht mit sondern vor [...]
> Der hört nicht auf, wenn er tot ist, [...]
> der setzt sich fest in den Köpfen,
> bis sie von seiner Art sind.[28]

---

22 Vgl. Jürgen Hart/Peter Maffay: So bin ich, auf: Ein Kessel Rotes, LP AMIGA 8 45 193, 1980, A2.

23 Vgl. Rainer Schulz/Wolfgang Scheibeler: Der Disco-Fan. In: DDR-konkret 2 (1978), S. 90f.

24 Vgl. Heiner Merten, Gruppe pasaremos Dresden (Text und Musik): Kleine Frage. In: Oktav 6 (1969), S. 30f.

25 Ebd. – Bodo Mrozek diskutiert darüber hinaus die von der Norm abweichenden Frisuren bzw. Erscheinungsbilder von ›Gammlern‹, ›Hippies‹, ›Trampern‹ etc. im Kontext der Verhandlungen von Männlichkeit(en). Vgl. Bodo Mrozek: Jugend Pop Kultur. Eine transnationale Geschichte. Berlin 2019, S. 682–710.

26 Bis auf das Bild der Arbeiterin sind die besungenen Helden überwiegend männlich konnotiert.

27 Zu Ausprägung und Wandel der ›Heldenbilder‹ vgl. Silke Satjukow/Rainer Gries: Zur Konstruktion des »sozialistischen Helden«. Geschichte und Bedeutung. In: Sozialistische Helden. Eine Kulturgeschichte von Propagandafiguren in Osteuropa und der DDR. Hg. v. dies. Berlin: Ch. Links 2002, S. 15–34, hier S. 15–17; Rosalinde Sartorti: Helden des Sozialismus in der Sowjetunion. Zur Einführung. In: ebd., S. 35–44, hier S. 35.

28 Volker Braun/Jürgen Wilbrand: Der Revolutionär, Mitschnitt vom 3. Festival des politischen Liedes 1972, Archiv des Vereins Lied und soziale Bewegungen e.V., Signatur: Lsb003-11.

Das Motiv des Selber-Machens verbindet sich oftmals mit der Aufforderung zum Sichtbar-Werden. Es braucht Einzelne, die dem avantgardistischen Gedanken gemäß aus der Masse hervortreten und sich für das Fortkommen der Gesellschaft einsetzen. *Sag mir, wo du stehst* (1967) formuliert dies von den Liedern der Singebewegten wohl am deutlichsten:[29]

> Sag mir, wo du stehst
> und welchen Weg du gehst.
> [...]
> Wir haben ein Recht darauf, dich zu erkennen,
> auch nickende Masken nützen uns nicht.
> Ich will [später auch: wir wollen] beim richtigen Namen dich nennen.
> Und darum zeig mir dein wahres Gesicht.

Dahinter steht ein Verständnis von Ehrlichkeit, welches in den Liedern immer wieder eingefordert und im Folgenden erläutert wird. *So wie wir* (1979) fasst den Grundtenor vieler Lieder der Singebewegung zusammen:

> Wer braucht deine Meinung,
> deine Arbeit, deinen Mut? Wir!
> Wer singt unsre Lieder,
> weil sie ehrlich sind und gut? Wir!
> Also wer singt mit uns,
> weil er auch so denkt wie wir?
> Wer? Wir! Wo? Hier! Wann? Immer!
>
> Refrain:
> So wie wir
> ehrlich, gut und nicht zu klein[,]
> so soll unser Leben sein[,]
> muß unser Leben sein.
> So wie hier
> rot, gerecht und nicht allein[,]
> so soll unser Leben sein[,]
> muß unser Leben sein.[30]

Auch Gerhard Gundermann besingt in seinem Lied *Der Schmied* (1982) die Werte Tapferkeit, Ehrlichkeit und Freundlichkeit.[31] Die Forderung, tatkräftig, mutig und immer in Bewegung zu sein, steht in der Tradition mobilisierender Imperative, die

---

29 Hartmut König: Sag mir wo du stehst. In: Neue Lieder erklingen 4 (1969), S. 3.

30 Reinhold Andert/Hartmut König/Wolfram Heicking: So wie wir. In: Oktav 1 (1979), S. 10f.

31 Vgl. Gerhard Gundermann/Ingo Dietrich: Der Schmied. In: DDR-konkret 5 (1982), S. 21–23.

sich von der Arbeiterbewegung bis in die sogenannten Massenlieder der 1950er Jahre hinein verfolgen lassen. Diese Lieder sind letztlich auch stark militärisch angelegt.[32] Das Neue an den Liedern der Singebewegung ist nun, dass diese Ansprüche nicht mehr von älteren Texter*innen und Komponist*innen auf die Jugend übertragen, sondern von der Jugend selbst formuliert werden.

Die von den Singebewegten vermittelte Botschaft lautet: Die Weiterentwicklung der sozialistischen Gesellschaft hängt von dem Einsatz jedes Einzelnen ab. Wer nicht mitmache, von sich und den anderen nicht das Beste fordere und damit die gesellschaftliche Entwicklung bremse, etwa ›gammelnd‹ durchs Land ziehe, behindere das Projekt Sozialismus für die DDR und daraus resultierend auch für die gesamte Menschheit. Dieses Verständnis geht über den von Thomas Lindenberger beschriebenen Minimalkonsens der Werte zwischen SED-Führung und Bevölkerung weit hinaus.[33] Letzten Endes geht es darum, selbst ›Held‹ der (sozialistischen) Geschichte zu werden, indem durch den eigenen Beitrag der (Staats-)Sozialismus stabilisiert, verbreitet und verbessert wird.

Diesem Weltbild, das auf den ›Heldengeschichten‹ einer marxistisch-leninistischen Geschichtserzählung basiert, war ein dichotomes Freund-Feind-Denken inhärent, welches die Proklamation positiver Werte wie beispielsweise Ehrlichkeit in destruktive Handlungsweisen verkehrte.[34] Das zugrundeliegende Verständnis von ›Ehrlichkeit‹ basiert auf einem ideologisch begründeten Wertekanon, der dem Kollektiv alle individuellen Interessen unterordnet. Aus diesem Verständnis heraus war keine Meinung privat oder unpolitisch. Die gewaltvollste Umsetzung fand es in der Tätigkeit des Ministeriums für Staatssicherheit. Dort wurde unter ›Ehrlichkeit‹ die vollständige Bereitschaft verstanden, Bürger*innen im Kampf für den Sozialismus zu beobachten, zu denunzieren und damit Repressionen, ›Zersetzung‹ und Haft auszusetzen. Die IM-Tätigkeiten eines nicht unbeträchtlichen Anteils zentraler Protagonist*innen der Singebewegung zeigen, wie stark

---

32 Dies zeigt sich in ihrer ästhetischen Gestaltung, welche durch Marschrhythmen und Vokabular in der Tradition der Arbeiter-/Kampflieder sowie der Massenlieder der 1950er Jahre steht.

33 Zu den geteilten Werten gehören Frieden, soziale Sicherheit und wachsender Wohlstand, die Kernfamilie, »Erfüllung und Entfaltung der Persönlichkeit im Arbeitsleben, und zwar für alle, auch für Frauen«, sowie Ordnung, Sauberkeit, Ruhe und Anstand im direkten sozialen Umfeld (Thomas Lindenberger: Land der begrenzten Möglichkeiten. Machträume und Eigen-Sinn in der DDR-Gesellschaft. In: Deutschland Archiv, 10.08.2016, S. 9. Abgerufen unter der URL: https://www.bpb.de/themen/deutschlandarchiv/232099/das-land-der-begrenzten-moeglichkeiten/, letzter Zugriff: 12.07.2024).

34 Vgl. Silke Satjukow/Rainer Gries: Feindbilder des Sozialismus. Eine theoretische Einführung. In: Unsere Feinde. Konstruktionen des Anderen im Sozialismus. Hg. v. dies. Leipzig: Leipziger Universitätsverlag GmbH 2004, S. 13–70. ›Held‹, ›Feind‹ und ›Freund‹ sind Typisierungen, welche überwiegend männlich konnotiert sind, daher hier die männliche Form.

der internalisierte Wertekanon mitunter zur Akzeptanz geheimdienstlicher Repressionsmechanismen führte. Die propagierte Notwendigkeit des militärischen wie geheimdienstlichen ›Schutzes‹ des Sozialismus und damit der DDR sowie die Parteilinie wurden von den vielen Singebewegten über lange Zeiträume hinweg unterstützt und akzeptiert.[35]

Eine direkte Übersetzung der Botschaft des ›Bekenntnisliedes‹ (Brauer) *Sag mir, wo du stehst* als »Vertonung einer Verhörsituation« (Olaf Schäfer) greift meines Erachtens dennoch zu kurz, denn diese Interpretation trifft keine Unterscheidung zwischen hauptamtlichen MfS-Mitarbeiter*innen und Singeklubmitgliedern.[36] Das Verständnis der Singebewegten von Ehrlichkeit führte auch zu einer durchaus reflektierten Wahrnehmung der SED-Politik und zum Anspruch, Schwachstellen des (Staats-)Sozialismus zu thematisieren. Im Vergleich zu oppositionellen Gruppen mag sich die von den Singebewegten formulierte Kritik marginal ausnehmen. Den Singebewegten den Selbstanspruch abzusprechen, auch eine reflektierende bis kritische Distanz zur Herrschaftspraxis einzunehmen, würde den historischen Gegenstand jedoch verfehlen.

In Reinhold Anderts *Lied vom Vaterland* (1971) stellt das lyrische Ich zwischen dem eigenen Lebensplan und dem Aufbau des Sozialismus eine Kongruenz her.[37] Im Refrain heißt es:

> Hier schaff' ich selber, was ich einmal werde!
> Hier geb' ich meinem Leben einen Sinn!
> Hier hab' ich meinen Teil von dieser Erde!
> Der kann so werden, wie ich selber bin.[38]

Das lyrische Ich beschreibt eine sich wechselseitig bedingende Entwicklung und Angleichung des gegenwärtigen und zukünftigen Ichs mit der DDR. So, wie das Ich den Staat erschafft, erschafft es sich selbst. Die Grenzen zwischen Ich und Staat verwischen. Auch in späteren Liedern findet sich der Topos der Subjekt-Staat-Kongru-

---

35 Eine Stichprobe zu den IM-Tätigkeiten von Akteuren der Singebewegung befindet sich in meiner gegenwärtig in Arbeit befindlichen Dissertation.

36 Olaf Schäfer, zit. n. Brauer: Zeitgefühle (Anm. 4), S. 291. Zu *Sag mir, wo du stehst* vgl. ebd., S. 286–288, 291.

37 Vgl. in einer etwas anderen Gewichtung Juliane Brauers Analyse des Liedes, nach der es im Lied vor allem darum gehe, das Vaterland »selber zu gestalten, es zu dem Ort zu machen, an dem man sich verwirklichen konnte« (Brauer: Zeitgefühle, Anm. 4, S. 311–313, hier S. 312).

38 Reinhold Andert/Rainer Böhm: Kennst du das Land mit seinen alten Eichen (Lied vom Vaterland). In: DDR-konkret, Sonderheft (1986), S. 6–8, hier S. 7.

enz. Im Lied *Genossen, hoch die Gläser* (1980) heißt es: »Der Staat, weil wir ihn bauen, der wird uns ähnlich sein.«[39]

Wie wichtig ihm die doppelte Identifikation mit der Gegenwart *und* den Möglichkeiten der (sozialistischen/kommunistischen) Zukunft war, erläuterte Andert in einem rückblickenden Kommentar zum *Lied vom Vaterland*:

> Es stimmt einiges nicht in dem Lied, nur im übertragenen Sinne. Das heißt, ich *wollte*, daß dieses Land so wird: Ich habe dieses Bild entworfen von dem Land, das ich liebe, und jeder wußte eigentlich, daß es noch nicht so ist. Und das ist das Magische, das Religiöse: Man gibt ein Bild vor, und sagt nicht, so *soll* es sein oder so möchte ich es, sondern es *ist* so. Und viele sagen, da sollten wir uns Mühe geben, daß es so wird, wenn der schon davon singt, daß es so ist.[40]

Andert thematisiert hier einen weiteren integrierenden Aspekt der sozialistischen Weltanschauung: Sie trug Merkmale einer politischen Religion.[41]

Die Subjekt-Staat-Kongruenz setzte die Aufbau- und Bewegungsmotive der Pionierlieder der 1950er Jahre und der frühen Singebewegung fort, in denen das eigene Jungsein mit der jungen DDR parallelisiert und dadurch eine Identität zwischen Ich und Staat hergestellt wurde.[42] Diese wechselseitige Verflechtung von Individuum und sozialistischem Staat stellte für viele Singebewegte die Basis ihrer Haltung zur DDR dar und begründete ihre DDR-Identität.[43] Letzten Endes belegt

---

39 Werner Karma/Folklore: Genossen, hoch die Gläser. In: DDR-konkret 4 (1981), S. 72–73, hier S. 73.

40 Reinhold Andert: Lieder eines Konvertiten. In: Lieder aus einem verschwundenen Land. Hg. v. der Friedrich-Ebert-Stiftung (FES), Landesbüro Mecklenburg-Vorpommern/Lied und soziale Bewegungen e.V. Berlin/Schwerin: FES 1998, S. 14–25, hier S. 17.

41 Die Begriffe der säkularen oder politischen Religionen wurden zunächst seit den 1920er und 1930er Jahren im Zusammenhang mit totalitären Regimes, dann vor allem mit dem Nationalsozialismus diskutiert. Zu den gemeinsamen Ursprüngen und den Parallelen zwischen christlicher Heilslehre und Sozialismus vgl. auch Gerd Koenen: Die Farbe Rot. Ursprünge und Geschichte des Kommunismus. 2. Aufl. München: C. H. Beck 2018, S. 109–115.

42 Zur Prägung der ersten Nachkriegsjahrgänge durch Pionierlieder der 1950er Jahre vgl. Brauer: Zeitgefühle (Anm. 4), S. 141–207, bes. S. 143. Liedbeispiele für die Parallelisierung zwischen der eigenen Jugend und der jungen DDR sind: Bernd Walther: Wir machen mit, wir sind dabei, Mitschnitt der 1. Werkstattwoche der FDJ-Singeklubs, Archiv des Vereins Lied und soziale Bewegungen e.V. (Berlin), Signatur: Lsb040-05, sowie in: Neue Lieder erklingen, 4 (1969), S. 52–53; Ulrich Kolbe/Eckardt Speetzen/Wolfgang Grahl: Wir singen, weil wir jung sind, auf: Werkstattwoche der FDJ-Singeclubs, LP AMIGA 8 50 104, 1968, B10; Antje Kankel: Das ist unser Tag, auf: Werkstattwoche der FDJ-Singeclubs, LP Amiga 8 50 104, 1968, A3; Jürgen Pippig [Walter]: Wir sind jung, Mitschnitt der 1. Werkstattwoche der FDJ-Singeklubs, Archiv des Vereins Lied und soziale Bewegungen e.V. (Berlin), Signatur: Lsb038-04.

43 Die momentan in der Forschung dominante Ansicht, eine DDR-Identität sei erst mit dem Ende der DDR und den Transformationsprozessen der 1990er Jahre entstanden, ist für die Grup-

dieser Topos in den Liedern der Singebewegten – entgegen Dorothee Wierlings Beobachtungen – eine zumindest teilweise erfolgreiche SED-Propaganda, welche die Kinder der ersten Jahrgänge der DDR (1945/49-1955) als »Personifizierung des Projekts Neuer Mensch« sah.[44]

Das Engagement des Großteils der Singebewegten basierte auf einem Verständnis der sozialistischen Gesellschaft im Sinne des Marxismus-Leninismus. Bis weit in die 1980er Jahre hinein brachten sie den Entscheidungen der Parteiführung großes Vertrauen entgegen. So trugen sie ganz bewusst zur Herrschaftssicherung der SED bei. Die Singebewegten jedoch als bloße Agitator*innen zu charakterisieren, wird dem Selbstverständnis und dem Agieren der Singebewegten auch nicht gerecht. Diese Sichtweise reproduziert eine künstliche Dichotomie von Staat vs. Gesellschaft, die bereits Mary Fulbrook mit ihrer Beschreibung der ›partizipatorischen Diktatur‹ kritisierte.[45]

2. Verhandlungen von Gesellschaft

Der Einsatz für eine sozialistische Gesellschaft im Sinne der SED schloss nicht-intendierte Nebeneffekte nicht aus. Die Lieder dienten als Medien des gesellschaftlichen Austauschs, da in ihnen wirtschaftliche, politische und gesellschaftliche Themen verhandelt wurden.

Ralph Jessen verortet die »sozialistische Gesellschaft« im »Schnittbereich von [diktatorischer Gesellschafts-, C.B.] Konstruktion und Autonomie«. Er sieht sie dort, wo die »diktatorische Gesellschaftspolitik« eine »ganze Kaskade von Nebenfolgen aus[löste], die weder beabsichtigt noch kalkuliert waren«.[46] Zwar bezieht sich Jessen vorranging auf die »informellen Strukturen und Beziehungsnetzwerke, die *innerhalb* des formellen Sektors angesiedelt waren«, wie etwa die »Schattenwirtschaft« und »innerbetriebliche[n] Strukturen und Machtverhältnisse«.[47] Die

---

pe der Singebewegten zu hinterfragen. Vgl. zusammenfassend Jörg Ganzenmüller: Ostdeutsche Identitäten. Selbst- und Fremdbilder zwischen Transformationserfahrung und DDR-Vergangenheit. In: Deutschland Archiv, 24.04.2020. Abgerufen unter der URL: https://www.bpb.de/308016, letzter Zugriff: 12.07.2024.

44 Wierling: Geboren im Jahr Eins (Anm. 13), S. 7. Wierling kommt in ihrer Arbeit zu dem Schluss, dass der »Stiftungsversuch« einer neuen Generation zwar scheiterte, es aber auch zu keiner »kollektiven Verständigung im Widerspruch zu diesem Stiftungsversuch« gekommen sei (ebd., S. 562). In Ansätzen kann ein Stiftungsversuch für die Singebewegten meines Erachtens beobachtet werden.

45 Mary Fulbrook argumentiert gegen eine monolithische Vorstellung von »dem Staat«, in den alle Engagierten und Funktionsträger*innen aufgenommen werden: Mary Fulbrook: Ein ganz normales Leben (Anm. 11), S. 28.

46 Ralph Jessen: Die Gesellschaft im Staatssozialismus (Anm. 10), hier S. 100 u. 110.

47 Ebd., S. 104 (Hervorhebung im Original).

Geschichte der FDJ-Singebewegung zeigt jedoch, dass sich auch im Bereich der Jugendpolitik zahlreiche Beispiele für diese nicht-intendierten Nebeneffekte finden lassen. Die FDJ-Singebewegung kann mit Jessen als Beispiel der gegenseitigen Durchdringung von »vergesellschaftetem Staat« und »verstaatlichter Gesellschaft« verstanden werden.[48]

Ein Beispiel aus der Anfangszeit ist das Thesenpapier *Nach-Denken über Vor-Lauf* (1968) des Oktoberklubs. Lutz Kirchenwitz erinnert sich, dass die Idee zum Papier im Klub entstanden war, der Text aber hauptsächlich von Herbert Pietsch, damals Kulturwissenschaftler an der Humboldt-Universität Berlin, verfasst worden sei. Er und Lutz Kirchenwitz bearbeiteten den Text redaktionell; zur Diskussion seien Klubmitglieder, Siegfried Wein von der FDJ-Bezirksleitung Berlin und Horst Kern von der Jugendabteilung des ZK der SED hinzugekommen. Während das Papier in den SED- und FDJ-Bezirksleitungen für Aufruhr gesorgt habe, da von zu viel ›Selbsttätigkeit‹ die Rede gewesen sei, habe Klaus Hilbig, als Chefredakteur der FDJ-Wochenzeitung *Forum* und späterer Vorsitzender der Zentralen Beratergruppe der FDJ-Singeklubs, den Text deutlich positiver aufgenommen und abgedruckt.[49] Die ausführliche Variante befindet sich in der FDJ-Ablage des Bundesarchivs, die Fassung im *Forum* ist deutlich gekürzt.[50] Grundsätzlich bekennen sich die Autor*innen klar dazu, die »sozialistische Gesellschaft« mitzugestalten:

> Der Oktober-Klub steht mitten im Sozialismus. Das Bekenntnis, und selbst das einfache zu ihm, ist aktuell. Seinen Gegnern gilt seine Aggressivität.[51]

> Den Boden für solche Wünsche und Ziele [den Sozialismus durch die Entwicklung sozialistischer Persönlichkeiten zu gestalten, C.B.] sehen wir in der sozialistischen DDR.[52]

Im Anschluss werden jedoch insbesondere die Einschränkungen des Improvisationselements innerhalb der Singeklubs und die Darstellung in den DDR-Massenmedien kritisch betrachtet. Zentral sei für die Klubmitglieder die Kommunikation

---

48 Jessen: Die Gesellschaft im Staatssozialismus (Anm. 10), S. 109.

49 Telefonat der Autorin mit Lutz Kirchenwitz, 30. Juni 2020. – Die Erinnerung von Kirchenwitz konnte nicht anhand anderer Quellen überprüft werden.

50 BArch DY 24/20875, Nach-Denken über Vor-Lauf, 1968, 21 Seiten; die gekürzte Fassung wurde im *Forum* veröffentlicht: Oktoberklub. Nachdenken über Vorlauf. In: Forum 22 (1968), H. 19, S. 4–5 Als Autoren werden »acht Mitglieder des Oktoberklubs« genannt.

51 Oktoberklub. Nachdenken über Vorlauf. In: Forum 22 (1968), H. 19, S. 5, und BArch DY 24/20875, Nach-Denken über Vor-Lauf, S. 13.

52 Oktoberklub. Nachdenken über Vorlauf. In: Forum 22 (1968), H. 19, S. 4, und BArch DY 24/20875, Nach-Denken über Vor-Lauf, S. 2.

zwischen Publikum und Singeklub, welche die Möglich- und Sichtbarkeit von Spontaneität und Improvisation bedingte. Die eingeklammerten Stellen wurden nicht oder abgewandelt im *Forum*-Artikel abgedruckt:

> Der Oktober-Klub strebt an, nicht in eine reine Vortragshaltung zu verfallen, sondern zu einem möglichst direkten Kontakt mit allen Mithörern und Mitdenkern zu gelangen. [Der Improvisationscharakter seines Auftretens in Veranstaltungen hat den Sinn, alle Anwesenden in seine Unternehmungen einzubeziehen, indem er die Möglichkeit offen läßt, ihre Anregungen aufzunehmen.][53] Die Mitglieder des Klubs wollen alle Anwesenden gleichsam in ihre Gemeinschaft einbeziehen. Ihren Veranstaltungen geben sie daher den [Diskussions-][54] Charakter eines Forums mit politischen und künstlerischen Mitteln[, die Vergnügen bereiten].[55] Selbstverständlich ist, daß auch die Improvisation gekonnt sein will und daß die Schranke zwischen Podium und Publikum nur mit immer neuen Ideen und Methoden abgebaut werden kann.[56]

Die Präambel spitzt zu: »Nicht alles, was im Oktober-Klub Spaß macht, ist organisiert. Gott sei Dank! Das wäre ja fürchterlich. Zum Klubleben gehören die vielfältigen Formen der gezielten Zusammenarbeit ebenso wie der ganz zufällige Kontakt zueinander.«[57] In beiden Fassungen wird dezidiert festgehalten: »Der Oktober-Klub ist kein Firmenschild für Auftrittsgruppen.«[58] In einem zweiten Teil des Thesenpapiers, der nicht Teil der *Forum*-Veröffentlichung wurde,[59] fassten die Autor*innen ihre Sicht auf die Darstellung des Klubs in den Massenmedien zusammen:

> Wesentlich für unsere Auftritte ist der Klubcharakter. Auch über die Massenmedien sollte er gewahrt bleiben. Funk und Fernsehen werden immer die Spontanität eindämmen, sind aber andererseits notwendig, um diese Spontanität massenwirksam zu machen. Hier müssen wir genau die Proportionen bestimmen. Erst wenn die Regel (der Klubcharakter) durchgesetzt ist, kommen Ausnahmen infrage. Funkproduktionen sollten künftig langfristiger geplant und sorgfältiger durchgeführt werden. [...] Auch Improvisation und Klubcharakter können bewußt arrangiert werden. So wären z.B. Produktionen mit Publikum möglich.[60]

---

53 Diese Passage ist im *Forum*-Artikel gestrichen.

54 Im *Forum*-Artikel gestrichen.

55 Im *Forum*-Artikel gestrichen.

56 Oktoberklub. Nachdenken über Vorlauf. In: Forum 22 (1968), H. 19, S. 5, und BArch DY 24/20875, Nach-Denken über Vor-Lauf, S. 12–13.

57 BArch DY 24/20875, Nach-Denken über Vor-Lauf, S. 17.

58 Oktoberklub. Nachdenken über Vorlauf. In: Forum 22 (1968), H. 19, S. 5.

59 Laut Lutz Kirchenwitz ist der zweite Teil des Papiers etwas später entstanden (Interview der Autorin mit Lutz Kirchenwitz, 30. Juni 2020).

60 BArch DY 24/20875, Nach-Denken über Vor-Lauf, S. 19.

Der »Klubcharakter«, so wie er hier beschrieben wird, geht also über eine monologische ›Agitationsveranstaltung‹ hinaus. Der Klub soll Ort des Austausches über politisch-gesellschaftliche Themen sein, die Trennung zwischen Vortragenden und Rezipient*innen aufheben. In der Darstellung des Oktoberklubs in den DDR-Medien sahen die Verfasser*innen die Umsetzung dieses Anspruchs offenbar nicht gegeben. Auch folgender Abschnitt aus dem Papier fand keinen Eingang in den *Forum*-Artikel:

> Es ist nützlich, wenn uns Kunstverbreiter nicht erst am ›grünen‹ Schneidetisch kennenlernen; auch ihnen wird e[s] bei uns Spaß machen. Sie werden dann sehen, daß man die Titel des Oktober-Klubs nicht wie in einer Nummern-show aneinanderreihen kann und daß sie keine Einlage für alle möglichen wässrigen Suppen sind.
> Wer hat Angst vor Managern? Wir![61]

Doch wer waren in letzter Konsequenz die »Manager« der FDJ-Singebewegung, wenn nicht die Jugend- und Kulturfunktionäre der SED und FDJ? Sie bestimmten, je nach Singeklub und Anlass unterschiedlich stark, die Auftrittszusammenhang und das Repertoire. Zwar richtete sich die Kritik in erster Linie an die Redaktionen von Funk und Fernsehen, doch kann die Kritik des Oktoberklubs an der Medienpolitik der SED durchaus umfassender verstanden werden. Eine veränderte Darstellung des Oktoberklubs in den Massenmedien der DDR erreichten die Autor*innen nicht. Die Schere zwischen dem, was in den Bühnenprogrammen des Oktoberklubs gesagt und gesungen wurde, und dem, was davon in den DDR-Medien vermittelt wurde, blieb bis zum Ende der DDR bestehen. Dieses von den DDR-Medien vermittelte Bild prägte die Wahrnehmung der Singebewegung außerhalb der Szene und wirkt bis heute fort. So moderierte beispielsweise Peter Porsch auf dem 19. Festival des politischen Liedes 1988 das Lied *Kommunismus in Bernau* mit den Worten an: »Möglicherweise wird das die Premiere dieses Liedes im Fernsehen. Nach zwölf Jahren. [Beifall, Lachen]«[62]

Charakteristisch für die ›DDR-konkreten‹ Lieder war das satirische Element, welches die Singebewegten bzw. ihre Textautor*innen auch zur Spiegelung der Herrschaftspraxis der SED nutzten. So beispielsweise im Lied *Wenn der Heinrich aber*

61 Ebd., S. 6.

62 Mitschnitt einsehbar im Archiv des Vereins Lied und soziale Bewegungen e.V. (Berlin), Signatur: 207 Oktoberklub Festival 1988, TC 00:03:30-00:08:00; Andreas Turowski/Folklore: Kommunismus in Bernau. In: 100 Lieder Oktoberklub, hg. v. Büro des Festivals des politischen Liedes, Redaktion: Volkmar Andrä, Berlin: Junge Welt 1985, S. 190–191 (hier Datumsangabe 1977); eine weitere Aufnahme befindet sich auf: Oktoberklub! – live. CD Nebelhorn Musik – Nebelhorn 033, 1996, Track 2.

nun nicht mitsingt (1968).[63] Es thematisiert den Leitungsanspruch der verschiedenen mit der Singebewegung befassten FDJ-Leitungen (Kreisleitung – Bezirksleitung – FDJ-Zentralrat) und gipfelt mit den Strophen:

> Wenn's ZK aber nun nicht mitsingt
> liebe Freunde, Jugendfreunde
> wenn's ZK aber nun nicht mitsingt
> liebe Freunde, was'n dann?
>
> Na, dann bring'n wa da mal bißchen Schwung rein
> liebe Erna, liebe Erna
> bringt Genosse Heinrich da mal'n bißchen Schwung rein
> liebe Erna so long.[64]

Das Lesen zwischen den Zeilen (*Schwarz und Weiß/Bin Zeitungen besorgen,* 1988), Mangelwirtschaft (*Manne-Klein-Kantate,* 1971), aber auch die idealisierten Ansprüche an die FDJ-Jugendlichen (*Zwischen Berg und tiefem Tal* aus der *Manne-Klein-Kantate,* 1971) werden thematisiert.[65] Aus SED-, FDJ- und MfS-Aktenmaterial werden die hintergründigen Diskussionen über Tabuthemen und den »Organisationsfetischismus« (Christoph Kleßmann) deutlich.[66] Zum Ende der 1980er Jahre wird der Ton deutlicher, fordern auch die Singebewegten offene Diskussionen zu politisch-gesellschaftlichen Themen innerhalb der SED bzw. staatlichen Strukturen und artikulieren in ihren Liedern den Wunsch nach politischer Teilhabe für die nachkommenden Generationen. Als zu kritisch empfundene Lieder wurden von SED-Funktionären skandalisiert, ein Konzert abgebrochen, das Verfassen eines Liedes zum 40. Jahrestag der DDR verweigert und einzelne Singebewegte, aber auch die

---

63 Vgl. ausführlich zum Heinrich-Lied Cornelia Bruhn: Singing for Socialism. The FDJ-Singing Movement in Late-1960s German Democratic Republic (GDR). In: Popular Music in Communist and Post-Communist Europe. Hg. v. Jan Blüml, Yvetta Kajanová und Rüdiger Ritter. Berlin: Peter Lang 2019, S. 151–162.

64 BArch DY 24/20875, Wenn der Heinrich nun aber nicht mitsingt, Text: Oktoberklub, Melodie: Wenn der Topf aber nun ein Loch hat: Einschätzung des Festes des deutschen und sowjetischen Liedes, insbesondere der II. Werkstattwoche der FDJ-Singeklubs in Karl-Marx-Stadt vom 12.10. bis 18.10.68.

65 Gerd Kern/Fred Krüger: Schwarz und Weiß/Bin Zeitungen besorgen. In: DDR-konkret 7 (1988), S. 24–26; Oktoberklub: Manne-Klein-Kantate (1971). Mitschnitt des 3. Festival des politischen Liedes 1972, Berlin, einsehbar im Archiv des Vereins Lied und soziale Bewegungen e.V., Berlin; Reinhold Andert/traditionell: Zwischen Berg und tiefem Tal, Mitschnitt vom 3. Festival des politischen Liedes, 1972. Liedarchiv des Vereins Lied und soziale Bewegungen e.V., Signatur: Lsb 004–21.

66 Christoph Kleßmann: Arbeiter im »Arbeiterstaat«. Deutsche Traditionen, sowjetisches Modell, westdeutsches Magnetfeld (1945 bis 1971). Bonn: Dietz 2007, S. 22.

Singebewegung als Ganzes zunehmend vom Ministerium für Staatssicherheit beobachtet.[67]

3. Fazit

Der vorliegende Artikel diskutierte die (Selbst-)Positionierung der FDJ-Singebewegung in der SED-Jugendpolitik: Einerseits wählten die Singebewegten das politische Lied als Ausdruck ihrer politischen Überzeugung, dass für sie nur im Sozialismus eine gerechtere und friedlichere Form des Zusammenlebens möglich sei. Das Weltbild und Wertesystem der Singebewegten war mit der Parteilinie überwiegend deckungsgleich. Dies schloss ein starkes Freund-Feind-Denken ein. Mit ihrem Engagement wirkten die Singebewegten herrschaftsstabilisierend. Andererseits führte ihr Engagement zu jenen nicht-intendierten Nebeneffekten wie Ralph Jessen sie beschreibt. Gemeint ist hier eine hinterfragende, spiegelnde, auch kritische Beschreibung der wirtschaftlichen, gesellschaftlichen und politischen Verhältnisse in der DDR mit dem Ziel einer Weiterentwicklung des Staatssozialismus. Das Lied fungierte als Medium der Reflexion über den Staatssozialismus und zeigte von Beginn an auch das Potential einer kritischen Distanzierung zur Herrschaftspraxis der SED. Dies spiegelt das Thesenpapier *Nach-Denken über Vor-Lauf* wider, das auch auf ein anderes Kunstverständnis als das der Kulturfunktionär*innen und Kontrollorgane verweist. Konflikte dieser Art blieben bis 1990 bestehen und sind symptomatisch für die (Selbst-)Positionierung der Singebewegung in der SED-Jugendpolitik.

67 Vgl. Bruhn: Die FDJ-Singebewegung – eine staatliche Veranstaltung? (Anm. 6).

Das Institut für Literatur »Johannes R. Becher«
Forschungen und Forschungserfahrungen zur DDR-Lyrik vor und nach der Wende

Anne-Marie Pailhès

1990 wollte die christdemokratische sächsische Staatsregierung das Institut für Literatur »Johannes R. Becher«, eine seit 1955 bestehende Ausbildungsstätte für Schriftsteller in Leipzig, schließen: In ihren Augen war es das Erbe einer vergangenen Epoche der Bevormundung der Kultur durch die Macht. Nach Protesten zahlreicher Intellektueller (darunter Elfriede Jelinek) und ehemaliger Studenten wurde 1995 unter der Leitung des Schriftstellers Bernd Jentzsch ein neues Institut eröffnet, das in Deutsches Literaturinstitut Leipzig umbenannt und an die Universität Leipzig angegliedert wurde. Die Direktoren dieser Zeit, Hans Ulrich Treichel und Josef Haslinger, betonten regelmäßig die fehlende Kontinuität zwischen dem alten und dem neuen Institut, als ob das Becher-Institut ein schwer zu bewältigendes Erbe darstellte.[1] In der Tat zögern die Zeitzeugen bis heute, ein endgültiges Urteil über diese Einrichtung zu fällen: War sie ein Ort der Rekrutierung parteitreuer Schriftsteller oder eine Insel der Freiheit?[2] Die Auseinandersetzung dauert an.

Es muss zumindest festgestellt werden, dass dieses Institut in den 35 Jahren seines Bestehens mehr als 1.000 Schriftsteller ausgebildet und finanziell unterstützt hat, von denen ein beträchtlicher Teil heute noch die literarische und kulturelle Landschaft des wiedervereinigten Deutschlands prägt. Diese Hochschule spielte insbesondere eine große Rolle bei der Entdeckung und Förderung zahlreicher Lyriker, die heute noch in der deutschsprachigen Literatur ihren Platz haben: Volker Braun, Sarah Kirsch, Heinz Czechowski, Adolf Endler, Walter Werner, Rainer Kirsch, Helga M. Novak, später Kurt Drawert, Thomas Böhme oder Barbara Köhler und Thomas Rosenlöcher. Die Widerstandsfähigkeit dieser Namen gegen die

1 So meinte Josef Haslinger: »Wir haben mit dem Becher-Institut nichts zu tun.« (Josef Haslinger: Das dichtende Klassenzimmer. In: Berliner Zeitung, 19./20. März 2005, S. 27.)

2 Vgl. Walfried Hartinger: Kaderschmiede oder Dissidentenschule? In: Das literarische Leipzig. Kulturhistorisches Mosaik einer Buchstadt. Hg. v. Juliane Brandsch u.a. Leipzig: Edition Leipzig 1995, S. 322–328.

Abnutzung durch die Wiedervereinigung liefert den Beweis, dass diese Studenten nicht einfach ideologische Produkte des vorgefertigten Denkens waren, auch wenn nicht alle zu den Vollzeitstudenten des Instituts zählten, sondern manchmal nur am Rande mit ihm zu tun hatten, zum Beispiel im Rahmen eines Sonderkurses oder eines Fernstudiums, das ihnen immerhin eine Einnahmequelle sicherte.

Eigentlich erübrigt sich mein kleiner Beitrag, nachdem die Geschichte dieses Instituts vor einigen Jahren im Rahmen eines DFG-Projekts gründlich erforscht wurde und zur Publikation einer umfassenden historischen und literarischen Darstellung geführt hat: *Schreiben lernen im Sozialismus. Das Institut für Literatur »Johannes R. Becher«* (2018).[3] Trotzdem bin ich der Einladung gern gefolgt, um daran zu erinnern, dass auch in der französischen Germanistik das Interesse am literarischen Geschehen in der DDR groß war. Es ist für mich auch ein Anlass, die Grenzen der historischen oder, allgemeiner, der sozialwissenschaftlichen Forschung zu reflektieren: Welche Forschung zur Kulturgeschichte war unter den gegebenen Umständen der DDR im Jahr 1988 möglich? Welchen Beitrag können Zeitzeugen erbringen?

Als junge Germanistin hatte ich die Gelegenheit, 1987/88 ein Jahr als Französisch-Lektorin an der Karl-Marx-Universität in Leipzig zu verbringen. Gleichzeitig schrieb ich eine Masterarbeit über das Becher-Institut. Die Forschung zu diesem Thema glich einer Ermittlung, die den Anfang einer langjährigen Beschäftigung mit DDR-Literatur und insbesondere mit DDR-Lyrik bilden sollte. Damals war die Geschichte des Instituts noch nicht wissenschaftlich erforscht. 1993 – also vor 30 Jahren – verteidigte ich dann meine Dissertation zur *Identitätsfindung in der Lyrik der DDR von 1960 bis 1989*, die 1998 bei einem deutschen Verlag in französischer Sprache erschien.[4] Meine Forschungen haben also sowohl vor als auch nach der Wende stattgefunden. Die wichtigen Bekanntschaften mit Lyrikerinnen und Lyrikern machte ich aber schon in Leipzig am Ende der 1980er Jahre.

Ich werde chronologisch vorgehen und den Fokus auf die Lyrik richten. Fangen wir mit einem Rückblick auf die Geschichte des Instituts an.

1. Gründung des Instituts für Literatur

Die Gründung des Instituts in den 1950er Jahren war das Ergebnis der Konfrontation zweier kulturpolitischer Tendenzen. Nach 1945 stellte sich die Frage nach der Rolle des Schriftstellers mit neuer Schärfe. Es war klar, dass dieser sich nicht länger aus dem gesellschaftlichen und politischen Leben heraushalten und mit dem ›inneren

3 Vgl. Isabelle Lehn/Sascha Macht/Katja Stopka: Schreiben lernen im Sozialismus. Das Institut für Literatur »Johannes R. Becher«. Göttingen: Wallstein 2018.

4 Vgl. Anne-Marie Pailhès: La recherche d'une identité dans la poésie de R.D.A. de 1960 à 1989. Stuttgart: Hans-Dieter Heinz 1998.

Exil‹ begnügen konnte. Eine Frage stellte sich im Westen wie im Osten: Konnte ein Schriftsteller für seinen Beruf ausgebildet werden, wie es beispielsweise Künstler an der Akademie der Schönen Künste wurden? In der DDR war Johannes R. Becher, damals Abgeordneter und Mitglied der neu gegründeten Deutschen Akademie der Künste, ganz und gar gegen eine solche Gründung, wie aus seinem Tagebuch deutlich wird, wo er die »Dämlichkeit« eines solchen Projekts erwähnt, zum Beispiel im Januar 1950: »Zur Bekämpfung des Formalismus hyperformalistische Retortenexperimente! Eine ›ideologische Durchblutung‹ wäre die Aufgabe des Literaten-Seminars, meint der unfreiwillige Spaßmacher.«[5]

Die Ironie des Schicksals liegt darin, dass das Institut, dessen Existenz Becher bekämpft hatte, nach 1958 seinen Namen trug. Seine Entstehung in der DDR war ein Sieg der anderen kulturpolitischen Strömung, der dogmatischen Richtung Alfred Kurellas, obwohl dieser natürlich nicht allein darüber entschied. 1955 aus der Emigration in die UdSSR zurückgekehrt, agierte Kurella zu dieser Zeit als unnachgiebiger Ideologe und setzte alles daran, die Gründung dieses Instituts durchzusetzen, dessen erster Direktor er auch wurde. Ralph Giordano schrieb über ihn in Anspielung auf das Schicksal von Alfred Kurellas Bruder Heinrich, der 1937 in der Sowjetunion als ›Konterrevolutionär‹ erschossen worden war:

> Dieser Mann hätte sich nicht geändert, selbst wenn er über die Leichen seiner Mutter, seiner Frau und seiner Kinder hätte gehen müssen, das Prinzip, dass die Partei immer Recht hat, wäre durch kein Verbrechen, auch nicht gegen seine Familie, erschüttert worden.[6]

Heinz Czechowski lieferte eine differenziertere Sicht und betonte 1988 in einem Interview mit mir die Doppelbödigkeit von Kurellas Persönlichkeit:

> Kurella war ein echter Spießer, völlig zerrissen, ein Bildungsbürger und ein linker Radikalinski [...]. Er stand mit einem Bein in der bürgerlichen Kunst, bewunderte die großen bürgerlichen Autoren und beschimpfte sie gleichzeitig. Soweit ich weiß, hatte er eine Picasso-Sammlung im Keller und nannte Picasso öffentlich eine dekadente Ruine [...]. Der Mensch kann nicht auf einen einzigen Aspekt reduziert werden, er schwankte zwischen Proletkult und Thomas Mann. Er war, wenn man so will, eine tragische Figur, aber eine, die viel Schaden angerichtet hat.[7]

---

5 Johannes R. Becher: Auf andere Art so große Hoffnung. Tagebuch 1950 (= Gesammelte Werke, Bd. 12). Berlin/Weimar: Aufbau 1969, S. 25 (Eintrag vom 7. Januar 1950). (Wer mit dem ›Spaßmacher‹ gemeint ist, bleibt in Bechers Tagebucheintrag offen.)

6 Ralph Giordano: Die Partei hat immer Recht. Köln: Kiepenheuer und Witsch 1961, S. 86. – Giordano hatte von 1955 bis 1956 am Literaturinstitut studiert.

7 Heinz Czechowski im Interview mit der Autorin am 27. Mai 1988. – Czechowski studierte von 1958 bis 1961 am Institut.

Kurella baute am Institut eine Bibliothek auf, die von einem großen Kontingent an Devisen profitierte, das für den Kauf von Büchern im Westen bestimmt war und eine sonst unerreichbare Lektüre ermöglichte.

Auch der kulturpolitische Kontext war für diese Gründung günstig. Denn die Referenz, die Kurella anführte, um die Gründung des Instituts zu rechtfertigen, war das Gorki-Institut, das seit 1933 in Moskau Schriftsteller ausbildete. In der sowjetischen Besatzungszone und später in der DDR gab es seit 1947 regionale Arbeitskreise für junge Autoren. 1954 gründete ein Ausschuss des Schriftstellerverbands (dem auch Kurella angehörte) eine ›Arbeitsgemeinschaft junger Autoren‹. Mehrere ihrer Mitglieder gehörten zu den ersten Jahrgängen des Instituts. Zudem unterstützten die Intellektuellen nach der Niederschlagung des Aufstandes vom 17. Juni 1953 im Allgemeinen das Regime. Und die Machthaber versuchten in den folgenden Jahren, deren Wohlwollen zu gewinnen, indem sie ihnen wirtschaftliche Vorteile gewährten. Dass am Literaturinstitut höhere Stipendien vergeben wurden als an der Universität, war Teil dieser Strategie: Während ein gewöhnlicher Student mit einem Stipendium von 180 Mark pro Monat auskommen musste, erhielt ein angehender Schriftsteller 500 bis 600 Mark.

Für Kurella war das Programm klar: Das Institut sollte ein Laboratorium sein, aus dem der von Stalin definierte ›Ingenieur der menschlichen Seele‹ hervorgehen sollte. Es ging darum, dekadente Kunstauffassungen zu bekämpfen, wie der Direktor in seiner Eröffnungsrede feststellte: »Die rein pathogene Erklärung des Talents können wir, glaube ich, heute als offenbares Produkt einer dekadenten Gesellschafts- und Kunstauffassung ablehnen«; und an anderer Stelle: »Die dekadente Kunsttheorie lehnt diese Einmischung des Verstandes in den Kunstprozess ab.«[8] Dabei berührten sich die Ziele der Instituts mit denen des späteren Bitterfelder Wegs: Von Anfang an war vorgesehen, dass die Studenten ein Praktikum in einer Produktionsstätte absolvieren müssen, um die Realität der Arbeitswelt kennenzulernen.

Das Institut, das durch ein Dekret vom 3. Februar 1955 gegründet wurde, unterstand nicht dem Ministerium für Hochschulbildung, sondern dem neu geschaffenen Ministerium für Kultur. Seine Hauptaufgabe schien von Anfang an also nicht im Bildungsbereich, sondern eher in der Kulturpolitik zu liegen. Die Ziele des Instituts wurden im Gründungserlass präzisiert:

8 Alfred Kurella: Von der Lehrbarkeit der literarischen Meisterschaft. In: Ruf in den Tag, Jahrbuch des Instituts für Literatur »Johannes R. Becher«. Leipzig: Paul List 1960, S. 17–36, hier S. 23 u. 27. Vgl. dazu Anne-Marie Pailhès: Die Debatte um die Lehrbarkeit des Schriftstellerberufs in der DDR – Alfred Kurellas Rede zur Eröffnung des Instituts für Literatur in Leipzig am 30. Juli 1955. In: Kunst, Politik und Gesellschaft in Europa seit dem 19. Jahrhundert. Hg. v. Thomas Höpel und Hannes Siegrist. Stuttgart: Frank Steiner 2014, S. 199–205.

> Um die zeitgenössische deutsche Literatur im Geiste aller Traditionen und Errungenschaften der deutschen und der Weltliteratur zu entwickeln und um die ideologische und künstlerische Ausbildung der Schriftsteller zu fördern, ist die Gründung eines Literaturinstituts notwendig.[9]

Es sollten »weiterhin Schriftsteller und Kritiker aus der Arbeiter- und Bauernklasse ausgebildet werden«.[10] 1958 erhielt das Institut, das zunächst einen relativ improvisierten Charakter hatte, den Status einer Hochschule. Es wurde in das Universitätssystem eingegliedert und vergab fortan ein Diplom (dessen Vergabe als Druckmittel dienen konnte).

Die Lehrkräfte wurden meist durch Kooptation ausgewählt und besetzten manchmal einen Lehrstuhl auf Lebenszeit. Da einige sehr lange in ihren Ämtern blieben, wurde das Institut mit einer bestimmten Ausbildung oder einem bestimmten Lehrstil identifiziert. Zu Beginn war der Einfluss von Hans Mayer und Ernst Bloch groß. Bloch hielt einige Vorlesungen am Institut, bevor er in Ungnade fiel. Die Dozenten Kurt Kanzog und Horst Nalewski waren Schüler von Mayer, Hans Pfeiffer (Direktor von 1985 bis 1990) Schüler von Bloch. Allerdings scheint die Billigung der Staatssicherheit immer notwendig gewesen zu sein – auch, als Horst Nalewski 1967 seinen Posten räumen musste. Trotz der offensichtlichen ideologischen Zwänge wollten mit der Zeit immer mehr Bewerber am Institut studieren, während die Anwerbung anfangs das Ergebnis einer voluntaristischen Politik gewesen war. Erich Loest berichtet, wie er erst von Eduard Claudius, dem Sekretär des Schriftstellerverbands, davon überzeugt werden musste, nach Leipzig zu gehen: »›Wenn du nicht einverstanden sein solltest, werden wir dich zum Zentralkomitee bestellen und dort so lange mit dir diskutieren, bis du unseren Vorschlag eingesehen hast.‹«[11] Umgekehrt seien unliebsame Kandidaten von der Staatssicherheit aussortiert worden; Heiner Müllers Bruder Wolfgang soll sich in dieser Situation befunden haben. Gabriele Eckart erzählt in *Becher Institut*, wie sie nach einem Jahr (1979) auf Rat der Stasi hin aus dem Institut ausgeladen wurde.[12]

Das erklärte Ziel, Studenten aus der Arbeiter- und Bauernklasse zu rekrutieren, scheint in den 1950er und 1960er Jahren erreicht worden zu sein. Im Jahr 1965 erklärte der neue Direktor Max Walter Schulz, dass von 75 Studenten, die das Institut zwischen 1955 und 1965 durchlaufen hatten, 38 aus dieser Schicht stammten, 33 der

---

9 Verordnung über die Bildung des Instituts für Literatur. In: Gesetzblatt der Deutschen Demokratischen Republik. Teil 1, 1955/33.

10 Statut des Instituts für Literatur vom 1.11.1955. In: Verfügungen und Mitteilungen des Ministeriums für Kultur 15 (1955).

11 Erich Loest: Durch die Erde ein Riß. Ein Lebenslauf. München: dtv 1990, S. 258. – Erich Loest gehörte zum Jahrgang 1955–56.

12 Gabriele Eckart: Becher Institut. In: dies.: Schrappel. Geschichten und Gedichte. Würzburg: Königshausen & Neumann 2023, S. 55–63.

Kategorie ›Angestellte‹ und 4 der ›Intelligenz‹ zugerechnet wurden. Später wurde die Rekrutierungspolitik vielfältiger, vor allem unter der Leitung von Horst Nalewski, der sagte: »Man kann aus einem talentierten Mann einen Marxisten machen, aber nicht aus einem Marxisten einen talentierten Mann.«[13] Innerhalb des Instituts gab es sogar eine Elitenreproduktion in kleinem Maßstab, da ehemalige Studenten Direktoren wurden. Jeder Jahrgang zählte aber mindestens einen oder zwei ›Alibi‹-Arbeiter, die direkt aus dem Produktionssektor herausgerissen wurden. Dies war anfangs der Fall bei Harry Kampling (Bergarbeiter) oder Rolf Floss (der in einem Kombinat der chemischen Industrie arbeitete).

Das Alter der Studenten, das zu Beginn recht hoch war (Durchschnittsalter 34 im Jahr 1955), sank in der Folgezeit stetig. Diese Entwicklung kann auf ein für die Nachkriegszeit typisches Aufholphänomen zurückgeführt werden, da einige der Studierenden zunächst Soldaten im Krieg gewesen waren und dann die ABF (Arbeiter- und-Bauern-Fakultäten) durchlaufen hatten. Die Beteiligung der Frauen spiegelt die soziale Entwicklung der DDR wider: Von 0 % (in den Jahren 1956, 1958 und 1970) stieg sie nach 1976 auf über 30 % und erreichte 1985, einige Jahre vor dem Mauerfall, 50 %.

Auch die Form des Unterrichts änderte sich im Laufe der Zeit. Die Studiendauer betrug anfangs nur ein Jahr, dann zwei und ab 1967 schließlich drei Jahre. Zum direkten Studium kamen ab 1962 Fernstudien und nach 1966 Sonderkurse hinzu. Letztere stellten eine Art einjährige Weiterbildung für Schriftsteller dar, die eine Woche Unterricht pro Monat umfasste. Da die Teilnehmer ein Stipendium bekamen, waren diese Kurse auch bei etablierten Schriftstellern zur Einkommenssicherung beliebt. Der Lyriker Wulf Kirsten nahm zweimal am Sonderkurs teil. Im Interview mit mir sagte er 1988, beim ersten Mal, 1969/70, sei er noch ein Anfänger gewesen, der nichts veröffentlicht hatte, beim zweiten Mal, 1987, hätte er aber bereits materielle Interessen gehabt: »Diesmal sind die Motive für die Teilnahme ganz anders. Ich habe jetzt aufgehört zu arbeiten im Verlag, bin jetzt freischaffend, und da war es für mich auch einfach eine ökonomische Sache, als Übergang noch daran teilzunehmen.«[14]

Die Entwicklung der Kursinhalte ist nicht leicht nachzuvollziehen, da die für die Außenwelt bestimmte Fassade nicht unbedingt die Atmosphäre der Seminare widerspiegelt. 1961 zählte der damalige Direktor Max Zimmering folgende Themen für Abschlussarbeiten auf, die am Institut behandelt wurden: »Der neue Lehrer in der Literatur«, »Entwicklung des Offizierstyps«, »Das Bild der sozialistischen Bäuerin«, »Das Lied des Soldaten in der Volksarmee«, »Die Konzeption im sozialis-

---

13 Harry Kampling im Interview mit der Autorin am 2. Juni 1988 in Leipzig. – Kampling gehörte zum Jahrgang 1965–67.

14 Wulf Kirsten im Interview mit der Autorin am 13. Mai 1988 in Leipzig.

tischen Familienroman«.[15] Auch die Themen, die 1965 in Seminaren behandelt wurden, scheinen noch nicht die literarische Besonderheit eines Textes berücksichtigt, sondern eher der Propaganda gedient zu haben: »Die Entwicklung der sozialistischen Länder«, »Marx und die existentielle Auffassung von Freiheit«, »Die Aggression des US-Imperialismus gegen das demokratische Vietnam«.[16] Es dauerte bis 1976, ehe Literaturkritik am Institut gelehrt wurde. In den 1980er Jahren wurde der Unterricht vielfältiger. So hielten beispielsweise ein Psychiater, ein Biologe und ein Slawist Vorlesungen. In den letzten drei Jahrzehnten konnte die Forschung zu den Inhalten vertieft werden, da Archive zugänglich wurden und ehemalige Studenten ihre Erinnerungen veröffentlichten. Das betrifft insbesondere das Lyrik-Seminar von Georg Maurer. Als ich in der DDR wohnte und nur Zugang zu den DDR-Publikationen hatte, waren die meisten Veröffentlichungen über die Geschichte des Instituts konventionell, und sie so umfassend wie möglich zur Kenntnis zu nehmen, war ein echtes Pensum, eine sehr effektive Einführung in die sperrige Sprache des Sozialismus. Das bereits erwähnte Buch *Schreiben lernen im Sozialismus* (2018) gibt aber einen tieferen Einblick in die inzwischen erforschten Lehrinhalte am Institut.

2. Geschichte des Instituts: die Ära Kurella

Die Gründungsjahre des Instituts wurden von der Persönlichkeit Alfred Kurellas beherrscht, der sehr dogmatische ideologische Grundsätze vertrat. Laut Erich Loest (der 1958 wegen konterrevolutionärer Aktivitäten zu sieben Jahren Gefängnis verurteilt wurde) war es Kurella, der die Veröffentlichung der Werke von Kafka, Joyce oder den Expressionisten in der DDR verhindert oder um Jahrzehnte verzögert haben soll. Er soll auch aktiv an den Verleumdungskampagnen gegen Peter Huchel und Ernst Bloch beteiligt gewesen sein. Wie die anderen Studenten der ersten Jahrgänge sah Loest diese Zeit am Institut durch das Prisma einer sehr schmerzhaften Erfahrung. Auch Ralph Giordano, der von der damals gerade verbotenen westdeutschen KPD nach Leipzig geschickt worden war, legte seine Erinnerungen nach dem Bruch mit seiner Partei im Jahr 1957 offen.[17] Die Anfänge des Instituts waren sowohl von Dogmatismus als auch von Improvisation geprägt. Der Unterricht wurde anfangs von den Studenten nicht ernst genommen. Max Zimmering selbst schrieb 1960 über die ersten Studenten: »Sie gingen mit Bildern von Bohème hausieren und fürchteten

---

15 V. Deutscher Schriftstellerkongreß vom 25. bis 27. Mai 1961. Referate und Diskussionsbeiträge. Hg. vom Deutschen Schriftstellerverband. Berlin: Aufbau [1961], S. 308.

16 Margot Gerisch: Der kleine Platz. In: Sonntag, 17. Oktober 1965, S. 2.

17 Vgl. Giordano: Die Partei hat immer recht (Anm. 6).

eine intellektuelle und künstlerische Bevormundung.«[18] Die häufigsten Gefühle waren »Unbehagen, Unzufriedenheit, Zurückhaltung, Gleichgültigkeit und Skepsis«. In seinen Augen war die Gründung des Instituts eine Herausforderung, »eine kämpferische Maßnahme, Teil unserer Kulturrevolution«.[19] Loest zufolge soll Kurella, der den Spitznamen ›Natschalnik‹ (der Chef) trug, bei einem Treffen der Institutsdozenten gesagt haben, Ziel des Instituts sei es erst in zweiter Linie, schriftstellerische Kenntnisse zu vermitteln, und um diese müsse sich letztlich jeder Kursant selbst kümmern. Hauptziel sei es, die Studenten zu befähigen, die Beschlüsse der Partei mit den Mitteln der Literatur den Massen nahezubringen. Das Institut genoss also in seinen Anfängen nur ein begrenztes Prestige. Mayer und Bloch traten dort nicht oft auf. Bloch soll, so referiert Loest Giordano, gesagt haben, »das Charakteristische an der gegenwärtigen Situation in der DDR sei die Diktatur des kleinbürgerlichen Geschmacks im Namen des Proletariats«.[20] Und Hans Mayer habe, so Loest, das Publikum am Institut als »unaufmerksam, stupide« bezeichet.[21] Loest spürte nichts von der Aufbruchsstimmung, die Hermann Kant in *Die Aula* (1965) für die Anfangsphase der ABF beschrieben hatte. »Am Institut war von diesem Elan nichts zu spüren. Keine Arbeiten wurden geschrieben, keine Prüfungen waren angedroht.«[22] Selbst die Debatte über den Expressionismus, in der Kurella sich auf die Seite von Lukács stellte, habe die Studenten nicht aus ihrer Lethargie gebracht:

> Das Leben im Literaturinstitut ging, davon unberührt seinen lauen Gang, die Vorlesungen schleppten sich hin, in den Seminaren wurde gealbert, schweren Kopfes oder gar nicht erschien dieser und jener nach ausgiebiger Zecherei oder Skatschlacht.[23]

1956 gab es auch keine Debatte über die Entstalinisierung. Laut den Leitern des Instituts war der XX. Parteitag der KPdSU, auf dem Chruschtschow die Entstalinisierung einleitete, »nur ein Sensatiönchen« für die westlichen Zeitungen, so Loest.[24] Im Jahr 1958 verließ Kurella das Institut, da er zu hohen Ämtern im Parteiapparat berufen wurde (1958–75 war er Mitglied des ZK der SED).

---

18 Max Zimmering: Vorwort. In: Ruf in den Tag. Jahrbuch des Instituts für Literatur »Johannes R. Becher« 1 (1960), S. 9ff.

19 Ebd.

20 Loest: Durch die Erde ein Riß (Anm. 11), S. 265.

21 Ebd., S. 260.

22 Ebd.

23 Ebd., S. 270.

24 Ebd., S. 271.

3. Das Jahrzehnt der Lyrik

Der allgemeine Rahmen der Entwicklungen am Institut wird im Buch *Schreiben lernen im Sozialismus* eingehend geschildert. Ich werde meinen Schwerpunkt hier auf die 1960er Jahre legen, die den Bereich der Lyrik am stärksten betreffen. Als ich 1988 in Leipzig war, hatte mich die verborgene Seite der Geschichte dieses Instituts neugierig gemacht. Zum Glück lag die Deutsche Bücherei in Reichweite, die ein geheimnisvolles Giftkabinett enthielt. So wurde der Raum bezeichnet, in dem alle verbotenen Bücher aus dem Westen verschlossen waren und nur mit einer Sondergenehmigung eingesehen werden durften. Obwohl ich damals die Narrenfreiheit genoss, die Westeuropäern in der Regel zu dieser Zeit in der DDR zugestanden wurde, bekam ich diese Genehmigung nicht. Ich musste also mein Dauervisum nutzen, um nach West-Berlin zu reisen und in Bibliotheken wie der Amerika-Gedenkbibliothek die autobiografischen Berichte ehemaliger Studenten des Instituts, wie Erich Loest oder Siegmar Faust, zu lesen, die in die Bundesrepublik Deutschland übersiedelt waren. (Siegmar Faust war übrigens festgenommen worden, nachdem er im Giftkabinett auf frischer Tat ertappt worden war!)[25]

Ende der 1950er Jahre wurde das intellektuelle Leben in Leipzig von drei Persönlichkeiten besonders geprägt, die bis heute nachwirken: Hans Mayer (wie Christoph Heins Roman *Verwirrnis* vor kurzem noch einmal aufzeigte),[26] Ernst Bloch und Georg Maurer. Bloch, der 1957 seines Lehrstuhls enthoben und mit Publikationsverbot belegt worden war, ging 1961 in den Westen. Hans Mayer beschloss 1963, von einer Reise in die Bundesrepublik nicht zurückzukehren. Nur Georg Maurer blieb bis zu seinem Tod 1971 in Leipzig und leitete das Seminar für Lyrik an der Universität Leipzig (Abb. 1). Maurer, ein Rumäniendeutscher und Bewunderer Rilkes, war von Alfred Kurella auf den Lehrstuhl für Poesie am Institut berufen worden. Die Literaturkritik der DDR stellte in der Folgezeit oft die Frage, ob es eine ›Maurer-Schule‹ gebe, da dieser einen großen Einfluss auf die sogenannte Sächsische Dichterschule ausübte. Zu seinen Schülern zählten unter anderen Heinz Czechowski, Adolf Endler, Volker Braun, Sarah Kirsch, Rainer Kirsch, Wulf Kirsten und Walter Werner. Diese drückten ihre Dankbarkeit in vielen Gedichten aus, die sie ihm widmeten: *Fröhliche Trauer* (Volker Braun), *Auf Georg Maurer* (Rainer Kirsch), *Für Georg Maurer* (Adel Karasholi), *Maurer* (Heinz Czechowski). Während die Qualität seines Unterrichts anerkannt wurde, bleiben seine politische ›Langlebigkeit‹ und seine Distanz zu den ›Affären‹ der 1960er Jahre ziemlich mysteriös. Sarah Kirsch nannte ihn in einem Brief an mich

25 Vgl. Uta Grundmann: Gespräch mit Siegmar Faust. In: Revolution im geschlossenen Raum. Hg. v. Ute Grundmann. Leipzig: Faber und Faber 2022, S. 106–109, hier S. 108.

26 Vgl. Christoph Hein: Verwirrnis. Berlin: Suhrkamp 2018. In diesem Roman, der das Studentenleben und den Uni-Betrieb im Leipzig der 50er Jahre nachzeichnet, erscheint die Figur ›Goethe-höchstselbst‹ als Nachbild von Hans Mayer.

»feige«,[27] während Siegmar Faust ihn als den einzigen Lehrer bezeichnete, der sich 1965 weigerte, an der Kampagne gegen Biermann teilzunehmen, und der 1968 seine Zustimmung zum Einmarsch der sowjetischen Truppen in die Tschechoslowakei verweigerte.[28] Er war übrigens auch der einzige Dozent, der kein SED-Mitglied war. Die Autorinnen und der Autor von *Schreiben lernen im Sozialismus* stellen anhand der Figur von Georg Maurer den damaligen Lyrikkanon infrage. Im Kapitel »Begrenzte Strahlkraft« betonen sie, dass Maurer vor allem als Dozent und Identifikationsfigur wichtig gewesen sei: »Maurers Geltung als Lyriker spielte bei seinen Schülern eine geringere Rolle«.[29] Auch habe er wohl Sarah Kirsch zugunsten ihres Ehemanns Rainer Kirsch unterschätzt.

Abb.1: »Georg Maurer (rechts) und Heinz Czechowski (ihm gegenüber in der Mitte) 1959 im Institut für Literatur »Johannes R. Becher« (© Anne-Marie Pailhès, Privatarchiv)

Unter den prägenden Lehrern muss hier auch die Persönlichkeit von Trude Richter erwähnt werden. Die 1899 geborene Erna von Barnick (die später ihren Namen änderte) stammte aus einer wohlhabenden Familie, die ihr ein Studium ermöglichte. In den 1920er Jahren lernte sie Hans Günther, einen Intellektuellen der KPD, kennen. Sie begann sich in den Reihen der Kommunisten zu engagieren und wurde Sekretärin des Bundes proletarisch-revolutionärer Schriftsteller. 1933 musste sie zu-

27 Sarah Kirsch: Brief an Anne-Marie Pailhès, 31. Januar 1988: »Maurer verdanke ich viel, wenn er auch feige war, was wir ja wussten« (Privatarchiv).

28 Siegmar Faust: In welchem Lande lebt Mephisto? Schreiben in Deutschland. München/Wien: Gunter Olzog 1980, S. 32f.

29 Lehn/Macht/Stopka: Schreiben lernen im Sozialismus (Anm. 3), S. 344.

sammen mit Hans Günther ins Exil in die UdSSR fliehen. 1936 wurden beide dort verhaftet, der Spionage beschuldigt und zu Zwangsarbeit in Sibirien verurteilt, wo Hans Günther 1938 starb. Trude Richter verbrachte zwanzig Jahre in Lagern oder im Zwangswohnheim und konnte erst 1957 auf Intervention von Anna Seghers in die DDR zurückkehren. Becher bot ihr den Lehrstuhl für Sowjetliteratur am Institut für Literatur an, aber es verstand sich von selbst, dass sie nicht über ihre Jahre in der UdSSR beim ›Aufbau des Sozialismus‹ sprechen würde. 1964 verfasste sie ihre Erinnerungen an die Lager, die erst 1990, ein Jahr nach ihrem Tod, veröffentlicht wurden.[30] Sie zeichnen sich durch blindes Festhalten an einer Ideologie aus, die selbst um den Preis schlimmsten Leidens gerechtfertigt wird. Im Institut wusste jedoch niemand Genaues von ihrem Schicksal, das bis zum Schluss verheimlicht wurde.[31] Harry Kampling berichtete mir dazu eine Anekdote:

> Ich hatte mit Trude Richter darüber diskutiert, dass man bei uns auch Solschenizyn hätte veröffentlichen können, dessen *Ein Tag im Leben des Iwan Denissowitsch* gerade erschienen war. Wir waren natürlich neugierig, wir wussten nicht, dass es inzwischen zahlreiche Veröffentlichungen über den Stalinismus und den Personenkult gab. Nichts davon war übersetzt worden. Trude Richter stand während der Parteiversammlung auf und sagte: ›Und auch für Genossen Kampling besteht die Literatur der Sowjetunion nur aus der Literatur der Lager!"[32]

Im Gespräch mit Harry Kampling erfuhr ich 1988 von Richters Schicksal und er lieh mir sogar ein maschinengetipptes Exemplar ihrer Memoiren aus, das in Leipzig von Hand zu Hand ging und mich damals äußerst beeindruckte (wie später die Autobiografie von Walter Ruge). Es ist klar, dass Trude Richter Literatur auf sehr dogmatische Weise unterrichtete und die Studenten dabei oft verärgerte. Manchmal verließ sie weinend den Hörsaal, woraufhin der Direktor das ›Schicksal‹ dieser Kollegin erwähnte und alles wieder in Ordnung war. Die paradoxe Haltung von Trude Richter zeigte sich auch in ihrer unter den Studenten des Instituts allgemein bekannten Zusammenarbeit mit der Stasi. Sie beschleunigte die Ausschlusswelle, von der die Studenten im Anschluss an das 11. Plenum des ZK der SED, das sogenannte Kahlschlagplenum, betroffen waren.

Die Lektüre der Autobiografie von Trude Richter gab mir einen Einblick in die Stimmung am Institut und in die Tabus, die noch in den 1980er Jahren galten. Wie konnte ich aber mehr über die 1960er Jahre am Institut erfahren? Es war kaum möglich, im heutigen Sinne wissenschaftlich zu arbeiten, denn es gab keinen Zugang

---

30 Vgl. Trude Richter: Totgesagt, Erinnerungen. Halle/Leipzig: Mitteldeutscher Verlag 1990.

31 Noch im Januar 1989 werden im Nachruf auf sie die Jahre 1933 bis 1957 (Rückkehr in die DDR) nicht näher erwähnt. Vgl. Literaturwissenschaftlerin Dr. Trude Richter gestorben – Nachruf des Vorstandes des Schriftstellerverbandes. In: Neues Deutschland, 5. Januar 1989.

32 Harry Kampling im Interview mit der Autorin am 2. Juni 1988 in Leipzig.

zum Archiv des Instituts und auch nicht zu vielen Quellen, die in *Schreiben lernen im Sozialismus* ausgewertet werden.

Zudem wusste ich damals nicht, dass der Fortschritt meiner Recherchen überwacht wurde, da die Stasi im Januar 1988 einen ›operativen Vorgang‹ gegen mich eingeleitet hatte (allerdings nicht aufgrund meiner Recherchen). Die Stasi hat mir zum Glück – und zur Erbauung der jüngeren Forschergenerationen – einige historische Spuren der Schritte hinterlassen, die ich im Zusammenhang mit dieser Forschung unternommen habe. Diese Spuren zeugen auch von meiner großen Naivität. Da ich nichts und niemanden fürchtete, schrieb ich aus Leipzig an die Dichterin Sarah Kirsch, die von 1963 bis 1965 am Becher-Institut studiert hatte und 1978 in die Bundesrepublik Deutschland gezogen war. Ihre Antwort erreichte mich aber ohne größere Probleme. Ich habe auch an das Gesamtdeutsche Institut in Bonn geschrieben, das für den DDR-Staat den Klassenfeind verkörperte. Mein 1992 gestellter Antrag auf Einsicht meiner Stasi-Akte wurde 1994 positiv beantwortet, und ich erhielt etwa 80 Fotokopien.

Das 11. Plenum von 1965 wollte eine ideologische Wende herbeiführen, indem es die ›defizitäre‹ sozialistische Moral einiger Künstler und Schriftsteller kritisierte. In der Literatur traf diese Repression insbesondere Werner Bräunig, einen der Vertreter des Bitterfelder Weges, der von 1958 bis 1961 am Institut studiert hatte und seither dort unterrichtete. Sein Romanfragment *Rummelplatz*,[33] das die Lebensbedingungen der Bergleute bei der Sowjetisch-Deutschen Aktiengesellschaft Wismut (zu) realistisch beschrieb, hatte im *Neuen Deutschland*, dem Organ der SED, eine Polemik ausgelöst. Zur gleichen Zeit kam es am Becher-Institut zu einigen Fällen von Ungehorsam. Ich konnte sie dokumentieren, indem ich bei einem Besuch in der Bibliothek des Instituts diskret alle Namen der Studenten aus dem Immatrikulationsregister mit der Hand abschrieb und Listen erstellte. Diese Möglichkeit hatte ich dank Ursula Beyer, der langjährigen Bibliothekarin (bis 2002), die bei meinen Recherchen ein Auge zudrückte. Sie stellte auch den Kontakt zu ihrer Freundin Rosemarie Fret her, die mich ihrerseits an Harry Kampling weiterempfahl, und so kam eins zum anderen. Die Stasi hat meine damaligen Recherchen dokumentiert. In einer »Information des GMS ›Helga‹ vom 10. 3. 1988« wird der Inhalt meines Gesprächs mit Marianne Schmidt, der Stellvertretenden Direktorin des Instituts, detailliert zusammengefasst.

Im Jahrgang 1963–1965 erhielt Rainer Kirsch sein Diplom nicht, weil er ohne Genehmigung einen Aufsatz in der Schweiz veröffentlicht hatte. Von 29 Studenten, die 1965 ihr Studium am Institut begannen, wurden 8 vor die Tür gesetzt, und 3 erhielten keinen Abschluss. Man stellte die Immatrikulierungspolitik des stellvertreten-

33 Vgl. Werner Bräunig: Rummelplatz. In: Neue Deutsche Literatur 13 (1965), H. 10, S. 7–29. Das vollständige Manuskript der letzten Romanfassung erschien erst 2007 im Berliner Aufbau-Verlag.

den Direktors Horst Nalewski infrage, die es ermöglichte, dass Studenten, die man an anderen Einrichtungen exmatrikuliert hatte, am Literaturinstitut aufgenommen wurden. So erzählte es mir sehr lebendig Harry Kampling:

> Es waren zum großen Teil Leute, die irgendwie ›Gescheiterte‹ waren. Nehmen wir Dieter Mucke: Er hatte Psychologie an der KMU [Karl Marx-Universität Leipzig, A.-M.P.] studiert und war exmatrikuliert worden; er ist dann zur Filmschule nach Babelsberg gegangen, dort ist er exmatrikuliert worden, und später kam er zum Institut. [...] Dieter Mucke schrieb eine Kurzgeschichte über seine letzte Exmatrikulation an der Filmhochschule. Da schildert er also, wie der exmatrikulierte Student in einem Café sitzt und das Bild von Ulbricht an der Wand sieht und die saturierten dicken fetten Leute an den Tischen mit ihren Parteiabzeichen usw., dass ihm zum Kotzen zumute wäre usw. usw. Zum Schluss schrieb er darunter: Mit sozialistischen Grüßen, Heil Hitler! Das war natürlich eine Provokation, das ist klar, wer macht ja sowas.[34]

Über die Lyriker berichtete er:

> 1965 ging das Theater schon los; es drehte sich einmal um die Diplomarbeit von Rainer Kirsch, der seine Arbeit in der Schweiz veröffentlichte, dann um Helga Novak, deren Gedichtband in der Bundesrepublik erschien, in dem sie etliche Gedichte über Walter Ulbricht und über das sogenannte Manöver Oktobersturm gemacht hatte und die eine eindeutige Aussage hatten. Heute würde das gar nicht so eine erhebliche Rolle spielen, aber damals war alles sehr rot gefärbt, alles sollte ideologisch mit Scheuklappen gesehen werden.
> Es war jedenfalls eine sehr wilde und bewegte Zeit, mit sehr vielen politischen Diskussionen. [...] Jeden Mittwoch hatten wir zum Beispiel unseren ›Klubabend‹. Dort lasen die Studenten aus dem, was am Institut entstanden war, und der Andrang von Studenten anderer Fakultäten war ungeheuer groß. Sie saßen manchmal bis draußen auf dem Flur, um zuzuhören, wenn wir lasen.[35]

Dieter Mucke wurde im Dezember 1965 exmatrikuliert, ebenso wie Helga Novak, Andreas Reimann und andere.

1967 wurde ein weiterer Jahrgang angeworben: Von den 21 Studenten wurden ab Januar 1968 8 ausgeschlossen. Laut einem der betroffenen Studenten, Siegmar Faust, hatten die Behörden Angst vor einer ›Ansteckung‹ aus Prag und wollten jeden Versuch eines Aufruhrs unterbinden. Die fadenscheinigsten Vorwände hätten dazu gedient, unbequeme Studenten zu exmatrikulieren. Zur selben Zeit musste Bernhard Heisig die Kunsthochschule verlassen. Zwei Studenten des Instituts, Paul Gratzik und Martin Stade, sollen sich von ihrem Ernteeinsatz in einer LPG entfernt

34 Harry Kampling im Interview mit der Autorin am 2. Juni 1988 in Leipzig.

35 Harry Kampling im Interview mit der Autorin am 2. Juni 1988 in Leipzig.

haben, um Bier zu trinken, was angeblich der Grund für ihren Ausschluss war. Aus Protest gegen diese Entscheidung sollen Klaus Bourquain und Gerti Tetzner das Institut von sich aus verlassen haben. Siegmar Faust wurde ebenfalls exmatrikuliert, weil er anlässlich eines Praktikums in einem Braunkohlewerk ein aufrührerisches Gedicht geschrieben hatte. In der Ausschlusssitzung soll Max Walter Schulz gesagt haben:

> Ihre Exmatrikulation erfolgt aus erzieherischen Gründen. Wir sind auf Grund bekannter Fakten der Meinung, dass Ihre gegenwärtige politische und literarische Reife nicht den Anforderungen entspricht, die wir an den werdenden sozialistischen Schriftsteller hier und heute stellen müssen.[36]

Gert Neumann, der Sohn von Margarete Neumann (einer sehr parteitreuen Schriftstellerin), und Heidemarie Härtl, Tochter eines hohen Beamten, mussten das Institut aus ähnlichen Gründen verlassen und lebten danach unter sehr schwierigen materiellen Bedingungen.

In der Folgezeit war das Literaturinstitut keine aufmüpfige Zelle mehr, auch wenn es mehrere Unterzeichner der Petition zur Unterstützung von Wolf Biermann beherbergte und man es nach einer Diskussion von Joachim Nowotny mit seinen Studenten über die Funktion der Kunst, veröffentlicht 1979 in den *Weimarer Beiträgen*, am liebsten geschlossen hätte. Es stand unter strenger Beobachtung. Noch 1988 war die Geschichte dieses Instituts ein hochsensibles Thema, wie ein Auszug aus meiner Stasi-Akte über meine damals begonnene Arbeit belegt:

> Nach den derzeit bekannten Informationen hat die P. mehrmals in dieser Bibliothek gearbeitet und es ist anzunehmen, dass sie ausgiebig mit der S. gesprochen hat, die dort seit langem arbeitet, und dass sie unter diesen Umständen Informationen über ehemalige Studenten aus der zweiten Hälfte der sechziger Jahre hätte erhalten können.

Das Literaturinstitut war, was die Förderung der Literatur und insbesondere Lyrik betrifft, in der DDR eine einmalige Institution. Einerseits spielte es eine nicht zu unterschätzende Rolle für den Werdegang bedeutender Lyriker, andererseits war es einer direkten politischen Kontrolle unterworfen und der Schauplatz von Repressionen. So war es ein ambivalenter Ort der Freiheit und der Anpassung. Und gerade die Gattung der Lyrik eröffnete aufgrund ihrer Vieldeutigkeit Freiräume innerhalb der politisch kontrollierten Institution.

---

36 Zit. n. Faust: In welchem Lande lebt Mephisto? (Anm. 28), S. 47.

2. Interviews

Interview mit Edwin Kratschmer

Gregor Streim und Tobias Schwessinger[1]

Herr Kratschmer, wie entstand Ihr Interesse an Gedichten Jugendlicher?

Ich komme von der Psychologie. Das Problem Jugendlyrik war für mich erst einmal ein Phänomen der Entwicklungspsychologie und mich haben Fragen interessiert wie: Wie wird man Dichter? Gibt es irgendwelche Parameter, an denen man die Sprachfähigkeit und die allgemeine künstlerische Begabung während der Pubertät erkennen kann? Ich wollte deren Graduierung erkunden. Wann beginnt ein Mensch mit der Metaphorik zu arbeiten, mit der Mehrdeutigkeit des Wortes, mit sprachlicher Innovation? Wann entsteht das Interesse für Lyrik? Darüber habe ich dann meine Dissertation geschrieben. Und da es zu alldem seit 1917 im deutschen Sprachraum keine Forschung gegeben hatte, musste ich sehr viel improvisieren.

Auf diese Fragen sind Sie in den 1960er Jahren durch Ihre Arbeit als Lehrer an der Polytechnischen Oberschule in Unterwellenborn gestoßen?

Ja, ich war zu dieser Zeit Deutschlehrer. Ich hatte damals einen Schüler, Peter Beitlich, der eine Sonderposition in der Klasse einnahm. Die Mutter krebskrank, vertrieben aus der Heimat, in dürftigen Verhältnissen lebend, verunglückte Liebe, da kamen einige Negativismen zusammen, wahrscheinlich auch eine depressive Veranlagung. Und der legte mir eines Tages ein Gedicht vor, auf einem zerknüllten Zettel, *Im Wasser schwimmt der Mond*. Dadurch wurde ich auf das Phänomen Jugendgedicht aufmerksam und erkannte, dass es psychologisch ungeheuer aufschlussreich ist. Ich begann zu fragen: Sind Peters Texte typisch fürs Jugendalter oder eine einmalige Sache? Gibt es Gesetzmäßigkeiten? Gibt es schreibintensivere Altersgruppen? – So geriet ich auf ein Feld, das DDR-offiziell gar keiner Forschung wert war. Das Schreiben von Gedichten war vom Staat nicht vorgesehen, auch nicht im Lehrplan. Junge Menschen sollten zum Sozialismus erzogen werden und nicht zu Poeten. Ich begann dann für mich, das Gebiet zu erforschen, zunächst rein psychologisch.

---

1 Interview geführt am 10. Dezember 2018 in Saalfeld.

Und Sie haben dann immer mehr Gedichte von Schülern bekommen?

Zuerst war es der Peter Beitlich. Dann kamen andere Schüler mit Gedichten und wir haben nächtelang über diese Texte gesprochen. Ich habe sie an die Lyrik herangeführt. Das erregte Aufsehen über die Schule hinaus. Was machen die da in Unterwellenborn? Wir wurden eingeladen. Es kamen andere Schüler hinzu. Wir nannten uns Lyrikclub. Der traf sich im Kulturpalast Unterwellenborn. Diesen Club hat es bis 1976 gegeben. Dann wurde Jürgen Fuchs, der inzwischen dem Club angehörte, verhaftet.

Konnte man im Kulturpalast einfach so einen Lyrikclub gründen?

Ich komme eigentlich von der Malerei, studierte zuerst Malerei und dann Psychologie. Ich leitete im Kulturpalast Malzirkel. Als wir eines Tages mit der Lyrik kamen, trat ich an den Kulturhausleiter heran und fragte, ob ich nicht auch eine Lyrikgruppe gründen könne. So wurde sie zu offizieller Angelegenheit. Aus dem Kreis Saalfeld und bis nach Jena kamen junge Leute zusammen. Das war damals geduldet. Wir hatten einen Kulturhausleiter, der mir große Freiräume gewährte, weil er mich kannte. Es gab ja auch sehr vernünftige Zeitgenossen. Nicht alle waren Stalinisten. Die hatten keine homogene Meinung zur Lyrik. Es gab Parteibonzen, die das unschuldige Bändchen *Und Mut gehört zum Wort*, das ich 1964 herausgegeben hatte, auf einer öffentlichen Veranstaltung verrissen und zerrissen. Das gehöre verboten! Gegen mich wurden damals Maßnahmen von der Stasi eingeleitet. Ich sollte fristlos entlassen werden, weil ich die Jugend zu solchen Texten angestiftet hatte. Damals ahnte ich noch nicht, dass ich eine Stasiakte hatte. Wenn man die Gedichte aus *Und Mut gehört zum Wort* heute liest, denkt man: Das ist doch politischer Schmarren. Aber kein psychologischer! Ich war immer in diesem Zwiespalt: Gehe ich als Literaturwissenschaftler an die Gedichte heran oder betrachte ich sie unter psychologischen, entwicklungspsychologischen Aspekten? Aus dieser Perspektive war jeder Text interessant, selbst apologetische, selbst abgeschriebene Texte. Ich habe sie als Psychologika genommen. Das Interesse am Literarischen kam später. – Nachdem wir dieses Bändchen herausgebracht hatten, erhielten wir Einladungen. Wir lasen in Jena, in Berlin, hier in Saalfeld, in Pößneck und umliegenden Orten. Wir haben mit diesen Texten Aufsehen erregt, weil sie für damals zum Teil sehr frech waren, also gar nicht so unschuldig, wie sie heute erscheinen. Das war zur Beatles-Zeit, da schwappte etwas durchs Westfernsehen, durchs Radio Luxemburg herüber, und das wurde von jungen Menschen aufgegriffen. Darum waren diese Texte so beargwöhnt.

Aus welchem Anlass entstand die Anthologie Und Mut gehört zum Wort?

In der DDR fanden damals alle zwei Jahre Arbeiterfestspiele statt. Daran nahmen auch Zirkel schreibender Arbeiter teil. Diese Schreibzirkel wurden staatlich gefördert, und zu den Arbeiterfestspielen in Broschüren vorgestellt. 1964 wurden die zentralen Arbeiterfestspiele im Bezirk Gera ausgetragen, auch im Kulturpalast der Maxhütte in Unterwellenborn, der damals ein sozialistisches Vorzeigeobjekt war. In diesem Zusammenhang brachten wir im Kulturpalast den Band *Und Mut gehört zum Wort* heraus. In der Presse erschienen seitenlange Artikel dazu. Man hält nicht für möglich, was dieses Bändchen für Aufregung verursacht hat, welches Für und Wider. Die Schule hat das Projekt ganz und gar abgelehnt. Der Schulrat hielt es für Jugendverführung und forderte, mich fristlos zu entlassen, wie ich später in meiner Stasi-Akte las. Aber es gab damals drei Institutionen, die uns angefeuert haben. Das war Hannes Würtz von der *Jungen Welt*, der sagte: Was ihr da macht, ist ganz toll. – Dann gab uns der Lyriker Adolf Endler in der Zeitschrift *Neue Deutsche Literatur* Schützenhilfe. Und als Drittes bekamen wir Unterstützung durch die Studentenzeitung *Forum* und durch Peter Lux vom *Neuen Deutschland*. Während in den Tages- und Bezirkszeitungen nur Verrisse erschienen, hat Lux das Bändchen im *Neuen Deutschland* hoch gelobt, uns nach Berlin zu Lesungen eingeladen und die Verbindung zum Schriftstellerverband hergestellt. Im Kulturhaus Unterwellenborn fand 1964 auch eine Veranstaltung mit Vertretern von Partei, Kultur und Pädagogik statt, auf der über dieses Projekt diskutiert wurde.

Danach haben Sie begonnen, DDR-weit Gedichte von Jugendlichen zu sammeln?

1964, unmittelbar nach *Und Mut gehört zum Wort*, begannen meine Frau und ich mit dieser Sammlung. Wir sind über die Presse bekannt geworden und ich wurde auch vom Fernsehen eingeladen. Ich habe mehrere Fernsehsendungen zur Jugendlyrik gemacht und auch an der *Poetensprechstunde* der *Jungen Welt* mitgeschrieben. Den Journalisten Hannes Würtz hatte ich schon kennengelernt, bevor ich *Und Mut gehört zum Wort* herausbrachte. Wir arbeiteten zuerst in Zeitungen und dann im Fernsehen zusammen. Daraus entsprang eine weite Korrespondenztätigkeit. Man schickte uns Gedichte – was man für Gedichte hielt – und wollte eine Meinung hören. Und wir konnten uns nicht mehr retten vor Zuschriften. So begann die Sammlung. Fast zeitgleich war 1964 in Moskau Vladimir Glozers *Deti pischut stichi* (*Kinder schreiben Gedichte*) erschienen. 1965 brachte Armin Schmid in Hamburg die *Primanerlyrik* und 1966 Klaus Doderer in München *Die Reimschmiede* heraus. 1967 veröffentlichte der Schweizer Reinhard Hauri *Der Drang nach Größe*, und in England sammelte 1972 ein Lehrer Chris Searle *Fire Words* von Schülern. Von all dem erfuhren wir erst später und das spornte uns weiter an.

Der erste Band der Offenen Fenster *erschien 1967 im Verlag Neues Leben. Wie kam es zu dieser Publikation?*

Bernd Jentzsch, damals Lektor des Verlags, hatte von mir gehört und mich angeschrieben, ob ich ihm nicht mal einige Gedichte zuschicken könnte. Er sagte: Daraus machen wir ein Buch. – Beim ersten Band arbeitete ich mit Kunsthochschulen zusammen, um auch Kunststudenten die Möglichkeit zu geben, mit ihren frühen Werken öffentlich zu werden. Die anderen Bände haben wir dann mit der Hochschule für Graphik und Buchkunst Leipzig gemacht. Und ich hatte bereits für einige begabte kommende Autoren eine Debütreihe im *Mitteldeutschen Verlag* geplant. Der hatte mich eine Zeitlang als Lyrikgutachter und Lektor eingestellt. Doch nach kurzer Zeit war ich wieder draußen, weil ich zu wenig dienstbarer Geist war.

Wie hing Ihre Dissertation mit dieser Tätigkeit zusammen?

1966 habe ich mit der Dissertation begonnen. *Und Mut gehört zum Wort* hatte uns in eine Verteidigungsposition gedrängt. Ich erkannte: Du musst dich schulen, wissenschaftlich schulen, denn du musst wissen, mit welcher Materie du es da zu tun hast. Du musst auf immer neue Herausforderungen reagieren können. Deine Meinung muss Hand und Fuß kriegen. – Ich bat in Jena Professor Hans Hiebsch, der damals in der Sozialpsychologie der DDR das Ass war, bei ihm studieren zu dürfen, und zwar auf dem Gebiet der Begabungspsychologie. Die gab es aber nicht in der DDR. Begabung war als klassenfeindlicher Begriff ein Schmähwort. Bei uns gab es nur Talente. Hiebsch sagte: Ich kann ihnen da nicht helfen, wir machen Sozialpsychologie, aber in Leipzig gibt es den Professor Adolf Kossakowski, der macht Entwicklungspsychologie, vielleicht ist der an dem Projekt interessiert. – Kossakowski hatte über die Entwicklung im Jugendalter ein fundamentales Lehrbuch geschrieben. Also ging ich zu Kossakowski und der war sofort Feuer und Flamme. Er ermutigte mich zu weiteren Untersuchungen. In Leipzig lehrte damals auch Professor Horst Haase, der in der DDR als Lyrik-Experte hochgeachtet war. Er leitete ein Doktorandenseminar zu Lyrik, und als er von meinem Projekt hörte, nahm er mich sofort auf: Jawohl, das ist Ihr Platz. Arbeiten Sie zur Poetogenese, etwa: Wie gelangt man von der Anfangsphase des Schreibens zur Hochform der Lyrik? Gibt es da objektive Entwicklungsstufen? – So entstand meine Dissertation *Poetologie des Jugendgedichts. Ein Beitrag zur Poetogenese.*

Währenddessen haben Sie weiter als Lehrer in Unterwellenborn gearbeitet?

Ich habe voll unterrichtet. Ich wurde nicht delegiert, und ich habe keinerlei Zuschüsse bekommen. Allerdings hat mir mein Direktor den Dienstag stundenplanmäßig freigeräumt, damit ich am Doktorandenseminar in Leipzig teilnehmen konnte. Da fuhr ich mit meiner Frau hin.

1970 fand das 1. Zentrale Poetenseminar in Schwerin statt, das die FDJ zusammen mit dem Schriftstellerverband veranstaltete. Sie hatten selbst schon früh die Idee zu einem Poetenseminar?

Einige junge Leute, die heute zum Teil gestandene Lyriker sind, reisten bei uns an und wollten ihre Gedichte beurteilt haben. Da berieten meine Frau und ich: In Schwarzburg ist eine wunderbare große Jugendherberge, wir werden die Begabtesten dorthin zu einem Poetenseminar einladen. – Wir waren damals in einem Höhenrausch; die *Offenen Fenster* waren schon da. Ich wurde zum Schriftstellerverband eingeladen, sollte dort über die Entwicklung der Jugendlyrik und über erste Ergebnisse meiner Dissertation referieren. Ich hatte eine feste Sendung im Fernsehen am Sonnabendnachmittag, *Basar*, in die ich begabte jugendliche Schreibende einlud. Da war ich bereits mit Hannes Würtz zusammen, der bei der *Jungen Welt* die *Poetensprechstunde* betrieb. Doch wir stießen sofort an Grenzen: Ein Poetenseminar? Nur von Ihnen veranstaltet? Das geht nicht, das muss ein Dach haben. Und das Dach kann, da es um junge Leute geht, nur die FDJ sein. – Ich musste zum FDJ-Zentralrat nach Berlin. Weil die Teilnehmer aus mehreren Bezirken der DDR kamen, war ein solches Seminar eine Republiksache. Der Zentralrat sagte dann: Wie Sie das vorhaben, geht es nicht. Das muss eine institutionalisierte Form kriegen. – Inzwischen waren in der DDR Singeklubs entstanden. Einige dieser Gedichteschreiber kamen aus diesen Klubs. Sie kamen in jedem Oktober zusammen und gestalteten im ›Roten Oktober‹ ihre Programme. Da schlug ich vor, ein großes Poetenseminar zu machen.

So wie die Singeklubs sollten auch die Poeten zusammenkommen?

Ich wollte keine Kopie der Singeklubs. Wir wollten vielleicht hundert Autoren, die durch die *Offenen Fenster* bekannt geworden waren, einladen, und ich wollte dazu noch einige Schriftsteller-Paten haben, etwa den Volker Braun, die Sarah Kirsch, den Günter Kunert, den Biermann. Sie sollten mit den jugendlichen Autoren über deren Gedichte diskutieren. Man war hellauf begeistert und stellte ein Zentrales Poetenseminar zusammen, das im Schweriner Schloss stattfinden sollte. Ich wurde zu einem Seminarleiter. Doch dann las ich, welche Parteidichter der Zentralrat eingeladen hatte! Die sollten jetzt die jungen Leute lehren, wie man Gedichte schreibt! Ich habe das zwar anfangs mitgemacht, mich dann aber von Schwerin verabschiedet.

Hannes Würtz war aber weiter an den Poetenseminaren beteiligt?

Hannes Würtz ist weiter in Schwerin geblieben. Der war ja bei der *Jungen Welt* angestellt und musste hin. Er gab auch die Sonderhefte der Reihe *Poesiealbum* zu den Poetenseminaren heraus. Die gingen über die FDJ, über den Zentralrat. Die jährlichen Poetenseminare waren eine reine Sache der FDJ geworden und politisch hoch angebunden. Als Seminarleiter kamen Leute vom Zentralrat und Parteileute, vom Schriftstellerverband und so weiter.

Sie haben mit Hannes Würtz weiter eng zusammengearbeitet. Welche Verbindung bestand zwischen der von ihm betreuten Poetensprechstunde *und den* Offenen Fenstern?

Die ersten Bände der *Offenen Fenster* haben meine Frau und ich gemeinsam herausgegeben. Dann war das nicht mehr zu schaffen. Ab dem vierten Band, 1973, kam Hannes Würtz dazu. Wir haben ihn ins Boot geholt, weil wir sagten: Das ist eine Quelle, die wir unbedingt nutzen müssen. – Würtz hatte uns schon vorher eingeladen, für ihn Gutachten zu schreiben. Er hat uns Gedichte, die an die *Junge Welt* geschickt wurden, weitergeleitet, und wir haben eine Vorsondierung vorgenommen, die Rosinen für die *Offenen Fenster* herausgezogen. Ich bin bei der *Poetensprechstunde* mit eingestiegen und er bei den *Offenen Fenstern*. Wir haben fast täglich miteinander korrespondiert. Es kamen Briefpacken von ihm, die für die *Poetensprechstunde* an die *Junge Welt* geschickt worden waren. Parallel dazu liefen meine Sendungen im Fernsehen. Und ich habe über andere Zeitungen Aufrufe gestartet, damit wir einen breit gefächerten, großen Fundus hatten und nicht nur die Schulen oder die Universitäten erreichten. Es beteiligten sich ja auch zunehmend Studentinnen und Studenten.

Nach welchen Kriterien wurden die Texte zwischen der Poetensprechstunde *und den* Offenen Fenstern *denn aufgeteilt?*

Die *Poetensprechstunden* waren thematisch gegliedert. Wir haben Texte zu einem Thema oder Sujet gesammelt und haben daraus ausgewählt, was für die *Poetensprechstunde* geeignet war und was uns für unsere *Offenen Fenster* psychologisch, politisch und auch literarisch interessant schien.

Aber auch bei den Offenen Fenstern *mussten Sie Rücksichten nehmen und mit der Zensur rechnen.*

Wir mussten immer überlegen: Was kann man wagen, was kann gedruckt werden? Schaden wir jemandem, wenn wir sein Gedicht in die Mappe *Offene Fenster* legen? Denn das bekamen die Stasi-Zensoren in die Hand. In der DDR gab es ja mehrere Zensurhürden. Die erste Hürde war die Selbstzensur. Man musste aus Selbstschutz abwägen, was man sagen durfte und was nicht. Was geht auf keinen Fall? Welches Gedicht muss man zurücklegen, um auf das nächste Tauwetter zu warten? Das war taktisch ein opportunes Verhalten. Wer in der der Diktatur gelebt hat, der machte sich schuldig, indem er auf solche Weise bei der Unterdrückung mithalf. Die zweite Zensur hatte den Schutz des Autors, des Schülers, im Sinn, der vielleicht nicht ahnte, welche Folgen er mit seinem Text auslösen konnte. Es gab Autoren, die aufgrund ungenügender Textauswahl ihre künstlerische Laufbahn beenden mussten, bevor sie beginnen konnte. Sie waren als potenzielle Schriftsteller zumindest bis 1989 erledigt. Und dann gab es als dritte Zensur die Druckgenehmigung. Jede Publikation musste vor dem Druck angemeldet und staatlich genehmigt werden. Die Ablehnung wurde dann mittels des Papierkontingents geregelt. Und schließlich gab es die Zensur durch Partei und Stasi. Von ihr wusste man nur als von einer grauen Eminenz. In *Offene Fenster 4* veröffentlichten wir zum Beispiel mehrere Gedichte von Jürgen Fuchs aus dem Zyklus *Schriftprobe*. Die trugen wesentlich dazu bei, dass er aus der Partei ausgeschlossen wurde. Wir hatten damals alle Gedichte mit ihm diskutiert und gewarnt: Den ganzen Zyklus können wir unmöglich einreichen, da bist du morgen hinter Gittern. – Dann einigten wir uns auf die sechs bis acht Texte, die wir veröffentlichten.

Gibt es in dem von Ihnen angelegten Archiv, der »Sammlung Kratschmer/Würtz«, Texte, die der Zensur zum Opfer gefallen sind und deshalb nicht in den Offenen Fenstern *erscheinen konnten?*

Ich schrieb zu der Zeit Tagebuch. Unter dem 16. Dezember 1979 steht da zum Beispiel: »Auswahlarbeiten am Band 7 der *Offenen Fenster*. Was ist machbar, was nicht? Erschreckend wie instinktsicher die Selbstzensur funktioniert. Ausgesondert: A.M. Er hat mit seinem *Riemenschneider* keine Chance. Trotzdem bleibt ein allzu kritisches Manuskript dank der noch verbliebenen Textfragmente von B.H. 10 bis 20 % werden wohl noch aussortiert werden. Am Ende sind es 54 Texte, die nicht mehr in der Ausgabe stehen.« Wir hatten 150 eingereicht, weil wir immer mit der Zensur rechnen mussten. – Wie ich später erfuhr, gingen alle meine Briefe an die jungen Autoren entsprechend der über mich verhängten »Maßnahme M« durch die Stasi-Kontrolle und sie wurden dort kopiert. So fanden sich in meiner Stasi-Akte aus dem Jahr 1979 dreiundvierzig solcher Briefkopien. Ich ahnte ab 1970, dass die Stasi auf meiner Spur war. Ab 1979 wurde ich dann ständig vorgeladen. Alles was ich geschrieben hatte, lag auf dem Stasi-Tisch, oft mit Vermerken am Rand, wie »verbr.« – verbrecherisch – und »bes. verbr.« – besonders verbrecherisch. Ich war für die Stasi zu Köder geworden. Sie wussten, dass diese Texte zum Teil hochbrisantes politisches Material waren.

Sind Ihre Briefe an die Autoren erhalten?

Ich habe ein Archiv mit einer Auswahl der Briefe zusammengestellt, vielleicht sind es achthundert bis eintausend, die in der Sammlung den Gedichten beiliegen. Ich selbst habe keine Briefe mehr, da wir alle bei meinem Umzug in die Altenresidenz geschreddert haben. Doch habe ich in meiner edition mk unter dem Titel *Von der Unschuld der Plagiate* etwa dreihundert Briefabschriften publiziert.

Abschriften der Briefe müssten doch noch im Stasi-Unterlagen-Archiv sein?

Nein. Jürgen Fuchs, der laut Stasi-Akte so etwas wie unser Ziehsohn war und mit dem ich die ganze Zeit nach seiner Ausreise 1976 illegalen Briefverkehr hatte, kam gleich im Januar 1990 zu uns und brachte unsere Stasi-Akte mit.

Wo hatte er die her?

Das gab es. Die Stasi-Zentrale in Gera, wo das bezirksweise gesammelt war, wurde erst relativ spät, zwei Wochen nach der in Erfurt und Leipzig, besetzt. In der Zwischenzeit hatte die Stasi geschreddert und zerrissen. Jürgen Fuchs brachte aber meine Hauptakte mit. Er ist dort mit der Besetzung rein und hat Akten von bestimmten Leuten rausgesucht. Da gab es noch kein Gesetz. Es war eine gesetzlose Zeit. Die Archive standen offen, jeder konnte reingehen.

Haben Sie diese Stasi-Akte noch?

Die habe ich (*holt die Akte*). Ich habe eine VIM-Akte, ich war der VIM ›Lyriker‹. VIM heißt ›Vorlauf IM‹.

Die Stasi hat versucht, Sie anzuwerben?

Sie wollten mich zum IM machen. Das war 1979/80. Eines Tages wurde ich in das Schulamt bestellt: Sie haben sich dann und dann dort und dort einzufinden. – Als ich hinkam, saß dort der Stasi-Oberstleutnant Müller. – Ist das eine Vorführung? Ist das eine Verhaftung? Worum handelt es sich hier? – Nein, wir wollen uns nur mit ihnen unterhalten. Sagen Sie: Jürgen Fuchs. Jürgen Fuchs ist Ihr Ziehsohn, kleidet sich so wie Sie, trägt die langen Haare wie Sie. Wir wollen mit ihm in Verbindung treten. Können Sie uns helfen? Wir machen mit Ihnen einen Termin in Prag aus, er braucht gar nicht in die DDR zu kommen. Sie unterhalten sich dann dort. Wenn Sie wollen, verschaffen wir ihnen die Möglichkeit, nach West-Berlin zu fahren. Sie können jederzeit nach West-Berlin fahren. – Ich bin spezialisiert auf Begabtenpsychologie. Ich habe keine Möglichkeit, hier in der DDR so etwas zu machen. – Wir verschaffen Ihnen eine Professur. – Da haben sie die VIM-Akte angelegt. Ich war ein Beispiel für den Kampf der Stasi um die Seele. Und der Kampf wurde über diese Akte geführt: Wir müssen an den Kratschmer rankommen, das ist eine Schlüsselpersönlichkeit, der hat Beziehungen zu Schreibenden, zu Künstlern, zu Oppositionellen. – Das Gespräch gipfelte dann darin: Sie haben zwei Möglichkeiten, entweder Mitarbeit oder Anklage wegen staatsfeindlicher Tätigkeit und Verführung Jugendlicher. – Weil ich mit Jugendlichen zusammengearbeitet, ihnen Ratschläge erteilt und Ausstellungen organisiert hatte. – Wir geben Ihnen Bedenkzeit. Und unterschreiben Sie, dass Sie mit niemandem von unserem Gespräch sprechen. – Nein, das unterschreibe ich nicht, denn ich werde mit meiner Frau darüber sprechen, ich werde mit meinem Schulleiter darüber sprechen, denn ich musste mir freigeben lassen für dieses Gespräch. – Das dürfen sie nicht, auf keinen Fall, denn das alles muss unter uns bleiben. Wir geben ihnen Bedenkzeit.

Wie ging es dann weiter?

Müller kam eines Tages und fuhr mit mir weit raus ins Thüringer Land, in eine Bungalow-Siedlung. Später hat sich herausgestellt, dass das eine Siedlung war, wo hauptamtliche Stasi-Mitarbeiter ihren Urlaub verbracht haben. Und eines der Gebäude war ein Vernehmungsraum, ausgestattet mit technischem Zubehör. Und: Wie haben Sie es sich überlegt? – Ich habe es mir überlegt. Ich bin kein Achtgroschenjunge. Sie können mit mir über alles reden, was mich betrifft, aber über andere gebe ich nicht Auskunft. – Wie stehen Sie zur DDR, mit welchen Künstlern stehen sie in Verbindung, mit welchen Westdeutschen, welche Bücher lesen sie? – Ich habe darüber Auskunft gegeben. Ich habe gesagt, dass ich nichts zu verbergen hätte, da ich sowieso ahnte, dass die in unserer Abwesenheit längst in unserer Wohnung waren. Sie hatten sogar mein Tagebuch eingesehen. Jedenfalls zog sich das über mehrere Sitzungen hin. Müller gab mir dann eine letzte Chance über Weihnachten. Meine Tochter machte damals gerade ihre Promotion. Und zwar bestellte er mich genau für den Tag, an dem sie ihre Promotion zu verteidigen hatte, auf sein Amt. Wink mit dem Zaunpfahl. Die Promotion platzt, wenn du jetzt nicht zusagst! Das war vor Weihnachten, die Promotion war nach Weihnachten. Ich entschied nach Weihnachten: Ich mache nicht mit. Da sagte Müller: Wenn Sie in unsere Mühle kommen, dann machen Sie es trotzdem. – Da kam mir die Krankheit zu Hilfe. Ich brach zusammen, hatte einen Nervenzusammenbruch. Das war 1979/80. 1983 habe ich dann meine Lehrerstelle selbst gekündigt, um nicht erpressbar zu werden. Wir haben weiter trotzig unsere Galerie betrieben und 1986 republikweit die Künstler zu einem Wettbewerb aufgerufen, den wir »Max braucht Kunst« nannten. Zeigt uns, was in Euren Ateliers entsteht! So entstand die Kunstsammlung Maxhütte.

Die Betriebsgalerie im Kulturpalast in Unterwellenborn haben Sie zusammen mit Ihrer Frau Margret gegründet. Wie war das möglich?

Wir haben 1972 im Kulturpalast der Maxhütte die erste freie Galerie in der DDR eröffnet und in über hundert Ausstellungen Werke von den bedeutendsten DDR-Künstlern gezeigt. Wir hatten einen sehr vernünftigen Kulturpalastleiter und den Betriebsdirektor der Maxhütte auf unserer Seite. Die waren froh, als wir sagten, wir machen hier eine Galerie, und sie haben das unterstützt. Wir kannten uns persönlich und hatten fast Narrenfreiheit. Ich hatte im Kulturpalast die Malzirkel und den Lyrikzirkel geleitet. Es war eine opulente Zeit, eine verrückte Zeit. Wir waren die erste Betriebsgalerie. Dann haben andere Betriebe nachgezogen. Die Maxhütte wurde auch dank unserer Initiative zu einem Kulturzentrum, zu einer Institution in der Bildenden Kunst der DDR. Wir haben bekannte Künstler geholt – Tübke, Heisig, Mattheuer und was in der DDR an großen Künstlern da war. Das war Taktik, damit wir auch systemkritische Künstler zeigen konnten. So haben wir im Kulturpalast der Maxhütte die erste Gerhard-Altenbourg-Ausstellung zu seinem 60. Geburtstag gezeigt. Das war aber nur möglich, weil wir hinterher eine Willi-Sitte-Ausstellung gebracht haben. Partei und Gewerkschaft versuchten allerdings, uns zu bevormunden. 1987 wollten sie uns eine sozialistische Brigade als Paten an die Seite stellen, die auszustellende Künstler und Bilder auswählen sollte. Aber da waren wir schon zu bekannt, und ich konnte manche illegale Beziehung nutzen, das zu verhindern.

Man konnte sich also gewisse Freiräume schaffen?

Ja, es gab immer auch kreative Leute, die die Freiräume oftmals illegal zu weiten versuchten. Und man traf auf sie mitunter auch im Parteiapparat.

Interview mit Annett Gröschner

Rebecca Franke und Gregor Streim[1]

Annett, wir hatten Dir im Vorfeld unseres Gesprächs Texte geschickt, die wir im Archiv der »Sammlung Kratschmer/Würtz« gefunden haben. Die hast Du als Schülerin an die Poetensprechstunde *der* Jungen Welt *geschickt, die von Hannes Würtz zusammen mit Edwin Kratschmer betreut wurde. Wie war es für Dich, das wieder zu lesen?*

So etwas ist immer ein Wiedersehen mit Sachen, an die man sich schon erinnert, die aber weit weg sind. Aber bei diesen hier weiß ich wenigstens, dass ich sie selbst eingeschickt habe. Anders als bei meinen Gedichten in den Stasi-Akten, die jemand fein säuberlich in Schulausgangsschrift abgeschrieben hatte.

Welche Erfahrungen hast Du mit Deinen Einsendungen an die Poetensprechstunde *gemacht?*

Ich erinnere mich noch, dass es zweimal richtig Stress gab. Einmal, da muss ich sechzehn gewesen sein, haben sie, ohne mich zu fragen, ein Gedicht von mir an die *Armeerundschau* geschickt. Da war ich sehr verärgert, denn ich hätte auf keinen Fall in der *Armeerundschau* veröffentlichen wollen. Man wurde aber nicht gefragt. Und ein anderes Mal hat Hannes Würtz ein Gedicht so bearbeitet, dass es ein sozialistisches Gedicht wurde.

War das das Gedicht Einberufung? *Darin geht es um junge Männer, die in Uniform und mit kurz geschnittenen Haaren in die Kaserne gehen. »der traurige zug/der haarlang sich freiheit beschnitt«, heißt es dort. Am Rand wurde notiert: »ausbaubar zu einem besseren Friedensgedicht«.*

Genau, das hatte Hannes Würtz zur Veröffentlichung angenommen, dann aber aus einem kritischen Armeegedicht ein Friedensgedicht gemacht. Also, man bemerkt wahrscheinlich die Ambivalenz, die ich nach wie vor habe. Zwischendurch war es mehr ein Tendieren zu ›man wurde überwacht‹; jetzt sehe ich Vor- und Nachteile,

1 Interview geführt am 25. Januar 2022 in Jena.

Teil dieser Poetenbewegung gewesen zu sein. Einerseits habe ich viel gelernt und Anregungen bekommen, anderseits sollte ich ausgerichtet werden. Wenn sie jemanden für talentiert hielten, haben sie ihn oder sie auch zu beeinflussen versucht. Die Änderungen von Gedichten in der *Poetensprechstunde* haben mich jedenfalls genervt. Später wollte ich nichts mehr damit zu tun haben und habe nach 1983 keine Texte mehr hingeschickt. Nach 1983 bin ich auch nicht mehr zum Poetenseminar gefahren. Das Kapitel war abgeschlossen. Aber ich war fünfzehn, als ich das erste Mal damit zu tun hatte. Es waren also doch vier Jahre, die ich mit all dem verbracht habe, mit den Poetenseminaren und diesem Jungsein und Schreiben-Wollen.

Wie bewertest Du heute die Gutachten, die Edwin Kratschmer damals zu Deinen Gedichten geschrieben hat?

Die *Poetensprechstunde* verbinde ich in erster Linie mit Edwin Kratschmer. Der war dort die graue Eminenz, die man nie sieht. Ich bin ihm immer noch dankbar für seine Gutachten. Ich arbeite heute selbst als Dozentin und finde es interessant, wie behutsam und doch bestimmt er mit mir umgegangen ist. Es ist eine große Kunst, Leuten, die anfangen zu schreiben, auf eine behutsame Weise beizubringen, dass sie noch viel arbeiten müssen, ohne sie komplett zu entmutigen. Und darin war Kratschmer gut. Der konnte einem sagen: Das ist überhaupt noch nix, Mädchen, aber ich sehe da was. – Ich erinnere mich vor allem an sein Gutachten zu meiner ersten Einsendung an die *Poetensprechstunde*. Das war ein vollkommen pubertärer Text, *Nachdenken über A.* Und dazu hat Kratschmer mir einen Brief geschrieben, an dessen Ende stand: Seit Christa Wolfs *Nachdenken über Christa T.* gibt es eine Vorgabe, an die Du jetzt nicht rankommst. – Das hat dazu geführt, dass ich mir mit fünfzehn Bücher von Christa Wolf aus der Bibliothek geholt und auch alles gekauft habe, was es von ihr gab.

Welche Bedeutung hatte die von Kratschmer und Würtz herausgegebene Anthologie-Reihe Offene Fenster *zu Deiner Zeit?*

Ich glaube, dass die in den Jahren, bevor ich angefangen habe, wichtiger war. Ich habe meine Gedichte nie in den *Offenen Fenstern* veröffentlicht. In einer Anthologie vom *Poesiealbum* ist einmal ein Gedicht von mir erschienen. Für mich war die Zeitschrift *Temperamente* interessanter. Auch die Reihe *Auswahl* war für mich immer wichtiger als die *Offenen Fenster*, denn darin waren schon ›richtige‹ Gedichte.

Lass uns auf die Anfänge zurückgehen, auf die Zeit vor den Einsendungen an die Poetensprechstunde *und die Teilnahme an Poetenseminaren. Wann hast Du zu schreiben begonnen?*

Eigentlich habe ich schon immer geschrieben und wusste früh, dass ich wirklich etwas mit Schreiben machen wollte. Ich war zuerst im Pionierhaus in einer Arbeitsgemeinschaft. Das hatte nicht viel mit Politik zu tun. Ich habe es als sehr frei in Erinnerung, im Gegensatz zum Rest des Pionierhauses. Es gab auch Wettbewerbe und ich weiß, dass man immer sehr schön gestaltete Urkunden bekam, wenn man mitgemacht hat. In diesem Pionierzirkel war ich ein bis zwei Jahre. Ich war damals neun und zehn. Danach war erstmal zwei, drei Jahre nichts. Ernster wurde es, als ich an die Erweiterte Oberschule kam. Wie alt war ich da? Vierzehn, in der neunten Klasse.

Welche Möglichkeiten zum Schreiben hattest Du, als Du zur Oberschule gegangen bist?

Ich bin zuerst in einen Zirkel Schreibender Arbeiter gegangen, der von einem Magdeburger Schriftsteller geleitet wurde, Walter Basan. Der hatte ein Holzbein, war im Krieg gewesen. Ich weiß gar nicht, wie oft das war, einmal im Monat oder alle vierzehn Tage. Man traf sich immer im Kulturhaus des Dimitroff-Werkes, mitten im Industriegebiet. Es gab neben mir noch einen Jüngeren, ein Jahr älter als ich, mit dem ich mich angefreundet habe. Und es gab eine private Buchhandlung in diesem Industriegebiet. Die haben uns die Bücher zurückgelegt, die man nicht leicht bekommen konnte und die dort nicht gekauft wurden, *Ulysses*, Kafka und anderes. So waren wir bestens versorgt mit der Weltliteratur. Wir konnten all das lesen, was kurz vorher noch verboten oder nicht zugänglich war. Und haben es auch wirklich gelesen. Also den ganzen Kafka, den Freud, den *Ulysses* und die *Ästhetik des Widerstands*. Und wir haben diese Arbeiterkneipen entdeckt. Das waren richtige Stampen, wo man reinkam und alles voller Nebel war, weil alle geraucht haben. Man konnte kein Wasser trinken; man musste Bier oder Schnaps trinken. Und es gab selten eine Damentoilette, weil außer der Wirtin keine Frauen dort waren. Für mich war es ein Sport, jede Kneipe wenigstens einmal betreten zu haben. Und interessant war der einzige Arbeiter in diesem Zirkel Schreibender Arbeiter. Der hatte zwei Arten von Literatur: die Literatur, die er als einziger Arbeiter in dem Zirkel vorgestellt hat, und die Literatur, die er für sein eigentliches Werk hielt. Als Arbeiter hat er immer Arbeiterkampf-Gedichte vorgelesen. Die anderen Zirkelmitglieder haben eher so Pflaumenmus-Rezepte zu Lyrik gemacht. Als wir einmal bei ihm zu Hause waren, hat er die Schublade aufgemacht, und darin befanden sich seine expressionistischen Gedichte. Diesen Widerspruch werde ich nie vergessen: der Autor als Repräsentant seiner Klasse und als jemand, der etwas ganz anderes machen will. – Mir wurde bald klar, dass ich da nicht weiterkomme. Mit Ende fünfzehn war ich wieder weg. Zu der Zeit hatten wir schon den Poetenclub an der Erweiterten Oberschule, Humboldt EOS, gegründet.

Wie gründete man so einen Poetenclub? Musste man zuerst zur FDJ gehen und eine Erlaubnis einholen? Oder zur Schuldirektion? Was hatte das für einen Rahmen?

Das war eine Arbeitsgemeinschaft, ich weiß nicht, wie wir das hinbekommen haben. Es gab da eine Ältere – ich war neunte und sie war elfte Klasse, glaube ich –, Iris-Gabriela Hirst. Die hat wahrscheinlich gesagt, sie würde sich um die Jüngeren kümmern. Die meisten Lehrer waren ja faul und wollten so etwas nicht machen. Mit ihr haben wir den Zirkel gegründet. Da waren noch Ulrich Wittstock und Ina Schildhauer dabei, die später Asteris Kutulas geheiratet hat, und noch zwei, drei andere. Wir wollten eigentlich eine Schülerzeitung machen. Es gab ein Ormig-Gerät, mit dem man Matrizen abziehen konnte, die so eine lila-verschwommene Schrift hatten. Da läuteten sofort alle Alarmglocken in der Schule. Das ging überhaupt nicht! Wir haben aber eine Wandzeitung durchgesetzt. Die war im Schulflur und wurde von uns etwa einmal im Monat neu bestückt; eigene Texte, mit Schreibmaschine abgeschrieben oder handschriftlich und mit Stecknadeln festgemacht. Das wurde schnell ein Politikum. Ein paar Mal wurde ich aus dem Unterricht geholt und musste eins meiner Gedichte abnehmen. Die Gedichte, die ich später in meiner Stasi-Akte gefunden habe, waren alle auch von der Wandzeitung abgeschrieben. Einmal hatte ich ein Gedicht gegen Devisen-Hotels, in dem Fall das Palast-Hotel, geschrieben, das zu offenen Diskussionen geführt hat. Das musste ich abmachen und der Zirkel sollte aufgelöst werden.

Was geschah dann?

Ich bin zum Schriftstellerverband gegangen und habe gesagt: Ich bin eine junge Autorin und die Schule will uns verbieten, hier Literatur zu machen, und ich sehe das nicht ein. – Da ich damals schon am Poetenseminar teilnahm, war ich kein Nobody und der Schriftstellerverband hat gesagt, er würde mich unterstützen. Dann gab es eine Aussprache zwischen der Schulleitung und dem Schriftstellerverband, bei der der Kulturbund vermittelt hat. Dabei hat sich der Direktor blamiert, indem er ein Gedicht aus einer Tageszeitung vorgelesen und gemeint hat, wenn seine Schüler solche Gedichte schrieben, wäre er auch dafür. Und das war wirklich ein schlimmes Gedicht. Daraufhin hat der Leiter des Schriftstellerverbandes – Heinz Kruschel damals – erwidert, wenn es nur solche Gedichte gäbe, würde er keine mehr lesen. In dem Moment war klar, dass ich nicht von der Schule fliege. Wir haben den Zirkel zunächst weitergemachen können, bekamen aber eine Lehrerin vorgesetzt, die ihn überwachen sollte.

Also hat Dich Dein Status als angehende Autorin vor dem Schulverweis bewahrt?

Ich frage mich manchmal, woher ich das Selbstbewusstsein genommen habe. Ich glaube, das habe ich auch dem Poetenseminar zu verdanken, dieses Selbstbewusstsein bis hin zur Arroganz gegenüber Deutschlehrerinnen oder Direktoren, die nach meiner Meinung keine Ahnung von Lyrik hatten. Dadurch habe ich mich Dinge getraut, die ich mich später, mit anderen Erfahrungen nicht mehr getraut habe. Das war natürlich eine, ja, Naivität?

Du warst 1979 zum ersten Mal bei einem Poetenseminar. Hast du Dich darum beworben oder hat Dich jemand vorgeschlagen?

Es gab die Bezirkspoetenseminare und es gab das Zentrale Poetenseminar in Schwerin. Ich war zuerst beim Bezirkspoetenseminar. In dem Fall lief es über den Poetenclub der Schule. Iris-Gabriela Hirst war schon dort gewesen und hat uns alle hingebracht. Das erste Mal war ich 1979 da; in der Woche wurde ich fünfzehn. Es fand immer in Gardelegen statt. Da fuhr man eine Woche hin und hat das Gleiche wie beim Zentralen Poetenseminar gemacht. Es war wie eine Talente-Show organisiert, wie Olympiakader. Es gab ja für alles Mögliche Olympiaden in der DDR, neben dem Sport Mathe, Russisch, Vorlesen … Und dort kam einer vom Zentralen Poetenseminar hin, ich glaube, das war sogar Hannes Würz, hat sich das angeguckt und dann wurden die Leute für Schwerin ausgesucht. Ich bin 1980 das erste Mal beim Zentralen Poetenseminar gewesen, da war ich sechzehn.

Welche Bedeutung hatte es für Dich, nach Schwerin fahren zu können?

Zunächst war es ein Herauskommen aus der Provinz. Und Magdeburg war eben eine Arbeiterstadt, eine Industriestadt, die mit Kultur nichts am Hut hatte. Ich erinnere mich, dass ich einmal zum Brigadier der Patenbrigade musste, um mit ihm in seiner Wohnung über meine Gedichte zu reden. Meine Schulklasse hatte eine Brigade aus der Stahlgießerei als Paten. Die haben zur Zeugnisausgabe immer Bücher oder anderes verschenkt. Meistens haben sie sich nicht weiter eingemischt und das nur in ihren Kultur- und Sozialplan reingeschrieben und dafür Prämien bekommen. In diesem Fall haben sie aber einen jungen Brigadier, vielleicht dreißig Jahre alt, vorgeschickt, sich mit mir auseinanderzusetzen. Das werde ich nie vergessen. Ich bin da hingekommen und der hat wirklich … ich musste mit dem saufen. Ich meine, ich war höchstens siebzehn. Bei dem Brigadier habe ich gelernt, wie man trinkt. Und er wollte mich davon überzeugen, dass ich falsche Literatur schreibe, weil sich meine Gedichte nicht reimen. Das war für ihn das Wichtigste. Und dann sind wir tatsächlich die Gedichte durchgegangen. Mir ist das immer noch als eine der absurdesten Situationen meines Schreiblebens in Erinnerung. – Für mich war es wichtig, aus diesem provinziellen Ästhetik-Verständnis herauszukommen. Ohne das Poetenseminar hätte ich das nicht geschafft und wahrscheinlich auch keinen Studienplatz in Germanistik bekommen. Und ich suchte Gleichgesinnte, mit denen ich über Texte reden konnte. In Schwerin fand ich sie.

Wie hast Du die Zentralen Poetenseminare erlebt? Es gab dort literarische Seminare, die von Schriftstellern geleitet wurden, und es gab politisch-ideologische Veranstaltungen und Zielsetzungen. Was hat man davon wahrgenommen?

Was hat man davon vergessen? Ich erinnere mich vor allem an die Auseinandersetzungen über Texte und das Kennenlernen von Leuten. Und natürlich die Abende, das schöne Feiern. Es wurde sehr heftig gefeiert. Und in Schwerin war das Nacktbaden ganz wichtig. Wer zum inneren Kreis gehörte, durfte beim Nacktbaden mitmachen. Daneben gab es die offiziellen Sachen, wo alle zusammenkamen. Im Schweriner Schloss war damals eine Pädagogische Hochschule untergebracht mit einer großen Aula. Dort fanden die zentralen Veranstaltungen statt. Davon erinnere ich nur wenig, weil man dort immer nur zusammengesessen und gequatscht hat. Wie man das bei Fahnenappellen auch machte. Wahrscheinlich hatten die schon Vorgaben, in welche Richtung sie uns lenken sollten, was sie sicher auch gemacht haben. Das kam bei uns unterschwellig an, hat uns aber erstmal nicht interessiert. Wir wollten zusammenkommen und haben uns gefreut, dass wir uns hatten. Letzten Endes sind viele, so wie ich, nicht lange dabeigeblieben. Man ist in sehr jungen Jahren hingefahren und danach nicht mehr. Später war es für mich interessant zu sehen, wer alles einmal am Poetenseminar teilgenommen hat, selbst Jürgen Fuchs und Lutz Rathenow waren einmal da. Problematisch war es allerdings bei den Leuten, die nicht loslassen konnten, die sich davon eine literarische Karriere erhofften. Wenn man die Poetenseminare nicht moralisch betrachten will, muss man sagen, es gab einfach verschiedene Interessen. Für die meisten von uns war es ein jugendlicher Durchlauf, bei dem man etwas Ordentliches lernen konnte. Und der Staat hatte ein Interesse daran, dass die jungen Talente nicht auf die falsche Seite gerieten und man keine Dissidenten heranzog.

Kannst Du etwas zur Rolle von Hannes Würtz sagen?

Hannes Würtz war immer da und überall, beim Poetenseminar und anderswo. Er war so ein Maskottchen des Ganzen. Man hatte keine Angst vor ihm, also nicht das Gefühl, dass er alles weitertragen wird. Er hatte bürgerliche Manieren, war nicht wie die Funktionärstypen, die Hartmut-König-mäßig immer das Blauhemd anhatten. Passt schon nicht mehr, aber man zieht es trotzdem noch jeden Tag an. In meiner Erinnerung sehe ich Hannes Würtz nicht in der ersten Reihe bei denen, die wichtigtuerisch alles bestimmt haben, sondern eher am Rand, im engeren Gespräch. Da hatte er eine herausragende Rolle. Er war auf jeden Fall der Praktiker, nicht der Theoretiker.

Wer stand denn in der ersten Reihe?

Es tauchte immer Klaus Höpcke auf, der stellvertretende Kulturminister. Und es war immer einer vom ZK dabei. Auf jeden Fall war immer Hartmut König dabei. Er war da der Obermufti. Und mit dem wollten wir nichts zu tun haben, der war furchtbar. Ich erinnere mich an eine Situation in dem Club, in dem wir abends immer waren. Auf der einen Seite saßen wir zusammen, und auf der anderen Seite saß Hartmut König mit seiner Entourage. Und dann kam eine Journalistin und sagte, wir sollten uns jetzt mal mit Hartmut König zusammensetzen, sie wolle Fotos machen. Und wir haben gesagt: Nee, auf keinen Fall machen wir das. – Das führte dazu, dass mein Freund Wolfram Kempe nicht mehr zum Poetenseminar fahren durfte. Ob ich nochmal hätte fahren können, weiß ich nicht, aber ich wollte auch nicht mehr. Ich war dreimal oder viermal in Schwerin. Bei den ersten beiden Malen war es wie eine Fahrt ins Ferienlager. 1983 war ich dafür einfach schon zu alt, weil ich schon zu viel gewusst und genauer hingeguckt habe. 1983 war es eher unangenehm.

Was ist beim Zentralen Poetenseminar 1983 geschehen?

Man hatte immer eine Mappe mit eigenen Texten. Und ich hatte damals Collagen gemacht. Ich hatte die Mai-Losungen aus der *Magdeburger Volksstimme* – es gab ja jedes Jahr neue Mai-Losungen – auseinandergeschnitten und neu zusammengesetzt. So etwas wie »Vorwärts im Kampf für bessere Blumen«. Also eher albern, aber natürlich hochpolitisch! Ich habe das nur für mich gemacht, nicht um es zu herumzuzeigen oder gar vorzulesen. Diese Collagen lagen dummerweise in der Mappe und die hat dieser ZK-Typ, der immer mit dabei war, in die Hände bekommen. Ich hatte damals schon einen Studienplatz für Germanistik in Berlin, was etwas Besonderes war, da es nicht viele gab. Und da kam dann Günther Deicke, der in jenem Jahr mein Seminarleiter war, zu mir und hat gesagt: Annett, das ist jetzt gefährlich, es kann sein, dass sie dir den Studienplatz wegnehmen. – Also noch während des Poetenseminars. Er hat zu mir gesagt: Meine Frau ist Rechtsanwältin, ich habe schon mit ihr gesprochen, wenn was ist, sie vertritt dich jederzeit. – Da ist mir erst klar geworden: Wenn jemand, der in der Akademie der Künste ist, mir seine Frau als Rechtsanwältin anbietet, gibt es ein Problem. Der hatte richtig Angst um mich, was ich rührend fand. Ich bin zwischen 1983 bis 1989 dann noch mehrmals bei ihm gewesen und habe mit ihm über Literatur gesprochen. Dazu mussten wir immer auf die Veranda gehen, weil er Angst hatte, abgehört zu werden. Günther Deicke hat auch dafür gesorgt, dass Uta Ackermann und ich einmal in die Akademie der Künste eingeladen worden sind. Und das war wirklich schlimm.

Welche Erfahrung hast Du in der Akademie der Künste gemacht? Eine Einladung dorthin eröffnete einem doch Chancen.

In der Sektion Literatur saßen nur alte Männer. Und wir waren zwei junge Frauen mit langen Haaren. Die haben uns nach der Lesung tatsächlich nur gefragt, ob wir Kinder haben wollen. Da haben wir beide uns angeguckt und uns gesagt: Hier wollen wir nie wieder hin. – Es war sehr übergriffig. Je höher man kam, desto schlimmer wurde das Frauenbild. Als Feministin hat mich immer die Frage umgetrieben, wie unterschiedlich sich Frauen und Männer in solchen Strukturen verhalten und entwickeln. Mir fiel irgendwann auf, dass viele sehr talentierte Frauen, die damals dabei waren, später aus den unterschiedlichsten Gründen zu schreiben aufgehört haben; weil sie eine Familie hatten oder sich nicht ernstgenommen fühlten oder weniger Selbstbewusstsein hatten. Das Gros der Männer dagegen hat sich immer schon die eigene Karriere überlegt: Ja, dann bekomme ich einen Band in der Reihe *Poesiealbum* und dann einen Lyrikband bei Aufbau. – Die waren nicht die besseren Autoren, hatten aber das Selbstbewusstsein. Und es gab immer diese älteren Männer, die einem mit einem Plinkern beibringen wollten, wie man richtig Gedichte schreibt, nachts im Flur des Schweriner Schlosses, alle schwer angesäuselt, sehr unangenehm. Im Nachhinein wird mir diese Väterlichkeit von den älteren Männern besonders deutlich, die es natürlich immer super fanden, wenn eine junge Frau da war, oder mehrere junge Frauen, wie beim Poetenseminar. Es gab teilweise fast übergriffige Szenen, die aber immer mit dem Schreiben zu tun hatten. So übers Schreiben sich näherkommen. Es waren halt oft Schwerenöter. Ich selbst habe keine schlimmen Erfahrungen gemacht, da ich sofort zugemacht habe, wenn jemand das versucht hat. Aber wenn man eine junge, attraktive Frau war, hat man ganz schön zu kämpfen gehabt.

War dieses patriarchalische Verhalten bei den Poetenseminaren besonders ausgeprägt?

Das würde ich nicht sagen. Und es ging wohl auch nicht so sehr um Macht. Ich glaube eher, dass es mit dem Genie-Gedanken zusammenhängt. In dem Moment, in dem es um Genie geht, kommen die Geschlechterhierarchien ins Spiel. Weil Frauen für Leute, die dem Geniegedanken anhängen, keine Genies sein können. Für Genies oder für Leute, die an Genies glauben, ist es ›der Genie‹ und nicht ›das‹. Das habe ich noch viel stärker in der Untergrundbewegung in Berlin bemerkt. Da hatte man ein Frauenbild, das zum Weinen war, viel schlimmer als in der Poetenbewegung. Das war im Wiener Café oder im Café Mosaik viel stärker ausgeprägt, wo man die Frauen nach ihrem Hüftschwung bewertet hat.

Du bist nach der Erfahrung Deines letzten Poetenseminars 1983 nach Berlin gezogen, wo Du auch studiert hast.

Es kam noch hinzu, dass die versucht haben, mich mit achtzehn für die Staatssicherheit anzuwerben. Sie hatten ein Jahr lang alles gesammelt, was ich gemacht habe, und auch die Lehrer befragt. Dabei haben sie allerdings – für mich glücklicherweise – den Fehler gemacht anzunehmen, ich bräuchte eine Vaterfigur. Sie wussten nicht, dass ich den besten Vater der Welt hatte und nicht noch einen zweiten brauche. Sie haben einfach den falschen Typen vor mich hingesetzt. Ich habe dann gesagt, dass ich auf keinen Fall mit der Stasi zusammenarbeiten werde. Ich musste unterschreiben, dass ich über das Gespräch schweige, habe es aber allen Leuten erzählt. Danach habe ich mich umgemeldet und bin nach Berlin gegangen. Damit war ich die auch wieder los.

Und mit dem Umzug war auch die Poetenbewegung für Dich abgeschlossen?

Das war ein abgeschlossenes Kapitel. In Berlin interessierte mich eher die Subkultur. Aber – das ist für mich immer noch sehr wichtig – es gibt sechs oder sieben Leute aus der Zeit, mit denen ich bis heute eng befreundet bin, über diese vielen Jahre. Mit Gerd Adloff, Elisabeth Wesuls und mit Ina Kutulas habe ich dann in Berlin mit Asteris Kutulas zusammengearbeitet. Da haben wir die Zeitschrift *Bizarre Städte* gemacht. Ab 1983 fing ich auch an, die Gedichte zu schreiben, die später in den Gedichtband *Herzdame Knochensammler* (1993) gekommen sind.

Also in dem Moment, als Du Dich vom Poetenseminar verabschiedet hast?

Genau. Dabei bin ich keine Dissidentin geworden. Ich bin aus den offiziellen Strukturen nur hinausgegangen, habe aber nicht aktiv gegen sie gearbeitet, ich durfte ja auch studieren. Letzten Endes habe ich immer zwischen den Stühlen gesessen, zwischen den offiziellen und inoffiziellen. Das hat sich in Berlin noch intensiviert und wurde eine Mischung aus inoffizieller und offizieller Literatur. Auf der einen Seite habe ich mich mit den Underground-Dichtern auseinandergesetzt – Bert Papenfuß, Stefan Döring, Gabi Kachold. Und auf der anderen Seite hatte ich das Germanistik-Studium, was etwas sehr Offizielles war. Und ich habe von Berlin aus anfangs auch noch an Treffen des Magdeburger Bezirkskabinetts für Kulturarbeit teilgenommen. Die Abteilung Literatur hat dort Erich Günther Sasse geleitet, den ich als Mentor und Schriftsteller ziemlich gut fand. Das waren immer Wochenendtreffen, vielleicht zehn Leute. Und einmal im Jahr gab es ein Treffen mit dem Schriftstellerverband, der immer auf der Suche nach Kandidaten war. Für die unterschiedlichen Rahmen hat man jeweils andere Texte zum Besprechen ausgesucht. Für Treffen mit Freunden, die man beim Poetenseminar kennengelernt hatte, hat man die genommen, die einem auf der Seele brannten. Wenn man beim Schriftstellerband etwas vorzeigen sollte, hat man nicht die sehr kritischen genommen. Wobei ich heute sage, dass die sehr kritischen Texte oft auch sehr schlecht waren.

Was stört Dich aus heutiger Sicht an der dissidentischen Literatur?

Ich glaube, dass dieses Dissidenten-Sein oft zu Vereinfachungen geführt hat. Was heute noch an der DDR-Literatur interessant ist, ist die Erfahrung des Dazwischen. Beispielsweise habe ich jetzt Helga Schütz für mich entdeckt, die großartig über diese Zeit erzählt, ohne jemandem beweisen zu müssen, wie widerständig sie war. Es ist wahnsinnig viel Leben darin, teils schweres und widersprüchliches, gefährliches oder auch opportunistisches Leben, aber es ist Leben. Die Widerstandsliteratur dagegen arbeitete sich an etwas ab, das heute keine Rolle mehr spielt, weil es weg ist. Daher ist sie politisch interessant, aber ästhetisch oft nicht so sehr. Die Sachen, die Jürgen Fuchs oder Reiner Kunze geschrieben haben, waren für uns damals sehr wichtig. Aber heute versteht man manchmal nicht mehr, was einen daran eigentlich fasziniert hat. Das geht mir auch so, wenn ich meine eigenen frühen Texte wieder lese und mich frage, ob sie noch Teil des eigenen Werks sind oder ich sie lieber weglasse.

So wie Du es schilderst, gab es in den 1980er Jahren einige Freiräume. Man bewegte sich in vorgegebenen Strukturen, konnte sich vielem aber auch entziehen. Siehst Du da einen Unterschied zu der Generation vor euch, die in den 1970er zu schreiben begonnen hat?

Das hat, glaube ich, damit zu tun, dass unsere Generation bereits einen großen Abstand zu allem revolutionären Impetus der DDR hatte. Wir waren in gewisser Weise opportunistisch, aber schon weit entfernt von allem, was mit dieser Politik zu tun hatte. Und es gab ein besonderes Druckmittel nicht: Wir konnten jederzeit einen Ausreiseantrag stellen. Das war eine Entscheidung, die man treffen konnte. Aber es gab auch die Gegenbewegung von Leuten, zu der ich gehörte, die eben nicht weggehen wollten. Ich denke, dass wir größere Möglichkeiten hatten und uns auch besser einigeln konnten. Für manche Gedichte, die ich geschrieben habe, wäre ich ein paar Jahre früher wahrscheinlich noch ins Gefängnis gekommen. Aber auch mein Leben hätte ganz anders verlaufen können. Ich hätte ins Gefängnis kommen können, ich hätte aber auch für die Stasi arbeiten und jemanden verraten können. Ich glaube, man konnte so etwas nicht in jedem Fall selbst bestimmen. Manches ist einem passiert. – Gut, man stellt sich immer die Frage, was man anders hätte machen können. Wo hätte man mutiger sein müssen? – Im Nachhinein bin ich jedenfalls dankbar, dieser Generation angehört zu haben, die recht gut ausgestattet war. Man hat die gute Literatur lesen können, und in Berlin hatte man die Chance, auch all das zu bekommen, worüber im Westen geredet wurde. So ist der ganze Poststrukturalismus über Schleichwege in den Osten gekommen. Man hat nächtelang Derrida gelesen oder Foucault. Wir haben alles kennengelernt, sowohl die russische Literatur und die sowjetische Avantgarde als auch den *Ulysses*. Mir scheint, ich habe später viel weniger gelesen als zu jener Zeit.

Interview mit Lutz Seiler

Rebecca Franke, Annika Jahns und Gregor Streim[1]

Lutz Seiler, wir haben Ihnen einige Gedichte geschickt, die Sie in jungen Jahren Hannes Würtz eingesandt hatten. Welchen Eindruck haben Sie heute von diesen Texten?

Ich kann verstehen, was man alles daran aussetzen musste. Alle Anfängerfehler, die man machen kann, sind in diesen Texten gemacht; Anfängerfehler, die ich damals nach und nach sehen lernte. Zum Beispiel diese Substantivierungen oder die vielen Partizipien, die das Poetische ad hoc zerstören. Es fehlt die Besonderheit der Wahrnehmung. Das sind sehr abstrakte, ziemlich schlechte Texte, die aber auch davon erzählen, dass sich hier jemand unbedingt ausdrücken, unbedingt schreiben wollte. Das ist eine Frage, die mich beschäftigt: Warum wollte man eigentlich unbedingt schreiben, in meinem Fall auch publizieren, sich also als Schreibender etablieren? Dieser Wille zum Text und zur Publikation stand im Widerspruch zu den geringen Leseerfahrungen, die ich damals hatte. In meinem Elternhaus gab es keine Bücher. Und seltsamerweise richtete sich der Blick mit dem Schreiben-Wollen nicht gleichzeitig auf die Literatur, sondern das Schreiben-Wollen stand immer an erster Stelle. Ausschlaggebend waren Energie und Naivität des ersten Schreibens, so dass ich kaum Bedenken hatte, mit dem eigenen Text in die Öffentlichkeit zu gehen oder mit anderen darüber zur sprechen. Es könnte sein, dass viele, die aus literarischen Elternhäusern mit einer großen Bibliothek kamen, eine größere Hürde zu überwinden hatten, da sie wissen konnten, was ein guter Text eigentlich ist. Mehr über Literatur habe ich dann erst in meinem Studium von Deutsch und Geschichte in Halle gelernt. Das war meine erste große Schule.

Hannes Würtz hat als Redakteur die Rubrik Poetensprechstunde *in der* Jungen Welt *betreut. Haben Sie die* Poetensprechstunde *gelesen?*

Ja, klar. Meine Eltern hatten mir irgendwann in meiner Schulzeit ein Abo der *Jungen Welt* geschenkt. Auch die sogenannte *Poetensprechstunde* habe ich gelesen. Dort gab es nicht nur deutsche Autoren oder Autorinnen, auch Südamerikaner oder Russen

1 Interview geführt am 7. Februar 2023 in Jena.

zum Beispiel und natürlich auch Poetenseminartexte. Ich habe mir das manchmal ausgeschnitten und gesammelt. Als ich Mitte der achtziger Jahre dann begann, tatsächlich zu lesen und nach eigener Lektüre Ausschau zu halten, spielte das dann keine so große Rolle mehr.

Welche Rolle hat Würtz für Sie gespielt? Und wusste man, dass er bei der Begutachtung mit Edwin Kratschmer zusammengearbeitet hat?

Edwin Kratschmer galt als die ›graue Eminenz‹ im Hintergrund, der den seriösen, kritischen Teil macht und die Texte analysiert. Ich bin ihm nie in Person begegnet, was das Mysterium noch verstärkt hat. Aber ich glaube mich zu erinnern, dass Würtz sich in seinen Urteilen auf Kratschmer bezogen und sogar die Bearbeitungen Kratschmers per Post verschickt hat. Hannes Würtz war der ›Frontmann‹, falls man das so sagen kann, der mit den Lyrikerinnen und Lyrikern in unmittelbarem Kontakt stand. Ich glaube, er war auch die Schlüsselfigur bei den Poetenseminaren, und die Vermutung lag nah, dass letztlich er es war, der entschied, wer eingeladen wurde zu den Seminaren. Er hatte offensichtlich einen offenen, interessierten Zugang zu jungen Männern, die schrieben, was auch während der Seminare nicht verborgen blieb. Aber das war eher eine Form besonderer Sensibilität und nie grenzüberschreitend. Das Literarische stand für ihn im Vordergrund. Ich glaube, dass Würtz und Kratschmer eine Art literaturpädagogischen Auftrag gefühlt und verfolgt haben. Ihr Ziel war es, die Leute literarisch besser zu machen, und nicht, sie in eine bestimmte politische Richtung zu lenken, womit ich nicht ausschließen will, dass sie selbst politischen Vorgaben ausgesetzt waren. (*mit Blick auf die vorliegenden Manuskripte*) Und wenn ich mir jetzt die Korrekturen ansehe, die sie damals an meinen Texten vorgenommen haben ... Einige von Kratschmers Korrekturen sehe ich hier übrigens das erste Mal; den Text, in dem alle Zeilen durchgestrichen sind, hat mir Würtz gar nicht geschickt, wahrscheinlich weil er dachte: Das kannst du jetzt nicht machen, als Pädagoge. – Aber im Grunde hatten beide vollkommen recht. Das Ganze hatte etwas von Schule, eine Schule des Schreibens, mit einer Art Regelpoetik. Ich erinnere mich allerdings auch, dass andere Probleme mit Kratschmers Art des Begutachtens hatten und sich gegen seine Korrekturen gewehrt haben, im Sinne von: Du hast gar nicht verstanden, was ich hier mache. – Oft waren das Leute, die literarisch schon weiter waren und glaubten, eine eigene Stimme zu haben. Diesen Glauben hatte ich, mit Blick auf die eigenen Texte, erst zehn Jahre später, etwa ab 1998, mit Gedichten, die dann in meinem zweiten Gedichtband *pech & blende* (2000) erschienen sind. Erst mit diesen Texten hatte ich das Gefühl, an den eigenen Sachen dran zu sein. Alles bis dahin war graue Vorzeit, Kampf ums Eigene, Dinge, die ich größtenteils vergessen habe, aber doch eine Entwicklung, die eben nicht übersprungen werden kann.

Welchen Einfluss hat die Talenteförderung in der DDR auf Ihre Entwicklung gehabt? Inwiefern hat dieses System Ihr Schreiben gefördert oder sogar initiiert?

Ich würde nicht sagen, dass es mein Schreiben initiiert hat. Das war da und wurde ›entdeckt‹. Falls jemand schrieb, blieb das ohnehin nicht lange unentdeckt, schon in der Schule gab es die Zirkel Schreibender Schüler. Und dazu war dieses System der Förderung ja da, die Leute zu sammeln und gleichzeitig zu binden. Ich hatte damals bei der Armee, während meines Grundwehrdienstes in einem Pionier-Baubataillon, angefangen zu schreiben. Es dauerte nicht lange, bis Oberfähnrich Will, der Kulturoffizier unserer Einheit, auf mich zukam – etwa so: Soldat Seiler, ich habe gehört, dass Sie lesen – und Sie schreiben sogar. Hier in Merseburg gibt es einen Zirkel Schreibender Arbeiter, ich glaube, das wäre etwas für Sie. – Es gab übrigens auch Zirkel Schreibender Soldaten, aber nur in größeren Einheiten, dafür waren wir zu klein. Aller vierzehn Tage durfte ich für das Treffen dieses Zirkels die Kaserne verlassen, das war das Beste daran. Das Allerbeste war, dass dann immer noch Zeit blieb für ein paar andere Wege. Wir kamen ja nur sehr selten heraus aus der Kaserne; im ersten halben Jahr war ich nur ein einziges Mal zu Hause, für drei Tage Urlaub. So betrat ich dann also in Uniform diesen Zirkel Schreibender Arbeiter der Leuna-Werke. Der Zirkel traf sich im Keller des Kulturhauses von Leuna, wo die Gewerkschaftsbibliothek untergebracht war. Zwei Bibliothekarinnen, die zugleich Zirkelmitglieder waren, hatten den Raum zur Verfügung gestellt, wir saßen dort zwischen den Bücherregalen, im Magazin. Eine Holzkiste mit Büchern, die aus der Gewerkschaftsbibliothek ausgesondert worden waren, wurde zur Quelle meiner ersten Leseerfahrungen. – Das habe ich in *Sonntags dachte ich an Gott* beschrieben. – Diese aussortierten Bücher kosteten 50 Pfennig oder höchstens eine Mark pro Stück, ich hab sie aufgekauft und quer Beet alles gelesen.

Da war auch der Band mit Gedichten von Peter Huchel dabei?

Ja, eigentlich kaum zu verstehen. Peter Huchel, *Gedichte*, 1948 erschienen, im Aufbau Verlag. Eigentlich war das Buch schon damals eine bibliophile Kostbarkeit. Aber es war nur zweimal entliehen. Hinten war noch diese Strichliste eingeklebt, auf der die Entleihungen gezählt wurden. – Ich glaube, das Wichtigste in dieser Runde war, anerkannt zu werden als jemand, der schreibt, und Menschen zu treffen, die ebenfalls schrieben. Und es gab eine sehr warme Aufnahme; die Zirkelmitglieder waren sehr freundlich. Später habe ich auch an Lesungen des Zirkels teilgenommen, die einmal im Jahr in Halle-Neustadt in einem Buchladen stattfanden. Da saßen dann fünf bis sieben oder noch mehr Leute und jeder hat etwas vorgelesen. Das war gar nicht schlecht besucht und für mich jedenfalls sehr aufregend.

Wie liefen die Treffen des Zirkels ab?

Zuerst wurde vorgelesen, dann über die Texte gesprochen. Man achtete darauf, dass jeder einmal ausführlicher zum Zuge kam, was wichtig war, da die Treffen nur alle zwei Wochen stattfanden. Ich würde sagen, dass die Kritik in erster Linie das Handwerkliche betraf, das heißt, es ging darum, wie man etwas literarisch besser machen könnte. Wenn ich heute meine sehr abstrakten, einigermaßen unliterarischen Gedichte von damals sehe und wie damit umgegangen wurde, wird klar, dass diese Kritik in jeder Hinsicht berechtigt war. Wir hatten als Zirkelleiter einen absoluten Experten, Professor Rüdiger Bernhardt. Schon aufgrund seiner Stellung als Professor für Literatur an der Halleschen Universität war er eine Autorität in diesem Kreis. Fachlich führte er die Kritik im Zirkel an, aber diese Kritik war nie vernichtend; sie war immer ausgewogen und verteilte sich auch auf alle Akteure. Tatsächlich wurde ziemlich viel diskutiert. 1990 wurde bekannt, dass er für die Stasi gearbeitet hat, als IM »Faust«.

Er war IME, ein Inoffizieller Mitarbeiter im besonderen Einsatz.

Und zugleich beschäftigte er sich auch theoretisch intensiv mit der Bewegung Schreibender Arbeiter; als Wissenschaftler war er eigentlich anders verortet, sein Hauptforschungsgebiet war der Naturalismus. Für einen jungen Mann wie mich war es sehr beeindruckend, dass sich ein Professor für Literatur mit meinen literarischen Anfängen beschäftigte, sie offensichtlich ernst nahm.

Woher kamen die Zirkel-Mitglieder? Waren das tatsächlich Arbeiter?

Einige kamen aus dem Umkreis der Leuna-Werke, einige aus Halle und Weißenfels. Ich weiß nicht, ob ich mich richtig erinnere, aber ich glaube, klassische Arbeiter oder Arbeiterinnen, also Leute aus der Produktion, waren nicht dabei. Das waren oft Angestellte – ein Chemiker, die Bibliothekarinnen, ein Lehrer usw. Da die Erfahrungen andere waren, ging es auch inhaltlich weniger um die traditionelle Arbeitswelt. Ich glaube auch, dass die Zirkel in den achtziger Jahren ganz anders als die in den Sechzigern funktionierten. Anders als es zum Beispiel Wolfgang Hilbig in seinem grandiosen Roman *Eine Übertragung* (1989) beschreibt. Trotzdem hatte ich immer das Gefühl, dass brisante Dinge diskutiert wurden, da in vielen der Texte auch Unzufriedenheit mit der Arbeit oder andere Missstände oder Ungerechtigkeiten in der Gesellschaft zur Sprache kamen, über die man sonst nur hinter vorgehaltener Hand geredet hätte. Offene Systemkritik war das nicht, sicher, aber systemkritische Anklänge waren allenthalben im Gespräch, das würde ich schon sagen. Ich glaube, dass eine Beschäftigung mit Literatur das automatisch mit sich bringt.

Hatte das Schreiben eine Ventilfunktion?

Ja, vielleicht, aber nicht nur. Eine zentrale Erkenntnis beim Blick auf all diese Versuche institutioneller Lenkung ist für mich: Sobald Menschen zusammenkommen und sich der Literatur zuwenden, gibt es oppositionelle Effekte beziehungsweise Autonomisierungseffekte, weil die Literatur etwas anderes als Ideologie verlangt. Ansonsten wäre es mit Propaganda getan. Literatur aber verlangt Wahrhaftigkeit, die Probleme müssen sichtbar werden. Wenn man einen guten Text schreiben will, dann funktioniert das nur jenseits von Ideologie, was in diesem Zusammenhang implizite Kritik am System bedeutet. Das galt auch für die Literatur bei den Poetenseminaren. Wobei dort natürlich laufend auch Texte produziert wurden, die die Erwartungen des politischen Systems erfüllen wollten. Vielleicht nicht einmal aus Überzeugung, aber um Erfolg zu haben und gedruckt zu werden. Trotzdem wirkten immer und in jedem Kreis die Autonomisierungseffekte der Literatur.

Waren die offizielle und die inoffizielle Szene in Ihrer Wahrnehmung streng voneinander getrennt?

Keinesfalls. Zumindest in der Zeit, für die ich sprechen kann, war das nicht so. Mitte der achtziger Jahre – ich war 1985 zum ersten Mal dabei, 1986 zum zweiten und 1987 zum letzten Mal – gab es beim Zentralen Poetenseminar diverse Überschneidungen, die vor allem für mich persönlich wichtig waren. 1985 war beispielsweise Thomas Böhme einer der Gastautoren, ein damals junger Autor, der im Aufbau-Verlag den Lyrikband *Mit der Sanduhr am Gürtel* (1983) veröffentlicht hatte und sich an der amerikanischen Beatnik-Literatur orientierte. Böhme kam aus ganz anderen Zusammenhängen, auch als Person und in seinen literarischen bzw. ästhetischen Überzeugungen und Positionen war er jenseits all dessen, was man sich unter FDJ-Poetenseminaren vorstellen mag. Er kam aus der Leipziger Untergrundszene und war dort mit Wolfgang Hilbig, Jayne-Ann Igel und anderen bekannt. Wir haben uns damals dort kennengelernt und später einiges zusammen unternommen. Thomas Böhme war der erste Mentor meiner frühen Schreibzeit. Über ihn nahm ich dann auch an Wohnungslesungen teil, die bei ihm zuhause in der Mockauer Straße in Leipzig stattfanden, das war eine verrückte, lebendige Szene. Er hat mir Lektüre vorgeschlagen, auf die ich als junger Autor in diesen Jahren wahrscheinlich nicht gekommen wäre, Hans Henny Jahnn zum Beispiel. Ich habe dann Jahnns Roman *Das Holzschiff* gelesen, der im Aufbau-Verlag erschienen war, der erste Band von *Fluss ohne Ufer*. Böhme war es auch gewesen, der mir das Werk von Stefan George näherbrachte. Oft funktionierte es so – durch persönliche Begegnung wurde einem eine andere Literatur nahegebracht.

Wie sah man die Autoren, die in der DDR in den sechziger Jahren erstmals hervorgetreten waren?

Es gab gewisse Vorbehalte dieser sogenannten mittleren Generation gegenüber, auch Abstoßungsmomente, das war eben die Elterngeneration. Eine Generation, die an Überzeugungen und Literatur der Aufklärung anschloss, den Dichter dabei in einer Art ›Amt‹ sah und dabei, wie ich es verstand, ein Konzept von Fürstenaufklärung verfolgte, also glaubte, dass man im Dialog mit der Macht den richtigen und besseren Weg für alle finden könne. Von heute aus gesehen stellt es sich wieder anders dar. Heute finde ich bei Volker Braun oder Rainer Kirsch – ich habe ja über Rainer Kirsch meine Diplomarbeit geschrieben – großartige Texte, die ich damals nicht mal ansatzweise verstanden habe.

Die Zentralen Poetenseminare waren für Sie also vor allem eine Möglichkeit, mit anderen jüngeren Autoren in Kontakt zu kommen?

Die persönliche Begegnung war entscheidend – dass man mit Leuten zusammenkam, die auch schrieben, diese Art von Bestätigung des eigenen Schreibens. Ich glaube, die Poetenseminare waren literarisch ambitionierter als die Zirkel Schreibender Arbeiter. Einer ›Bewegung‹ oder Ähnlichem fühlte man sich dabei eigentlich nicht zugehörig, man nutzte die Möglichkeiten, andere kennenzulernen, und sicher spielte auch das Interesse an Publikationen eine Rolle. Interessant waren nicht die ideologisierten, sondern jüngere Autoren, die schon einen Schritt weiter waren als man selbst. Johannes Jansen zum Beispiel, der in Schwerin unser Seminarsekretär war – er galt als Ausnahmetalent der Untergrundliteratur, publizierte in verschiedenen Zeitschriften des Samisdats, aber auch in einem Heft der Reihe *Poesiealbum* im Verlag Neues Leben. Überhaupt konnte man ungewöhnlichen Leuten begegnen, Dieter Kerschek etwa, der schon von seiner Erscheinung her ein absoluter Outsider war, regelmäßig in *Temperamente* veröffentlichte und bei dem man dachte: Das ist ein cooler Typ. Es gab auch andere, die Aufsehen erregten, Steffen Mensching und Hans-Eckardt Wenzel zum Beispiel, die zusammen auftraten und zunächst nicht wenig gefördert wurden. Im Auftritt waren sie stark, beeindruckend, sie konnten singen, hatten sich als Clowns verkleidet und haben Systemkritik geübt auf eine Weise, wie wir es vielleicht nicht gewagt hätten. Das alles innerhalb dieses institutionellen Rahmens. Wobei ich oft denke, dass die Beaufsichtigung oder, wie soll man sagen, das Gehege entscheidend war. Die Leute sollten nicht außerhalb des Systems stehen, sondern angebunden werden. Das eigentliche Interesse war Anbindung und Anbindung ermöglichte Kontrolle – dass alles sichtbar blieb und eben nicht im ›Untergrund‹ landete. Da spielten dann irgendwann auch die Inhalte eine eher untergeordnete Rolle. Anders kann ich mir das, was dort ab Mitte der achtziger Jahre geschah, nicht erklären.

Dass es bei den Zentralen Poetenseminaren ab Mitte der achtziger Jahre mehr Freiheit gab als noch in den siebziger Jahren, hing wohl auch mit der Konkurrenz der inoffiziellen Literaturszene zusammen?

Ich weiß nicht, ob Konkurrenz hier das richtige Wort ist. Und ob es so ein Verhältnis überhaupt gab. Am Ende hing alles irgendwie zusammen. Für mich könnte man sagen, dass ich im Rahmen dieser offiziellen Formen der Förderung erst auf andere Möglichkeiten gestoßen bin. Das gilt insbesondere für meine letzte Teilnahme 1987, als Brigitte Struzyk unsere Seminarleiterin war. Die kam direkt aus der Szene des Prenzlauer Bergs. Wenn man so jemanden als Seminarleiterin einlädt, versenkt man das Schiff eigentlich. Das war erstaunlich. Wir waren alle irgendwie in ihrem Bann; sie war wunderbar. Sie hat uns das Werk Elke Erbs nähergebracht, die für mich daraufhin für viele Jahre eine der wichtigsten Autorinnen war. Von da an war ich, wann immer das ging, bei ihren Lesungen, ich hab sie zuhause besucht, über sie geschrieben und sogar ein studentisches Elke-Erb-Colloquium veranstaltet an unserer Uni. Erb war eine Art Mentorin für den literarischen Underground im Prenzlauer Berg. Später gehörte sie zum Kreis der Autorinnen und Autoren rund um unsere Zeitschrift *moosbrand*, die ich von 1993 bis 1998 herausgegeben habe, zuerst gemeinsam mit Klaus Michael. – Als Seminarleiterin war Brigitte Struzyk auch deshalb so ungewöhnlich, weil sie schon als Person den Abstand zum institutionellen Verfahren mitbrachte – was wir damals vielleicht noch gar nicht so richtig verstanden haben. Sie hat gesagt: Leute, wer jetzt für diese Abschlusslesung oder irgendeinen dieser Preise ausgewählt wird oder nicht, ist vollkommen schnuppe, wir machen hier unser Ding. – ›Unser Ding‹ bedeutete Literatur. Das war der Weg, aus all dem die Luft herauszulassen. Sie hat uns stattdessen mit Interlinear-Versionen ungarischer Lyrik versorgt, die wir dann gemeinsam nachgedichtet haben. Und am Ende bekam jeder von uns einen Armreif aus Weidenruten, den sie für uns geflochten hatte. Das klingt sehr romantisch, war aber klasse. Und wichtig. Der beste Preis, der damals vergeben wurde: Weide statt Lorbeer.

Das Wettbewerbsprinzip, auf dem die Poetenseminare und die gesamte Talenteförderung der DDR basierte, war ja mit jugend- und literaturpolitischen Zielsetzungen verbunden. Am Ende der Seminare wurden auch Förderpreise verliehen, wie der Reinhard-Weisbach-Preis für politische Lyrik. Wurde einem bei den Seminaren ein Konzept von sozialistischer Literatur vermittelt? Wusste man, was ein ›sozialistisches Gedicht‹ sein sollte?

Ja, ich würde sagen, man wusste damals, was das in etwa sein soll. Man war so geprägt von dieser Gesellschaft und ihrem Erwartungshorizont, dass man wusste, wie ein Gedicht beschaffen sein sollte, das innerhalb dieser institutionellen Rahmen auf Zustimmung stößt. In etwa ging das so: Eine Person, die schon eine subjektive Sicht hat auf die Dinge, gerät in einem bestimmten Moment in Konflikt mit der Gesellschaft, hat dabei eine Erkenntnis aufgrund derer sie sich schließlich dafür entscheidet, durch persönlichen Einsatz die Gesellschaft voranzubringen. Ich glaube dieses Narrativ entsprach in etwa der Erwartungshaltung. Wie man damit umging, war eine andere Sache. Ich will nicht sagen, dass alle Gedichte nach diesem Muster geschrieben wurden, sondern nur, dass man ein Wissen von dem hatte, was gut gelitten war und in etwa erwartet wurde. Und dann gab es immer den Aspekt des Antifaschismus. Der antifaschistische Gründungsmythos der DDR war auch in den achtziger Jahren noch wichtig. Ich habe selbst einmal ein Gedicht über eine Tänzerin und Künstlerin – Oda Schottmüller – geschrieben, die von den Nazis umgebracht wurde. Sie war Mitglied der Roten Kapelle gewesen und wurde gemeinsam mit Hilde Coppi und Adam Kuckhoff von den Nazis hingerichtet. Die Gestalt dieser Frau hat mich fasziniert, ihre Doppelbegabung als Tänzerin und Bildhauerin, aber ich wusste zugleich, dass es ›richtig‹ ist, dieses Thema zu behandeln. Das war das eine. Das andere war das, was Thomas Böhme oder Brigitte Struzyk mitbrachten, das einen faszinierte, weil es jenseits dessen lag, was allgemein erwartet wurde. Ein offenes, abenteuerliches Gelände.

Mit der Teilnahme an den Poetenseminaren verband sich immer auch die Aussicht oder die Hoffnung auf eine Publikation. Welche Rolle haben die von der FDJ herausgegebenen Zeitschriften und Anthologien für Sie gespielt? Wie attraktiv waren etwa die Sonderhefte des Poesiealbums, *die zu den Zentralen Poetenseminaren erschienen?*

Ich glaube, irgendwann waren diese Sonderhefte nicht mehr so attraktiv. Aber auch in diesem Fall war alles ambivalent. Eigentlich wollte man gedruckt werden, andererseits war es auch irgendwie peinlich, was nicht zuletzt mit der Qualität der ausgewählten Texte zu tun hatte. Anders war es mit den Heften der *Temperamente*, wahrscheinlich, weil sie als regelrechte Literaturzeitschrift wahrgenommen wurde. Dort zu publizieren, bedeutete mehr, auch weil in der Redaktion ganz andere Leute am Werk waren. Und dann gab es noch die *Auswahl*-Reihe, die alle zwei Jahre erschien. Wer in diese *Auswahl*-Bände aufgenommen wurde, galt schon als Kandidat für einen eigenen Gedichtband irgendwann – jedenfalls glaubten das viele. Wie die Anordnung der institutionellen Förderung vom Zirkel Schreibender Schüler über die Poetenseminare bis hin zum Leipziger Literaturinstitut entsprach auch die Struktur der sehr wenigen offiziellen Publikationsmöglichkeiten für junge Literatur einer Art Laufbahnmuster oder jedenfalls der Idee eines solchen Musters. Am Ende funktionierte das aber alles nicht mehr.

In den siebziger Jahren kamen angehende Autoren kaum an den Publikationsorganen des Förderungssystems vorbei, wenn sie an die Öffentlichkeit treten wollten. In den achtziger Jahren ergaben sich durch die inoffizielle Literaturszene auch hier neue Möglichkeiten. Wie haben Sie das erfahren?

Publiziert zu werden ist eine Art natürliches Interesse in diesem Beruf. Und vielleicht schieden sich gerade hier die Geister. Es gab Autorinnen und Autoren, die aus politischen Gründen praktisch Publikationsverbot hatten und sich gedrängt sahen, auf Verlage im Westen auszuweichen oder in die alternativen Publikationsformen der nichtoffiziellen Literatur. War man Teil der sogenannten Szene, zum Beispiel im Prenzlauer Berg, wollte man Anfang der Achtziger gar nicht mehr unbedingt in die offizielle Literatur hinein, eher herrschte die Einstellung: Dieser ganze DDR-Quatsch interessiert uns nicht mehr, wir machen unser eigenes Ding. Die Samisdat-Literatur mit ihren großartigen kunstvollen Zeitschriften hat man natürlich bewundert, dort wollte man eigentlich hin. Das Offizielle hatte abgewirtschaftet, das Institutionelle war nur noch Hohlform, Phrase, vollkommen entleert. Als dann die Stasi-Mitarbeit von Sascha Anderson und Rainer Schedlinksi aufgedeckt und die ganze Szene unter Generalverdacht gestellt wurde, war man wiederum froh, nicht zu nah dran gewesen zu sein. Dabei gab es dort viele großartige Leute, die ich bis heute sehr schätze, nicht nur Elke Erb, auch Andreas Koziol zum Beispiel, der von 1986 bis 1990 zusammen mit Rainer Schedlinski die ambitionierte Untergrundzeitschrift *ariadnefabrik* herausgegeben hat. 1990, in der letzten Nummer der Zeitschrift erschien dort mein Essay über Elke Erb – eine Art Poetologie unter dem Titel *Komfort kommt vor*.

3. Dokumente

3.1 Die Debatte über die Schülergedichte aus *Und Mut gehört zum Wort* (1964)

1964 veröffentlichte der Deutschlehrer Edwin Kratschmer anlässlich der vom 19. bis 21. Juni im Bezirk Gera stattfindenden 6. Arbeiterfestspiele in Kooperation mit dem Kulturpalast Unterwellenborn/Kreiskulturhaus Saalfeld eine Anthologie mit Gedichten von drei Schülern aus seiner Klasse unter dem Titel Und Mut gehört zum Wort. Schüler schreiben. Erste Versuche. *Kratschmer wollte damit nach eigener Aussage um Verständnis für Probleme der Jugend werben und zugleich auf die Relevanz von Schülergedichten als Medium jugendlicher Selbstverständigung aufmerksam machen. Die Publikation löste eine Debatte aus, die unter anderem auf einer Veranstaltung im Kulturpalast und in einer Beilage der vom Bezirkskabinett für Kulturarbeit Gera herausgegebenen Zeitschrift* Treffpunkt Klub *geführt wurde. Dabei wurde der Versuch, die Jugend zu ›schöpferischer Selbstbetätigung‹ anzuleiten, zwar begrüßt, zugleich aber die fehlende Auseinandersetzung mit gesellschaftlichen Fragen in den Gedichten kritisiert. Die Debatte mündete in die Forderung, dass in Weiterentwicklung des Bitterfelder Weges auch Jugendliche in Zirkeln beim Schreiben angeleitet werden sollten.*

Edwin Kratschmer: *Ein Wort zuvor* (1964)[1]

Sollen Schüler Verse schreiben?

Aber ich bitt' euch, Jugendliche sind halbfertig! Und sie sollen Gedichte schreiben?

Ja aus hundert Gründen! Und nicht zuletzt aus diesem: Wer sich selbst versucht, versteht die Dichtung besser.

---

1 Edwin Kratschmer: Ein Wort zuvor. In: Und Mut gehört zum Wort. Schüler Schreiben. Erste Versuche. Hg. im Auftrag des Kreiskulturhauses Saalfeld, Kulturpalast Unterwellenborn o.O. o.J. [Unterwellenborn 1964], S. 5–7; auch in: Wir diskutieren über junge Lyrik. Teil I. Beilage zur Zeitung »Treffpunkt Klub«, H. 6/7, o.O. [Gera] 1964, S. 7. – Edwin Kratschmer (geb. 1931) war Deutschlehrer an der Polytechnischen Oberschule in Unterwellenborn und leitete von 1964 bis 1974 einen Lyrikclub am Kulturpalast des VEB Maxhütte in Unterwellenborn (ab 1963 auch Kreiskulturhaus Saalfeld).

Aber sollen diese Gedichte auch noch veröffentlicht werden? Ich bitt' euch, die halbfertigen Produkte Halbfertiger!

Dreimal Ja – wenn sie die unverfälschte Sprache der Jugend sprechen, ihre Probleme, echte Probleme enthaltend, die sie bewegen oder begeistern oder empören.

Mögen Scholastiker und Beckmesser hämisch Verstöße gegen Metrik und Reim notieren, die Verse zu Halbfabrikaten stempeln! Sie haben recht: Wir machen keinen Hehl aus unserem schweren Anfang: Noch sind Rahm und Molke nicht voneinander geschieden. Noch passen die Knabenhosen! *Doch mich macht heiß/was ich nicht weiß/und daß ich erst am Anfang bin!*

Gemeint ist hier Lyrik im Brechtschen Sinn:

Sage nur, was du sagen mußt! Und das sage deutlich, so deutlich, daß dich jeder versteht.

Erstrangig ist die Aussage. Suche nicht nach Reimen! Wo er sich dir bietet, wende ihn an! Schmiede keine Verse, sondern mühe dich um Klarheit!

Sprachdisziplin ist oberstes Gebot!

Und sei wahr! Wahrheit ist Schönheit! Seiner Aufrichtigkeit braucht man sich nicht zu schämen!

Unsere Jugend hat das dringende Bedürfnis nach echter Auseinandersetzung, und sie hat Fragen, Fragen, Fragen. Sie ist empört über jedes Unverständnis und über schwache Argumente. Sie ist auf der Suche nach der Antwort.

Unsere Jugend will keine fertigen Betten – sie will aber auch keine fertigen Rezepte. Sie will streiten und diskutieren, und sie haßt Vielredner.

Sie will träumen und für voll genommen werden.

Sie will kritisieren.

Sie will sich bewähren und will sich versuchen in der Verantwortung. Sie will Vertrauen und haßt Gängelband und Kandare. Und sie hat ihre Leistung und ihren Willen bewiesen auf vielen Großbaustellen.

Und sie will lieben.

Und zuweilen ist sie schwermütig und leer, und sie weiß nichts Rechtes mit sich anzufangen. Und dann wird sie wieder getrieben von Wißbegier und Begeisterung, sie entzündet sich und wird enthusiastisch.

Widersprüche sind in unserer Jugend. Das ist natürlich. Jeder Reifung gehen Widersprüche voraus. Und unsere Jugend ist kein stilles Wasser, sie ist voll von Problemen.

So seien die Gedichte denen gewidmet, die Verständnis für die Probleme der Jugend haben. Und sie seien ein Dorn den Verständnislosen, die mit langen Bärten unfehlbar über das Unvermögen »Halbfertiger« richten und sich nicht damit abfinden können, daß diese Jugend ihnen eines Tages als Hausherr das Altenteil richten wird.

Die Gedichte sind gewidmet dem IV. Deutschlandtreffen der Jugend! Und sie sind nicht zuletzt den 6. Arbeiterfestspielen im Bezirk Gera gewidmet! Und sie seien ein Beitrag für Bitterfeld!

Und Dank denen, die unser Vorhaben ernst genommen und gefördert haben: den Genossen der Partei der Arbeiterklasse und der Leitung des Kreiskulturhauses Unterwellenborn!

H. Schulz: o.T. [Bericht über eine Diskussion im Kulturhaus Unterwellenborn] (1964)[2]

[...] In der Polytechnischen Oberschule in Unterwellenborn wurden, angeregt durch einen Theaterbesuch, Brecht-Gedichte besprochen, Kinderkreuzzug, Legende vom toten Soldaten und andere.

Der Lehrer Edwin Kratschmer: »Es war eine gute Sache, der Unterricht wurde lebendig. Es lohnte sich weiterzumachen. Eines Tages kam zu meiner Überraschung einer meiner Schüler, Peter Beitlich, und legte mir einen ersten eigenen Versuch auf den Tisch. Es war ein handgeschriebenes Blatt, und ich erfuhr zu meinem Erstaunen daraus Gedanken, die ich ihm nie zugetraut hätte. Heimlich machte ich bei mir die Entdeckung, daß ich im Grunde wenig von diesem Jungen, meinem Schüler, wußte, obwohl ich ihn täglich in meiner Klasse sah, seine Aufsätze zensierte, mit ihm sprach und immer geglaubt hatte, alles über ihn zu wissen [...]. Der Versuch war noch schlecht im Handwerklichen, aber ich erbat und bekam die Erlaubnis, sein Gedicht in der Klasse vorzulesen. Meine Absicht war, diese Verse als einen Schlüssel zu benutzen: Ich erwartete und hoffte, mehr zu erfahren. Ich ging selbst auf die Entdeckungsreise. Dieser Vortrag hatte einen ganz anderen Erfolg. Kurz danach legten mir zwei Schüler ähnliche Versuche vor, die sich in der Form unterschieden, aber im Sinngehalt das gleiche aussagten wie Beitlichs erster Versuch.«

Im Kulturhaus in Unterwellenborn bereitete Jochen Pritsch das »kleine Deutschlandtreffen« vor (vergl. FORUM 7/64). Eigentlich mehr zufällig kamen ihm die Schülerversuche in die Hände, und er nahm sich der Sache mit dem ihm eigenen Schwung an. Er machte den Vorschlag, die Gedichte in einem Band als Beitrag zum Bitterfelder Weg zu vereinigen.

Die Arbeit ist inzwischen weitergegangen, die drei Schüler, deren Gedichte in dem Bändchen zu finden sind, haben die Schule verlassen, sie sind jetzt junge Arbeiter der Maxhütte, geblieben ist der Streit um die Methode, ob ja oder nein, ob

2 H. Schulz [o.T.]. In: Forum. Zeitschrift für die demokratischen Studenten Deutschlands. Organ des Zentralrats der FDJ 18 (1964), H. 20, S. 3, Auszug. – Der Artikel erschien in der Rubrik ›Briefe Berichte‹.

überhaupt. Die Gedanken darum sind heute weitergangen. Katzengold, terra incognita, das gehört heute dazu ...

Lehrer Kratschmer: Die Genossen Bentzien und Pitschmann stimmten uns zu, Horst Schumann rezitierte ein Gedicht aus dem Bändchen. Um alle Fragen zu klären und um etwas Verwertbares, Greifbares, Richtungweisendes zu erarbeiten, lud Jochen Pritsch zu einem Forum in das Kulturhaus nach Unterwellenborn.

Kratschmer: »Im Rahmen dieses Forums versuchte ich unser Anliegen klarzumachen, daß wir weiter die Probleme der Jugend kennenlernen und besser arbeiten wollen.«

Zum Forum kamen u.a. Dr. Gral von der Friedrich-Schiller-Universität Jena; Lehrer aus dem Bezirk Jena. Sie alle sagten ihre Meinung in diesem gründlich vorbereiteten Forum.

Der Leiter der Ideologischen Kommission der Bezirksleitung der Partei: »Wir wollen aufbauen auf dem, was uns die Schüler und Kollege Kratschmer überantwortet haben, wollen weiterbauen. Das Entscheidende scheint uns zu sein, daß wir jetzt zu einer Form der Gemeinschaftsarbeit gelangen, dem Patronat des Zirkels schreibender Arbeiter der Maxhütte, und ich meine, man sollte dann auch den nächsten Schritt wagen, nämlich in einer Weise, wie es uns die jungen Autoren, die sich zur Erarbeitung der Bezirksanthologie ›Blühe, junger Apfelbaum‹ unter der Schirmherrschaft der Bezirksleitung der FDJ zusammengetan haben, demonstrierten. Also, die besten Leistungen der ganz Jungen des Bezirks zusammenfassen, die Initiative unserer jungen Menschen weiterführen und natürlich zu einer höheren inhaltlichen und formalen Qualität kommen.«

Dr. Gral vom Institut für Pädagogik: »Sicherlich wird die Unterrichtsstunde, in der wir jede Minute effektiv nutzen wollen, nicht immer die Möglichkeit bieten, die Probleme, die unsere jungen Menschen beschäftigen, ausdiskutieren und klären zu können. Es gibt andere Möglichkeiten, in der FDJ, am Nachmittag, und wir meinen, daß auch eben diese Gedichte eine solche Aussage sind. Es sind ganz besonders die Gefühle, die da ausgesprochen wurden, auf die wir größten Wert bei der Entwicklung des Bewußtseins legen. Wir sind der Meinung, daß eine lebensfreudige und bejahende Grundstimmung und Grundhaltung eben eine wichtige Voraussetzung und ein Teil sind, ein sozialistisches Bewußtsein zu entwickeln.« ... normale Gespräche, Alltagsgespräche ... Sie enthalten keine neuen Schwerpunkte, aber sie zeigen, was alles geschieht. Überall im Land ...

Heinz Rusch: Anmerkungen zu den ersten Versuchen schreibender Schüler (1964)[3]

Unter dem Eindruck eines Brecht-Abends und der Verse des Lyrikers Helmut Preißler entstehen die ersten Gedichte junger Menschen als eine Art der Selbstverständigung und der Verständigung mit der Welt. Das ist ein Versuch, der aus voller Überzeugung begrüßt werden kann. Wenn der Unterricht in der Schule und die Beschäftigung mit der Kunst zu einem solchen Ergebnis kommen, daß junge Menschen zur selbstschöpferischen Betätigung gelangen, ist schon ein gutes Stück dessen, was bisher versäumt wurde, gewonnen. Warum sollte nicht das Motto »Schüler schreiben Gedichte«, das uns beim Betrachten dieser ersten Versuche junger Menschen so überraschend vorkommt, bald einmal zu einer Selbstverständlichkeit werden? Denn liegt es nicht auf der Hand, daß gerade junge Menschen von 16 Jahren das Bedürfnis haben, sich auszusprechen, daß die Scheu, sich mitzuteilen, einfließen kann in die schöpferischen, künstlerischen Möglichkeiten, die die Lyrik als Interpretation der Welt durch das Ich des Dichters gibt?

Drei Schüler, Peter Beitlich, Volker Grillitsch und Dieter Schnappauf haben den Anfang gemacht. Dieser Versuch allein ist zunächst als Positivum zu bewerten. Diese jungen Menschen wollen Wasserbaufacharbeiter, Chemiefaserfacharbeiter, Betriebsschlosser werden. Unser Staat gibt ihnen alle Möglichkeiten der Ausbildung und Entwicklung. Sie haben also schon bestimmte Vorsätze, Pläne, Träume. Die Welt des Elternhauses, der Schule, des Jugendverbandes und dieser Pläne und Träume – das ist ihre Realität. Die erste Liebe, das Erwachen neuer Empfindungen, die Möglichkeit des Schöpferischwerdens eigener Gedanken – das ist die innere Welt, die wir in den Gedichten widergespiegelt finden möchten, die junge Menschen schreiben.

Fragen wir danach, wie es den Verfassern der hier zusammengefaßten Gedichte gelungen ist, solche Absichten und Wünsche zu erfüllen, so fällt auf, daß sich diese Realität fast ausnahmslos in recht eigenartigen Verfremdungen abbildet. Nicht, daß dahinter immer wieder die Realität sichtbar würde, mehr oder weniger verschattet durch depressive Stimmungen, – aber das Wesentliche, was junge Menschen heute beschäftigt, womit sie sich auseinandersetzen, was sie noch bedrängt oder gar quält, kommt in den Gedichten nur selten zum Ausdruck.

Der junge Mensch sollte sich im Gedicht besonders den Alltag, seinen Alltag erobern und seine ganze Persönlichkeit in die Waagschale werfen, um die Welt durch

3 Heinz Rusch: Anmerkungen zu den ersten Versuchen schreibender Schüler. In: Wir diskutieren über junge Lyrik. Teil I. Beilage zur Zeitung »Treffpunkt Klub«, H. 6/7, o.O. [Gera] 1964, S. 8–10, Auszug. – Der Autor und Journalist Heinz Rusch (1908–1965) war Leiter des Zirkels Schreibender Arbeiter im Deutschen Schriftstellerverband und Leiter der Arbeitsgemeinschaft ›Lyrik‹ des DSV, Bezirk Leipzig.

seine eigenen Augen zu sehen. Aber das, was Johannes R. Becher meint, wenn er sagt: »Das Poetische verbirgt sich und wirkt in unserer unmittelbarer Nähe – eine Berührung seitens des Dichters, und schon glänzt inmitten unserer ›gewöhnlichen‹ und ›gemeinen‹ Alltäglichkeit das Poetische auf«, und was Rilke den jungen Dichtern rät, die zum erstenmal ihre Gedanken und Gefühle aufs Papier bringen: »Darum retten Sie sich vor den allgemeinen Motiven zu denen, die Ihnen Ihr eigener Alltag bietet, schildern Sie Ihre Traurigkeiten und Wünsche, die vorübergehenden Gedanken und den Glauben an irgendeine Schönheit – schildern Sie das alles mit inniger, stiller, demütiger Aufrichtigkeit und gebrauchen sie, um sich auszudrücken, die Dinge Ihrer Umgebung, die Bilder Ihrer Träume und die Gegenstände Ihrer Erinnerung!« – diese Ratschläge zweier großer Lyriker gelten auch heute noch.

Inwieweit erfüllen die ersten Versuche der hier zusammengekommen »schreibenden Schüler« schon diese theoretischen Anforderungen?

Peter Beitlich ist sicher begabt. Er hat bereits, sicher an Brecht geschult, begriffen, daß es darauf ankommt, seine Gefühle und Gedanken nicht als Rohstoff wiederzugeben, sondern künstlerisch umzusetzen und in gegenständliche Bilder zu verwandeln. In dem Gedicht »Sehnsucht« wird diese Forderung bereits zu einem gewissen Grade erfüllt. Seine in die Zukunft reichenden Träume finden im ersten Teil seines Gedichtes einfachen Ausdruck: um so mehr befremdet der zweite Teil. Was heißt das: »Öffne ich meine Augen einen Spalt, ist meine Welt freudlos, häßlich, kalt«? Heißt das, daß unsere Welt nur aus in die Ferne gerichteten Träumen bestehen muß, um lebenswert zu sein? Das aber kommt zum Ausdruck. Es fällt auf, daß Peter Beitlich, der unbestreitbar schon recht gut mit dem lyrischen Wort umzugehen weiß, innerlich selbst noch unsicher zwischen Isoliertheit und Einsamkeit, zwischen Wißbegierde und Lernfreude tastet. Solche Typendarstellung, wie sie im Gedicht »Wenn ich leer bin…« gegeben wird, trifft natürlich nur einen Teil unserer Realität, einen Teil der Wahrheit, aber es ist doch wenigstens ein Stück unserer Wirklichkeit.

Rilke hat in dem schon erwähnten Brief auch vor der zu bequemen Anwendung von Formen gewarnt, wie sie auch das Liebesgedicht darstellt. Es gehört eine »große, eigene Kraft dazu, Eigenes zu geben« sagt Rilke! In Peter Beitlichs Liebesgedicht geht der Ausdruck innerer Vereinsamung so weit, daß die Existenz des geliebten Mädchens den poetischen »Helden« des Gedichts vor dem Selbstmord bewahrt. Ein Gedicht ist immer ein Stück Weltanschauung. Zufällige und vorübergehende Gefühle und Gefühlchen sollten – wie hier – nicht immer zum Sujet eines Gedichtes werden. […]

Das Nachwort zu diesen Versen schreibender Schüler nimmt mit Absicht keine Einschätzung der einzelnen Arbeiten vor: sie markiert nur den Standpunkt, von dem aus die Verse geschrieben wurden. Sie macht auf die Widersprüche in unserer Jugend aufmerksam und deutet an, daß in der vorliegenden Sammlung etwas von dem Reifeprozeß junger Menschen zu spüren ist. Daß dabei die »Schönheit der

Form« noch etwas zu kurz kommt und noch keineswegs die Weite des Lebens junger Menschen umspannt ist, bedarf keines Hinweises und eigentlich auch keiner Kritik. Es sollte hier nur versucht werden, auf einige grundsätzliche Probleme zu stoßen, die sich bei der selbstschöpferischen Betätigung junger Menschen mit dem Gedicht zwangsläufig ergeben. Für einige von ihnen wird die Anleitung in einem Zirkel schreibender Arbeiter von Nutzen sein. Prognosen, ob sie wirklich einmal etwas zu sagen haben werden, können dabei nicht gegeben werden.

Lieselotte Wohlgemuth: Junge Autoren setzen neue Maßstäbe (1964)[4]

Lyrik ist nicht mehr das wenig beachtete Stiefkind der Literatur, das in den Buchhandlungen kümmerlich sein Dasein fristete. Lyrik ist wieder gefragt. Dabei ist erfreulich, daß vor allem junge Menschen Lyrik nicht nur lesen und hören wollen, sondern auch versuchen, ihre Gedanken, Erlebnisse und Erkenntnisse poetisch zu gestalten.

Beispiel dafür sind zwei Anthologien, die in Vorbereitung der 6. Arbeiterfestspiele erschienen. Mit »Blühe junger Apfelbaum« stellen sich junge Autoren des Bezirkes Gera vor. »Und Mut gehört zum Wort« nennen sich die ersten Versuche schreibender Schüler aus Unterwellenborn.

Sozialistische Kritik – Beckmesserei?

Der Leipziger Schriftsteller Heinz Rusch setzte sich auf den vorangegangenen Seiten bereits mit der Anthologie »Und Mut gehört zum Wort« auseinander. Es soll deshalb hier nicht im einzelnen auf die Gedichte eingegangen werden, aber es erscheint uns notwendig zu sein, einige grundsätzliche Bemerkungen zum Vorwort Edwin Kratschmers, Lehrer an der Oberschule Unterwellenborn, zu machen. Er schreibt: »Mögen Scholastiker und Beckmesser hämisch Verstöße gegen Metrik und Reim notieren, die Verse zu Halbfertigfabrikaten stempeln …« Edwin Kratschmer scheint die Rolle der sozialistischen Kunstkritik, möge sie sich mit Werken von Schriftstellern oder schreibenden Arbeitern auseinandersetzen, völlig falsch einzuschätzen und zu vergessen, daß der Schreibende und der Kritisierende den gleichen ideologischen Standpunkt haben. Auch der Kritiker lebt nicht abseits vom Bitterfelder Weg.

---

4 Lieselotte Wohlgemuth: Junge Autoren setzen neue Maßstäbe. In: Wir diskutieren über junge Lyrik. Teil I. Beilage zur Zeitung »Treffpunkt Klub«, H. 6/7, o.O. [Gera] 1964, S. 11–12, Auszug. – Die Autorin, die für die FDJ-Bezirksleitung Gera arbeitete, vergleicht die Anthologie *Und Mut gehört zum Wort* mit der von der Bezirksleitung Gera der FDJ ebenfalls anlässlich der 6. Arbeiterfestspiele herausgegebenen Anthologie *Blühe junger Apfelbaum* (1964), die Gedichte von Nachwuchsautoren aus dem Bezirk Gera präsentierte.

Die zentrale Konferenz schreibender Arbeiter im Dezember 1963 in Schwerin und die zweite Bitterfelder Konferenz haben neue und klare Maßstäbe für die Beurteilung der Werke schreibender Arbeiter gesetzt. Eine Vorgabe der Kritik – da es sich doch um schreibende Arbeiter handele! – hat heute keinerlei Berechtigung mehr. Entscheidend ist und bleibt die Qualität der Arbeit unter dem Aspekt: Wie wurde der Stoff literarisch bewältigt. [...]

Wenn an dieser Stelle so ausführlich über die Einheit von Inhalt und Form die Rede ist, dann deshalb, um den Unterwellenborner Schülern bei ihrer weiteren literarischen Arbeit zu helfen. Peter Beitlich, Volker Grillitsch und Dieter Schnappauf ist unbedingt zu raten, sich einem Zirkel schreibender Arbeiter anzuschließen. Literarisches Vorbild sollte ihnen nicht ausschließlich Brecht sein, sondern vor allem Louis Fürnberg, Erich Weinert, Joh. R. Becher und Majakowski.

Edwin Kratschmer betont im Vorwort, daß in diesen Gedichten die Aussage erstrangig sei, daß Jugend das dringende Bedürfnis nach Auseinandersetzung habe. Die Gedichte sind dem Deutschlandtreffen und den 6. Arbeiterfestspielen gewidmet. Während die jungen Autoren, wie Wolfgang Jähnig, Hans-Georg Albig, Siegfried Kresin und andere, Lieder für das Deutschlandtreffen und die 6. Arbeiterfestspiele schrieben, spürt man in den Gedichten der Unterwellenborner Schüler sehr wenig von diesen großen gesellschaftlichen Ereignissen, besser gesagt gar nichts. Oder: Kann man das Gedicht von Peter Beitlich »Im Wasser schwimmt der Mond...« als Auseinandersetzung junger Menschen mit den Problemen sozialistischer Gegenwart betrachten?

Neben der Unterschätzung der Form wirkt bei allen Gedichten vor allem das völlige Ignorieren jeglicher Interpunktion, gesucht und gekünstelt. [...]

Demgegenüber ist in Form und Inhalt die Anthologie »Blühe junger Apfelbaum«, mit der sich die jungen Autoren des Bezirkes Gera vorstellen, sehr abgewogen. Sie setzt neue Maßstäbe im gesamten lyrischen Schaffen auch nach den 6. Arbeiterfestspielen im Bezirk Gera. [...] In der Anthologie »Blühe junger Apfelbaum« spürt man das Ringen der jungen Lyriker um die Erfassung unserer sozialistischen Wirklichkeit und deren poetische Umsetzung, sowie um gute disziplinierte sprachliche Gestaltung. [...] Gewiß ist es den Autoren zum Teil noch unterschiedlich gelungen, den ganzen Reichtum und die Schönheit unseres sozialistischen Lebens allgemeingültig zu gestalten, doch weisen alle Gedichte ein Anliegen, einen poetischen Gedanken auf. Wir finden hier keine formalistischen Wortspielereien um ihrer selbst willen, sondern lebenswarme Verse, die durch ihre entschiedene Parteilichkeit zum Mitdenken, Miterleben zwingen, »kleine Krallen« haben. [...]

3.2 Programmatische Überlegungen zur Nachwuchsförderung Ende der 1960er Jahre

In der zweiten Hälfte der 1960er Jahre wurde das jugendliche Schreiben durch dezentrale Literaturwettbewerbe weiter stimuliert und durch verschiedene Publikationen – Schülerarbeiten zum 15. Jahrestag unserer Republik *(Dresden 1964),* Wir lieben das Leben. Gedichte junger Menschen *(Berlin 1967),* Offene Fenster. Schülergedichte *(1967) – zu einem öffentlich wahrgenommenen Phänomen. Im Schriftstellerverband (DSV) und in der FDJ-Führung wurde darüber diskutiert, wie sich das hier sichtbar werdende Potential von Schreibenden für die Entwicklung der Literatur in der DDR nutzen ließe. Aus dem ambivalenten Befund, dass sich eine unerwartet hohe Zahl von jungen Menschen an den Wettbewerben beteiligte, die publizierten Texte aber selten literarischen und ideologischen Ansprüchen genügten, resultierte die Forderung nach neuen, über die bisherige Nachwuchsförderung des DSV hinausgehenden institutionellen Strukturen. Das wichtigste Forum dieser Debatte war die vom Schriftstellerverband herausgegebene Zeitschrift* Neue Deutsche Literatur.

Günther Deicke: Vorwort (1967)[1]

Dieses bescheidene Heftchen enthält eine Auswahl aus etwa fünfhundert Gedichten, die während dreier Jahre zu einem Schülerwettbewerb eingereicht wurden. Vielleicht zählen die hier vorgelegten Verse nicht alle zu den besten, aber sie sind typisch für die Grundhaltung aller Einsendungen.

Daß Schüler Gedichte schreiben, ist nie außergewöhnlich gewesen. Das Wort »Primanerlyrik« – teils wohlwollend, teils geringschätzig ausgesprochen – ist uns noch im Ohr. Aber die FDJ-Grundorganisation der Berliner Georg-Friedrich-

1 Günther Deicke: Vorwort. In: Wir lieben das Leben. Gedichte junger Menschen. Zum VII. Parteitag der Sozialistischen Einheitspartei Deutschlands hg. v. der Bezirksleitung des Deutschen Kulturbundes und der Bezirksleitung Berlin der Freien Deutschen Jugend. o.O. o.J. [Berlin 1967], S. 3–4. – Der Lyriker und Verlagslektor Günther Deicke (1922–2006) war Mitglied im Vorstand des Schriftstellerverbandes und setzte sich dort insbesondere für die Nachwuchsförderung im Bereich Lyrik ein. 1971, 1972 und 1983 war er Seminarleiter bei den Zentralen Poetenseminaren.

Händel-Oberschule und die Kreisleitung Berlin-Friedrichshain des Deutschen Kulturbundes wollten gewiß nicht Primanerlyrik provozieren, als sie im Jahre 1964, zum 15. Jahrestag der Deutschen Demokratischen Republik, zu einem literarischen Wettbewerb der Berliner Oberschüler aufriefen. »Primanerlyrik« – dieser Begriff birgt Bildungsdünkel und Pubertät, Unfertigkeit und Elitedenken in weltfremd verschwärmter Mischung, ihm haftet der Makel eines bürgerlichen Bildungsprivilegs an.

Bei uns aber handelt es sich um eine Jugend, die bereits unter den Bedingungen des Aufbaus des Sozialismus herangewachsen ist, erzogen in einem sozialistischen Bildungssystem, ausgestattet mit den Perspektiven, die ihnen die sozialistische Gesellschaftsordnung eröffnet. Und war bei diesem Wettbewerb zunächst an nichts anderes gedacht, als die Jugend anzuregen, ihr Lebensgefühl in Worte zu fassen, ihm nach Vermögen künstlerischen Ausdruck zu verleihen, so lag in dieser Initiative bereits ein Stück Verwirklichung des Bitterfelder Wegs. Heute zählen zu den vielen Beispielen, die beweisen, daß der Bitterfelder Weg richtig ist, auch die Erfolge dieses Wettbewerbs.

Die Ansprüche und Erwartungen, die wir, die Jury, an den Wettbewerb stellten, waren anfangs bescheiden. Sie wurden dann weit übertroffen. Denn was uns dann entgegenkam, war eine Fülle jungen Lebens, gepaart mit Freude an der schöpferischen Gestaltung. Dieser Wettbewerb, der im vergangenen Jahr zum dritten Male stattgefunden hat, ist inzwischen zu einer Tradition geworden; die Zahl der Einsendungen hat sich von Jahr zu Jahr fast verdoppelt, und sie kommen nun auch aus anderen Städten unserer Republik. Die jungen Teilnehmer an diesem Wettbewerb begreifen das immer gleichbleibende Motto »Wir lieben das Leben« durchaus nicht als Phrase. Es entspricht ihrem Lebensgefühl, und so schreiben sie darüber. Da ist Raum für Liebe und Haß, für alle Kräfte des Verstandes und des Gefühls: die Liebe zu einem Menschen ist gar nicht selten verquickt mit der Liebe zu unserer Sache, zur sozialistischen Heimat, zur Partei der Arbeiterklasse; wohl keiner von ihnen steht dem Geschehen in Vietnam gleichgültig gegenüber; sie wollen tätig sein.

Die Gedichte, die hier Beispiel für viele sein sollen, bedürfen keiner Interpretation, sie sind klar und einfach, wenngleich nicht ohne Eigentümlichkeiten. Die Talente, verschiedenartig, sind offenkundig. Unterschiedlich ist der Reifegrad der Gedichte; der jüngste der hier vorgestellten Wettbewerbsteilnehmer war fünfzehn Jahre alt, der älteste zweiundzwanzig, als sie die Verse schrieben. Aber das ist zunächst unwichtig; denn mit allen soll gearbeitet werden, kein Talent darf verkümmern. Es werden sich gute sozialistische Dichter heranbilden. Möglicherweise ist unter diesen Jungen und Mädchen sogar ein Genie. Und wenn sich heute an einigen Oberschulen Lyrik-Klubs bilden, wenn dort, wo früher Schundschmöker kursierten, Gedichte von Hand zu Hand gehen, dann ist all das Ausdruck einer wunderbaren Erscheinung, die kein Wunder ist, denn sie ist unserer Gesellschaftsordnung immanent: Wir stehen am Aufbruch zu jener Literaturgesellschaft, von der Johannes R. Becher geträumt und geschrieben hat.

In diesem Bewußtsein arbeitet die Jury, der unter anderen die Schriftsteller Inge Borde-Klein und Franz Fühmann angehören und die Peter Lux leitet. Sie leistet diese Arbeit auch im Sinne von Alex Wedding, die zwei Wettbewerbe als Jurymitglied noch mitbetreute und die ein Leben lang Arbeit, Freude und Sorge der Jugend gewidmet hatte. Denn unsere Sorge und Sorgfalt muß jenen schöpferischen Kräften gelten, die in der Jugend heranwachsen; sie sind schon heute geeignet, noch vorhandene negative Erscheinungen allmählich zu überwinden. Und sie werden die Meister von morgen sein.

Wir sehen in diesem Wettbewerb und in seiner kontinuierlichen Verbreiterung eine Förderung des in unserer Jugend natürlich vorhandenen Kulturwillens. So sind uns diese Gedichte junger Menschen, die wir dem VII. Parteitag der Sozialistischen Einheitspartei Deutschlands vorlegen, Ergebnis und Verpflichtung zugleich.

Günther Deicke: Künstlerischer Nachwuchs (1968)[2]

In unserem Rechenschaftsbericht ist die Rede von der Initiative der Kreisleitung Berlin-Friedrichshain des Deutschen Kulturbundes und der Georg-Friedrich-Händel-Oberschule beim literarischen Wettbewerb der Berliner Oberschulen unter dem Motto »Wir lieben das Leben«. Hier steht in knappen Worten das Wichtigste über diesen Wettbewerb und ähnliche Wettbewerbe in Dresden, Cottbus und Weimar.

Ich glaube, daß die Arbeit am Wettbewerb selbst – ich spreche vom Berliner Wettbewerb – von den Organisatoren und von der Jury mit großer Verantwortungsfreude geleistet wird. Aber die Frage der Auswertung nach dem Wettbewerb, der Weiterarbeit mit den jungen Talenten ist in Berlin noch nicht befriedigend gelöst. Hier scheint Dresden ein wenig weiter zu sein. Allerdings wissen wir, denn wir haben selbst dabei mitgeholfen, daß sich einige der jungen Talente, darunter die Begabtesten, an Berliner Singeklubs angeschlossen haben, hauptsächlich an den Oktober-Klub. Das schien mir eine Zeitlang eine sehr gute Lösung zu sein. Heute meine ich, daß auch das nicht mehr genügt. Jetzt muß man den Deutschen Schriftstellerverband mobilisieren und Arbeitskreise junger Autoren eröffnen. Denn die Nachwuchsarbeit ist eine der brennenden Fragen auch des Deutschen Schriftstellerverbandes, und erst die jüngste Vorstandssitzung hat sich damit beschäftigt, wobei jeder der Verantwortlichen weiß, daß mit Sitzungen allein nichts getan ist. Wir müssen jetzt sehr schnell zu praktischen Maßnahmen kommen, damit uns die Entwicklung, die sehr stürmische Entwicklung nicht überrollt.

---

2 Günther Deicke: Künstlerischer Nachwuchs. In: Sonntag. Unabhängige Wochenzeitung für Kunst und modernes Leben, 28. April 1968, S. 6.

Wir müssen, was den künstlerischen Nachwuchs betrifft, mit einer explosiven Entwicklung rechnen, nicht deshalb, weil es heute etwa mehr Talente gäbe als früher, sondern weil unsere sozialistische Gesellschaftsordnung mit ihrem Bildungssystem und ihrem Kulturbewußtsein und der zielstrebigen politischen Führung dieser Prozesse durch die Arbeiterklasse und ihre Partei in stärkerem Maße Talente freisetzt und ermutigt, von ihrer Förderung ganz abgesehen. Hier gibt es buchstäblich ablesbare Ergebnisse.

Eins davon ist ein Buch, das im Verlag »Neues Leben« von dem Deutschlehrer Edwin Kratschmer herausgegeben wurde. Es heißt »Offene Fenster« und enthält Schülergedichte aus der ganzen Deutschen Demokratischen Republik. Soviel ich weiß, war die Auflage in wenigen Wochen vergriffen. Wer in der Arbeit mit unserem jüngsten literarischen Nachwuchs steckt und also sehr viel mehr kennt als das, was veröffentlicht wird, der weiß, daß Kratschmer in seiner Anthologie eine typische Auswahl getroffen hat. [...]

Marianne Schmidt: Prognostische Überlegungen und literarischer Nachwuchs (1968)[3]

»Dichtung – insgesamt! – ist eine Fahrt ins Unbekannte«, schrieb Wladimir Majakowski in seinem »Gespräch mit dem Steuerinspektor über die Dichtkunst«. In der folgenden Zeile aber vergleicht er die Arbeit des Dichters mit der des Radium-Gewinnens, das heißt mit einer äußerst mühevollen, zuweilen ertragsarmen und doch *zielgerichteten, systematischen Arbeit zur Deckung eines gesellschaftlichen Bedarfs.*

Mit diesen wenigen Verszeilen ist die ganze Problematik skizziert, die sich für uns durch die Frage nach der Planbarkeit von Kunst und Literatur ergibt. »Wir alle wissen«, sagte Minister Klaus Gysi auf der 5. Staatsratstagung der DDR, »daß subjektive Momente wie Individualität, Originalität, Phantasie, spezielle Neigungen und Begabungen im Bereich der Kunst und Kultur eine besondere Rolle spielen. Wie auf allen anderen Gebieten ist hier die Kenntnis und Berücksichtigung der spezifischen Gesetzmäßigkeit die Voraussetzung ihrer vollen Einbeziehung in die gesellschaftliche Entwicklung.«

---

3 Marianne Schmidt: Prognostische Überlegungen und literarischer Nachwuchs. In: Neue Deutsche Literatur 16 (1968), H. 3, S. 9–12, Auszug. – Die Literaturwissenschaftlerin Marianne Schmidt (1929–2017) war Mitglied des Schriftstellerverbandes und gehörte zum Redaktionskollegium der *Neuen Deutschen Literatur*. Sie war auch Seminarleiterin beim 1. Zentralen Poetenseminar 1970. Schmidt zitiert in ihrem Aufsatz ohne Quellenangabe das Grundsatzreferat Walter Ulbrichts auf dem VII. Parteitag der SED vom 17.–22. April 1967. (Vgl. Walter Ulbricht: Die gesellschaftliche Entwicklung in der Deutschen Demokratischen Republik bis zur Vollendung des Sozialismus. Schlußansprache. Berlin: Dietz 1967, S. 274.)

Versuchen wir aber, die Literatur in unsere gesamten prognostischen Überlegungen mit einzubeziehen, so erhebt sich natürlich sofort die Frage nach den jungen Autoren, die Frage, ob die traditionellen Formen und Methoden ihrer Förderungen den steigenden gesellschaftlichen Anforderungen noch weiter gerecht werden können.

Da zu den unabdingbaren Voraussetzungen der wissenschaftlichen Vorausschau die Zustandsanalyse gehört, sei mir an dieser Stelle ein kurzer Rückblick auf einige Erfahrungen der literarischen Nachwuchsarbeit in den letzten zwanzig Jahren gestattet:

Die erste Arbeitsgemeinschaft junger Autoren wurde 1947 auf Initiative eines Verlages und einiger Schriftsteller in Thüringen gegründet, als der »Schutzverband Deutscher Autoren« noch eine Sektion des Kulturbundes war. Später entstanden solche Arbeitsgemeinschaften in fast allen Bezirken der DDR, denn der Partei und den sozialistischen und antifaschistischen Schriftstellern war bewußt, daß die Erziehung – und teilweise Umerziehung – der jungen deutschen Schriftstellergeneration für eine kontinuierliche Entwicklung der sozialistischen und humanistischen deutschen Literatur notwendig war. […]

Das waren die ersten Jahre, die »ABF«-Zeit unserer Literatur sozusagen. Und als der V. Deutsche Schriftstellerkongreß 1961 von zahlreichen Diskussionsrednern als »Kongress der Jungen« apostrophiert wurde, als in beachtlichen Werken der Weg dieser Generation über die Auseinandersetzung mit der Vergangenheit bis zum selbstverständlichen Engagement für den Aufbau des Sozialismus in der DDR sichtbar wurde, da zeigte sich, daß die Arbeit dieser ersten Jahre trotz mancher Kritik und vieler Diskussionen erfolgreich gewesen war.

Inzwischen aber ist eine neue, jüngere Generation nachgerückt, die, in unserer Republik aufgewachsen, völlig neue Grunderlebnisse, andere Bildungsvoraussetzungen und – neue Probleme hat. Sicher gibt es unter ihnen nicht weniger Talente als in der vorangegangenen Generation. Wie kommt es aber, daß sie – mit Ausnahme der Lyriker – öffentlich literarisch noch wenig in Erscheinung treten, daß noch immer vielerorts die heute Dreißig- bis Vierzigjährigen als die »Jungen« gelten? Vermutlich spielt dabei eine Rolle, daß das Autobiographische, das sich für einen jungen Schriftsteller zuerst anbietet, bei ihnen für das Erfassen der epochalen Probleme bei weitem nicht so ergiebig – so offensichtlich ergiebig – ist wie bei den Älteren. Wo sie sich dennoch an der Gestaltung der Gegenwart versuchen, rangiert bei ihnen noch die Episode vor der größeren zusammenhängenden Darstellung, die Beobachtung vor der gestalteten Aktion. […]

Bei den unzähligen Manuskripten, die die NDL für ihre Rubrik »Neue Namen« regelmäßig auf den Tisch bekommt, finden wir die oben geschilderten Beobachtungen immer wieder bestätigt. Nur selten spürt man eine lenkende Hand oder den Rat eines Kollektivs. Offensichtlich reichen unsere bisherigen Organisationsformen nicht mehr aus, um all das zu erfassen und den besonderen Problemen bei der Gestaltung der Gegenwart aus der Sicht der jungen Autoren gerecht zu werden. Können wir uns aber leisten, auch nur einige Talente sich selbst zu überlassen und sie durch wiederholte Mißerfolge schließlich zu entmutigen?

Walter Ulbricht sagte auf dem VII. Parteitag:

»Die prognostischen Überlegungen verlangen *neue Maßnahmen zur Förderung des künstlerischen Nachwuchses*. Die Verbindung der Künste, darunter vor allem der Literatur, mit den Mitteln der Massenkommunikation wird im kommenden Jahrzehnt einen drei- bis vierfachen Bedarf an Kunstwerken aller Art hervorrufen. Um diesen Bedarf annähernd zu befriedigen, müssen Voraussetzungen dafür geschaffen werden, daß alle literarischen ... Talente rechtzeitig erkannt und ausgewählt werden und daß das System der künstlerischen Lehranstalten den neuen Anforderungen angepaßt wird. Neue Formen der Ausbildung müssen dazu beitragen, dem künstlerischen Schaffensprozeß schon in der Periode des Lernens Züge kollektiver Arbeit zu geben und die jungen Künstler in direkte Verbindung zu den Mitteln der künstlerischen Reproduktion zu bringen.« [...]

Die Aufgaben zur Förderung des künstlerischen und literarischen Nachwuchses sind so umfassend und kompliziert geworden, daß eine einzige gesellschaftliche Institution allein – etwa der Deutsche Schriftstellerverband, ein Verlag oder eine Redaktion – sie nicht mehr befriedigend lösen kann.

Wenn dieses Heft dazu beiträgt, daß alle Beteiligten und Interessierten sich an einen Tisch setzen – wie es sich bei dem Verlagsgespräch bereits angebahnt hat –, um die gesamte Nachwuchsarbeit zu prüfen und gemeinsam neue Maßnahmen zu beschließen, dann hat es einen wesentlichen Teil seiner Aufgabe erfüllt.

Lyrik in dieser Zeit. Zu einigen Ergebnissen der jüngsten Entwicklung unserer Lyrik (1968)[4]

[...] Die Frage nach den weiteren Perspektiven in der Lyrik zieht die Frage nach neuen Lyrikern nach sich, nach Begabungen, die neu in die Poesie hineinwachsen und neue Erfahrungen einbringen. Die Anthologien und Almanache der letzten Jahre, die lyrischen Proben in den Zeitschriften lassen erkennen, daß in der Lyrik in stärkerem Maße als in den anderen Gattungen mit einem verhältnismäßig breiten, begabten Nachwuchs zu rechnen ist. Die Sammlungen »Auswahl 66« und »Erlebtes Hier« haben mit jungen Dichtern bekanntgemacht, deren lyrische Sprache beträchtliche

4 Lyrik in dieser Zeit. Zu einigen Ergebnissen der jüngsten Entwicklung unserer Lyrik. In: Neue Deutsche Literatur 16 (1968), H. 11, S. 142–171 (Autorenkollektiv: Horst Haase, Ursula Böttger, Christel Hartinger, Erika Rüdenauer, Klaus Werner, Klaus Böhnisch, Maria Gudehus, Heinz Linke, Edwin Kratschmer, Helmut Nietzschke, Reiner Sändig), Auszug.

Entwicklungsmöglichkeiten andeutet. [...] Überblickt man ihre Leistungen insgesamt, so kann die Verschiedenartigkeit der poetischen Ansätze und individuellen Färbungen durchaus befriedigen, weniger aber die Tatsache, daß die Besonderheit dieser jüngsten Generation noch wenig ausgeprägt erscheint. Die Erwartung, gerade aus dem Kreis dieser Autoren wichtige, wenn auch noch nicht ausgereifte poetische Beiträge zu den Problemen der neuen gesellschaftlichen Entwicklungsphase zu hören, wird noch kaum erfüllt. Interessant und aufschlußreich in ganz spezifischer Weise sind die Verse, die Edwin Kratzschmer aus zweitausend Schülergedichten ausgewählt hat. In der Anthologie »Offene Fenster« stellt er achtzig Arbeiten von einunddreißig zwischen 1945 und 1950 geborenen Autoren vor. Er konfrontiert damit die Öffentlichkeit mit den Gedanken derer, die in unserem Staat erzogen worden sind, zum anderen – und das ist nicht unwichtiger – macht er uns mit Begabungen bekannt, wie sie bereits im Schulalter aufspürbar sind. Allerdings scheint eine Voraussetzung zu sein, daß die Umwelt erregend zu stimulieren vermag, denn daß etwa drei Viertel der Arbeiten trotz Einschaltung von Presse und Funk aus einigen wenigen Zentren unserer Republik kommen (Berlin, Dresden, Leipzig, Unterwellenborn, Bützow), erweist, daß die Entwicklung und Entfaltung von Talenten nicht dem Selbstlauf überlassen bleiben darf. Talente müssen provoziert werden. [...] Der Schriftstellerverband wird sich Gedanken machen müssen, wie diesem »Nachwuchs« weiter geholfen werden kann. Die Aktion »Offene Fenster« sollte fortgesetzt werden.

Ein weiteres Reservoire an Talenten hat sich aufgetan: die Singebewegung der Jugend. In zahlreichen Singeklubs entstehen ständig neue Texte, bei denen im großen ganzen und im Hinblick auf die Wirkung allerdings die Vertonung die wichtigste Rolle spielt; die Singebewegung dürfte in erster Linie von den musikalischen Formen getragen werden, die sie hervorgebracht hat. Dennoch ist ihre Bedeutung für die Entwicklung unserer Lyrik nicht zu unterschätzen. Die lyrische Qualität vieler dieser Texte mag noch gering sein, die der besten und wirkungsvollsten mag an ihre großen Vorbilder nicht heranreichen – dennoch wird gerade hier eine der wichtigsten Traditionen sozialistischer Lyrik, jene, in der ihre Spezifik gegenüber der spätbürgerlichen Poesie besonders deutlich wird, fortgesetzt. Nach der jahrelangen Stagnation und Wirkungslosigkeit unseres Liedschaffens besteht aller Grund, diese neuen Ansätze aufmerksam zu verfolgen und zu fördern. Die wichtigsten Formen solcher Förderung könnten in einer engen Zusammenarbeit befähigter Lyriker mit den Texter-Gruppen entwickelt werden, zu gegenseitigem Nutzen übrigens. [...] Blättert man in dem Band, in dem 1966 »79 Songs & Chansons« bekannter Lyriker zusammengefaßt wurden, so finden sich darin viele Leistungen, die das hohe Niveau unserer Lyrik auch auf diesem Gebiet beweisen. Aber jener spezifische Ton, auf den es ankommt, mag hier doch noch häufig gefehlt haben. Nicht diese Songs und Chansons (mit einigen Ausnahmen) werden von den Klubs gesungen, sondern jene neuen Lieder (neben älteren, erprobten, manchmal schon vergessen geglaubten), die von den jungen Sängern selbst geschrieben wurden. Diese Texte sind ein wichtiger Bestandteil unserer sozialistischen Poesie und müssen entsprechend beurteilt werden.

Charakteristisch für diese Liedtexte ist, daß sie in den meisten Fällen auf konkrete Anlässe reagieren und daraus einen Teil ihrer Wirkung gewinnen. Das engagierte Auftreten des Sängers oder der kleinen Singegruppe, die unmittelbare Konfrontation mit dem Publikum, das Bemühen, dieses Publikum zur Mitwirkung, zum Mitsingen zu veranlassen, fördert diese Tendenz zweifellos. Die Schwierigkeiten bestehen zumeist darin, diese konkreten Anlässe liedhaft umzusetzen, ihre Anschaulichkeit, Sinnlichkeit beizubehalten und doch kurz, präzise und geschlossen zu sein und auch einen über den unmittelbaren Anlaß hinausreichenden Sinn zu vermitteln. Unversehens fließen hier doch immer wieder sehr schnell allgemeine Wendungen und abstrakte Losungen ein. Ein Beispiel dafür ist »Carpe diem« von *Bernd Walther*, über dessen Text Gisela Steineckert schrieb: »Jeder, der ›Carpe diem‹ von Bernd Walther kennt (mit dem ich darüber sprach), machte einen Unterschied zwischen dem ungemein plastischen im Titel enthaltenen Motiv, dem durchaus noch eindringlichen Refrain, der allerdings bereits abgegriffene Wendungen enthält, und den Strophen, die ihre Schwäche in der überladenen Aufzählung von Wichtigkeiten haben.« Das Motiv hier enthält die konkrete Aufforderung »Nutze den Tag«; die Motivierung dieser Aufforderung aber bleibt in allgemeinen Bildern und Wendungen stecken, und der Text hat wenig zu der ziemlich weiten Verbreitung beigetragen, die dieses Lied gefunden hat. In einem Artikel zur Auswertung der Werkstattwoche der FDJ-Singeklubs in Halle hat *Reinhold Andert* vom Oktober-Klub Berlin mit großem Nachdruck das konkrete politische Lied gefordert. Das Beispiel, das er selbst dazu gibt, zeugt erneut von den großen Schwierigkeiten, die dabei auftreten. Sein »Lied vom Klassenkampf« nimmt zwar unsere Wirklichkeit konkreter auf als das bei Bernd Walther geschieht, aber der andere Mangel bleibt: die Häufung und Aneinanderreihung der Konflikte belasten den Text, und der konstruiert wirkende Refrain ist zu schwach und zu wenig auf die Strophen bezogen, um das Lied zu der Geschlossenheit und Abrundung zu führen, deren dieses Genre offensichtlich bedarf. Besser sind einige Texte, die sich mit den Kämpfen der fortschrittlichen Kräfte in den kapitalistischen Ländern auseinandersetzen. *Hartmut Königs* Lied auf die Ermordung Benno Ohnesorgs und sein »Rot, rot, rot« oder *Jürgen Degenhardts* »Wer kann die Lieder der Freiheit verbieten?« (für Mikis Theodorakis), das sind Leistungen, die mit Erfolg an die besten Traditionen der sozialistischen Dichtung anknüpfen. Einige Lieder Hartmut Königs oder *Kurt Demmlers* dürften auch hinsichtlich der konkreten Gestaltung des Lebens in unserer Republik am weitesten auf dem richtigen Weg vorgestoßen sein. Die Namen dieser Autoren gehören zweifellos neben die der fähigsten unserer jungen Lyriker. Und die Beziehung dieser Texte zu den Leistungen unserer Lyrik der letzten Jahre ist nicht zu übersehen. Das gilt auch für jenes Lied, das in der Singebewegung wohl die weiteste Verbreitung gefunden hat: Hartmut

Königs »Sag mir, wo du stehst«. Entstanden in der Zeit intensiver politischer Auseinandersetzungen mit der Haltung eines Teils unserer Jugend, also 1966, und auf diese Auseinandersetzungen gezielt, nimmt dieses Lied jene in der Lyrik der ersten Hälfte der sechziger Jahre weitverbreitete moralische Kritik an spießbürgerlichen Erscheinungen des Naturalismus und mangelnder Entscheidungsfreudigkeit auf. Auch die Frage nach dem Sinn des Lebens als notwendiger Existenzbedingung, nach Größe des eigenen Denkens und Tuns steht in einem engen Zusammenhang mit der Dichtung der vorangegangenen Jahre. Das Lied gründet sich auf einen scharf herausgearbeiteten Konflikt. Der eigene Standpunkt wird behauptet. Der lyrische Sprecher wechselt vom Wir zum Ich und vom Ich zum Wir, bezieht also seine Kraft auch aus dem Kollektiv. Die durchgehende Anrede verstärkt nicht nur den einheitlichen emotionalen Gehalt, sondern gibt den Versen auch einen gestischen Charakter der Herausforderung. Der Refrain zielt auf das Wesentliche: auf die Frage nach Standpunkt und Wegrichtung, er folgt aus dem Text der Strophen, ist nicht aufgesetzt. Dadurch erreicht das Lied eine gewisse innere und äußere Geschlossenheit der lyrischen Aussage, die wesentlich zu seiner starken Wirkung beigetragen hat. Und trotzdem kann es noch nicht als völlig gelungen bezeichnet werden. Einzelne Wendungen wie »Wir bringen die Zeit nach vorn…« oder das »vielleicht« im ersten Vers der zweiten Strophe sind Verlegenheitslösungen. Auch ließen sich Text und Refrain noch sinnreicher, bezüglicher denken. (Man erinnere sich, wie Brecht den geistigen Reichtum des kurzen Refrains der Internationale interpretiert.) Aber dennoch ist in diesem Text ein Dichter spürbar, der ein Empfinden hat für Sprache und Situation, für die Prägnanz und Kürze dieses Genres, besonders aber für die Forderung des Tages und seines Publikums nach dem lyrisch-liedhaften Ausdruck dessen, was notwendig ist. Diese Fähigkeit findet sich so häufig nicht, weswegen sie hier nachdrücklich genannt sei.

Junge Talente hier und heute oder: Wie kommt es, daß nur an manchen Schulen gedichtet wird (1969)[5]

Es begann 1963, unterstützt durch den Kulturbund, mit einem Wettbewerb an der damaligen Händel-Oberschule. Zahl und Qualität der Einsendungen überraschten, und die Veranstalter beschlossen, sich mit dem Ergebnis an die Öffentlichkeit zu wenden. Im Berliner Glühlampenwerk fand eine Veranstaltung statt, an der sich auch die Gruppe Junger Autoren »Alex 64« beteiligte. Seit 1964 gibt es jährlich einen Literaturwettbewerb für die gesamte Berliner Jugend. Der fünfte in dieser Reihe ist

5 Junge Talente hier und heute oder: Wie kommt es, daß nur manchen Schulen gedichtet wird. In: Neue Deutsche Literatur 17 (1969), H. 3, S. 79–81 (ohne Autorangabe), Auszug.

vor wenigen Monaten zu Ende gegangen. Von den rund vierhundertfünfzig Einsendungen veröffentlichen wir in dieser Ausgabe eine Auswahl von vierunddreißig. Im Jahr davor war die Beteiligung noch größer, 1968 aber wurde angesichts der Qualität der Arbeiten die doppelte Zahl von Preisen vergeben.

Wie jedesmal war die Preisverleihung Höhepunkt eines öffentlichen Lyrikabends in der Kongreßhalle, und wie jedesmal waren die annähernd tausend Plätze ausverkauft, noch bevor die Plakate an den Litfaßsäulen hingen. [...]

Ein kleines Heftchen mit einer Auswahl von Schülergedichten, das 1967 in einer Auflage von zwanzigtausend Exemplaren erschien, ist längst vergriffen, und der Band »Offene Fenster«, veröffentlicht im gleichen Jahr im Verlag »Neues Leben«, ist ebenfalls im Buchhandel kaum noch zu haben.

Mindestens ebensosehr lassen aber die Arbeiten selbst der Schüler und Studenten aufmerken. Es zeigt sich wieder, wie viele Möglichkeiten der Weg, bei uns bekannt als der von Bitterfeld, erschließt, wie viele Potenzen mit ein wenig Umsicht und Klugheit auf ihm frei gesetzt werden können. Gerade das Beispiel der Literaturwettbewerbe zeigt aber auch, was noch zu tun übrigbleibt.

Bereits bei flüchtiger Durchsicht fällt auf, daß sich die Einsendungen, ihrer Herkunft nach, sehr ungleich verteilen. In unserer Auswahl entfallen fünf auf Schüler der Andreas-Oberschule [...]. Eine große Zahl Berliner Oberschulen dagegen beteiligte sich nicht. [...]

Wie verhältnismäßig einfach es ist, auch eine breite Beteiligung von Schülern zu erreichen, zeigte 1968 das Beispiel der Koschewoi-Oberschule. In diesem Jahr wurden erstmalig während der Laufzeit des Wettbewerbs Konsultationsmöglichkeiten geschaffen. Teilnehmer, die davon Gebrauch machten, erhielten Rat, bekamen Hinweise für mögliche Verbesserungen ihrer Arbeiten. Die Koschewoi-Oberschule schickte zu diesen Gesprächen als aufmerksame Zuhörer drei FDJler, die von dort die Erfahrung mitnahmen, wie man an einen solchen Wettbewerb und an das Gedichtschreiben überhaupt herangehen kann. Das Ergebnis: Die Koschewoi-Oberschule beteiligte sich 1968 erstmalig und sofort mit einer größeren Anzahl von Arbeiten.

Das musische Klima einer Schule ist nicht zuletzt eine Frage der Leitung. Es hängt, was unseren Literaturwettbewerb angeht, auch davon ab, in welchem Maß sich FDJ und Deutschlehrer angesprochen fühlen. [...] Wo dieses musische Klima geschaffen wird, bleiben Erfolge nicht aus, und sie sind nicht nur daran abzulesen, wie viele Schüler am Literaturwettbewerb teilnehmen. Sie drücken sich auch aus in den Ergebnissen der Kunsterziehung allgemein und des Deutschunterrichts, sie zeigen sich vor allem in der Persönlichkeitsbildung der Schüler, die durch ihren Wunsch zu schreiben gezwungen werden, sich echt auseinanderzusetzen.

Zu einem Wettbewerb gehört eine Jury. In unserem Falle besteht sie aus einer glücklichen Mischung von Lyrikern, Schriftstellern und Kritikern, die alle seit Jahren, meist von Anfang an, dabei sind, und deren großer Aufwand an Zeit und Mühe dadurch entschädigt wird, daß sie etwas von dem theoretisch so oft beschworenen Lebensgefühl der Jugend hier aus erster Hand kennenlernen. [...]

Die wichtigste Schlußfolgerung ist bestimmt aber die: Ergebnisse werden dort erzielt, wo man junge Menschen fordert und ihnen nach Vernunft und Billigkeit hilft, diese Forderung auch zu erfüllen. Die Erfahrung ist nicht neu, es lohnt aber, aus gegebenem Anlaß darüber nachzudenken, wie man sie sinngemäß auch andernorts in unserer Literaturgesellschaft anwenden kann. Die Redaktion NDL fühlt sich dabei nicht weniger aufgefordert, als andere es sein können, und will sich bemühen, auch über die Rubrik »Neue Namen« hinaus, ihren Beitrag zu leisten.

Johannes Rech: [Vorschlag zur Literaturförderung] (1969)[6]

[...] Ein Wort zur Lyrik: In jedem Abschnitt unseres gesellschaftlichen Lebens fühlte sich die FDJ mit den sozialistischen Lyrikern unserer Republik eng verbunden. Wir wissen, Gedichte können unserer Jugend die sozialistische Wirklichkeit einprägsam erlebbar machen, können ihr revolutionäres Handeln entzünden. Hierin liegt die große Verantwortung der Lyriker bei der klassenmäßigen Erziehung der jungen Generation. Wenn aber in einigen Gedichten unsere gesellschaftliche Wirklichkeit nur ungenügend bzw. durch Teilaspekte widergespiegelt wird, wenn bei einigen Autoren bestimmte Formfragen ins Zentrum der Gestaltung rücken und die Massenwirksamkeit verlorengeht, können wir uns damit nicht zufrieden geben. [...]

Die Singebewegung ist ein Modell, wie in gemeinsamer Arbeit zwischen Schriftstellerverband – wobei uns nur ein Teil der Autoren aktiv unterstützt –, Komponisten und Jugendverband Großes vollbracht werden kann. [...]

Wir schlagen dem VI. Deutschen Schriftstellerkongreß vor, gemeinsam mit dem sozialistischen Jugendverband regelmäßig Literaturwettbewerbe der Jugend durchzuführen, um aufstrebende Talente und junge Literaturfreunde zu fördern.

Der Zentralrat der FDJ und sein Verlag »Neues Leben« werden noch in diesem Jahr einen Klub junger Autoren ins Leben rufen. Er soll Stätte der Begegnung zwischen Jugendverband und jungen Schriftstellern werden. Die Hauptverwaltung Verlage beim Ministerium für Kultur bitten wir, die Produktionsmöglichkeiten für Kinder- und Jugendliteratur zu verbessern, um die berechtigten Bedürfnisse der Jugend zu erfüllen. [...]

---

6 [Rede von Johannes Rech]. In: VI. Deutscher Schriftstellerkongreß vom 28. bis 30. Mai 1969 in Berlin. Protokoll. Berlin, Weimar: Aufbau o.J. [1969], S. 188–194, Auszug. – Johannes Rech (1936–1987) war Sekretär des Zentralrates der FDJ und trat in dieser Funktion auf dem VI. Deutschen Schriftstellerkongress auf, um für eine Zusammenarbeit von FDJ und Schriftstellerverband bei der Talenteförderung zu werben.

3.3 Dokumente des Zentralrats der FDJ zur Planung und Organisation der Poetenbewegung

Ab 1969 schuf die FDJ Strukturen, um das jugendliche Schreiben zentral zu organisieren und auch politisch-ideologisch zu lenken. Interne Dokumente des Zentralrats der FDJ, die heute im Bundesarchiv Berlin (BArch) liegen, geben Aufschluss über die kulturpolitischen Ziele und die verschiedenen Maßnahmen. Kernelemente des Programms waren die Durchführung eines republikweiten Literaturwettbewerbs der Jugend und die Veranstaltung jährlicher Zentraler Poetenseminare in Schwerin, zu denen die stärksten Talente aus den Bezirken delegiert werden sollten. Zudem sollten die besten Texte in Büchern bzw. Zeitschriften des FDJ-eigenen Verlags Neues Leben veröffentlicht werden. Dabei verfolgte man sowohl literaturpolitische als auch pädagogische Absichten. Zum einen ging es um die Förderung des literarischen Nachwuchses, zum anderen um die sozialistische Bewusstseinsbildung der Jugend. Die Dokumente belegen allerdings auch, dass sich die intendierte literarische und *ideologische Integration der schreibenden Jugend unter dem Dach der FDJ in den 1980er Jahren immer schwerer erreichen ließ.*

Vorschläge für die weitere Arbeit mit Lyrikern und Autoren (1969)[1]

Auf der Staatsratstagung zu Fragen der Kultur stellte Genosse Klaus Gysi besonders an die Lyriker die Aufgabe, in den Gedichten die Sieger der Geschichte zu gestalten. Dabei geht es darum, besonders den sozialistischen Menschen, der aktiv bei der Gestaltung des entwickelten gesellschaftlichen Systems mitwirkt und die wissenschaftlich-technische Revolution meistert, zu zeigen.

Gerade die Lyrik kann durch ihre hohe emotionale Wirkung sehr zur klassenmäßigen Erziehung der Jugend beitragen, indem sie prägnante Ausschnitte des Lebens politisch aktuell sowie parteilich und volkstümlich gestaltet.

Um dies zu erreichen, muß besonders die politisch-ideologische Arbeit mit den Lyrikern verbessert werden, dabei ist es in erster Linie Aufgabe des Jugendverbandes, junge Begabungen und Nachwuchsautoren zu fördern, die das neue sozialistische Lebensgefühl der Jugend unserer Republik zum Ausdruck bringen.

1 BArch DY 24/6793, Auszug.

Maßnahmen:

I. Gemeinsam mit dem Verlag »Neues Leben« wird mit den Lyrikern, mit denen der Verlag besonders zusammenarbeitet, eine Beratung zur Auswertung der 6. Zentralratstagung durchgeführt.
V. Verlag »Neues Leben«/Abt. Kultur des ZR

II. Die bewährte Methode der Diskussion zu ideologischen Fragen und Schaffensprobleme anhand konkreter literarischer Werke mit Autoren, wird mit den Lyrikern in Form von Werkstattgesprächen des Verlages »Neues Leben« geführt. Hier werden sowohl Gedichte und Liedtexte von Autoren des Verlages als auch junger Nachwuchslyriker, Schüler, Arbeiter usw. vorgestellt und diskutiert.
V. Verlag »Neues Leben«

III. Die Abteilung Kultur des Zentralrats der FDJ arbeitet verstärkt im Lyrikaktiv des Deutschen Schriftstellerverbandes mit.

IV. Zur Förderung und Entwicklung von Talenten und Begabungen in der Lyrik wird die FDJ-Grundorganisation der Andreas-Oberschule Berlin (ehemals Händel-Oberschule) gemeinsam mit der Grundorganisation des BGW (Narva) alle Grundorganisationen der FDJ und alle Jugendlichen der DDR zu einem Lyrikwettbewerb aufrufen, der innerhalb der Galerien des Sozialismus – Ausscheid der jungen Talente geführt wird.

V. Die besten Gedichte des Lyrikwettbewerbs, die die FDJ-Bezirksleitungen an die zentrale Jury einreichen, werden im Febr./März 1970 auf dem 13. Zentralen Lyrikabend der FDJ anläßlich des Jahrestages der FDJ und des 100. Geburtstages von Lenin vorgestellt. […]
Der Verlag »Neues Leben« wird die besten Gedichte der Bezirksausscheide in der Lyrikreihe »Poesiealbum« oder anderer Lyrikbändchen vorstellen und zum Abschluß des Gesamtwettbewerbs in einem neuen Band nach dem Beispiel der »Offenen Fenster« veröffentlichen. […]
Der 12. Zentrale Lyrikabend wird mit den besten Gedichten der fünf Wettbewerbe der Berliner FDJ-Organisation anläßlich des 20. Jahrestages durchgeführt.

VI. Die Leitung des Verlages entwickelt ein Programm zur Förderung der Nachwuchslyrik.
V. Verlag »Neues Leben«/Abt. Kultur des ZR
Dazu wird durch einen Literaturwissenschaftler eine Analyse der vorliegenden Manuskripte und Gedichtbände seit 1967 erarbeitet und die Diskussion darüber im und mit dem Verlag sowie Lyriklektorat des Verlages geführt.
A. Abteilung Kultur des ZR/Verlag »Neues Leben«

Konzeption zur Durchführung des 1. zentralen Poetenseminars (1970)[2]

Da 1. zentrale Poetenseminar der FDJ findet im Rahmen des Lenin-Aufgebots in der Zeit vom 22. bis 28.8.1970 in Güstrow statt.
Es wird veranstaltet
vom Zentralrat der FDJ
von der Bezirksleitung der FDJ Schwerin
vom Deutschen Schriftstellerverband

Anliegen und Ziel des 1. zentralen Poetenseminars
Das 10. Plenum des ZK der SED stellte uns die Aufgabe, alle vorhandenen schriftstellerischen Talente der Jugend zu entwickeln und zu fördern und sie entsprechend des Modells der Singebewegung in Interessen- und Klubgemeinschaften zusammenzuführen. Um die besten schriftstellerischen Talente unserer Republik zu fördern, wird aus den Erfahrungen der Werkstattwochen der FDJ-Singeklubs, unter Anleitung bekannter Schriftsteller, Lyriker und Literaturwissenschaftler unserer Republik eine Arbeitswoche durchgeführt.

Die Arbeitswoche hat folgende Zielstellung:

1. Sie dient der politisch-ideologischen Arbeit mit dem literarischen Nachwuchs und soll praktische Erfahrungen für die weitere Arbeit auf literarischem Gebiet vermitteln.
2. Sie dient der Erläuterung der Kulturpolitik der SED, vor allem der Diskussion zu den Aufgaben der Schriftsteller in der DDR in Auswertung des VI. Schriftstellerkongresses. Dabei ist ein besonderer Schwerpunkt die Auseinandersetzung um den sozialistischen Realismus in der Lyrik.
3. Die schriftstellerischen Talente erhalten die Möglichkeit, praktische Anleitung und Hilfe durch Berufsautoren in schriftstellerisch-handwerklichen Fragen zu bekommen.
4. Für das Deutsch-sowjetische Jugendfestival in Dresden werden aus den besten künstlerischen Arbeiten der Talente ein Lyrikabend und eine Prosalesung vorbereitet.
5. Die Vorbereitung und Durchführung des 1. zentralen Poetenseminars soll die Kreisleitung der FDJ Güstrow bei der Aktivierung des geistig-kulturellen Lebens in ihrem Kreis unterstützen, besonders durch Begegnungen von jungen Arbeitern, der Landjugend mit den literarischen Talenten und Schriftstellern.

---

2 BArch, DY 24/6796, Auszug.

Zur Durchführung des 1. zentralen Poetenseminars

Die Durchführung des 1. zentralen Poetenseminars schafft die Möglichkeit, die besten literarischen Talente der Republik zu einem Gedankenaustausch anläßlich des 100. Geburtstages W. I. Lenins zusammenzuführen. Die delegierten Talente haben die Möglichkeit, ihre Gedichte zur Diskussion zu stellen und sich in Seminaren von erfahrenen Schriftstellern Rat zu holen und über politisch-ideologische Schaffensprobleme zu sprechen. In kleinen Veranstaltungen in Betrieben und Dorfgrundorganisationen der FDJ haben die literarischen Talente die Möglichkeit, ihr literarisches Schaffen vorzustellen.

Für die Leitung der Seminare, in denen jeweils ca 10 Freunde vereinigt werden, gewinnt die Abteilung Kultur gemeinsam mit dem DSV erfahrene Autoren und Lyriker.

[...]

Zur Teilnahme

Die Bezirksleitungen der FDJ wählen gemeinsam mit den Bezirksverbänden des Deutschen Schriftstellerverbandes, den Räten der Bezirke und in Absprache mit den Bezirksvorständen des Deutschen Kulturbundes die 10 besten schriftstellerischen Talente aus und delegieren sie zum Poetenseminar. Dabei ist zu beachten, daß ein Teil der Teilnehmer Zirkeln schreibender Jugendlicher angehören. Mitglieder der AJA beim DSV können nicht delegiert werden. Die endgültige Bestätigung der Teilnahme erfolgt durch den Zentralrat der FDJ.

Am Poetenseminar nimmt jeweils ein Vertreter der Bezirksleitung der FDJ teil.

An die delegierten Talente werden als Forderungen gestellt:

- eine Auswahl von 10 Gedichten oder 2 Prosaarbeiten voreinzusenden, dabei ist folgende Thematik zu berücksichtigen
- Widerspiegelung des Revolutionärs von heute
- unsere freundschaftlichen Beziehungen zur Sowjetunion

[...]

[Bericht über das 1. Zentrale Poetenseminar] (1970)[3]

Vom 22. bis 28. August 1970 wurde in Schwerin das 1. zentrale Poetenseminar der FDJ durchgeführt.

100 Talente der DDR wurden von den Bezirksleitungen der FDJ zum Poetenseminar delegiert.

3 BArch DY 24/6796, Auszug.

Mit dem 1. zentralen Poetenseminar wurde der Versuch unternommen, die schriftstellerischen Talente in ein System der Förderung einzugliedern und kollektive Auseinandersetzung mit politisch-ideologischen Problemen und literarischen Schaffensfragen zu fördern. Damit ist das 1. zentrale Poetenseminar ein gelungener Versuch, neue Formen des Kulturlebens der Jugend zu entwickeln und die Erfahrungen der FDJ-Singebewegung auf die Arbeit mit schriftstellerischen Talenten zu übertragen.

Die Atmosphäre dieser Arbeitswoche zeichnet sich durch eine intensive geistige Auseinandersetzung über Inhalt und Ziel unserer sozialistischen Literatur, zu Problemen der sozialistischen Ästhetik und der Traditionen der revolutionären deutschen Arbeiterdichtung aus. Dabei waren nicht in erster Linie Lit. Strukturen und Schaffensprobleme wichtig, sondern galt es, Standpunkte zu beziehen. Damit war das 1. zentrale Poetenseminar der FDJ ein kulturpolitischer Beitrag zur politisch-ideologischen und künstlerischen Tätigkeit des Jugendverbandes im Leninaufgebot und gab den Leitungen des Verbandes die inhaltliche Orientierung für die weitere Arbeit mit der Literatur.

Die Literaturwissenschaftler, Schriftsteller und Poeten Horst Beseler, Dr. Edwin Kratschmer, Rulo Melchert, Joachim Rähmer, Erhard Scherner, Jo Schulz, Klaus Steinhaußen, Manfred Streubel, Wolfgang Tilgner, Martin Viertel, Hans Weber, Dr.Dr. Reinhard Weisbach, Hannes Würtz diskutierten mit den jungen schriftstellerischen Talenten – die Jüngste gerade 15 Jahre alt – anhand der vorliegenden Arbeiten konkrete Schaffensfragen.

In den Begegnungen mit jungen Schweriner Arbeitern aus dem Wohnungskombinat, dem Kabelwerk, dem Kraftfahrzeuginstandsetzungsbetrieb »Vorwärts«, dem Industriekombinat oder dem Klement-Gottwald-Werk sowie mit den Freunden der FDJ-Grundorganisation der LPG Wessin und der Wiss. Allgemeinbibliothek wurden viele interessante Fragen diskutiert:

Für wen schreibt ihr? Wie findet die revolutionäre Haltung der jungen Arbeiter bei der Meisterung der wissenschaftlich-technischen Revolution in der Literatur ihre künstlerische Umsetzung?

Wo findet der junge Schriftsteller die entscheidenden Bewährungssituationen der Jugend in unserer Zeit, die für die Gestaltung in der Literatur wichtig sind?

Die Begegnungen zwischen den jungen Poeten der Republik mit den jungen Arbeitern des Bezirkes Schwerin haben versucht, auf diese aufgeworfenen Fragen eine Antwort zu finden, dabei werden diese Diskussionen keine einmalige Angelegenheit bleiben. Auch nach dem Poetenseminar werden die Jungen und Mädchen weiterhin gemeinsam die Probleme der jungen Arbeiter der GO zu den ökonomischen und kulturpolitischen Fragen diskutieren und über die Gedichte und Erzählungen der jungen Talente sprechen.

Am 1. September 1970 riefen der Zentralrat der FDJ, der Deutsche Schriftstellerverband und der Deutsche Kulturbund alle Mädchen und Jungen unserer Republik anläßlich des 25. Jahrestages der SED und der FDJ unter dem Motto »An der Seite der Genossen wolln wir heut das Morgen bau'n« auf. Dieser Wettbewerb soll mit dazu beitragen, die literarischen Talente in die begonnene Talentefindung – Förderung und öffentliche Bekanntmachung der Talente durch Lyrikveranstaltungen und Gespräche einzubeziehen.

Gemeinsam mit den Bezirksleitungen der FDJ, den Bezirksverbänden des Deutschen Schriftstellerverbandes werden die Teilnehmer des 1. Zentralen Poetenseminars Literaturklubs der FDJ bilden. Beispiele dafür gibt es bereits im VEB Schiffselektronik Rostock oder an der EOS Ludwigsfelde.

Ähnlich den FDJ-Singeklubs werden hier die Freunde der Literatur die kollektive Beschäftigung mit Werken unserer sozialistischen Gegenwartsliteratur pflegen, selbst literarisch schöpferisch sein und gemeinsam mit den jungen Rezitatoren ihre Gedichte, Erzählungen und Reportagen zur Diskussion stellen.

Schon vor dem 2. zentralen Poetenseminar der FDJ – das vom 20. – 28. August 1971 in Schwerin stattfindet – treffen sich einige der hoffnungsvollsten Talente mit Vertretern des Literaturinstituts J.R. Becher Leipzig und dem Zentralrat der FDJ zu weiterer intensiver Arbeit.

In den vielfältigen Lyrikveranstaltungen und Gesprächen in Grundorganisationen erhalten die jungen Poeten durch die Kreisleitungen und Bezirksleitungen ihr öffentliches Podium. Besonders wirkungsvolle Beispiele sind die Veranstaltungen des Literaturfestivals in Berlin.

Die Arbeit einiger Talente zeugen von politisch-ideologischer und künstlerisch-ästhetischer Umsetzung unseres sozialistischen Lebensgefühls, von Denk- und Verhaltensweisen junger Sozialisten in Lyrik und Prosa und der Notwendigkeit, mit den Arb. gesellschaftlich wirksam zu werden.

[...]

Gerd Eggers: Information für das Sekretariat. Bericht über das 2. Poetenseminar der FDJ (1971)[4]

Vom 19. bis zum 27. August 1971 fand das 2. Poetenseminar der FDJ in Schwerin statt. 103 junge Schreibende nahmen daran teil. Außer Suhl waren alle Bezirke mit Delegationen vertreten. Die Seminarleiter waren: Jo Schulz, Dr. Edwin Kratschmer, Dr.

4 Archiv des Schriftstellerverbandes in der Akademie der Künste, Berlin, SV 614/2, Auszug. – Der Autor und Liedermacher Gerd Eggers (1945–2018) arbeitete seit 1970 für den Deutschen Schriftstellerverband und verfasste diesen internen Bericht über das 2. Zentrale Poetenseminar für das Sekretariat des DSV, das Mitveranstalter der Zentralen Poetenseminare war. Eggers war bei dieser Veranstaltung und den folgenden Zentralen Poetenseminaren Seminarleiter. Als einziges der hier abgedruckten Dokumente stammt dieses nicht aus dem Archiv des Zentralrats der FDJ, sondern dem des Schriftstellerverbandes.

Dr. Reinhold Weisbach, Klaus Steinhaußen, Hannes Würtz, Günter Stein, Martin Viertel, Volker Braun, Rulo Melchert, Günther Deicke, Helmut Richter, Klaus Sommer, Gerd Eggers. Die Zielstellung und die Aufgaben lagen dem Sekretariat bereits im Juni 71 vor und wurden bestätigt.

Die Hauptarbeit wurde in den Seminaren geleistet, die auch zeitlich den breitesten Raum einnahmen. Die Teilnehmer stellten Texte vor, über die unter Anleitung des jeweiligen Seminarleiters diskutiert wurde. Hierbei wurde sichtbar:

1. Daß weitmehr junge Poeten als angenommen Prosa zu schreiben begonnen haben.
2. Daß die gedankliche Durchdringung der angebotenen Stoffe im Seminar sich als weitaus notwendiger erwies, als die Vermittlung handwerklicher Fähigkeiten.
3. Daß die Niveauunterschiede bei der Einteilung in Seminare stärker berücksichtigt werden müssen.

Neben den Seminaren wurden zwei Kolloquien veranstaltet.

1. Zum Thema »Das Bild der Revolutionäre«.
   Das Hauptreferat hielt Christel Zillmann, Sekretär des Zentralrats zu Problemen des IX. Parlaments der FDJ unter dem Titel »Die Aufgaben der Jugend bei der Entwicklung des Sozialismus«. Die nachfolgende Diskussion leitete Prof. Max Walter Schulz.
2. Während das Hauptreferat in seiner Darstellung der Aufgaben des Jugendverbandes in den vor uns liegenden Jahren sehr gründlich war, gelang es doch nicht, konkrete Probleme, zu deren Lösung die jungen Dichter mit Versen eingreifen sollten, sichtbar zu machen, ihnen also ihre besondere Aufgabe im Ensemble der Tätigkeiten des Jugendverbandes bewußt zu machen. […]
3. Becher Kolloquium
   Das Grundlagenreferat zum Becher-Kolloquium hielt Günter Deicke. Korreferenten waren Dr. Zoppeck und Dr. Kanzog vom Institut für Literatur. Den beiden Korreferenten gelang es nicht, den ganzen Kreis der Teilnehmer unter Beachtung deren spezifischer Interessen und ihres unterschiedlichen Bildungsstandes zu erfassen. Die Referate vermochten nicht, die Beschäftigung mit Becher als eine für junge Dichter ergiebige und durchaus praktische Schule überzeugend darzulegen. […]

Echte Höhepunkte des Poetenseminars waren die Vorträge

1. des Genossen Czepuck zum Thema »Klassenauseinandersetzungen zwischen Sozialismus und Imperialismus in den siebziger und achtziger Jahren«,

2. Volker Brauns »Politik und Poesie«,
3. Rita Webers »Die Wirksamkeit des politischen Gedichts«,
4. Dr. Dr. Reinhold Weisbachs »Formen der Sprechweise des sozialistischen Autors in Gedicht und Prosa«.

Diese Vorträge konnten in die Arbeit der Seminare, die unmittelbar darauf folgten, einfließen und sie hinterließen bei den jungen Dichtern einen nachhaltigen Eindruck dadurch, daß ideologische und künstlerische Probleme in ihrem Zusammenhang dargestellt wurden und zwar so, daß sie den jungen Schreibenden neue Aspekte, ihre eigene Arbeit zu betrachten, boten. War vor diesen Referaten bei einigen jungen Dichtern noch ein Vorbehalt gegen die Beschäftigung mit theoretischen Fragen, so korrigierten sie danach diese Auffassung.

Eine weitere Arbeitsmethode des Poetenseminars waren die Werkstätten.

1. Politische Lyrik,
2. politisches Lied,
3. Prosa.

Die Werkstätten gaben den jungen Schreibenden Gelegenheit, ihre Texte auch außerhalb des Seminars zu diskutieren und sie von anderen Seminarteilnehmern beurteilt zu bekommen. Diese Methode sollte organisatorisch weiterentwickelt werden, da sie die Arbeit der einzelnen spezifisch interessierenden Genres fördert, ohne jedoch die Seminararbeit zu verdrängen.

Die Besuche in den Produktionsstätten hatten nicht den erwünschten Effekt:

1. Es kamen zu viele Dichter und zu wenig Arbeiter.
2. Es wurden zu viele Gedichte gelesen, zu wenig über gemeinsam interessierende Probleme gesprochen. Hier muß unbedingt eine gründlichere Vorbereitung erfolgen.

Die Abschlußveranstaltung des Poetenseminars, bei der etwa 35 junge Lyriker und Prosaautoren mit je einer Arbeit auftraten, ließ erkennen, daß diese Woche Poetenseminar Wirkung getan hatte. So daß Genosse Bentzien vom Verlag Neues Leben vorschlug, ein Poesiealbum mit Arbeiten von Teilnehmern des Poetenseminars herauszugeben und das als Tradition fortzusetzen.

Schlußfolgerungen:

1. Das Poetenseminar muß in den Bezirken vorbereitet werden.
a) Durch den Literaturwettbewerb der FDJ,
b) durch Bildung von arbeitsfähigen Literaturclubs der FDJ,

c) durch Poetenseminare auf bezirklicher Ebene, von denen die besten jungen Schreibenden zum zentralen Poetenseminar delegiert werden.

2. Diese Vorhaben sind nur zu verwirklichen, wenn eine intensive Zusammenarbeit zwischen den Bezirksverbänden des DSV und den Bezirksleitungen der FDJ bereits jetzt in Auswertung des 2. Poetenseminars zustande kommt. [...]
3. Träger dieser Zusammenarbeit sollte von Seiten des DSV vor allem die Arbeitsgemeinschaften junge Autoren sein, deren Nachwuchs künftig aus den Reihen der Teilnehmer der Poetenseminare kommen wird. [...]
4. Die talentiertesten Lyriker und Prosaautoren werden in die zentralen Förderungsmaßnahmen der Nachwuchsabteilung des DSV mit einbezogen. Diese Förderungsmaßnahmen werden mit dem Zentralrat der FDJ inhaltlich und organisatorisch abgestimmt.
5. Die Nachwuchskommission des DSV und die Beratergruppe Literatur bei der Abteilung Kultur des Zentralrats sollten ihre Arbeitsvorhaben in einer gemeinsamen Sitzung miteinander koordinieren, das umsomehr, als einige Mitglieder der Beratergruppe zugleich in der Nachwuchskommission sind.

Zum gegenwärtigen Entwicklungsstand kulturell-künstlerischer Initiativen der FDJ (Stand vom Oktober 1976) (1976)[5]

In der Poetenbewegung der FDJ erfassen und führen wir kontinuierlich junge schriftstellerische Talente.

Innerhalb dieser Bewegung haben die Poetenseminare seit 1970 eine zentrale Stellung. Sie sind jene Höhepunkte geworden, in denen die laienliterarischen Interessen der Jugend und die auf sie gerichteten literaturorganisatorischen Maßnahmen (Literaturwettbewerb, Anthologien Offene Fenster, Literaturklubs, Bezirkspoetenseminare) in Form eines bedeutenden gesellschaftlichen Ereignisses zusammentreffen.

Die Teilnehmerzahlen der Poetenseminare stiegen von Jahr zu Jahr – wie die statistische Übersicht zeigt (siehe Anlage).

Ständig steigen die Teilnehmerzahlen an den Literaturwettbewerben der Jugend. Die sich im Schreiben versuchen wollen, sollen nicht in erster Linie Dichter werden. Es ist wichtig, daß die jungen Poeten sich neben ihrer eigenen literarischen Tätigkeit auch den übergreifenden Kulturaufgaben des Jugendverbandes zuwenden und in den Grundorganisationen auch als Mittler und Interpreten von Literatur überhaupt, besonders aber der sozialistischen Literatur, in Erscheinung treten.

---

5 BArch DY/20941.

Aus der Poetenbewegung ist eine Reihe junger Talente hervorgegangen (Richard Pietraß, Petra Werner, Gabriele Eckart), die nunmehr zur jüngsten Generation der DDR-Schriftsteller gehören.

Die wichtigste Aufgabe der Poetenbewegung und der Poetenseminare ist und bleibt, einen spezifischen Beitrag zur Entwicklung des sozialistischen Bewußtseins zu leisten.

Was die schreibenden Jugendlichen auszeichnet und weshalb diese Gedichtversuche alle Aufmerksamkeit verdienen, ist die Tatsache, daß es sich hierbei um sehr bewußte Weltaneignung und sehr bewußte Auseinandersetzung mit sich und der Umwelt handelt, daß da eine Aufgeschlossenheit und Lernhaltung sowohl dem zu gestaltenden Problem gegenüber als auch der Kunst, der Form, in welche der Inhalt gebracht werden soll, vorliegt.

Das ist eine außerordentliche Chance, um auf ihr Denken, Fühlen und Handeln Einfluß zu nehmen. Für die Freunde, die von der Qualität der Arbeiten und auch altersmäßig dem Poetenseminar entwachsen sind, haben wir vor, spezifische Werkstätten unter Betreuung eines profilierten Autors durchzuführen. Darüber hinaus wird noch nicht in allen Bezirken regelmäßig und kontinuierlich mit den jungen Poeten gearbeitet. Wir müssen die jungen Poeten in die kulturpolitischen Aktivitäten des Jugendverbandes, vor allem aber in die Gestaltung der politisch-kulturellen Programme in ihrer Grundorganisation, einbeziehen. Durch eine enge Zusammenarbeit der FDJ-Bezirksleitungen mit den Bezirksverbänden des Schriftstellerverbandes der DDR ist es einigen Bezirksleitungen (Erfurt, Leipzig, Dresden, Gera, Schwerin) gelungen, in den vielfältigsten Formen wie Bezirkspoetenseminaren, Werkstattagen, Zirkeln schreibender Jugendlicher oder individueller Betreuung durch erfahrene Autoren eine kontinuierliche Arbeit mit den jungen Poeten durchzuführen.

Folgende Aufgaben sind bei der weiteren Förderung der FDJ-Poetenbewegung zu lösen:

1. Die jungen Poeten sind fest in den Grundorganisationen der FDJ zu verankern und in Zirkeln oder Klubs der FDJ einzubeziehen, damit die politisch-ideologische Arbeit mit ihnen verbessert werden kann.
2. Die jungen Poeten sind in den FDJ-Grundorganisationen bei der Erarbeitung der politisch-kulturellen Programme und in die Arbeit von Singeklubs durch konkrete Aufträge einzubeziehen.
3. Von allen Trägern der Poetenbewegung ist darauf Einfluß zu nehmen, daß die jungen Poeten in ihren Arbeiten vor allem das Wachsen der entwickelten sozialistischen Gesellschaft in der DDR unter Führung der SED unsere Freundschaftsbeziehungen zur sozialistischen Staatengemeinschaft und vor allem zur Sowjetunion literarisch umzusetzen. Hierbei ist besonders der Anteil der Jugend deutlich zu machen.

Anlage

Teilnehmer am zentralen Poetenseminar:

1971	100
1972	100
1973 (Werkstatt)	35
1974	100
1975	140
1976	131

Literaturwettbewerb:
Teilnehmer und eingesandte Arbeiten

1975	1.184 Teilnehmer	ca. 4.300 Arbeiten
1976	350 Teilnehmer	ca. 2.500 Arbeiten

(Der Literaturaufruf wurde erst im Februar veröffentlicht)
Dabei ist zu berücksichtigen, daß die eingesandten Arbeiten an die Bezirke nicht registriert werden.

Erhard Scherner/Klaus Steinhaußen: Arbeitspapier zum Stand und zur Entwicklung der FDJ-Poetenbewegung (November 1981) (1981)[6]

Aus dem Experimentierstadium der frühen 70er Jahre herausgetreten, ist die Poetenbewegung zu einem Teil der kulturschöpferischen Arbeit des Jugendverbandes und unseres Kulturlebens überhaupt geworden. Ihre persönlichkeitsfördernde Wirkung ist an der charakteristischen und gesellschaftlichen Entwicklung, an kulturpolitischen und literarischen Aktivitäten und auch an Veröffentlichungen einstiger Seminarteilnehmer ablesbar. Einige der stärksten Talente haben sich mit Verlagsveröffentlichungen bestätigt und gehören zum Nachwuchs, einzelne bereits zu Mitgliedern des Schriftstellerverbandes. Der Anteil einstiger Schwerinfahrer an den Debütanten wächst. Ohne andere Möglichkeiten individueller Talententfaltung zu übersehen, kann man feststellen, daß literarisch begabte Jugendliche bis zu 25 Jahren heute zumeist der Poetenbewegung der FDJ verbunden sind und durch sie entscheidende Impulse erfahren.

6 BArch DY 24/20839, Auszug. – Die Autoren Erhard Scherner (geb. 1929) und Klaus Steinhaußen (1931–2015) waren von Beginn an ständige Seminarleiter bei den Zentralen Poetenseminaren in Schwerin. Scherner leitete darüber hinaus einen Zirkel junger Schreibender in Berlin. Steinhaußen war auch Lektor im Mitteldeutschen Verlag und Dozent am Institut für Literatur »Johannes R. Becher« in Leipzig.

Auf diesem Ergebnis aufbauend, müssen wir – die Organisatoren des Poetenseminars und die schöpferischen Partner der Jungen – noch stärker darauf hinarbeiten, daß sich sozialistische Persönlichkeiten entwickeln und so auch die künftige Entstehung parteilicher, volksverbundener Werke beeinflussen. Wir wollen vor allem Talent fördern, das sich bewußt in den Dienst unseres Ringens um die Stärkung und Vervollkommnung unserer Gesellschaft, um sozialistischen Humanismus und um die Sicherung des Friedens stellt. Wir fördern, indem wir uns den spezifischen Interessen der jungen Talente sachkundig stellen und sie fordern. Sich stellen und fordern heißt aber, den wachsenden Ansprüchen unserer Gesellschaft und der sich mit ihr wandelnden Jugend gewachsen zu sein. Nur wenn die Schweriner Arbeitswoche den jungen Schreibenden von Jahr zu Jahr erneut zum intensiven Erlebnis wird, nutzen wir unsere erzieherische Chance. Dies aber verlangt unsere Bereitschaft und Fähigkeit, uns selbst, unser Verhältnis zu den Jungen als unsere Aufgabe in Schwerin immer wieder zu erneuern. Dies verträgt keine Routine, keine unüberprüfte Anwendung einmal bewährter Methoden, keine verfestigten Vorstellungen über Inhalt und Ablauf der Begegnungen in Schwerin. Unsere Haltung und unser Arbeitsstil müssen übereinstimmen mit der Sicht unserer Partei, mit ihrer historischen Verantwortung in den Achtziger Jahren.

Diese Verantwortung schließt ein, daß FDJ und Schriftstellerverband, dem die Seminar- und Werkstattleiter zumeist angehören, den jungen Talenten zum Bewußtsein ihrer selbst verhelfen, zur Erkenntnis der Eingebundenheit und der eigenständigen Aufgabe ihrer Generation. Den Tendenzen des Pazifismus und der Lebensangst, des Resignierens vor komplizierten gesellschaftlichen Widersprüchen und vor einer bedrohlichen Weltsituation, müssen wir durch entschiedene, dabei geduldige und behutsame Aufklärung begegnen. Talent und Schwäche vertragen sich nicht. Die Flucht ins Unverbindliche erzeugt Scheinpoesie, so rationell und formvollendet sie sich auch oftmals drapiert. Wir erwarten und fördern das künstlerische Experiment, für das der Mut zur Wahrheit und das Ringen um sie Voraussetzung sind. Ohne das künstlerische Handwerk, die Suche nach genauem Ausdruck und auch die selbstständige Erörterung von Formelementen zu vernachlässigen, gewinnt die Auseinandersetzung mit dem inhaltlichen Anliegen, mit Gegenstand und Absicht der vorgelegten Arbeiten an Gewicht. Daß begabte junge Schreiber, Teilnehmer der Schweriner Seminare, in jüngerer Zeit verstärkt in das Blickfeld von Kräften geraten, die unserer Gesellschaft fremd oder gar feindlich gegenüber stehen, zeugt einerseits vom Stellenwert, den die Poetenbewegung erlangt hat, von ihrer gesellschaftlichen Potenz. Es macht andererseits erneut bewußt, daß sie als Teil unserer Jugendbewegung überhaupt auch an deren politischen Aufgaben gemessen werden muß. Davon haben wir immer wieder und konsequenter denn je auszugehen.

[...]

Irina Pfützenreuter: Information [zum 19. Zentralen Poetenseminar] (1989)[7]

Vom 12. bis 19.8.1989 fand in Schwerin das 19. Zentrale Poetenseminar der FDJ statt.

85 Jugendliche waren als Teilnehmer durch die Jury des Literaturwettbewerbs delegiert worden, davon 17 aus Berlin.

Die besonders schwierige politische Situation war allen bewußt. Es war klar, nicht alle Fragen würden beantwortet werden können. Ratsuchende und Ratlose trafen sich zum Gespräch (wie es ein Seminarleiter formulierte). Der problembewußte und sehr anspruchsvolle Einstieg durch den Eröffnungsvortrag von Prof. Robert Weimann zum Verhältnis von Realität und Realismus löste viele Fragen zur aktuellen Entwicklung in Kunst und Politik aus.

Wichtig für die produktive Atmosphäre waren auch das Gespräch mit Prof. Anneliese Laschitza über Rosa Luxemburg, Lesung und Gespräch mit Stephan Hermlin sowie mit Heinz Knobloch und natürlich die Diskussion mit Dr. André Brie zu den Perspektiven der Menschheit und des Sozialismus.

Die Diskussionen waren sachlicher und sachkundiger als oft in den letzten Jahren. Das kann mit dem höheren Durchschnittsalter der Teilnehmer zusammenhängen (knapp 22 Jahre), aber auch mit der häufig geäußerten Vermutung, am FDJ-Literaturwettbewerb beteiligte sich zunehmend nur noch eine Schicht Jugendlicher, bei der ein allgemeiner Konsens mit der Politik bestehe, die sich politisch für »mehr Sozialismus« (Brie) engagierten.

In der Abschlußveranstaltung der Seminarleiter gab es intensive Auseinandersetzungen um die Zukunft des Poetenseminars und Möglichkeiten seiner Entwicklung. Unbestritten sind der hohe Stellenwert des offenen Klimas in Schwerin für die Teilnehmer und ihre Persönlichkeitsentwicklung, die Möglichkeit des Austausches über alle bewegenden Fragen und natürlich über das Schreiben.

Vorgeschlagen wurde, die Zahl der Teilnehmer aus dem Wettbewerb durch strengere literarische Maßstäbe der Jury weiter zu reduzieren. So sollte nach Möglichkeiten gesucht werden, für einen breiteren Kreis von literarisch begabten jungen Leuten Schwerin attraktiv zu machen. So könnten solche Autoren als Seminarleiter gewonnen werden, die für verschiedene Gruppierungen und literarische Kreise Jugendlicher anziehend sind (genannt wurden Peter Gosse, Volker Braun, Karl Mickel), die selbst junge Autoren ihrer Wahl mit nach Schwerin einladen könnten. Es gäbe so die Chance für einen Austausch zwischen literarischen Gruppen (die oft Kleinpublikationen herausgeben), der sonst kaum stattfindet. Dieser Austausch

7 BArch DY 24/21154. – Irina Pfützenreuter war ab Mitte der 1980er Jahre Mitarbeiterin der Abteilung Kultur beim Zentralrat der FDJ mit besonderer Verantwortung für die Zentralen Poetenseminare der FDJ, die sie zuvor auch als Teilnehmerin besucht hatte. Außerdem gehörte sie der Nachwuchskommission des Berliner Bezirksverbands des Schriftstellerverbandes an.

sollte nicht nur zu literarischen, sondern auch zu politischen Fragen stattfinden. Die FDJ hat es in den letzten Jahren immer besser verstanden, geeignete Gesprächspartner zu gewinnen, die konsequent und problembewußt anstehende Fragen diskutieren, ohne fertige Antworten vorsetzen zu wollen. Das wird noch wichtiger werden, wenn sich das Poetenseminar für breitere Kreise öffnen will.

Günstig für die Atmosphäre des Seminars war es, daß fünf neue junge Seminarleiter gewonnen werden konnten. Kerstin Hensel, Kathrin Schmidt, Wolfram Kempe und Frank Goyke (alle Berlin) waren selbst Teilnehmer und Preisträger früherer Poetenseminare und konnten aus ihren Erfahrungen heraus hohe Anforderungen an die Auswahl der Teilnehmer und die weitere Entwicklung der Veranstaltung formulieren.

Auch Dr. Peter Geist (Leipzig) brachte aus seiner Kenntnis der breiten literarischen »Szene« wichtige Impulse ein.

Neben dem Wunsch nach einem literarisch breiteren Spektrum der Teilnehmer wurde die Notwendigkeit intensiverer theoretisch-handwerklicher Arbeit betont.

Es darf kein Anrecht auf Teilnahme geben (es fiel das Wort vom »Poetenadel«, oder der Satz: wenn es für keinen der literarischen Kreise reicht, kann man ja immer noch nach Schwerin fahren). Das senkt automatisch das Niveau.

Für das 20. Poetenseminar werden Veränderungen wahrscheinlich erst punktuell probiert werden. Es geht auch um Bilanz. DDR-Autoren, die vom Poetenseminar gefördert wurden, sollen als Seminarleiter, in Lesungen u.ä. einbezogen werden. Dabei kann auch sichtbar werden, daß bereits in früheren Jahren die Entwicklung dieser Autoren durchaus differenzierte ästhetische Konzepte hervorbrachte.

Der Schriftstellerverband als Mitveranstalter des Poetenseminars könnte bei einer veränderten Profilierung der Veranstaltung wieder mehr Ansatzpunkte für eine breite Arbeit mit literarischem Nachwuchs finden.

Förderpreise wurden an die Berliner Teilnehmer Jörn Hühnerbein, Lutz Schumacher und Benjamin Stein vergeben.

3.4 Aufrufe zum Literaturwettbewerb der Jugend

Literaturwettbewerbe waren ein wichtiges Instrument sowohl für die Aktivierung und Lenkung des jugendlichen Schreibens als auch für die Entdeckung von Talenten. Bereits zum 15. Jahrestag der Staatsgründung hatte die FDJ 1964 einen künstlerisch-literarischen »Wettbewerb für Schüler und Lehrlinge« ausgeschrieben. Im Zuge der Planung der Poetenbewegung richtete der Zentralrat der FDJ dann 1970/71 in Zusammenarbeit mit dem Kulturbund und dem Schriftstellerverband erstmals den republikweiten »Literaturwettbewerb der Jugend« aus, der von da an mit wechselnden Motti jährlich wiederholt wurde. Ein besonderer Anreiz zur Beteiligung lag darin, dass die besten Arbeiten von einer Jury prämiert und deren Verfasser zu den Zentralen Poetenseminaren eingeladen wurden. Die Aufrufe geben Aufschluss über die mit dem Programm verfolgten politisch-pädagogischen Ziele wie auch über die – teils wechselnden, teils konstanten – Vorschläge und Vorgaben, die den Jugendlichen für das Schreiben ihrer Texte gemacht wurden.

Literaturwettbewerb der Jugend 1970/71: »An der Seite der Genossen wolln wir heut das Morgen baun!«[1]

Liebe Pioniere und Mitglieder der FDJ!

Liebe Mädchen und Jungen!

Wir wenden uns an Euch, die Ihr Gedichte, Liedtexte, Erzählungen, Kurzgeschichten, Skizzen, Reportagen und was es sonst an kleinen literarischen Formen gibt, nicht nur gerne lest, sondern auch selbst schreibt: Beteiligt Euch am Literaturwettbewerb der Jugend, den wir anläßlich des 25. Jahrestages der Sozialistischen Einheitspartei Deutschlands und der Freien Deutschen Jugend 1971 ausschreiben.

Unserem Wettbewerb geben wir das Motto:

»An der Seite der Genossen wolln wir heut das Morgen baun.«

1 In: Junge Welt, 6. August 1970, S. 5. – Die vollständige Überschrift des Aufrufs in der *Jungen Welt* lautet: »Erzählt in Vers und in Prosa von uns. Geschichten und Gedichte unter dem Motto ›An der Seite der Genossen wolln wir heut das Morgen baun!«

Das, meinen wir, ist ein schönes, der Jugend in unserem Staate gemäßes Motto, und jeder, der sich an unserem Wettbewerb beteiligt, kann dabei über seine Erlebnisse in der Schule, im Betrieb, in der Freizeit schreiben.

Was heißt es, heute revolutionär zu sein? Wie werden Lenins Träume und Ideen bei uns verwirklicht? Das sind Fragen, die uns alle interessieren und die junge Poeten mit literarischen Mitteln beantworten sollten.

Die Liebe und Treue zu unserer sozialistischen Heimat, zur Arbeiterklasse und ihrer Partei, die Freundschaft zu anderen Völkern, besonders zu unseren sowjetischen Freunden – wieviel gibt es darüber täglich zu erzählen. Jetzt ist es an Euch, all das aufzuschreiben.

An unserem Wettbewerb können sich alle Mädchen und Jungen im Alter bis zu 30 Jahren beteiligen, viele werden selbst zurechtkommen wollen, aber manch einer braucht auch die Hilfe von erfahrenen Literaturschaffenden; Deutschlehrer, Leiter von Literaturzirkeln und Literaturarbeitsgemeinschaften, auch Schriftsteller werden Euch sicher gerne beraten und unterstützen.

Eure Wettbewerbsarbeiten sendet Ihr bis zum 1. Juni 1971 an Eure Bezirksleitung der Freien Deutschen Jugend.

Alle Arbeiten werden von einer Jury begutachtet, die besten werden auf Lyrik- und Prosalesungen der Öffentlichkeit bekanntgemacht und in der Presse gedruckt. Die Wettbewerbsteilnehmer, die sich als besonders talentiert ausweisen, werden vom Zentralrat der FDJ zum 2. zentralen Poetenseminar im August 1971 eingeladen.

Wir wünschen Euch viel Freude und Erfolg bei Eurer Arbeit.

Freundschaft!

Zentralrat der FDJ
gez. Günther Jahn
1. Sekretär
Deutscher Kulturbund
gez. Prof. Max Burkhardt
Vorsitzender

Deutscher Schriftstellerverband
gez. Gerhard Henninger
1. Sekretär

Literaturwettbewerb der Jugend 1979–1981: »Seid euch bewußt der Macht!«[2]

Liebe Freunde!

Die Freie Deutsche Jugend, der Schriftstellerverband der DDR, der Kulturbund der DDR und der Sender »Stimme der DDR« rufen Euch auf, am Literaturwettbewerb der Jugend teilzunehmen.

»Seid euch bewußt der Macht!«

Diese unvergänglichen Worte Johannes R. Bechers richten sich immer wieder auch und gerade an die junge Generation im ersten sozialistischen deutschen Staat. Sie verbinden sich mit der Aufforderung, den gesellschaftlichen Reichtum, den sich die Werktätigen unter Führung der Sozialistischen Einheitspartei Deutschlands in beharrlicher Arbeit geschaffen haben, zu bewahren, zu mehren und zu schützen.

In diesem Sinne rufen wir Euch auf:

Schreibt darüber, wie die Jugend gemeinsam mit allen Werktätigen unseres Landes die vom VIII. und IX. Parteitag der SED beschlossene Hauptaufgabe verwirklicht, indem sie das materielle und geistige Lebensniveau des Volkes erhöht.

Schildert den nicht nachlassenden Kampf aller Schichten der Bevölkerung unseres Landes für einen dauerhaften Frieden, für die Beendigung des Wettrüstens, der so nachdrücklich in ihrem leidenschaftlichen Eintreten für die von Leonid Breshnew zum 30. Jahrestag der DDR unterbreiteten neuen Friedens- und Abrüstungsinitiativen zum Ausdruck kommt.

Erzählt, wie die Jugend in unserem Lande arbeitet, lernt und lebt, was sie ergreift und bewegt, wie sie sich in den Reihen der Freien Deutschen Jugend als Bewahrerin der Traditionen der revolutionären deutschen Arbeiterbewegung und des antifaschistischen Kampfes, als Mitgestalterin ihrer sozialistischen Gegenwart und kommunistischen Zukunft bewährt.

Gestaltet in Euren Arbeiten die großen revolutionären Kämpfe unserer Zeit.

Am Wettbewerb können sich alle Jugendlichen der DDR im Alter von 14 bis 25 Jahren beteiligen. Er läuft vom 1. November 1979 bis zum 1. Mai 1981. Im Juni 1980 erfolgt eine Zwischenauswertung.

Die besten Arbeiten aller literarischen Genres werden prämiert und im Literaturalmanach des Verlages Neues Leben »Temperamente«, in Zeitungen und Zeitschriften und über den Sender »Stimme der DDR« veröffentlicht.

Die Autoren der gelungensten Arbeiten werden zu den Zentralen Poetenseminaren der FDJ 1980 und 1981 eingeladen.

Eure Arbeiten könnt Ihr unter dem Stichwort »Literaturwettbewerb« an den Zentralrat der FDJ und an den Sender »Stimme der DDR« schicken.

---

2 In: Temperamente 5 (1980), H. 1, S. 149

Einsendeschluß ist der 30. April 1980 für die Zwischenauswertung und der 30. April 1981 für die letzte Etappe des Wettbewerbes.

Zum Abschluß des Literaturwettbewerbes werden die ausgezeichneten Arbeiten auf einer zentralen Literaturveranstaltung der Freien Deutschen Jugend vorgestellt.

Wir wünschen Euch viel Erfolg und Freude bei der literarischen Arbeit.

Freundschaft

Zentralrat der FDJ
Schriftstellerverband der DDR
Präsidialrat des Kulturbundes der DDR
Staatliches Komitee für Rundfunk
Sender »Stimme der DDR«

Literaturwettbewerb der Jugend 1987/88: »Die Wohnung des Menschen heißt Erde«[3]

Mit dieser Gedichtzeile von Hans-Eckhardt Wenzel rufen der Zentralrat der FDJ, der Schriftstellerverband der DDR, die Redaktion Junge Welt und Jugendradio DT 64 zum 18. Literaturwettbewerb der Jugend auf.

Das Motto soll euch Anregung sein, in Gedichten und Geschichten, in Liedtexten und Anekdoten, in Stücken, Hörspielen oder Essays mit aller Vielfalt literarischer Möglichkeiten zu gestalten, was ihr denkt und fühlt, was euch eure Heimat DDR bedeutet, welche Haltung ihr in den Kämpfen unserer Zeit bezieht.

Schreibt mit eigenen, unverwechselbaren Worten über eure Erlebnisse bei der täglichen Arbeit, in der Schule, im Studium und bei der Verteidigung unserer Errungenschaften. Haltet eure Eindrücke aus Reisen, interessanten Begegnungen und Gesprächen mit Menschen, die euch nah sind, fest. Schreibt über eure Liebe zur Heimat und zur Natur. Nehmt Stellung zu den großen Fragen der Menschheit, zu allem, was euer Leben im und für den Sozialismus sinnvoll macht.

Die besten Arbeiten werden von einer Jury (Schriftsteller, Lektoren, Literaturwissenschaftler) ausgewählt. Die talentiertesten Einsender werden zum 18. Zentralen Poetenseminar der FDJ nach Schwerin eingeladen, das in der Zeit vom 6. bis zum 13. August 1988 stattfindet.

Wettbewerbsbedingungen

- Teilnahmeberechtigt ist jeder Jugendliche der DDR vom 16. bis zum vollendeten 25. Lebensjahr.

3 In: Junge Welt, 20. November 1987, S. 6.

- Der Einsendung sind folgende Angaben beizufügen: Name, Vorname, Alter, Tätigkeit, Adresse.
- An Gedichten können bis zu zehn Texte eingereicht werden. Prosaarbeiten oder dramatische Texte sollten zwanzig Seiten nicht überschreiten.
- Wegen der Vielzahl von Einsendungen läßt sich leider nicht jedes Manuskript individuell begutachten. Die Arbeiten werden, wie bei Wettbewerben allgemein üblich, nicht zurückgesandt. Deshalb bitten wir, nur Zweitschriften einzureichen.
- Die Wettbewerbsbeiträge sind bis zum 14. März 1980 (Datum des Poststempels) an eine der folgenden Adressen zu schicken:
  Redaktion Junge Welt
  Kennwort: Literaturwettbewerb
  PF 35
  Berlin 1056
  Zentralrat der FDJ
  Kennwort: Literaturwettbewerb
  Unter den Linden 36/38
  Berlin 1086

3.5 Artikel und Aufsätze zur Poetenbewegung (Seminare, Klubs, Wettbewerbe)

In der medialen Berichterstattung über das 1. Zentrale Poetenseminar in Schwerin im August 1970 wurde die Poetenbewegung einer breiteren Öffentlichkeit als neue jugendkulturelle Bewegung der FDJ präsentiert. Selbst das Neue Deutschland *druckte ausgewählte Gedichte des Seminars und kontroverse Reaktionen darauf ab. Klaus-Dieter Schönewerk und Reinhard Weisbach werben in Zeitungsartikeln um Verständnis für die Förderung dieser Form von Laienschreiben und versuchen, ästhetische wie politische Vorbehalte auszuräumen. Dabei werden zugleich die unterschiedlichen mit der Poetenbewegung verknüpften Zielvorstellungen – Talenteförderung einerseits, kulturelle Massenarbeit andererseits – erkennbar. In späteren Aufsätzen und Vorworten treten dann praktische Probleme in den Vordergrund. Akteure auf mittlerer Ebene – wie Edwin und Margret Kratschmer, Peter Lux und Hannes Würtz – stellen die Erfolge des Programms heraus und fordern zugleich den Ausbau der Strukturen auf bezirklicher und schulischer Ebene.*

Klaus-Dieter Schönewerk: Junge Verse für unser Leben. Gedanken zum 1. zentralen Poetenseminar der FDJ in Schwerin (1970)[1]

Zwischen Rostock und Suhl, Magdeburg und Frankfurt (Oder) gibt es sicherlich viel mehr junge Leute, die Verse schreiben. Im Schweriner Schloß hatten sich vom 22. bis zum 28. August beinahe 100 von ihnen getroffen, um am 1. Zentralen Poetenseminar der FDJ teilzunehmen. Blättert man nun im Nachhinein das Notizbuch durch, wird vieles von dieser dichtgefüllten Woche wieder lebendig und läßt bewußt werden, daß hier etwas Großartiges geschehen ist.

---

1 Klaus-Dieter Schönewerk: Junge Verse für unser Leben. Gedanken zum 1. zentralen Poetenseminar der FDJ in Schwerin. In: Neues Deutschland, 5. September 1970, S. 16. – Klaus-Dieter Schönewerk (1942–2014) war Kulturredakteur des *Neuen Deutschland* und leitete selbst verschiedene Schreibzirkel. Oberhalb seines Artikels wurden im *Neuen Deutschland* unter der Überschrift *Ein Bild, ein neues Lied, ein gutes Wort. Gedichte vom 1. Zentralen Poetenseminar* 13 Gedichte von 13 (7 männlichen und 6 weiblichen) Seminarteilnehmern abgedruckt.

Schüler, Lehrlinge, junge Arbeiter und Studenten, Lehrer und Ingenieure haben für sich das Gedicht und das Schreiben von Geschichten als Methode entdeckt, ihre Umwelt in Besitz zu nehmen, sich über ihr Verhältnis zu unserer Gesellschaft klar zu werden. Häufig sind sie noch gezwungen, ihre Versuche allein zu unternehmen, irgendwo und irgendwie. Aus den Erfahrungen der Zusammenarbeit von FDJ-Singeklubs lernend, hat der Zentralrat der FDJ das Poetenseminar, das künftig jedes Jahr stattfinden soll, veranstaltet, um die jungen Dichter zusammenzuführen, ihnen den Weg zueinander zu ebenen. Damit besteht zum ersten Mal die Möglichkeit, junge literarische Talente zu betreuen, die sonst lange unentdeckt blieben. Und was zumindest genauso wichtig ist: Sie werden ernst genommen. Sie spüren, daß sie gebraucht werden.

Auf der Höhe der Zeit sein

Dieses Bewußtsein beherrschte das Poetenseminar. Bekannte Autoren und Literaturwissenschaftler hielten Vorträge, waren als Seminarleiter tätig und arbeiteten in Werkstattgesprächen an den poetischen Versuchen der Teilnehmer. Martin Viertel hatte sich zur Verfügung gestellt; Horst Beseler und Hans Weber, Manfred Streubel, Jo Schulz, Dr. Reinhard Weisbach, Dr. Edwin Kratschmer und Erhard Scherner waren u.a. dabei. Sie alle gaben ihre ganze Kraft, ihr Wissen und Können, und so entstand schnell eine Atmosphäre angespannter, schöpferischer Arbeit.

Da wurden Probleme der Ästhetik erörtert, Traditionen sozialistischer Lyrik vorgestellt, und es wurde darum gestritten, wie sich der Revolutionär unserer Tage bewährt. So unterschiedlich auch das Vermögen der Seminarteilnehmer noch ist, sie suchen unsere revolutionäre Wirklichkeit für ihre Gedichte zu erobern. Aber vielleicht erkannten viele von ihnen hier in Schwerin zum erstenmal so deutlich, daß dazu auch und vor allem Wissen gehört, Anstrengung, auf der Höhe der Zeit zu sein. Viele Gedichte und Geschichten wuchsen aus dem unmittelbaren Erlebnisbereich der jungen Leute. Doch für manche gilt es noch zu begreifen, daß Revolutionär sein heute bedeutet, in unserem DDR-Alltag zu bestehen, kämpfend im sozialistischen Tätigsein Poesie zu finden.

Gedichte – für wen?

Diese Ansprüche wurden von Arbeitern Schweriner Großbetriebe bei Lesungen und Diskussionen sehr deutlich formuliert. Oft war es eine erste Bekanntschaft mit Lyrik, doch aus ihr wurde in vielen Fällen eine dauerhafte Freundschaft. Die Jugendbrigade Elektrowerkstatt aus dem Schweriner volkseigenen Kraftfahrzeuginstandsetzungsbetrieb z.B. wird in engem Kontakt mit jungen Poeten aus dem Bezirk Erfurt bleiben. Sie hat beschlossen, ihnen von ihren Diskussionen um die neusten Arbeiten der Erfurter zu berichten. Im Klement-Gottwald-Werk wollen die Kollegen des Meisterbereichs Peters darauf dringen, daß in ihrer Betriebszeitung regelmäßig Gedichte veröffentlicht werden.

Die Frage der Arbeiter »Für wen schreibst du Gedichte?« war für die Seminarteilnehmer Anlaß zum ernsten Nachdenken. Muß man nicht beim Schreiben seiner

Verse beachten, seine Gedanken in möglichst einfache, verständliche Form zu gießen und nicht für eine Elite zu dichten? Aber heißt es nicht auch für den Leser, sich zu bemühen, Gedichte verstehen zu lernen? So wie die Kunst immer mehr zu unserem Leben gehört, muß sie auch unser Leben immer besser, treffender gestalten. Keinen Augenblick wurde bei all diesen Begegnungen in Betrieben aus den Augen verloren, daß Arbeit an der Kunst und Arbeit an der Maschine zusammengehören. Für manchen jungen Dichter begann hier ein neuer Erlebnisraum. Das Poetenseminar half, alle Fenster zu unserem neuen Leben weit zu öffnen.

Nicht nur die Fenster – alle Türen

Der Kontakt mit Arbeitern darf jedoch nicht auf die eine Woche in Schwerin beschränkt bleiben. Überall in den Bezirken und Kreisen sollten nicht nur die Fenster, sondern auch die Türen für die werdenden Lyriker weit offen stehen, so wie sie Fenster und Türen ihres Gedichts zu einem neuen Lebensgefühl aufgestoßen haben. Das bedeutet aber auch, daß die Talente »zu Hause« nicht allein gelassen werden. Alle müssen einbezogen sein – wie Martin Viertel es nannte – in ein System der Literaturförderung. Der Schriftstellerverband, der Staatsapparat, alle Leiter sollten sich dafür verantwortlich fühlen. Die FDJ gibt dazu mit bezirklichen Organisationsformen erneut den Anstoß. Zu überlegen bliebe, ob nicht auch Poetenseminare im Bezirk helfen könnten, ein ständiges Betreuungssystem zu schaffen. In den Talenten, die schon in Schwerin dabei waren, aber auch in denen, die noch nicht irgendwo »erfaßt« sind, wächst unserer sozialistischen Lyrik ein großer Reichtum an Wirklichkeit und künstlerischen Stimmen zu.

Dichter, Mitstreiter im Klassenkampf

Der Themenbereich der jungen Poeten ist schon sehr breit. Am schwierigsten für sie zu erfassen scheint das direkte politische Gedicht, das zunächst für den Tag entscheidende Ereignisse des Tages aufnimmt. Hier haben nicht nur die jüngsten Dichter aufzuholen. Es geht dabei vor allem um das richtige Einordnen der Dichtkunst in die großen, weltweiten Klassenauseinandersetzungen unserer Zeit. Wenn sich der Poet als Mitstreiter im Klassenkampf begreift, wird auch das politische Gedicht für ihn zur »eigentlichen« Kunst werden.

Für die meisten jungen Gedichte- und Geschichtenschreiber wird das unmittelbare Reagieren auf ihre nächste Umwelt zum großen Vorteil. Sie haben in diesem Bereich schon häufig das vollkommen Neue in der Menschheitsgeschichte erkannt: Die Verantwortung eines jeden einzelnen und der Gesellschaft für jeden, die ungeheuren Glücksmöglichkeiten sozialistischer, deshalb zukunftsträchtiger Gegenwart, das Wachsen eines neuen Menschen – auch in sich selbst.

Das ermöglicht den schon Fortgeschrittenen, am eigenen Ich neue Wirklichkeitsbereiche ins Bild zu holen. In Ansätzen wird die Arbeitsumwelt als Bewährungsfeld neuen moralischen Verhaltens gestaltet. Bei der Liebe geht es nicht mehr nur um Unterordnung oder Anbetung, sondern um die Partnerschaft wirklich freier Menschen. Oft beginnt das Dichten für die 15- und 16jährigen bei ganz einfachen

Beobachtungen ihrer Umgebung. Der Schüler Thomas Kupferschmidt sieht sich in der U-Bahn um. Er versucht, sich alle Möglichkeiten eigener Entwicklung klarzumachen. Die 15jährige Renate Gröbe möchte so träumen, daß ihre Tat den Traum verwirklichen hilft. So wenig »gekonnt« das manchmal noch gesagt wird, es ist die Haltung von jungen Sozialisten, die sich hier ausspricht. Es gibt gleichermaßen schon reifere Talente, die ihr Vermögen in den Dienst des Traums stellen, der schon greifbare Gegenwart ist. Das Schweriner Poetenseminar der FDJ hat dazu beigetragen, daß die jungen Lyriker um ihre Kraft wissen, mit einem Bild, einem neuen Lied, einem guten Wort unsere DDR schöner, reicher und stärker werden zu lassen.

Reinhard Weisbach: Pegasus im Schweriner Schloß. Erörterungen zum 1. zentralen Poetenseminar der FDJ (1970)[2]

1.

Die Literaturbewegung der FDJ ist die jüngere Schwester ihrer Singebewegung. Beider Ähnlichkeit und ihre gemeinsame ideologische Herkunft zeigen sich vor allem in der Doppelseitigkeit jeder dieser Bewegungen: In der Singe- wie in der Literaturbewegung der Jugend geht es gleichermaßen und immer um die Dialektik von entwickelter Rezeption, also schöpferischen Kunstgenuß einerseits, und um produktives Schöpfertum, also künstlerische Selbsttätigkeit andererseits. Insofern sind beide Bewegungen nicht in einem engen und beschränkten Sinne, in Form von Abkapselung und Isolation, ästhetisch-künstlerisch wirksam, sondern sie sind es allein auf umgreifende Art, in der Weise, daß sie mit der Gesamtbewegung der Jugend, darüber hinaus mit der Gesamtbewegung unserer Gesellschaft, fest verbunden sind.

Angeschlossen an das zentrale Gefäßsystem unserer Gesellschaft, sind sie stets von seiner Aktualität stimuliert und vermögen darum, gleichermaßen aktuell auf die Gesamtgesellschaft zurückzuwirken. Somit handelt es sich bei beiden um spezifisch sozialistische Erscheinungen, die in dieser ihrer sehr massenwirksamen Gestalt unsere kulturelle Entwicklung lange Zeit begleiten werden.

Formen der Singe- und Literaturbewegung sind jugendgemäße Traditionen; in verschiedener Gestalt spielten sie sowohl in der bürgerlichen als auch in der Arbeiterjugendbewegung eine Rolle. Was diese Traditionen jedoch von ihrer zeitgenössischen Entsprechung unter entwickelten sozialistischen Gesellschaftsbedingungen

2 Reinhard Weisbach: Pegasus im Schweriner Schloß. Erörterungen zum 1. zentralen Poetenseminar der FDJ. In: Sonntag, 5. September 1970, S. 3. – Der Literaturwissenschaftler und Autor Reinhard Weisbach (1933–1978) war 1970–1978 regelmäßiger Seminarleiter bei den Zentralen Poetenseminaren in Schwerin und stand auch in enger Verbindung mit der Singebewegung.

unterscheidet, ist wesensbestimmend: Die neoromantische und refugische Kulturbewegung der bürgerlichen und eines Teils der Arbeiterjugend und die militant-agitatorische Kulturbewegung eines anderen Teils der Arbeiterjugend waren – trotz bedeutender Leistungen besonders letzterer – allein Organe eines gesellschaftlichen Teilsystems, Stimme nur eines Teils der Gesellschaft: Vor der Gesellschaft flüchtend oder ihr feindlich gegenüberstehend, hatte die Kulturarbeit der Jugendbewegung früherer Zeiten in der Hauptsache sezessionistischen, also den Charakter geselliger Gruppenbildung. Kulturarbeit für eine öffentliche Totale konnte sie nicht sein.

An diesem Unterschied, der hier aufgerissen wurde, ist das qualitativ Neue der zeitgenössischen Kulturbewegung der Jugend deutlich abzulesen: Die heutige Singe- und Literaturbewegung verharrt nicht in den bürgerlich-demokratischen Grenzen selbstgenügsamer Geselligkeit und wird, insofern sie proletarischen Charakter hat, auch nicht von einer ihr feindlichen Gesellschaft an den Rand oder in den Untergrund gedrückt. Sie ist also weder in dieser noch in jener Weise Subkultur. Ganz im Gegenteil: Sie hat den Charakter sozialistischer Kollektivität, in dem die progressiven Traditionen sowohl des Sezessionismus der fortschrittlichen bürgerlichen als auch vor allem der Arbeiterjugendbewegung aufgehoben sind.

2.

Neben der Bewegung schreibender Arbeiter ist die Bewegung der schreibenden sozialistischen Jugend eine weitere Form der Volksdichtung von heute in der sozialistischen Gesellschaft. Es ist darum sehr richtig und den gesellschaftlichen Funktionen beider Massenorganisationen angemessen, daß ebenso die FDJ die Bewegung der schreibenden Jugend in ideologisch-politischer Hinsicht führt und betreut wie der FDGB die Bewegung der schreibenden Arbeiter. Und der Deutsche Schriftsteller-Verband tritt – soweit sich da abgrenzen läßt – nur dann und nur insofern auf den Plan, wie spezielle literarische Interessen, die über den Charakter dieser breiten ästhetisch-künstlerischen Massenbewegung hinausgehen, bedient werden müssen.

Darin drückt sich aus, daß die Bewegung schreibender Schüler und Lehrlinge, Studenten, junger Arbeiter und Soldaten gleichermaßen eine politisch-ideologische Massenbewegung wie eine Bewegung ästhetisch-künstlerischer Selbsttätigkeit ist. Diese Einheit und wechselseitige Durchdringung von Politischem und Ästhetischem, Ideologischem und Künstlerischem haben eine würdige Tradition; sie sind Errungenschaft und Eigenschaft der Kultur der sozialistischen Arbeiterbewegung. Sozialistische literarische Tätigkeit und Kunstproduktion überhaupt haben sich seit den Anfängen der proletarischen Bewegung und vor allem seit der Eroberung der politischen Macht durch die Arbeiterklasse aufs engste mit den realen gesellschaftlichen Prozessen verbunden und entschieden mit der spätbürgerlichen Isolation der Literatur und der Abtrennung der Künste von der sozialen Praxis gebrochen. In Übereinstimmung mit einer geschichtlichen Bewegung, der die Zukunft gehört, haben sie absichtsvoll und zweckgerichtet nach Kommunikativität gestrebt und als wichtiges ästhetisches Kriterium nicht ihre esoterische Eingrenzung, sondern ihre gesellschaftliche Auswirkung erkannt.

Während die spätbürgerliche Literatur und Kunst – gehen sie doch den entgegengesetzten Weg – für die Kunstpraxis und selbst die Kunstrezeption der Volksmassen weitgehend wirkungslos blieben, haben sich sozialistische Literatur und Kunst von Anfang an mit volkskünstlerischen Bestrebungen verbunden und auf die Hervorbringung der ästhetisch-künstlerischen Selbsttätigkeit orientiert.

Der dem Kapitalismus systemeigene Dualismus, der sich in dem abrupten Nebeneinander einerseits von elitärer spätbürgerlicher Kunst und andererseits von kommerzialisierter, auf Massenmanipulation gerichteter Trivialität zeigt, ist von der proletarischen Kulturbewegung von Anfang an aufgebrochen worden durch die Wiederherstellung der überlieferten und durch Neukonstituierung der sozialistischen Einheit von Kunst und Leben.

Insofern ist die Bewegung der schreibenden Jugend ein ebenso legitimer wie wichtiger Teil der Wirkung des Jugendverbandes. Und daß diese Bewegung der schreibenden Jugend bei der FDJ nicht nur in den richtigen, sondern auch in guten Händen ist, hat das 1. zentrale Poetenseminar bewiesen.

3.

In der Woche vom 22. bis 28. August 1970 hatte der Zentralrat der FDJ etwa einhundert junge Poeten nach Schwerin zum 1. zentralen Poetenseminar eingeladen. Organisatorisch erfaßt, in Delegationen der einzelnen Bezirke, arbeiteten die jungen Talente in Seminargruppen, für deren Leitung der Zentralrat der FDJ die Epiker Martin Viertel, Horst Beseler und Hans Weber, die Lyriker Manfred Streubel, Jo Schulz, Joachim Rähmer und Wolfgang Tilgner sowie Klaus Steinhaußen, den Herausgeber der Anthologien »Offene Fenster« Dr. Edwin Kratzschmer, Erhard Scherner sowie von der »Jungen Welt« Rulo Melchert und Hannes Würtz vorgesehen hatte.

Eine differenzierte Didaktik stand zur Verfügung: Referat als Lektion im Plenum, Rundtischgespräch und Forum im gleichen Kreis, Seminar und Werkstattgespräche im kleinsten Kreis: eine Vielfalt der Formen, die damit zugleich für ihre Eignung bei weiteren Unternehmungen dieser Art erprobt wurden.

Um ein Bild zu geben von der Physiognomie der jungen Leute, hier die Berliner Gruppe im Stenogramm: Konrad Henschke (23) – Schlosser; Richard Pietraß (23) – Psychologiestudent; Wilfried Protze (23) – Meteorologiestudent; Eva Maria Kohl (23) – Absolventin (Germanistik/Kunsterziehung); Petra Werner (19) – Abiturientin; Hannelore Becker – Redaktionsvolontär der »Berliner Zeitung«; Wolfgang Berger (23) – Metallarbeiter, jetzt Mitarbeiter der Redaktion »Practik«; Hans-Werner Honert (20) – Gefreiter der Grenztruppen; Thomas Luthardt (20) – Medizinstudent; Thomas Kupferschmidt (17) – Schüler.

Bei der Arbeit wurde von den mitgebrachten Texten ausgegangen. Dabei handelte es sich um durchaus poetische Notate, also um poetische Konstruktionen, die noch im Vorfeld des Gedichtes lagen oder seine Grenze bereits erreicht und gelegentlich auch überschritten hatten. Diskussionen um das Gedichtsujet, um den poetischen Moment unterwarfen einen solchen Text, der bewußt und unter dem Gesichtspunkt seiner mehrfachen Repräsentanz (für die Seminargruppe, für die lyrischen Genres, für die Altersgruppe usw.) ausgesucht worden war, einer produktiven Kritik. Dabei wurde ein sehr umfangreiches Pensum aus allen gesellschaftswissenschaftlichen Disziplinen herangefragt, und beinahe alle lyriktheoretischen und lyrikgeschichtlichen Fragen standen zur Debatte, allerdings nicht in ihrer historischen Systematik wie im germanistischen Fachstudium, sondern stets von der Gelegenheit her, also von einem konkreten Text aus und auf ihn hin. Seminar- und Werkstattarbeit in diesem Sinne führten dazu, daß die Texte (Notate) noch einmal in Fluß gerieten, erneut bewegt wurden, und zwar unter zwei Gesichtspunkten: Einmal wurde erprobt, welchem Genre der Text trotz seiner ganz originellen Niederschrift und trotz der Einmaligkeit und Unwiederholbarkeit seiner Erlebnisgrundlagen wohl zugehöre. Zum anderen ging es darum, die ihm gemäße kommunikative Struktur zu finden, also jene Gestalt, die ihm optimale Verständlichkeit sichert. Solche Variantenbildungen von einem poetisch fündigen Notat aus waren erneut Intensivkurse in marxistisch-leninistischer Gesellschaftswissenschaft und aktueller Politik. Selbst die Arbeit an Formstrukturen wie Reim, Rhythmus und Metrum sowie strophischer Gliederung brachten wiederum alle inhaltlichen Fragen in den Fluß der schöpferischen und parteilichen Selbstverständigung.

Was bleibt über solch eine Woche zu sagen? Daß es sich lohnte und daß es Spaß gemacht hat und daß die FDJ mit der Poetenbewegung einen richtigen Kurs steuert.

4.

Mit welchen Ergebnissen der Literaturbewegung der FDJ ist zu rechnen? Wie werden ihre Ergebnisse zu Buche schlagen? Poetische Produktionen eines Teils der Jugend wirken auf einen größeren Teil der Jugend zurück. Sie sind in doppelter Hinsicht Aneignung der sozialistischen Wirklichkeit und Formulierung des sozialistischen Humanismus. Sie sind Wirklichkeitsaneignung für den Dichter wie für sein Publikum. Sie sind sozialistische Humanismus-Chiffre für das Publikum wie für den jungen Dichter. Ästhetische Selbsttätigkeit der Jugend also als ästhetische Selbsterziehung. Das musische Profil der jungen Generation, stabilisiert durch ästhetische Selbsttätigkeit verschiedenster Art, ist demnach ein bedeutendes Element ihrer sozialistischen Bewußtheit und ihres sozialistischen Lebensgefühls.

Klaus-Dieter Schönewerk: Debatte um die Verse junger Leute (1970)[3]

Unsere Diskussion »Ein Bild, ein neues Lied, ein gutes Wort – Brauchst Du die Kunst in Deinem Leben« ist nicht denkbar ohne den Streit um Kunstwerke, um Gemälde, Grafiken, Gedichte… Am 5. September veröffentlichten wir einige Gedichte, an denen auf dem 1. Zentralen Poetenseminar der FDJ Ende August in Schwerin gearbeitet worden war. Zu diesen Versen junger Leute und unserem Bericht vom Poetenseminar erhielten wir bereits eine Reihe von Zuschriften. Erste poetische Versuche wurden uns geschickt, es gab zustimmende Äußerungen, aber auch Besorgnisse wurden laut. In einem ausführlichen Brief schrieb unser Leser Hermann Schierstedt, daß er viele von uns abgedruckte Gedichte der jungen Lyriker für ideologiefrei und klassenindifferent halte, und er meint, manche von ihnen seien zeitlos gedichtet. »In den Gedichten wird kein klares, kein parteiliches Verhältnis zu unserer Gesellschaft gestaltet und oft nicht einmal eine konkrete Gesellschaft.«

Wir meinen, über solche ernsten Bedenken sollten wir debattieren. Hätte Genosse Schierstedt allein darauf aufmerksam machen wollen, daß bei vielen der poetischen Talente das direkt aus dem Tag gewachsene, in den Tag wirkende politische Gedicht erst keimhaft versucht wird, stimmte er mit unseren Beobachtungen voll überein. Hier haben nicht nur die *jungen* Lyriker aufzuholen. Doch Genosse Schierstedt ist auch mit unserer Feststellung nicht einverstanden, daß für die meisten jungen Gedichte- und Geschichtenschreiber das unmittelbare Reagieren auf ihre nächste Umwelt zum großen Vorteil wird. Er kritisiert in diesem Zusammenhang das Gedicht der 25jährigen Lehrerin Jutta Schlott »Auf der Wiese«.

Versuchen wir an diesem einen Beispiel gemeinsam ein Gedicht genauer zu lesen. Der Titel »Auf der Wiese« gibt uns die räumliche Situation, in die das Gedicht uns führt. In der zweiten Strophe wird klar, daß zum Schutz der zarten Liebe das Du, die Sonne und die Wiese nicht ausreichen. Es muß mehr »aufgeboten« werden, Größeres, im lyrischen Bild gefaßt als der »Himmel – unsere Freuden zum Gelingen/mit Düsenjägern/und Schmetterlingen«. In die Metapher des Himmels donnern plötzlich »Düsenjäger«. Vom zeitlosen Idyll kann keine Rede sein. Zum Schutz der Liebe haben wir Düsenjäger aufgeboten, modernste Waffen, und auch die Schönheit, die schwebende Leichtigkeit intimster Glücksempfindungen. Und damit ist gesagt, daß die Liebe noch bedroht, daß sie nicht selbstverständlich ist, daß wir vieles aufbieten müssen, sie zu schützen.

Sicher ist dies Gedicht aus unmittelbarem Erleben gewachsen. Und doch reflektiert es ein wissendes Verhältnis zu unserer Gesellschaft und unseren gesellschaftlichen Verhältnissen. Mag auch noch nicht jedes der von uns gedruckten Gedichte

---

3 Klaus-Dieter Schönewerk: Debatte um Verse junger Leute. In: Neues Deutschland, 20. September 1970, S. 8.

dies alles so einfangen, überall spürbar ist dieses Bemühen der jungen Poeten. Je genauer sie aber ihre Umgebung kennen und dichterisch erschließen, desto eher werden sie Neues auch für das direkt politische Gedicht entdecken. Die Stimme unserer Lyrik klingt hier oft noch zu leise und zu selten. Politische Dichtung aber ist in den scharfen weltweiten Klassenauseinandersetzungen eine dringend benötigte Waffe der Arbeiterklasse. Und gerade die ganz jungen Dichter sollten sich darum mühen, auch mit dieser Waffe zu kämpfen. Sie brauchen enge Verbindungen zu den fortgeschrittensten Arbeitern. Genossen Schierstedt kann man sagen, daß seiner Besorgnis abgeholfen wird, wenn wir alle uns der Verantwortung für diese künstlerischen Talente bewußt sind. An ihrem guten Willen fehlt es nicht.

Margret Kratschmer/Edwin Kratschmer: Vorwort (1970)[4]

Das Schreiben von Gedichten ist ein Jugendspezifikum: Zwischen dem 15. und dem 23. Lebensjahr versucht sich darin jeder sechste mit mehr oder weniger Erfolg. Das sind Legionen junger Dichter, und allein im Frühjahr 1968 wurden in unserer Republik schätzungsweise 80000 Gedichte geschrieben. 5000 davon haben wir mittels Presse, Funk, Fernsehen und mittels vieler Briefkontakte gesammelt. Eine kleine Auswahl stellen wir hier vor, etwa 110 Gedichte von 55 Autoren, von denen wir glauben, daß sie mit einem relativ hohen spezifischen Niveau das zu artikulieren verstehen, was viele andere ebenfalls aussagen wollen. So strebten wir einmal Repräsentanz an, zum anderen wollten wir ein Niveau halten, das schreibenden Jugendlichen eine Orientierungsmöglichkeit sein kann; denn neunzig Prozent von ihnen schreiben noch ohne jegliche Anleitung. Oftmals hüten sie ihre Gedichte als strenge Geheimnisse, in die weder Freunde noch Deutschlehrer eingeweiht werden. Fast jeder dritte hat seine Gedichte noch niemandem gezeigt. Auf diese Weise wird das Dichten im Jugendalter weitgehend in gleichsam unterirdischen Reservaten praktiziert. Seine Potenzen sind deshalb nur schwer überschaubar.

Wer schreibt, reguliert ein Bedürfnis: Er möchte sich definieren, seinen Standort ausloten innerhalb der Gesellschaft, in der er lebt, er möchte sich politisch engagieren, oder er reflektiert Gefühle nach außen, macht sie sich und anderen sichtbar. [...]

4 Margret Kratschmer/Edwin Kratschmer: Vorwort. In: Offene Fenster 2. Schülergedichte. Hg. und mit einem Vorwort von Margret und Edwin Kratschmer. Berlin: Neues Leben 1970, S. 5–8, Auszug. – Der Lehrer Edwin Kratschmer (geb. 1931) hatte mit den Anthologien *Und Mut gehört zum Wort* (1964) und *Offene Fenster* (1967) wichtige Anstöße für die organisierte Talenteförderung gegeben und war noch an den ersten beiden Zentralen Poetenseminaren als Seminarleiter beteiligt, beschränkte sich danach jedoch auf die Herausgabe der weiteren Bände der *Offenen Fenster*. Ab dem zweiten Band arbeitete seine Frau Margret Kratschmer (1930–2018) als Mitherausgeberin mit.

Margret Kratschmer/Edwin Kratschmer: Problem Schülergedicht (I) (1972)[5]

Ein einziger Frühling provoziert in unserer Republik zu etwa 80.000 Gedichten, und Jugendliche haben daran den Löwenanteil. Irgendwann schreibt jeder sechste ein Gedicht, er fühlt sich also mindestens einmal in seinem Leben als Dichter.

Wer allein nach Quantitäten mißt, unterliegt leicht einem Trugschluß; denn Verlagsrecherchen besagen etwas anderes: Da prophezeit man Gedichtbänden nur einen sicheren Absatz von tausend Exemplaren, in Buchhandlungen führen Lyrikbände oft ein scheues Mauerblümchendasein, und in einer Jugendbibliothek (Dresden) wurde beobachtet, daß von über hundert jugendlichen Lesern kein einziges Mal der Lektürewunsch Lyrik geäußert wurde. [...]

Die Lyrikrezeption ist also doch ein ernstes Problem, und es hat seine Ursachen zum Teil in den Schulstuben. Wir begegnen zwei Widersprüchen.

1. Widerspruch: In jeder Klasse der Oberstufe gibt es im Durchschnitt zwei Schüler, die Gedichte schreiben. Kennen wir sie? Wir, die wir die Literatur aus Passion unterrichten sollten, wissen kaum etwas von dem, was da unterirdisch leibhaftige Wurzeln geschlagen hat; denn 90 Prozent der Schüler, die Gedichte schreiben, sagen aus, daß sie nicht angeleitet werden, daß sie nur für den Hausgebrauch zimmern, Tagebücher füllen. Das Schreiben von Gedichten ist zunächst ein psychologischer Fakt: Zu einem bestimmten Zeitpunkt seines Lebens beginnt der Mensch, der sensibel seine Welt zur Kenntnis nimmt, seine Gedanken schriftlich zu artikulieren. [...] Wir redeten der Spontaneität das Wort, legten wir da voller Optimismus die Hände in den Schoß und warteten nun einfach auf das Talent, das sich da in aller Stille entwickeln mag. In unserer sozialistischen Gesellschaft bestehen alle Voraussetzungen für die Entwicklung von Kunst und Kultur: Nutzen wir sie!

Der Bedarf an Literatur steigt ständig. In wenigen Jahren wird er auf das Vierfache angestiegen sein. Allerorts wird nach guten Texten verlangt: Rundfunk, Fernsehen, Presse, Verlage bis zu den Singeklubs. [...]

2. Widerspruch: In einem Frühling werden bei uns etwa 80.000 (in Worten: achtzigtausend) Gedichte geschrieben, vorwiegend von Jugendlichen.

Frage: Wie viele werden gelesen? Und viele der gedichtschreibenden Schüler geben auch prompt an, daß sie zwar Gedichte schreiben, von sich aus aber kaum welche lesen. Das heißt: Sie haben ein Bedürfnis (Gedichte zu schreiben), aber sie haben kein Interesse (Gedichte zu lesen). Meist verstummen solche Stimmen auch bald wieder, und nur etwa jedes 50. Gedicht, von Schülern geschrieben, läßt auch qualitativ aufhorchen. Aber viele Deutschlehrer horchen auch dann noch nicht auf. Es fehlt ihnen oft der Maßstab, und sie sind unsicher im Urteil.

---

5 Margret Kratschmer/Edwin Kratschmer: Problem Schülergedicht (1). In: Deutschunterricht 25 (1972), H. 3, S. 135–143, Auszug. (Ein zweiter Teil des Aufsatzes ist nicht erschienen.)

Dennoch gibt es hervorragende Beispiele literarischer Beeinflußung und Förderung durch den Literaturunterricht. Die Lyrikanthologien »Offene Fenster«, die die besten Schülergedichte unserer Republik gesammelt vorlegen, weisen mit ihrem Autorenverzeichnis immer wieder auf einige bestimmte Schulen [...]. Und die schreibenden Schüler dieser Schulen weisen auch bewußt auf ihre Deutschlehrer, die ihnen die Literatur zu einem schöpferischen Abenteuer gemacht haben. [...]

Solchen Initiativen und Ergebnissen ist es vor allem zu verdanken, daß wir heute in unserer Republik von einer »Schreibe-Bewegung« der Jugendlichen sprechen, über die der Zentralrat der Freien Deutschen Jugend die Schirmherrschaft und der Deutsche Schriftstellerverband die Patenschaft übernommen haben. Alljährlich können die talentiertesten schreibenden Schüler und Jugendlichen im Schweriner Schloß in Poetenseminaren ihre Leistungen unter Beweist stellen. Sie werden dort gefordert und gefördert. Das ist ein Novum der Literaturgeschichte, daß sich staatliche Institutionen des literarischen Nachwuchses annehmen, wenn er noch in den Schulbänken sitzt.

Die Auswahl der Teilnehmer erfolgt über ein Wettbewerbssystem auf Bezirks- und Republikebene. Besonders erwähnt werden müssen hier der künftig alljährliche Aufruf des Zentralrats der FDJ, der bereits traditionelle republikoffene Literaturwettbewerb der Andreas-Oberschule und des Deutschen Kulturbundes Berlin-Friedrichshain, der Dresdner Wettbewerb »Junge Dichter gesucht!« und die Ausschreibung des Bezirks Neubrandenburg. Daran sollten sich möglichst viele Schulen beteiligen. Wir halten das für zweckvoller, als Wettbewerbe auf Schul- oder Kreisebene durchzuführen, denn dort kommt es leicht zu Fehleinschätzungen.
[...]

Peter Lux: Zum Geleit (1979)[6]

Rund zehntausend Einsendungen zu einem literarischen Wettbewerb für junge Leute zwischen Dreizehn und Fünfundzwanzig, der seit über anderthalb Jahrzehnten in Berlin stattfindet, bildeten die Grundlage für diese kleine Anthologie. Das berechtigt dazu, die vorliegende Auswahl nicht nur ästhetisch zu werten, sondern auch als zeitgeschichtlich aufschlußreich.

Man bedenke: Heute sind es schon zärtliche Mütter und Väter, kluge und verantwortungsbewußte Arbeiter, Lehrer oder Ingenieure, die – im Gründungjahr un-

6 Peter Lux: Zum Geleit. In: Lächeln im Licht. Beiträge zum Berliner Jugendliteraturwettbewerb »Wir lieben das Leben«. Eine Auswahl aus 15 Jahren. Hg. v. den Bezirksleitungen Berlin des Kulturbundes der DDR und der Freien Deutschen Jugend. o.O. o.J. [Berlin 1979], S. 4–7. Auszug. – Peter Lux war Mitarbeiter in der Berliner Bezirksleitung der FDJ und langjähriger Organisator des Wettbewerbs.

serer Republik noch ungeboren – im ersten Jahr unseres Literaturwettbewerbs erst Kinder waren.

Wer damals, im Jahre 1964, gerade die untere Altersgrenze für die Teilnahme erreicht hatte, ist seit vier Jahren »zu alt«; wer jetzt im Alter von 25 Jahren als »Senior« teilnahm, ging erst das zweite Jahr zur Schule, als 1961 unsere Grenze gesichert und der Reaktion verwehrt wurde, unseren Staat anzugreifen und einen Krieg zu provozieren. Und nur weil unsere, die erste menschenwürdige Ordnung auf deutschem Boden sich bewährt hat, konnten und können junge Leute über die Liebe und das Lernen, über ihre Träume und Probleme schreiben. [...]
Zunächst im Rahmen von Schulfestspielen ein Beitrag zum 15. DDR-Jubiläum, organisiert durch die Kreisleitung des Kulturbundes und die FDJ-Grundorganisation der heutigen Friedrich-Engels-Oberschule im Berliner Stadtbezirk Friedrichshain, fand der Wettbewerb so starken Widerhall, daß man beschloß, ihn alljährlich zu veranstalten. Im Verlauf von drei Jahren stieg die Zahl der Teilnehmer auf das Dreifache, die Zahl der eingesandten Beiträge auf das Vierfache; 1979 waren es über 1500 Arbeiten von 440 Autoren. [...]
Nach wie vor kann man über die besten Arbeiten sagen, was wir schon vor Jahr und Tag feststellten: Sie manifestieren Trauer und Zorn über alles, was den Menschen nicht Mensch sein läßt – aber keine Resignation; Heiterkeit und Ironie – aber keinen Zynismus; Mut zum Zweifel – aber keinen Skeptizismus, sondern Zukunftsgewißheit im Sinne der Mitverantwortung für unsere Gegenwart. Was man will und was man soll, schließt einander nicht mehr aus; die Verbundenheit mit dem Menschen, den man liebt, und mit der Gemeinschaft, zu der man gehört, bedingen einander; Stolz auf unsere Errungenschaften und ungeduldiges Streben nach neuen, besseren Lösungen unserer Probleme werden als Einheit empfunden.

Für all das ist es in unserem Falle natürlich entscheidend, ob und wie es gelingt, Ansätze zu literarischer Gestaltung, eine poetische Idee zu finden. Die Jury beurteilt die Beiträge danach, ob deren Inhalt auch für andere Bedeutung hat und ob die Form dem Inhalt angemessen ist. »Platte Reimereien oder zerhackte Zeitungsartikel sind keine Lyrik, ein Appell oder ein Aufsatz keine Prosa«, heißt es im Aufruf. »Orientiert euch an großen Vorbildern, aber schreibt unbedingt aus eigenem Erleben, aus eigenem Empfinden, mit eigenen Worten!«

Mit Genugtuung ist festzustellen, daß unser Wettbewerb nicht nur immer wieder junge Menschen anregt, sich produktiv mit persönlichen und weltanschaulichen Fragen auseinanderzusetzen, sondern daß seine besten Ergebnisse auch in literarischer Hinsicht positiv einzuschätzen sind. Nicht wenige Wettbewerbsteilnehmer wurden und werden zu den Poetenseminaren des Zentralrats der FDJ delegiert, eine Reihe von Gedichten wurde vertont und ging ins Repertoire der Singebewegung ein, besonders Begabte wurden mit dem Johannes-R.-Becher-Diplom des Kultur-

bundes der DDR ausgezeichnet und mehrere Autoren sind inzwischen Kandidaten oder Mitglieder des Schriftstellerverbandes der DDR.
[...]

Hannes Würtz: Was machen Talente in den Wochen nach Schwerin? Zur Arbeit von Poetenklubs der Freien Deutschen Jugend (1982)[7]

[...] Wer als junger Schreibender, oft mit allerersten Versen, zum Zentralen Schweriner FDJ-Poetenseminar eingeladen wird, der spürt bald, wie wichtig das »Empfangen und Lernen« ist, die kritische Aussprache in einem Kollektiv, der Seminargruppe, das Kennenlernen vieler Gleichgesinnter, die Auseinandersetzung um den hohen literarischen Anspruch, um eine gefestigte persönliche und politische Haltung. Ein Austausch, der immer auch Ansporn bedeutet, der den Ehrgeiz mancher Begabung herausfordert.

Die Schweriner Werkstatt währt jedoch nur sieben Tage. Wohin wenden sich junge Schreibende in den übrigen 51 Wochen des Jahres? Viele sind zwar Mitglieder von Schreibgemeinschaften. Doch mancher erfuhr bei diesem »überregionalen« Talenttreff, daß man ihm zu Hause zu nachsichtig begegnete. Er will sich fortan nicht mehr mit einem »Bezirksniveau« (das sich aus den Besten seines unmittelbaren Umkreises herausbildet) zufriedengeben, er möchte produktiver und schneller vorankommen. [...]

Als Sammelpunkt für Talente dienen alljährlich bezirkliche FDJ-Poetenseminare, die reichen Schweriner Erfahrungen nutzend. [...] Bei den Bezirkspoetenseminaren sind dreißig bis vierzig Teilnehmer die Regel, etwa die Hälfte von ihnen jeweils »Neue«. Die Lyrik dominiert nach wie vor – Prosa ist bei den mitgebrachten Manuskripten höchstens zu einem Drittel vertreten, das aber bedeutet gegenüber den vergangenen Jahren bereits einen beträchtlichen Zuwachs. Wie auch in Schwerin: Vorträge zur Literatur und zu aktuellen politischen Problemen, Lesungen von Schriftstellern (in Dresden Kurt David, in Magdeburg Heinz Kruschel, in Cottbus Kristian Pech), des Abends Songs, Chansons oder gestaltete Poesie (die Erfurter riefen Heines Vermächtnis in Erinnerung). [...]

Welche Möglichkeiten gibt es weiterhin für junge Schreibende, sich zwischen den Schweriner Poetenseminaren auszutauschen? Als wesentliches Bindeglied

7 Hannes Würtz: Was machen Talente in den Wochen nach Schwerin? Zur Arbeit von Poetenklubs der Freien Deutschen Jugend. In: Temperamente 7 (1982), H. 3, S. 124–131, Auszug. – Hannes Würtz (1933–2006) war als für die Rubrik *Poetensprechstunde* verantwortlicher Redakteur der *Jungen Welt* ständiger Seminarleiter bei den Zentralen Poetenseminaren und Herausgeber der zu den Seminaren erscheinenden Sonderhefte des *Poesiealbums* sowie (ab 1974) Mitherausgeber der Anthologie-Reihe *Offene Fenster*.

haben sich neuerdings FDJ-Poetenklubs erwiesen, von denen der Leipziger der »dienstälteste« ist (Gründung 1976), der Rostocker und der Suhler dagegen vor wenigen Wochen erst aus der Taufe gehoben wurden. Auch in Erfurt (seit 1978), Dresden (seit 1980) und Schwerin (seit 1981) hat sich der Jugendverband eine solche Einrichtung für die Talentebetreuung geschaffen. Ein FDJ-Poetenklub steht und fällt nicht nur mit Organisatorischem, er benötigt eine kontinuierliche Betreuung durch Verantwortliche, die ein gesellschaftliches Mehr zu geben bereit sind, die sich mit viel Liebe und Kraft für die Belange der jungen Schreibenden jederzeit einsetzen, die kein Manuskript von sich weisen (und mögen sich die Versuche noch so türmen), die auch bei persönlichen Problemen der Begabungen zu raten vermögen und bei Fragen zu gesellschaftlichen Prozessen niemals ausweichen, die Rede und Antwort stehen. In allen diesen Klubs sind ehemalige »Schweriner« wirksam, sie gegen ihre Erfahrungen nun uneigennützig an die Heranwachsenden weiter, begeben sich auf die Suche nach aufbaufähigen Talenten. [...]

Ein FDJ-Poetenklub muß oft sehr unterschiedliche Interessen unter einen Hut bringen. Bei den Schwerinern traf ich Alexander Thomas wieder (als Vierzehnjähriger jüngster Teilnehmer des letzten Zentralen Poetenseminars, dort in der Liedgruppe). Er kam mit neuen Schlagertexten (»Die Mädchen rissen sich um mich,/die meisten waren fürchterlich,/drum hatt ich mir zum Ziel gestellt:/die schönste Frau der Welt ...«), die sich an bekannte Klischees anlehnen, deren kleinbürgerliche Grundtendenz (»Ein Haus, ein Hund, zwei Kinder auch/ist alles, was ich brauch«) eine Auseinandersetzung herausfordert.

Auch die Oberschülerin Iris Hesse textet über ihre Oma (»Sie schrieb Gedichte noch und noch,/und immer fiel ihr noch was Neues ein«), über die Mädchen und Jungen in ihrer Klasse, sie erdenkt sich selbst eine Melodie dazu und singt es zur Gitarre. Das vermag zwar einen Kreis junger Schreibender »aufzulockern«, doch sollten Texte der Unterhaltungskunst nicht andernorts von geeigneten Mentoren bewertet werden? [...] Die Breite geht leider nicht in genügendem Maße mit der Leistung einher. Oft ist man literarischen Versuchen der Jugendlichen gegenüber zu nachsichtig, druckt Arbeiten vorschnell, schaut in Qualitätsbelangen wohl zu selten über den bezirklichen Gartenzaun. [...]

Es kristallisieren sich einige Arbeitsergebnisse und Probleme der Talentefindung und -förderung: Weil wir uns um Begabungen schon früh kümmern, müssen wir sowohl das Liebeswehwechen (bei den Vierzehn- bis Sechzehnjährigen dominiert es) als auch die aktuelle politische Frage sehr ernst nehmen; denn es geht nicht allein ums Handwerkliche. Immer auch gelangt die Ausprägung einer wachen Lebenshaltung, einer kommunistischen Persönlichkeit in den Blickpunkt. Wer nur deshalb nach Schwerin kommt oder in seinen FDJ-Bezirkspoetenklub, weil er seine Gedichte oder Geschichten möglichst rasch veröffentlicht sehen möchte, der wird kaum lange beim Schreiben bleiben.

»Im Grunde aber sind wir alle kollektive Wesen«: Der junge Schreibende sollte rechtzeitig begreifen lernen, daß er Verantwortung immer auch übernehmen muß für andere (ein Stückchen dieser Fürsorge, wie uns der Dichter Paul Wiens vorlebte, wünsche ich so manchem) und nicht zuletzt für eine konkreten Abschnitt der Gesellschaftsveränderung.

Sechs Bezirke verfügen über einen FDJ-Poetenklub. Das kann ein Anfang nur sein. Die »sechs Säulen der Nachwuchsbetreuung« (FDJ, Schriftstellerverband der DDR, FDGB, Volksbildung, Kulturbund der DDR, Bezirkskabinette für Kulturarbeit) stehen manchmal noch zu isoliert, sie müßten allerorts enger zusammenfinden, gemeinsam um Ideen ringen und sie behutsam umsetzen.

»Noch wesentlich besser als bisher muß es uns gelingen, mit den jungen Schreibenden in den Bezirken weiterzuarbeiten, die in Schwerin zu den Besten gehören«, sagte Egon Krenz, als sich der Zentralrat der FDJ mit dem Schriftstellerverband der DDR und jungen Autoren auf einer Beratung vor der Kulturkonferenz unseres Jugendverbandes austauschte.

Das bleibt unsere gemeinsame Aufgabe.

3.6 Debatten über die Qualität der in Anthologien publizierten Gedichte

Neben organisatorischen Fragen der Nachwuchsförderung, die vor allem Funktionäre, Seminarleiter und Herausgeber beschäftigten, wurde in Zeitungen und Zeitschriften in den 1970er und 1980er Jahren immer wieder auch über die ästhetische Qualität der in den Anthologien veröffentlichten Schüler- und Jugendgedichte diskutiert. Vor allem Vertreter der professionellen Literatur und Literaturkritik meldeten sich hier – oft in Rezensionen von Anthologien – kritisch zu Wort. Sie bemängelten die fehlende thematische und formale Originalität der Gedichte bzw. eine auffällige Gleichartigkeit der Gegenstände und Ausdrucksweisen, ein fehlendes Formbewusstsein sowie mangelnde Wirklichkeitserfahrung der jungen Poeten. Einzelne Autoren, wie Andreas Reimann, warfen die Frage auf, ob das breit angelegte Förderungsprogramm der Poetenbewegung tatsächlich die besten Talente unterstütze oder nicht vielmehr einen literarischen Niveauverlust bewirke. Die Debatten darüber wurden in zwei führenden Literaturzeitschriften – Neue Deutsche Literatur *und* Sinn und Form *– ausgetragen. Eine im Ton und in der Sache besonders scharfe Kritik von Peter Wawerzinek erschien 1988, schon in der Endphase der DDR, in der Almanach-Zeitschrift* Temperamente.

Michael Franz: Selbsterfahrung der jungen Generation (1972)[1]

[…] Bei den Beiträgern der nun schon in vierter Folge vorliegenden Schüler-Anthologie bedarf es kaum der Frage, warum fast alle Texte mehr oder weniger autobiographisch angelegt sind. Diese Texte sind im wesentlichen lyrische Notate aus dem unmittelbaren Erlebnisbereich: Schule, erste Liebe, jugendliche Konfrontation mit der Erwachsenenwelt, Entdeckung der Möglichkeiten der sozialistischen Gesellschaft als persönliche Perspektive, Solidarisierung mit allen Kämpfern gegen Ausbeutung

1 Michael Franz: Selbsterfahrung der jungen Generation. In: Neue Deutsche Literatur 20 (1972), H. 9, S. 144–149, Auszug. – Der Autor, Journalist und Philosoph Michael Franz (geb. 1937) setzte sich in der *Neuen Deutschen Literatur* und den *Weimarer Beiträgen* in Rezensionen mehrfach kritisch mit der im Rahmen der Poetenbewegung entstandenen Lyrik auseinander. In diesem Aufsatz bespricht er die Anthologien *Offene Fenster 4. Schülergedichte* und *Auswahl 72*.

und Unterdrückung in der Welt. Das ist die Selbsterfahrung einer neuen Generation in einer für ihr Welt- und Selbstverständnis entscheidenden Lebensphase. Was sich lyrisch artikuliert ist vor allem ein bestimmtes Selbstwert- und Lebensgefühl, das auf den unmittelbaren Erfahrungsbereich zurückgeht, ihn aber nur selten überschreitet; das ist auch gar nicht anders zu erwarten, und wir können nur froh sein über die lebensbejahende, lebensfreudige Grundhaltung, die sich in epigrammatischer Verknappung und Zuspitzung gescheit, scharfsinnig und selbstbewußt mitteilt.

Betrachten wir die »Auswahl«-Anthologie mit fortschreitender Jahreszahl (diesmal also 72) als ein »repräsentatives Jahrbuch für neue Lyrik und neue Namen« (Vorbemerkung von Bernd Jentzsch), so ist insbesondere zu fragen, wieweit diese Auswahl schon die neuen weltanschaulichen und ästhetischen Fragestellungen erkennen läßt, die die Künste insgesamt seit dem VIII. Parteitag beschäftigen. Der VIII. Parteitag hat die Künstler – in der Formulierung Erich Honeckers – »mit dem ganzen Reichtum ihrer Handschriften und Ausdrucksweisen auf die Prägung der sozialistischen Persönlichkeit unserer Zeit« orientiert.

Die Akzentverschiebung vom Menschenbild, das zusammenfaßt, was den Menschen als Menschen, als aktives gesellschaftliches Wesen auszeichnet, zum Persönlichkeitsideal, das das Menschenbild auf den einzelnen hin präzisiert, bezeichnet die wachsende Rolle des einzelnen in den Gemeinschaftsbeziehungen der entwickelten sozialistischen Gesellschaft: der menschliche Reichtum der Sozietät besteht im menschlichen Reichtum der Sozietäre und ihrer Beziehungen zueinander. Die Verantwortung gegenüber der Gesellschaft ist immer auch eine Verantwortung für sich selber, für die eigene Vervollkommnung im Interesse der Gesellschaft [...].

Bestimmen die neuen Problemstellungen bereits die Intentionen der Lyriker und ihre thematischen Gegenstände? In der »Auswahl 72« ist wenig davon zu verspüren. Es fehlt an interessanten Gegenständen, die auch eine bestimmte Form der Darstellung erfordern. Das Spektrum des gestalteten Ausdrucks ist sehr eingeschränkt. Der unregelmäßige, frei rhythmisierte Vers dominiert, aber im wesentlichen epigrammatisch ausgeprägt, nicht auch odisch, elegisch, satirisch, balladesk oder gar liedhaft. Er ist aber in den meisten Fällen erlebnishaltig, so daß sich – auch in der Schüler-Anthologie – die weitere Ausprägung einer eigenen lyrischen Form studieren läßt: des, sagen wir, epigrammatischen Erlebnisgedichts, das sich aber gegenüber dem klassischen Modell nicht gerade durch eine eigenwertige bildliche Gestaltung auszeichnet. Es fehlt im lyrischen Ausdruck an ebenso einfachen wie kühnen Bildern, die in der Darstellung ergiebiger Gegenstände »zu den Sinnen klar« sprechen – um Goethe ins Spiel zu bringen. [...]

Andreas Reimann: Die neuen Leiden der jungen Lyrik (1974)[2]

Nach der Lektüre versifizierter Äußerungen jüngerer DDR-Autoren ist anzumerken daß allenthalben unsere Wirklichkeit zum Gegenstand der Abbildung wurde. Dies ist freilich noch kein Grund, die Festtagsfanfaren zu putzen, wäre es doch für die Schreiber nur unter äußersten Anstrengungen möglich, unsere Realität zu verleugnen: sie sind in ihr aufgewachsen. So ist, was zu loben wäre, nur in geringem Maße der jungen Autoren Verdienst, wie andererseits das Folgende nicht nur zu ihren Lasten geht [...]

Festzustellen ist der Niedergang des Formbewußtseins in einem Grade, daß es bedenklich erscheint, noch auf dem Gattungsbegriff zu beharren. Das Neue, lächerlich artikuliert, wirkt bestenfalls lächerlich, verliert jedoch auf jeden Fall seinen Einmaligkeits-Wert. Auf diese Gedichte bezogen: Der neue Inhalt verkommt durch die Form. [...]

Wo Form nicht zählt, verfällt das Individuelle: »In (allen großen Gedichten) ist die Sprechweise des Verfassers enthalten, eines wichtigen Menschen.« Soweit Brecht. Vorauszusehen war, daß sich die Erlebnisse der jungen Autoren ähneln müßten, aber es war nicht zu erwarten, daß sie unterschiedslos empfinden bzw. ihre Empfindungen gleichartig ausdrücken würden. [...]

Wie wollen eigentlich Autoren, die sprachlich vollkommen austauschbar sind, unverwechselbare eigene Mit-Teilungen machen? Ich erkläre mir übrigens auch die impressive Oberflächlichkeit vieler Texte aus der Form- und Sprachschluderei der Autoren: Nicht nur, daß eine Arbeit am Text ja auch eine Arbeit am Inhalt wäre, sondern: Wer keine Arbeit in den Text investiert, wird auch nicht mehr untersuchen, welcher Gegenstand die Arbeit wert wäre. [...]

Jahrelang wurde hierzulande gegen »verhackstückte Prosa« offen und öffentlich polemisiert. Doch das Ergebnis ist gleich Null. Und so ist der Verlust an eigenen Handschriften auch auf den permanenten Mißbrauch der freien Rhythmen zurückzuführen, die offensichtlich wiederum ohne theoretische Kenntnisse zusammengebastelt werden. [...]

Wenn ein solcher Niedergang des Handwerks konstatiert werden muß, ist es notwendig, dessen Ursachen zu ergründen. Ich glaube, daß in diesem Zusammenhang in erster Linie unserer Tagespresse »die Palme gebührt«, müht sie sich doch

2 Andreas Reimann: Die neuen Leiden der jungen Lyrik. In: Sinn und Form 26 (1974), H. 2, S. 439–448, Auszug. – Andreas Reimann (geb. 1946) ist Lyriker, Grafiker und Liedtexter und stand damals mit der kritischen Leipziger Liederszene in Verbindung. Er bezieht sich in diesem Aufsatz auf die Anthologien *Offene Fenster 1–3* (1967–1972), *Ich nenn euch mein Problem* (1971), *Auswahl 72* sowie verschiedene Hefte des *Poesiealbums*. Der Beitrag war der Auftakt zu einer Debatte über die Qualität der von der FDJ geförderten Lyrik, die in den folgenden Heften fortgesetzt wird.

seit Jahren erfolgreich darum, mit dem Abdruck schlechter Gedichte das Interesse an Lyrik endgültig zu ersticken. An jedem Wochenende ist die deprimierende Selbstsicherheit von Kulturredakteuren zu bewundern, die, ausgehend vom »geistigen Niveau« des sowieso fiktiven »Durchschnittslesers« und unter der Flagge »Unsere Menschen wollen keine anderen Sachen«, ihr eigenes Unverständnis zur Allgemeingültigkeit erheben. [...]

Meines Erachtens hat auch die hemmungslose »Förderung« junger Talente das ihre zum Niedergang der Gattung beigetragen, wobei diese »Förderung« in den häufigsten Fällen wohl auf einer Fehlinterpretation der Ziele des Bitterfelder Weges bzw. der Bewegung Schreibender Schüler etc. beruht. Nur in wenigen Fällen haben wir den werktätigen Autoren nämlich klargemacht, daß ihre Teilnahme an solchen Kampagnen sie zu wissenden Konsumenten, nicht aber zu professionellen Autoren machen soll, da die menschliche Gesellschaft schließlich auf Arbeitsteilung eingerichtet ist und der Beruf des Schriftstellers nicht als Feierabendarbeit angesehen werden kann. [...]

Man wird mir natürlich entgegenhalten, daß es auch zu den Aufgaben künstlerischer Massenbewegungen gehört, Talente zu entdecken und zu fördern. Ohne dies absolut abstreiten zu wollen, sollte dabei einmal in Betracht gezogen werden, daß das Talent, wie die Liebe, Schwierigkeiten braucht, um zu wachsen. Ein Talent, das nicht in der Lage ist, sich durchzusetzen, wird im Einweckglas auch nicht besser gedeihen. Die einzige Möglichkeit, ein Talent zu ruinieren bzw. entscheidend in seinem Wachstum zu hemmen, ist meines Erachtens die voreilige Anerkennung, wie sie mit Anthologien wie »Offene Fenster« u.ä. praktiziert wird, weil diese Anerkennung es dem jungen Autor fast unmöglich macht, die zu seiner Entwicklung notwendige Fähigkeit zur Selbstkritik zu erlangen, ohne die wiederum kein echtes Selbstbewußtsein denkbar ist. [...]

Hat man nun aber jungen Autoren die vorstehenden Vorwürfe gemacht, haben sie, bedenklicherweise von Theoretikern der Singebewegung unterstützt, sofort das Argument parat, es handele sich bei ihren Arbeiten schließlich nur um »Kunst für den Tag«. Mit diesem Satz, der keine Begründung, sondern ein Offenbarungseid ist, gilt es sich auseinanderzusetzen, weil er einerseits jeglicher Stümperei Tür und Tor öffnet, andererseits dem Konsumenten den Qualitätsmaßstab austreibt, so daß in puncto Auflagenziffern schon jetzt Erich Arendt und Georg Maurer der Pubertätslyrik unterliegen. [...]

Diskussion. Die neuen Leiden der jungen Lyrik (1974)[3]

Fritz Martin Barber:
[...] Nicht die Förderung ist falsch, sondern daß dabei bis jetzt die größeren Auseinandersetzungen draußen blieben. [...] Und wenn diese Auseinandersetzungen ausgeklammert werden, braucht man sich nicht um eigene Positionen zu bemühen, sich nicht über das Verhältnis zur Tradition Sorge zu machen usw. Die Folgen für das Schreiben – Monotonie und Formlosigkeit – bleiben da nicht aus. [...]

Tom Crepon:
[...] Was die junge Lyrik der Gegenwart an *Lebensart* und *Lebensgefühl* in die Literatur einbringt, verdient – bei aller Strenge im Umgang mit Lernenden – Achtung und Anerkennung. Der von R. festgestellte »Niedergang des Formbewußtseins« – ohne Zweifel vorhanden – ist nicht durch selbstgefällige Theoreme zu überwinden; wohl auch nicht dadurch, daß man jungen Leuten die eigenen Vorbilder zu oktroyieren sucht. Die jungen Lyriker machen andere Erfahrungen, auch im Umgang mit der Form, als Poetengenerationen vor ihnen, und es erscheint fragwürdig, sie mit Klopstocks Oden, Maurers Langzeilen oder Rainer Kirschs Hexametern erschlagen zu wollen. [...]

Jürgen Fuchs:
[...] Sicher trifft zu, daß dort, »wo Form nicht zählt, das Individuelle verfallen« kann – aber das beklagte »unterschiedslose Empfinden« deutet vor allem auf unterschiedsloses Weltverständnis, auf kanalisiertes Denken hin. Somit verweist die Klage, daß Schüler keine eigene Handschrift besitzen, auf die von Lehrern und anderen Amtspersonen verteilten und in ihrer Anwendung überwachten Schablonen. Bewußtsein und Sein lassen sich nicht trennen, Form und Inhalt müssen zusammen betrachtet werden. [...] Der Autor versucht vielfach, der jungen Lyrik eine Trennung von Form und Inhalt nachzuweisen. Aber gerade ihre pubertäre Naivität

3 Diskussion. Die neuen Leiden der jungen Lyrik. In: Sinn und Form 26 (1974), H. 5, S. 1087–1103, Auszug. – Reimanns Artikel provozierte unterschiedliche Autoren und Funktionäre zu Entgegnungen. Die Lyriker Fritz Martin Barber (1954–2021), Jürgen Fuchs (1950–1999), Uwe Klabunde (geb. 1951) und Lutz Rathenow (geb. 1952) hatten selbst an Zentralen Poetenseminaren teilgenommen; Barber war dort später (1982–1984) auch Seminarleiter. Fuchs und Rathenow waren durch den 1973 gegründeten unabhängigen Jenaer Arbeitskreis Literatur und Lyrik miteinander verbunden, der 1974 als staatsfeindlich eingestuft wurde. (Fuchs‹ Stellungnahme zu Reimanns Artikel war sein letzter in der DDR veröffentlichter Text.) Der Funktionär Tom Crepon (1938–2010) war Leiter des ersten in der DDR im Auftrag des ZK der SED gegründeten Literaturzentrums in Neubrandenburg, das Literaturförderung mit Kontrolle der Autoren verbinden sollte. Knut Hörnig (1947–?) war Diplom-Chemiker, Joachim Stein (1935–?) Literaturdozent an der Fachhochschule für Bibliothekare »Erich Weinert« in Leipzig.

schließt dies aus. Was dort beklagt wurde, wird hier zur Rettung: Alle Angriffe, die Unkenntnis und Schlamperei anprangern, sind mehr oder weniger berechtigt, aber etwas liegt nicht vor: Diese Lyrik ist weder demagogisch noch raffiniert (von Ausnahmen abgesehen), sie ist ehrlich, auch und vor allem in ihrer Dürftigkeit. [...] So wichtig und dringlich zum Beispiel die Entlarvung der verfeinerten Formen der imperialistischen Unterdrückung ist, so wichtig und dringlich ist die völlige Entlarvung des bürokratischen Zentralismus im eigenen Erlebnisbereich. [...]

Knut Hörnig:
[...] Oftmals werden Talentlose gefördert, weil ihre Äußerungen als zeitpolitisch wichtig angesehen werden, da die Inhalte ihrer Texte bei oberflächlicher Betrachtung so erscheinen. Reimann zeigt symptomatische Beispiele. Diese Texte kann man oft als Parodien ihrer selbst ansehen. Den Abdruck solcher Texte kann nur eine bessere Auswahl verhindern. Schade ist es, daß Papier für schlechte »Gedichte« verbraucht wird. [...]

Uwe Klabunde:
[...] Da Sprache die »Wirklichkeit des Gedankens« ist (Marx), dürfte der Mangel an eigenen Handschriften auf die intellektuelle Physiognomie der Schreiber zurückzuführen sein. Wenn es dieser Individualität mangelt, kann es freilich um die produzierten Texte nicht besser bestellt sein: Sie ähneln einander in erschreckendem Maße, weil sich die Gedanken und die Denkweisen ihrer Verfasser kaum unterscheiden oder keine eigenen sind. Wozu dann Arbeit am Text? Wie und woher denn! Wo das Individuelle verkümmert, verkümmert die Form – und das Individuelle verflüchtigt sich völlig; wo es fehlt, bedarf es keiner Formen mehr, auch keiner bewährten überlieferten, die ja doch nur leere Gefäße blieben. [...]

Lutz Rathenow:
[...] Glaubt Reimann, »Offene Fenster« in Sonettform gepreßt, hätten mehr Gehalt? Dies kann nur von einer formalistischen Betrachtungsweise her bejaht werden. So kühn wie falsch die einleitenden Worte: »Realität zu verleugnen« sei nur unter Anstrengung möglich. Das Gegenteil ist wohl der Fall: Realität abzubilden bedarf es Kraft, Anstrengung und Mut. Es gibt jüngere Autoren, die diese Kraft haben, selbst in »Offene Fenster« kann auf einen Jürgen Fuchs oder Uwe Klabunde verwiesen werden. [...] Die Misere zahlreicher junger Dichter liegt nicht in der zu frühen Veröffentlichung der ersten Verse. [...] Nein, es liegt daran, daß nicht die besten, sondern die politisch am brauchbarsten erscheinenden Gedichte veröffentlicht werden. Und »politisch brauchbar« ist zumeist sehr engstirnig und damit politisch falsch gefaßt. Dies bewirkt dann oft eine (zielgerichtete) Fehlorientierung junger Schreiber auf schöngefärbte Banalitäten. Der Zentralen Poetenbewegung ist hier der Vorwurf nicht zu ersparen. Attribute wie »jugendgemäß« sind oft als allein ausschlaggebend

für die Veröffentlichung anzutreffen. Mit welcher gemäßen Schablone wird da die Jugend gemessen? [...]

Joachim Stein:
[...] Gewiß ist es richtig, den Lyrikerkandidaten, wenn sie einen Zeitungstext noch nicht so recht von einem Gedicht unterscheiden können, zu sagen, daß das noch nicht reicht, ihnen unter Umständen auch zu raten, sich damit noch nicht vor der Öffentlichkeit zu stellen. Aber beckmesserische Kleinlichkeit oder der Vorsatz, hier nur Meisterwerke passieren zu lassen (man sehe sich einmal renommierte Anthologien daraufhin an!) sind bestimmt nicht die richtige Art, unsere jüngste Lyrik zu fördern. [...] Die Erfahrung hat gezeigt, daß sich sehr bald die Spreu vom Weizen scheidet. Und sparen ließe sich doch eher an bestimmten – vermutlich auch höher dotierten – Schlagertexten (und -melodien), die leider nicht selten bürgerlichen Schmalz auf sozialistisch umzufrisieren versuchen (und oft nicht einmal das) und zweifellos bedenklichere Produkte sind, da sie durch Funk und Fernsehen bis in den letzten Winkel unserer Republik getragen werden und durch permanente Wiederholung förmlich eingehämmert werden. [...]

Andreas Reimann: Es ging nicht um Herrn Ypsilon (1974)[4]

[...] Es ist eigentümlich, daß in allen Aufsätzen dieser Diskussion zwar nach den »Schuldigen« gefahndet wird (und man sollte unfähige »Förderer« usw. benennen), aber nicht einer der Wider-Sprecher kommt auf die Idee, auch einmal von der *Eigenverantwortlichkeit* junger Leute, die sich ja mitteilen wollen, zu sprechen. [...] Ich bin der Meinung, daß viele der Jungschreiber einfach deshalb Schlechtes zu Papier bringen, weil sie keinerlei Beziehungen zur Literatur zu knüpfen versuchen, sondern das ganze als Spielerei betreiben, freilich nicht ohne mit dem Beruf des Dichters zu kokettieren, von dem sie keine oder falsche Vorstellungen haben. [...]

Die erschreckende Mißachtung der ästhetischen Aspekte dessen, was wir als Kunst bezeichnen, und die fürwahr nicht nur der »jungen Lyrik« anzulasten ist, mußte ins Gespräch gebracht werden. Hat sich doch in der Diskussion herausgestellt, daß auch Leute, die selbst schreiben, vom formal-sinnlichen Wert der Poesie kaum Ahnung haben, wobei sie sich bedenklicherweise auch weiterhin um ein Streitgespräch zu diesen Fragen drückten. [...] Da wir der Meinung sind, daß Kunst emotions- und bewußtseinsbildend zu wirken vermag, haben wir die Pflicht, sie vor Verkrüpplung in Schutz zu nehmen, da sich auch diese – siehe Erfolg des Kitschs –

---

4 Andreas Reimann: Es ging nicht um Herrn Ypsilon. In: Sinn und Form 26 (1974), H. 6, S. 1211–1320, Auszug.

bewußtseinsbeeinflussend auszuwirken vermag. Wer Schlechtes nicht Schlechtes nennt, legalisiert es. [...]

Junge Lyriker im Gespräch mit Helmut Preißler (1975)[5]

Helmut Preißler: Ich habe ein paar Fragen notiert, die möglicherweise in unserem Gespräch eine Antwort bekommen könnten: Was sollte die junge Lyrik heute und hier leisten? Wie ist es mit den Entdeckungen in den Gedichten der jungen Leute; was müßten solche Entdeckungen offenbaren?

Richard Pietraß: Ein Gespräch über »junge Lyrik«, meine ich, muß damit beginnen, daß wir uns über den Begriff verständigen. Umfaßt er die Autoren der »Offenen Fenster« oder die der »Auswahl«? In den »Auswahl«-Bänden stehen Achtzehnjährige und Fünfzigjährige einträchtig beieinander. Es geht um die Schnittlinie: Generationszugehörigkeit oder Schreiberfahrung? Ich bin für erstere, weil sie die Wirklichkeitserfaßung berücksichtigt, die entscheidende Grundlage des Schreibens.

Hannelore Becker: Die Erfahrungen, die eingebracht werden, sind entsprechend verschieden. Bei den ganz jungen, die anfangen zu schreiben, überwiegt die naive Selbstverständigung. Das Leistungsvermögen der jüngsten Lyriker ist nicht nur auf Grund geringerer Schreiberfahrung, sondern vor allem auf der Basis einer anderen – kleineren – Welt- und Wirklichkeitserfahrung erheblich anders als das Vermögen der mittleren und älteren Lyrikergeneration.

Pietraß: Ich glaube, das Stichwort »Entdeckungen« ist wichtig. Wir sollten von Autoren jeglichen Alters verlangen, daß sie Neues einbringen, das ihren Existenzbedingungen entspricht. Dann werden die Leistungen der Generationen unaustauschbar sein.

Preißler: Was entdecken die jungen Leute in unserer Gesellschaft, was bleibt unentdeckt? Mir scheint, daß in letzter Zeit zunehmend die Entdeckung auf das Innere

5 Junge Lyriker im Gespräch mit Helmut Preißler. In: Neue Deutsche Literatur 23 (1975), H. 6, S. 95–102, Auszug. – Der Lyriker und Funktionär Helmut Preißler (1925–2010) war 1966–1975 Lyrikredakteur der *Neuen Deutschen Literatur* und später (1981, 1982 und 1986) Seminarleiter bei den Zentralen Poetenseminaren. Seine jüngeren Gesprächspartner standen alle mit dem Förderungssystem der DDR in Verbindung: Hans-Joachim Nauschütz (1940–2003) hatte einem Zirkel schreibender Arbeiter und einer Arbeitsgemeinschaft junger Autoren angehört, betreute von Mitte der 1970er bis Mitte der 1980er Jahre selbst einen Zirkel Schreibender Arbeiter in Frankfurt/Oder und war 1987 Seminarleiter beim Zentralen Poetenseminar; Kristian Pech (geb. 1946) war Mitglied einer AG junger Autoren gewesen; die Lyrikerin Hannelore Becker (1951–1976) hatte am ersten Zentralen Poetenseminar teilgenommen; ebenso der Lyriker Richard Pietraß (geb. 1946), der auch als Lyrik-Lektor für den Verlag Neues Leben arbeitete und von 1977–1979 die Almanach-Zeitschrift *Temperamente* und auch das *Poesiealbum* herausgab.

des Autors gerichtet ist. Die Entdeckungen in der Umwelt, in der Gesellschaft, in der ideologischen Landschaft, scheinen mir seltener geworden.

Becker: Der Frage nach der eigenen Person ist die nach der Stellung des Ich in der Gesellschaft immanent. Das sind wir mitten in der Realität und auch bei den Widersprüchen unserer Beziehungen zu ihr. Mir scheinen viele Gedichte nicht im benannten Sinn nach innen gerichtet; vielmehr sehe ich die Frage: Wer sind wir wirklich und wo? Was vermögen wir?

Pietraß: Die Autoren begreifen zunehmend, daß der Aufbau einer Gesellschaft nicht nur eine ökonomische, sondern vor allem auch eine moralische Angelegenheit ist. Es wird gefragt, wie weit wir mit der Verwirklichung dieser moralischen Qualität sind. Da haben junge Autoren ein besonders waches Auge, da sie im widersprüchlichen Prozeß der Platzsuche in diese Gesellschaft hineinwachsen. Ihre bisherige Unbelastetheit von nennenswerter Verantwortung ermöglicht ihnen eine unbefangene Bestandsaufnahme. Hierin zunächst sehe ich die Aufgabe und Chance jeder neuen Generation.

[...]

Becker: Präzise Aussagen über Dichtung sind nur auf der Grundlage präziser Aussagen über die Wirklichkeit möglich. Es geht um das Verhältnis von »zweiter Wirklichkeit« im Gedicht zur Realität selbst. Die Erfahrungen von vier Poetenseminaren zeigen, daß zumindest unter den Seminaristen dieses Verhältnis noch häufig eine Disproportion ist. Aneinandergereihte Sinneseindrücke überwiegen gegenüber den Texten, in denen Wirklichkeit Gestalt annimmt. In dieser Beziehung scheinen junge Autoren der siebziger Jahre denen der fünfziger Jahre wenig vorauszuhaben.

[...]

Hans-Joachim Nauschütz: Eine Zunahme an Weltbewußtsein ist vor allem in der Singebewegung spürbar, wenn wir zugestehen, daß die Texte, die dort entstehen, auch Lyrik sind. Ich würde diese Texte unbedingt zur Lyrik zählen. Und offensichtlich ist, daß viel mehr Welt in den meisten Liedtexten ist, als die lyrischeren Gedichte einbringen. Mitunter sehr direkt, vielleicht zu direkt, aber es ist doch erst einmal schon etwas da.

Becker: Dabei fällt auf, daß von den Liedermachern brisante gesellschaftliche Themen nicht nur häufiger, sondern auch schneller aufgegriffen und gestaltet werden. Sicher hat das auch darin eine Ursache, daß Texte, die als Lied vorgetragen werden, sofort ein Publikum und unmittelbare Resonanz haben. Das ist ein Vorteil, aber auch eine Schwierigkeit. Das Bewußtsein, sich an ein Publikum zu wenden, scheint mir bei der Singebewegung ausgeprägter zu sein, und mit diesem Bewußtsein fällt der ganze Bereich reiner Selbstverständigungsthemen, der einen erheblichen Teil der jüngsten Lyrik ausmacht, heraus.

Pietraß: Darf ich provokativ werden? Ich halte die Singebewegung in ihrer Mehrheit für oberflächlicher und damit weniger ehrlich als die junge Lyrik. Ihre Aussagen über die gewählten Themen entsprechen häufig kollektivem Wunschdenken. Die

Betreffenden sind in ihren Liedern »weiter« als im eigenen Leben. Mich erstaunt die Geschwindigkeit, mit der sie neueste Standpunkte zu ihren eigenen machen. Die tatsächliche Entwicklung gesellschaftlichen Bewußtseins vollzieht sich, zumindest in meiner eigenen Erfahrung, langsamer und widerspruchsvoller.

[...]

Preißler: Ein Singtext muß natürlich ganz, ganz anders gebaut sein, einen ganz anderen Gestus aufweisen als ein stilles, lyrisches Gedicht. Man braucht bei verschiedenen Absichten und Gegenständen natürlich auch unterschiedliche handwerkliche Mittel. Wie sieht es eigentlich mit dem Handwerk, mit den Mitteln und Möglichkeiten der Form bei jungen Poeten aus?

Nauschütz: Ich meine, daß viele junge Lyriker unkritische Anleihen bei Dichtern, von Goethe bis Brecht, aufnehmen. Das Namensregister geht oft noch weiter bis zu den Autoren der Schülergedicht-Sammlungen ...

Preißler: ... die dann wiederum Schule machen, meinst du?

Nauschütz: Ja, man kann schon so etwas wie eine Schülergedicht-Ästhetik oder -Methode nachweisen. Es werden weder alte noch neue Formen eingebracht; die gebrochene, sehr freirhythmische Zeile herrscht.

[Kristian] Pech: Noch bedenklicher als die formalen, scheinen mir die thematischen Anleihen, die gemacht werden. Auch hier wieder von Goethe bis Brecht und bis zu den Autoren der Schülergedichte. Das ist echt schlimm, wenn junge Lyriker im Formalen und im Inhalt Gedichtmodelle reproduzieren.

[...]

Michael Franz: »Offene Fenster« – Schülergedichte zwischen 1967 und 1977 (1979)[6]

[...] Und hier beginnt die ästhetische Problematik der Schülergedichte, oft als Frage nach ihrem Kunstwert aufgeworfen. Gewinnt das lyrische Notat des schreibenden Jugendlichen überhaupt Gedicht-Gestalt, oder bleibt es – zwangsläufig, von Ausnahmen abgesehen – im Gestaltlosen? Wie läßt sich – sechs Bände *Offene Fenster* vor Augen – diese Poesie charakterisieren?

1. Es ist eine erschreckend stofflose Poesie (darin bildet sie innerhalb der DDR-Lyrik keine Ausnahme), die kaum gegenständliche Anlässe, Vorwürfe, Gelegenheiten erkennen läßt. Außenwelt wird weniger über Vorgänge, Situationen, konkrete Darstellungsobjekte ins Bild gesetzt als vielmehr wie ein Aufsatzthema behandelt. Vielleicht erscheint sie den Schreibern gerade darum als nicht so interessant, und sie wenden sich – in wechselseitiger Abgelöstheit – dem zu, was die Schulaufsätze

---

6 Michael Franz: »Offene Fenster« – Schülergedichte zwischen 1967 und 1977. In: Weimarer Beiträge 25 (1979), H. 7, S. 149–152, Auszug.

aussparen: ihrer Innenwelt, die sie im wesentlichen aber auch nur bereden. Man hat nicht den Eindruck, hier entzündeten sich Gefühl und Gedanke lyrisch, das heißt in der phantasievollen Setzung einer ebenso eigenständigen wie sinnwertigen Darstellungswirklichkeit durch Bilder, Motive, Symbole.

2. Das wichtigste oder noch immer beliebteste gegenständliche Ausdrucksmedium auch dieser Poesie ist die Natur – freilich eine sentimental stilisierte, ihrer tatsächlichen Bedrohung durch Verschleißwirtschaft und naturfeindliche Technologien enthobene Natur, die in solcher Reinheit nirgendwo existiert außer in dieser sonntäglichen Erbauungsstimmung, in der man ihr im unverbindlichen seelischen Aufschwung naht.

3. Im großen und ganzen handelt es sich um eine epigrammatische Poesie. Die Gedichte sind oft von den Schlüssen her konzipiert, auf Pointen hin geschrieben: als eine Form intellektueller Aufbereitung, Klärung und Zuspitzung, aber auch (oftmals harmonisierender) Lösung emotionell gegenwärtiger Konflikte, die sich weniger entladen als daß mit ihnen geistvoll gespielt wird: eine eigenartig rationalistische Lyrik, so grob die Raster vorerst sein mögen. Man hat die Monotonie der Ausdrucksformen beklagt und gerügt, den mangelnden Kunstsinn, die fehlende Kenntnis traditioneller und moderner Vers- und Bildstrukturen. Das mag ja alles richtig sein, trifft aber bei weitem nicht nur die Schülerlyrik. Ich glaube vielmehr, diese individuell kaum variierten Muster eines epigrammatisch gefilterten, frei rhythmisierten, reimlosen Erlebnisgedichtes haben ihre eigene kulturelle Signifikanz, der nachzufragen wäre. [...]

Betrachten wir die sechs Bände nach Richtung und Intensität der Auseinandersetzung mit der gesellschaftlichen Realität, in der die Jugendlichen ihre Identität finden und behaupten, ihrem Leben Inhalt und Sinn geben müssen, so steht das geschichtliche Bezugssystem außer Frage: weltweite Klassenauseinandersetzung, antiimperialistische Solidarität, sozialistische Produktionsverhältnisse als Basis jeden weiteren Fortschritts in der DDR, neue Normen des sozialen, politischen, moralischen Zusammenlebens, fixiert in offiziellen Dokumenten, als Ideal genommen und als Maßstab (vor allem der Beurteilung Erwachsener) gehandhabt. [...]
Man gewinnt oft den Eindruck jugendlicher Greise und mädchenhafter Matronen: da ist wenig Übermut, Betroffenheit (zum Beispiel durch erste Geschlechtserfahrung), wenig Liebestaumel und -zartsinn, wenig Verletzbarkeit, wenig Wahrheitsbrand, wenig Aufbruchstimmung – alles ist geordnet, abgeklärt, abgesichert und prägt einen altklugen Gestus vorzeitigen Bescheidwissens, nüchterner Aufgeklärtheit in allen Dingen des Lebens und der Welt. [...]

Axel Schulze: Post scriptum (1987)[7]

[…] Hier geht es um 39 (neununddreißig) poetische Texte, geschrieben von 24 (vierundzwanzig) Autoren, Teilnehmern des Poetenseminars in Schwerin 1986, eine Auswahl also, der doch wohl nichts Zufälliges, sondern eher Symptomatisches nachzusagen wäre. Gerade deshalb verdient sie Aufmerksamkeit und kritische Betrachtung.

Das Spektrum der Berufe derer, die sich hier vorstellen, ist reich: Sie sind Forstarbeiter, Ingenieurökonom, Klubleiter, Schriftsetzer, Zeitungsmetteur, Hilfskrankenpfleger, Zerspanungsfacharbeiter, Koch, Eisenbahner, Bergmann, Pädagoge, Elektromonteur. Ein Teil von ihnen befindet sich noch in der Ausbildung. Oder sie sind, wie das Kürzel lautet, *z.Z. NVA*. Sie haben alle ihre eigenen, sicher noch nicht endgültigen Lebensbereiche, sie haben eigene Vorstellungen und eigene Vorbilder.

Also, sagen wir es locker, Leute, wir erwarten etwas von euch. In, über, unter und meinetwegen auch zwischen den Zeilen.

Und dann kommt ihr uns so (und dieses Gedicht wurde aus der Auswahl von mir wiederum nicht zufällig ausgewählt): »martina/schickt der sonne/ihr strahlendstes/gähnen entgegen/wenn sie die tür schließt/zur Halle in der/alle tageszeit endet/im neonlicht./gute nacht/sagt martina/und fliegt davon/auf dem schneeweißen/einhorn.«

Also Martina, die im Schichtbetrieb in der tags wie nachts gleichmäßig neonbeleuchteten Halle elektronische Bauteile lötet, stelle ich mir menschlich erlebnisfähiger und sinnlich konkreter vor, als es mir dieser Text anbietet. Ich rieche das Lötfett, fühle die Müdigkeit in den Knochen nach einer Nachtschicht, sehe die Morgensonne hochkriechen über dem noch tauweißen Gras. Ich ahne die Konflikte moderner Fließbandarbeit und den Streß des Schichtbetriebes. Ich glaube, ihre romantischen Fluchtträume zu kennen und zu verstehen.

Ist in diesem Gedicht auch nur ein einziges Detail frisch und genau beobachtet? Überraschen euch diese Metaphern? Was seht ihr überhaupt neu, was fühlt ihr anders, wenn ihr dieses Gedicht gelesen habt? Würde Martina nach einer Rocknacht etwas weniger strahlend gähnen?

Sehr viel Ungewisses und Ungefähres findet sich in vielen eurer Gedichte. »Oder so ähnlich – schweigen und nicht wissen warum – manche nacht lehrten – lacht manchmal nachts – immer abend – irgendwo dort – worte wie kreide und welt – irgendwo hörte ich das trockene Geräusch…« – das sind typische Zeilen, in meiner

7 Axel Schulze: Post scriptum. In: Neue Deutsche Literatur 35 (1987), H. 12, S. 137–140, Auszug. – Der Lyriker Axel Schulze (1943–1993 o. 1994) bespricht hier das von Hannes Würtz herausgegebene Sonderheft des *Poesiealbums* zum Zentralen Poetenseminar 1986. Schulze war 1972 selbst Seminarleiter in Schwerin.

Zusammenstellung, die ohne viel Mühe vorgenommen wurde und die noch erweitert werden könnte.

Und in einigen eurer Gedichte wird das Ungenaue folgerichtig gleich zum Anlaß und zum erklärten Gedichtinhalt genommen. So gibt es das »siebentausendachthundertneunundfünfzigste« Sisyphus-Gedicht. Oder man bekommt unversehens einen bunten Metaphernblumenstrauß in die Hand gedrückt: »Und manchmal ist auch die Liebe gelb/Der Hydrant erzählt vom Sommer/Und nimmt einen tiefen Schluck/Aus der Kaffeetasse vom Balkon/Der lacht eine Kartoffelknolle/Aus seinem Bauch/Bemalt seine Brillengläser/Mit rotem Nagellack/So läßt sich die Welt sehen« [...]

Mit einer gewissen Unruhe beginne ich nun in euren Gedichten nach Fixpunkten zu suchen: Wie lebt ihr, woher kommt ihr, wohin geht ihr, was wollt ihr? Wie sehen die Städte aus, in denen ihr geboren wurdet? Wie die Wohnungen, die euch behausen? Was geht euch an, was verletzt und was freut euch?

Und kommt mir nicht mit solchen pseudo-ironischen »Outsider-Palavern«: »weil ich nicht bunte hosen trage/komm ich für popper kaum in frage//weil meinen kopf ein schwänzchen ziert/sind die verwandten höchst pikiert... weil ich nicht urst auf kafka stehe/sucht kaum ein inti meine nähe//weil ich nicht so laut schreien kann/seht ihr: ich werde nie ein mann//weil ich nur leise verse schreibe/seht ihr: ich habe eine scheibe.«

Vielleicht gibt es doch anderes und andere zu entdecken, in diesem Land? Urväterweisheit: Man halte sich an das fortschreitende Leben. In den Abbruchvierteln, in den Werkhallen, im Alltag, in Historie und Gegenwart – war da nicht doch etwas mehr, als es die sanft temperierte Resignation dieser Klapperverse verrät? [...]

Was ist eigentlich neu an den neuen Gedichten? Zugegeben, gar nicht so leicht, darauf zu antworten. Aber die Frage stellt sich täglich, und man muß sich schon die Mühe machen und nach einer genauen Antwort suchen, die sich konkret im Gedicht auffinden läßt.

Neu ist es, die veränderte und sich verändernde Umwelt mit den Augen eines zu sehen, der an dieser Veränderung teilgenommen hat und teilnimmt. Welche Dinge wird er benennen, welchen Menschen wird er Sprache verleihen? Ein echtes Erfassen gesellschaftlicher Wirklichkeit ist nur dann gegeben, wenn der Dichter den Gegenständen »handelnd verbunden« ist, sie beobachtend verändert und in Veränderung beobachtet. In das neue produktive Verhältnis zur Umwelt ist der Lyriker wie alle einbezogen, und das nicht etwa in einem »allgemeinen Sinne«, sondern ganz konkret, wie es eben für jeden Produzierenden keine Produktion im »höheren Sinne«, sondern nur die tägliche Kraft, Phantasie und Fleiß fordernde Aufgabe gibt. Nur so kann das Gedicht auch das ästhetische Postulat von der konkreten Bestimmtheit des Gegenständlichen erfüllen, das mir eher an Bedeutung zu gewinnen als zu verlieren scheint.

Es ist schon so: »Wir müssen unser Verhältnis zum Wirklichen neu ordnen, wir müssen uns umerziehen. Wir müssen mehr Phantasie haben, um Phantasie dafür zu haben, wie sich das Wirkliche tatsächlich verhält. Beschreibe mir also Menschen und Dinge, mit denen du täglich Umgang hast, und ich beweise dir, daß du dich zur Wirklichkeit schlecht verhältst. Und ich beweise dir, daß du das Zunächtsliegende und deinen Allernächsten nicht kennst. Aber mache keine Ausflüchte! Komm mir nicht mit allgemeinen Redensarten, ich will eine exakte Aufzeichnung haben, ohne jede Art von Jenseitigkeit. Meinst du nun, wenn ich dir dein schlechtes Verhältnis zu Menschen und Dingen bewiesen habe, daß deine Beziehung zu politischen oder geschichtlichen Ereignissen besser sei? Davon kann nicht die Rede sein, im Gegenteil. Schemen und Wunschbilder sind es, mit denen dein Blick verhängt ist, gespensterhaft zieht an dir der Zug der Ereignisse vorüber und das Leben, du selbst, wer bist du? Fragen wir nicht weiter. Beginnen wir damit, uns mit dem Gegenständlichen zu befassen und, das Märchen der Wirklichkeit entdeckend, näher an uns selbst heranzukommen. Auf Allgemeinplätzen zu lagern bringt uns nicht weiter, wir müssen lernen, uns auf der konkreten Straße der Wirklichkeit vorwärts zu bewegen.« So steht es bei Johannes R. Becher. Aber wer liest heutzutage noch in seinen umfangreichen »Bemühungen« um Poesie und um die Position des Dichters in seiner Zeit, in dieser Welt?

Glaubt mir: Ich wünsche mir Gedichte von euch, die das erreichen, was »Post scriptum« von Thomas Spaniel (Jahrgang 1963, Beruf: Elektromonteur) ankündigt, das letzte, und gelungenste, Gedicht:

»Ich schreib nur noch Eilbriefe./Die wichtigsten Sätze: völlig entkleidete// Worte. Es bleibt nicht viel Zeit./Vielleicht, daß morgen die Postämter//Früher schließen als sonst. Oder,/Daß einfach keiner mehr da ist,//Sie zu öffnen. Ich schreibe. Die Federn/Zerbrechen, die Stifte. Ich steche//durchs Blatt. Mein Vorrat an Marken/Wird schmaler und schmaler, die Adressen//Brennen in meinem Schädel. Die Hände schmerzen./Die Briefträger hasten von Haus zu Haus.«

Helmut Preißler: Sorge um Talente (1988)[8]

Lieber Axel Schulze,
da ich Ihr Werk kenne und Hochachtung und starke Sympathie für Ihre Gedichte empfinde, verstehe ich, daß Sie strenge Maßstäbe bei der Beurteilung von Poesie anlegen, daß Sie Jüngere durch Forderung fördern wollen. Doch ich fürchte, daß Ihr Postskriptum zu den Arbeiten von Teilnehmern des Poetenseminars 1986 einige

8 Helmut Preißler: Sorge um Talente. In: Neue Deutsche Literatur 36 (1988), H. 4, S. 169–171, Auszug.

junge Leute, die zu sich selbst und zur Poesie zu finden suchen, hart trifft und möglicherweise verletzt. Auch scheint mir manches Ihrer Urteile nicht ganz gerecht. Darum muß ich polemisieren, und ich hoffe sehr, Sie spüren, daß es einzig in Sorge um die möglichen Talente geschieht. [...]
Erwarten Sie von den jungen, polytechnisch gebildeten Leuten nicht etwas viel, wenn Sie tadelnd fragen: »Was ist eigentlich neu an den neuen Gedichten?« und fordernd erklären: »Neu ist es, die veränderte und sich verändernde Umwelt mit den Augen eines zu sehen, der an dieser Veränderung teilgenommen hat und teilnimmt.« Diese jungen Leute haben doch neun oder gar alle zehn Zehntel ihres bisher gelebten Lebens in Schulen und Lehranstalten verbracht. Das ermahnend von Becher Zitierte: »In das neue produktive Verhältnis zur Umwelt ist der Lyriker wie alle anderen einbezogen...«, beginnt doch gerade erst wichtig zu werden für sie. Dies als Ziel und Forderung gesagt, bin ich mit Ihnen einer Meinung; doch Sie prüfen das von ihnen Vorgelegte an dieser Elle und entdecken so unter den 39 Gedichten am Ende ein einziges, das Sie gelten lassen; der Rest wird salopp abqualifiziert oder bleibt unerwähnt. [...]
Es beginnt mit dem Gedicht »martina morgens« von Heidrun Jänchen, Jahrgang 1965. Sie stellen den Text vor, erzählen dann, welche konkreten Details des Milieus Sie vermissen und daß Sie glauben, die leider nicht erwähnten »romantischen Fluchtträume« solcher Mädchen zu kennen. Am Ende fragen Sie: »Ist in diesem Gedicht auch nur ein einziges Detail frisch und genau beobachtet?«

Ich finde solche Entdeckung doch bemerkenswert: »... wenn sie die tür schließt/zur halle in der/alle tageszeit endet/im neonlicht...« Ich stelle mir das Mädchen Martina vor, wie sie zur Tagesschicht geht. Sie deuten, daß sie von der Nachtschicht kommt, und »tür schließt zur halle« gibt Ihnen recht. Aber es folgte: »... in der/alle tageszeit endet/im neonlicht...«, und so kommt mir der Gedanke, daß sie zur Schicht geht, morgens, bei herrlichem Sonnenschein. Ehe sie die Tür zur Halle hinter sich schließt, zeigt sie, in Erwartung stupider Tätigkeit bei Neonlicht, »ihr strahlendstes/gähnen«. Statt im Sonnenschein wird sie den Tag bei Kunstlicht verbringen.

Die Botschaft des Gedichts, selbst wenn sie nicht so gemeint war, doch mich erreichte sie so durch den poetischen Kern des Gedichtes: »alle tageszeit endet/im neonlicht« – diese Botschaft kann mich schon nachdenklich machen. Und der Schluß rührt mich an, wenn Martina davonfliegt »auf dem schneeweißen/einhorn«. Dies ist im christlichen Mittelalter Symbol für Reinheit und Keuschheit. Das Einhorn läßt sich nur von Jungfrauen fangen und reiten. Ist das nicht, was Sie vermissen: der »romantische Fluchttraum« solcher Mädchen?!

Ich fürchte, Sie haben diesen und andere Texte durch zu geringe Erwartung zu flüchtig gelesen, denn nachdem Sie dieses doch nicht so ganz unpoetische Gedicht undiskutabel fanden, stellen Sie pauschal fest: »Sehr viel Ungewisses und Ungefähres findet sich in vielen eurer Gedichte.« Zum Beweis reihen Sie Fetzen aus 39 Texten so: »Oder so ähnlich – schweigen und nicht wissen warum – manche nacht lehrten – lacht manchmal nachts – immer abends – irgendwo dort – Worte wie Kreide und Welt – irgendwoher hörte ich das trokkene Geräusch«, und Sie behaupten, das seien »typische Zeilen«. – Ich reihe andere Zeilen, die freilich ebensowenig typisch sind für das Gesamte wie die Ihren, aber doch ein sehr anderes Bild machen: »forstmann hagen sitzt aufm stubben – dann duckte er sich hinter seiner schreibmaschinenbarrikade – das fremde Flugzeug ist ein rostiges Messer mit gespaltenem Griff – täglich werden neue Opfer eingeschmolzen in die Kriegsberichte – gebt euern schmerz dem brennenden meer meiner haut – ich reime mir Gefährten und seltsame Pläne – Rohrzange, die ich durch den Nachmittag trage, um damit die Zeit zu lockern – Musikfetzen paaren sich über den Bürgersteigen – mein Sohn, der noch im Schoß meiner Freundin träumt, brütet etwas aus«.

Das scheint mir recht korrekt und zweifellos poetisch. Doch Sie fanden es nicht. Sie ergänzen Ihre Demonstration des »Ungewissen und Ungefähren« mit der Behauptung: »Und in einigen eurer Gedichte wird das Ungenaue folgerichtig gleich zum Anlaß und zum erklärten Gedichtinhalt genommen. So gibt es das ›siebentausendachthundertfünfundneunzigste‹ Sisyphus-Gedicht.« Ohne eine Zeile aus diesem Gedicht zu zitieren oder ein Argument abzuführen, steht dieses Verdikt da. Und dabei scheint mir das so geschmähte Gedicht gewichtig und gelungen. Undine Materni, Jahrgang 1963, attackiert die in Schwang gekommene Mode, Sisyphus-Gedichte zu schreiben. Sie bringt Sisyphus in unsere Gegenwart und zeigt frischfröhlich alternative Lösungen: »vielleicht lacht er dabei oder pfeift oder singt/oder er hat ne aufbaubrigade mit und den neuen plan/oder er zerschlägt den stein/oder er macht ne show mit nem guten vertrag/oder er hat schlimmen husten und muskelkater/ich weiß nicht/vielleicht gab es ihn gar nicht sonst hätte er/den flaschenzug erfunden oder etwas geniales/und ich glaube er hatte irgendwann/einfach keine lust mehr«. – Ich meine, mit dieser heiter-naiven Sicht auf einen bislang nur tragischheroisch variierten Mythos wird die von Ihnen zitierte Forderung Bechers voll erfüllt: »Wir müssen mehr Phantasie haben, um Phantasie dafür zu haben, wie sich die Wirklichkeit tatsächlich verhält.« [...]

Daß Sie am Ende doch noch Ermunterung und ein Lob fanden, hat mich gefreut. So kann ich hoffen, daß Sie mir diese Polemik nicht verübeln, denn trotz alledem habe ich sehr wohl verstanden, daß es Ihnen nicht weniger als mir um die Förderung von Talenten geht.

Mit besten Grüßen

Ihr *Helmut Preißler*

Lieber Helmut Preißler,

lassen Sie es mich wieder einmal salopp sagen: Wo aber Kritik ist, wächst das rettende Lob. So war mir Einspruch zu meiner Rezension zum Sammelbändchen »Poetenseminar 1986«, Sonderausgabe Poesiealbum, keineswegs unerwartet, trotz meiner eröffnenden Erklärung, auf Invektiven, Besserwisserei und Schulmeisterei verzichten zu wollen. Allerdings nicht verzichten wollte ich auf kritische Einwände, die mir gewichtig erschienen.

Diese kritischen Einwände habe ich gebündelt auf ein gewichtiges Manko gerichtet: die mangelnde Konkretheit; andersherum gesagt: die fehlende Individualität, die sich in vielen (nicht allen!) dieser Gedichte findet. Sie dürfen ja nicht außer acht lassen, daß es sich schon um eine äußerst komprimierte, d.h. auch kompromißlose Auswahl handelt, die Signale setzt.

Zu lernen wäre, dies schien mir auch wichtig, der Umgang mit fordernder Kritik. Sie kennen das ja selbst: Oft erscheint die Analyse einer einzigen Zeile gerade bei Teilnehmern des Poetenseminars als ein Angriff auf die eigene geheiligte poetische Persönlichkeit. Ein solcher Hochmut kann, meiner Meinung nach, nicht früh genug gedämpft werden, und es schadet dem Korn durchaus nicht, wenn die eine oder andere nicht funktionierende Flinte hineingeworfen wird. Wie gesagt, alles meine Meinung, aber finden Sie nicht auch, daß eine kritische Zuwendung eben doch eine Zuwendung ist? Möglicherweise sogar eine ernsthaftere als übertrieben tätschelnde Lobpreisungen. […]

Lassen Sie uns auf die neuen Gedichte weiter neugierig sein, jeder auf seine Weise. Es gibt sicher genug Entdeckungen zu machen.

Mit freundlichen Grüßen

Axel Schulze

Peter Wawerzinek: In den Lyrikkamin gesprochen (1988)[9]

[…] Gedichte werden von Dichtern gelesen, ob sie's sind, sich dafür halten, werden wollen. Freunde, wir sind unter uns! Also lassen wir das Gehabe und geistreich/-loses Kunst(viel)osofieren. Auf zum Kamin, wo man Lyrik verheizt und schnell ein nächstes Scheit drauflegt, eh es noch kühler wird im literarischen Raum! Meine Herren und Damen! Vier Debütanten und ihre Kurzkür: Nummer 237 – Marion Naujack, Nummer 242 – Henry-Martin Klemt, Nummer 244 – Udo Degener und Johannes Jansen, Nummer 248. Alles kleine Sternchen im PoesieALLbum. Lesen Sie! Ich verfasse inzwischen Parodien, und ansonsten halte ich mich an die Worte der BuchAnkäuferin: Lyrik? Junger Mann, das geht doch überhaupt nicht! Murren/Haarezerzausen/Blick zum übervollen Papierkorb. (Solche Leute sollten Kritiker werden! Solche Leute hätten Urteilsvermögen!)

---

9 Peter Wawerzinek: In den Lyrikkamin gesprochen. Zu den POESIEALBEN von Henry-Martin Klemt, Marion Naujack, Udo Degener und Johannes Jansen. Verlag Neues Leben, Berlin 1987/88. In: Temperamente. Blätter für junge Literatur 12 (1988), H. 4, S. 155–158, Auszug. – Peter Wawerzinek (geb. 1954) gehörte zur inoffiziellen Literaturszene in Prenzlauer Berg.

Es interessiert wirklich nur eine kleine Gruppe, wenn Erstveröffentlicher die poetischen Trainingsboxen verlassen und herumschlittern/einbrechen/kaum recht auf die Beine kommen. (Macht nix, hat keiner mitbekommen.) Und sollten sich doch Interessierte finden, so werden sie allzuoft schmalhansig abgespeist, und glücklich ist, wer vergißt! Wenn aber, und leider muß man davon ausgehen, jüngere Leute schlechte Gedichte zum Maßstab ihrer Dichtkunst statuieren, dann haben wir ein Faß, aus dem immer der gleiche Saft tröpfelt.

So konnte mich die Lyrik Degeners nicht fesseln, weil der Faden, aus dem da Gedichte gesponnen werden, zu dünn ist. Das ist kein MATERial! Wie schnell man durch ein PoesieALL sausen kann, bemerkte ich schon daran, daß der Tee in meiner Tasse noch heiß war, als ich das Heft zur Seite legte. Im Sieb über der Tasse blieb mehr hängen als in meinem Poesie-Hirnnetz. Und ich hatte die Maschen schon künstlich verengt! Das letzte Wort – UNVOLLKOMMENHEIT – tuckerte am Kai vorüber, und ich rief dem Jungen zu: Dein Papierboot ist gesunken! Du mußt besser bauen! Papier hält viel mehr aus! Es gibt bessere Tätigkeiten als die des Dichters.

Überhaupt: Es sollte verboten werden, den Leser zu langweilen. GähnDICHTE ins Angebot zu nehmen! [...]

Wir haben es mit austauschbaren Liebesgedichten zu tun, und es bleibt die dringende Frage: Ist die praktizierte Folgerichtigkeit, diese Kettenlogik, langjähriges lyrisches Mittun von Poetenseminaren bis zum Direktstudium für Literatur mit einem ersten Bändchen zu würdigen, nicht der Gefahr ausgesetzt, einen Flop nach dem anderen zu liefern? Degradiert sie die Heftemacher zum Vollzugsorgan fernab jedes Entdeckerseins? Wieviel Fehlgriffe sind notwendig, fehlenden ZUgriff auszulösen, Desinteresse zu erzeugen? Ich bin der Meinung, nicht einer mehr! [...]

Ich meine: Junge Dichter müssen die ohnehin besetzten Worte auswechseln wie Glühbirnen, »eine regelwidrige Sprache für einen Moment aufleuchten lassen als Sprache unsrer Poesie«, wie es Ernst Jandl im Text »Das Öffnen und Schließen des Mundes« verlangt, und ich stimme mit ihm überein: »Überhaupt jeder, der heute etwas an Poesie oder an Kunst macht, muß wieder bereit sein, sich anprangern und anspucken zu lassen.« Nur so können Texte entstehen, die aus der Reihe treten, Wortmeldungen außerhalb von Anpassungen und Wunschdenken, die wider echte Zwischenrufe sind: hemmungslos/locker/präzis/bissig/verletzend/spitz. Denn, um mit Udo Degener zu sprechen: »nach Kartoffeln grunzt/Das rosa Schwein (auch) in mir.« Aber mein innerer Schweinehund ist verwöhnt, liebe Lyriker! Kein Allesschlucker. Ja, Kartoffeln sind eine solide, von mir heiß ersehnte Kost! Ich hätte mir gewünscht, die Sau wäre raus, führte ihren Tanz auf – ich wäre gern Punktrichter gewesen ich hätte allen Traumnoten verteilt, vom Hafer, sprich: von den Poesieheften gestochen – so bin ich am Kamin, wo man Lyrik verbrennt, sitzengeblieben und habe mir die nächste Decke umgehängt. Der Reporter in mir verflucht sein Dasein, schreit: Ende! Wer nicht dabei war, hat nichts versäumt, ich schalt zurück!

3.7 Quellenverzeichnis

Edwin Kratschmer: Ein Wort zuvor. In: Und Mut gehört zum Wort. Schüler Schreiben. Erste Versuche. Hg. im Auftrag des Kreiskulturhauses Saalfeld, Kulturpalast Unterwellenborn o.O. o.J. [Unterwellenborn 1964], S. 5–7 (auch in: Wir diskutieren über junge Lyrik. Teil I. Beilage zur Zeitung »Treffpunkt Klub«, H. 6/7, o.O. [Gera] 1964, S. 7), Auszug.

H. Schulz [o.T.] [Bericht über eine Debatte im Kulturhaus Unterwellenborn]. In: Forum. Zeitschrift der deutschen Studenten. Organ des Zentralrats der FDJ 18 (1964), H. 20, S. 2–3, Auszug.

Heinz Rusch: Anmerkungen zu den ersten Versuchen schreibender Schüler. In: Wir diskutieren über junge Lyrik. Teil I. Beilage zur Zeitung »Treffpunkt Klub«, H. 6/7, o.O. [Gera] 1964, S. 8–10, Auszug.

Lieselotte Wohlgemuth: Junge Autoren setzen neue Maßstäbe. In: Wir diskutieren über junge Lyrik. Teil I. Beilage zur Zeitung »Treffpunkt Klub«, H. 6/7, o.O. [Gera] 1964, S. 11–12, Auszug.

Günther Deicke: Vorwort. In: Wir lieben das Leben. Gedichte junger Menschen. Zum VII. Parteitag der Sozialistischen Einheitspartei Deutschlands hg. v. der Bezirksleitung des Deutschen Kulturbundes und der Bezirksleitung Berlin der Freien Deutschen Jugend. o.O. o.J. [Berlin 1967], S. 3–4.

Günther Deicke: Künstlerischer Nachwuchs. In: Sonntag. Unabhängige Wochenzeitung für Kunst und modernes Leben, 28. April 1968, S. 6, Auszug.

Marianne Schmidt: Prognostische Überlegungen und literarischer Nachwuchs. In: Neue Deutsche Literatur 16 (1968), H. 3, S. 9–12, Auszug.

[Autorenkollektiv:] Lyrik in dieser Zeit. Zu einigen Ergebnissen der jüngsten Entwicklung unserer Lyrik. In: Neue Deutsche Literatur 16 (1968), H. 11, S. 142–171, Auszug.

[Anonym] Junge Talente hier und heute oder: Wie kommt es, daß nur an manchen Schulen gedichtet wird. In: Neue Deutsche Literatur 17 (1969), H. 3, S. 79–81, Auszug.

Johannes Rech: [Vorschlag zur Literaturförderung]. In: VI. Deutscher Schriftstellerkongreß vom 28. bis 30. Mai 1969 in Berlin. Protokoll. Berlin, Weimar: Aufbau o.J. [1969], S. 188–194, Auszug.

Vorschläge für die weitere Arbeit mit Lyrikern und Autoren [1969], BArch DY 24/6793, Auszug.

Konzeption zur Durchführung des 1. zentralen Poetenseminars (1970), BArch DY 24/6796, Auszug.

[Bericht über das 1. zentrale Poetenseminar] [1970], BArch DY 24/6796, Auszug.

Gerd Eggers: Information für das Sekretariat. Bericht über das 2. Poetenseminar der FDJ (1971), Archiv des Schriftstellerverbandes in der Akademie der Künste, Berlin, SV 614/2, Auszug.

Zum gegenwärtigen Entwicklungsstand kulturell-künstlerischer Initiativen der FDJ (1976), BArch DY 24/20941, Auszug.

Erhard Scherner/Klaus Steinhaußen: Arbeitspapier zum Stand und zur Entwicklung der FDJ-Poetenbewegung (November 1981), BArch DY 24 20839, Auszug.

Irina Pfützenreuter: Information [zum 19. Zentralen Poetenseminar] (1989), BArch DY 24/21154.

[Aufruf] Literaturwettbewerb der Jugend 1970/71: »An der Seite der Genossen wolln wir heut das Morgen baun! In: Junge Welt, 6. August 1970, S. 5.

[Aufruf] Literaturwettbewerb der Jugend 1979–1981: »Seid euch bewußt der Macht!« In: Temperamente 5 (1980), S. 149.

[Aufruf] Literaturwettbewerb der Jugend 1987/88: »Die Wohnung des Menschen heißt Erde«. In: Junge Welt, 20. November 1987, S. 6.

Klaus-Dieter Schönewerk: Junge Verse für unser Leben. Gedanken zum 1. zentralen Poetenseminar der FDJ in Schwerin. In: Neues Deutschland, 5. September 1970, S. 16.

Reinhard Weisbach: Pegasus im Schweriner Schloß. Erörterungen zum 1. zentralen Poetenseminar der FDJ. In: Sonntag. Unabhängige Wochenzeitung für Kunst und modernes Leben, 27. September 1970, S. 3.

Klaus-Dieter Schönewerk: Debatte um die Verse junger Leute. In: Neues Deutschland, 20.09.1970, S. 8.

Margret Kratschmer/Edwin Kratschmer: Vorwort. In: Offene Fenster 2. Schülergedichte. Hg. und mit einem Vorwort von Margret und Edwin Kratschmer. Berlin: Neues Leben 1970, S. 5–8, Auszug.

Margret Kratschmer/Edwin Kratschmer: Problem Schülergedicht (I). In: Deutschunterricht 25 (1972), H. 3, S. 135–143, Auszug.

Peter Lux: Zum Geleit. In: Lächeln im Licht. Beiträge zum Berliner Jugendliteraturwettbewerb »Wir lieben das Leben«. Eine Auswahl aus 15 Jahren. Hg. v. den Bezirksleitungen Berlin des Kulturbundes der DDR und der Freien Deutschen Jugend. o.O. o.J. [Berlin 1979], S. 4–7, Auszug.

Hannes Würtz: Was machen Talente in den Wochen nach Schwerin? Zur Arbeit von Poetenklubs der Freien Deutschen Jugend. In: Temperamente 7 (1982), H. 3, S. 124–131, Auszug.

Michael Franz: Selbsterfahrung der jungen Generation. In: Neue Deutsche Literatur 20 (1972), H. 9, S. 144–149, Auszug.
Andreas Reimann: Die neuen Leiden der jungen Lyrik. In: Sinn und Form 26 (1974), H. 2, S. 439–448, Auszug.
Arno Pielenz: Zu »Die neuen Leiden der jungen Lyrik«. In: Sinn und Form 26 (1974), H. 3, S. 661–663, Auszug.
Diskussion. Die neuen Leiden der jungen Lyrik. In: Sinn und Form 26 (1974), H. 5, S. 1087–1103, Auszug.
Andreas Reimann: Es ging nicht um Herrn Ypsilon. In: Sinn und Form 26 (1974), H. 6, S. 1211–1320, Auszug.
Junge Lyriker im Gespräch mit Helmut Preißler. In: Neue Deutsche Literatur 23 (1975), H. 6, S. 95–102, Auszug.
Michael Franz: »Offene Fenster« – Schülergedichte zwischen 1967 und 1977. In: Weimarer Beiträge 25 (1979), H. 7, S. 149–152, Auszug.
Axel Schulze: Post scriptum. In: Neue Deutsche Literatur 35 (1987), H. 12, S. 137–140.
Helmut Preißler: Sorge um Talente. In: Neue Deutsche Literatur 36 (1988), H. 4, A. 169–171, Auszug.
Peter Wawerzinek: In den Lyrikkamin gesprochen. Zu den POESIEALBEN von Henry-Martin Klemt, Marion Naujack, Udo Degener und Johannes Jansen. Verlag Neues Leben, Berlin 1987/88. In: Temperamente. Blätter für junge Literatur 12 (1988), H. 4, S. 155–158, Auszug.

Anhang

Bibliografie: Anthologien und Zeitschriften für junge und jüngste Lyrik im Verlag Neues Leben

Auftakt 63. Gedichte mit Publikum. Hg. vom Zentralrat der FDJ. Berlin: Neues Leben 1963.

Auswahl 64. Neue Lyrik – Neue Namen. Hg. vom Zentralrat der FDJ. Berlin: Neues Leben 1964.

Auswahl 66. Neue Lyrik – Neue Namen. [Auswahl von Bernd Jentzsch und Klaus-Dieter Sommer] Berlin: Neues Leben [1966].

Auswahl 68. Neue Lyrik – Neue Namen. Ausgewählt und mit einem Vorwort von Bernd Jentzsch. Berlin: Neues Leben 1968.

Auswahl 70. Neue Lyrik – Neue Namen. Eingerichtet von Bernd Jentzsch. Berlin: Neues Leben 1970.

Auswahl 72. Neue Lyrik – Neue Namen. Ausgewählt von Bernd Jentzsch, Holger J. Schubert und Wolfgang Trampe. Berlin: Neues Leben 1972.

Auswahl 74. Neue Lyrik – Neue Namen. Ausgewählt von Bernd Jentzsch, Holger J. Schubert und Wolfgang Trampe. Berlin: Neues Leben 1974.

Auswahl 76. Neue Lyrik – Neue Namen. Ausgewählt von Richard Pietraß, Holger J. Schubert und Wolfgang Trampe. Berlin: Neues Leben 1976.

Auswahl 78. Neue Lyrik – Neue Namen. Ausgewählt von Richard Pietraß, Holger J. Schubert und Wolfgang Trampe. Berlin: Neues Leben 1978.

Auswahl 80. Neue Lyrik – Neue Namen. Ausgewählt von Mathilde Dau, Erika Rüdenauer und Wolfgang Trampe. Berlin: Neues Leben 1980.

Auswahl 82. Neue Lyrik – Neue Namen. Ausgewählt von Mathilde Dau, Erika Rüdenauer und Wolfgang Trampe. Berlin: Neues Leben 1982.

Auswahl 84. Neue Lyrik – Neue Namen. [Ausgewählt von Ingrid Hähnel, Joachim Rähmer und Mathilde Dau.] Berlin: Neues Leben 1984.

Auswahl ›86. Neue Lyrik – Neue Namen. [Ausgewählt von Ingrid Hähnel, Joachim Rähmer und Mathilde Dau.] Berlin: Neues Leben 1986.

Auswahl ›88. Neue Lyrik – Neue Namen. [Ausgewählt von Ingrid Hähnel, Joachim Rähmer, Mathilde Dau und Hannes Würtz.] Berlin: Neues Leben 1988.

Ich nenn Euch mein Problem. Gedichte der Nachgeborenen. 46 junge, in der DDR lebende Poeten der Jahrgänge 1945–1954. Hg. und mit einem Vorwort von Bernd

Jentzsch. Berlin: Neues Leben 1971. [zugleich Wuppertal: Peter Hammer Verlag 1971]

Offene Fenster. Schülergedichte. Hg. und mit einem Vorwort von Edwin Kratschmer. Berlin: Verlag Neues Leben 1967.

Offene Fenster 2. Schülergedichte. Hg. und mit einem Vorwort von Margret und Edwin Kratschmer. Berlin: Verlag Neues Leben 1970.

Offene Fenster 3. Schülergedichte. Hg. und mit einem Vorwort von Margret und Edwin Kratschmer. Berlin: Verlag Neues Leben 1972).

Offene Fenster 4. Schülergedichte. Hg. und mit einem Vorwort von Edwin Kratschmer, Margret Kratschmer und Hannes Würtz. Berlin: Verlag Neues Leben 1973.

Offene Fenster 5. Schülergedichte. Hg. und mit einem Vorwort versehen von Edwin Kratschmer, Margret Kratschmer und Hannes Würtz. Berlin: Verlag Neues Leben 1975.

Offene Fenster 6. Gedichte junger Leute. Hg. und mit einem Vorwort von Edwin Kratschmer, Margret Kratschmer und Hannes Würtz. Berlin: Verlag Neues Leben 1977.

Offene Fenster 7. Gedichte junger Leute. Hg. und mit einem Vorwort versehen von Edwin Kratschmer, Margret Kratschmer und Hannes Würtz. Berlin: Verlag Neues Leben 1981.

Offene Fenster 8. Gedichte junger Leute. Hg. und mit einem Vorwort versehen von Edwin Kratschmer, Margret Kratschmer und Hannes Würtz. Berlin: Verlag Neues Leben 1985.

Poesiealbum: Sonderheft Poetenseminar 1971. Auswahl: Hannes Würtz. Berlin: Neues Leben 1971.

Poesiealbum: Sonderheft Poetenseminar 1972. Auswahl: Reinhard Weisbach. Berlin: Neues Leben 1972.

Poesiealbum: Sonderheft Poetenseminar 1979. Auswahl: Hannes Würtz. Berlin: Neues Leben 1979.

Poesiealbum: Sonderheft Poetenseminar 1980. Auswahl: Hannes Würtz. Berlin: Neues Leben 1981.

Poesiealbum: Sonderheft Poetenseminar 1981. Auswahl: Hannes Würtz. Berlin: Neues Leben 1982.

Poesiealbum: Sonderheft Poetenseminar 1982. Auswahl: Hannes Würtz. Berlin: Neues Leben 1982.

Poesiealbum: Sonderheft Poetenseminar 1983. Auswahl: Hannes Würtz. Berlin: Neues Leben 1984.

Poesiealbum: Sonderheft Poetenseminare 1970–1984. Auswahl: Hannes Würtz. Berlin: Neues Leben 1985.

Poesiealbum: Sonderheft Poetenseminar 1985. Auswahl: Hannes Würtz. Berlin: Neues Leben 1986.

Poesiealbum: Sonderheft Poetenseminar 1986. Auswahl: Hannes Würtz. Berlin: Neues Leben 1987.
Poesiealbum: Sonderheft Poetenseminar 1987. Auswahl: Hannes Würtz. Berlin: Neues Leben 1988.
Poesiealbum: Sonderheft Poetenseminar 1988. Auswahl: Hannes Würtz. Berlin: Neues Leben 1989
Poesiealbum: Sonderheft Poetenseminar 1989. Auswahl: Kathrin Schmidt. Berlin: Neues Leben 1990.
Temperamente. Blätter für junge Literatur. Berlin: Neues Leben 1.1976-14.1990. [1976–78 2 Hefte pro Jahr, 1979–1988 4 Hefte pro Jahr, 1989 5 Hefte, 1990 4 Hefte]
Was tun! Jugend für den Frieden in Liedern, Gedichten, Grafiken und Fotos. Auswahl von Jörn Fechner, Hartmut König und Hannes Würtz. Berlin: Neues Leben 1982.

Autorenhinweise

Prof. Dr. Juliane Brauer ist Professorin für Geschichte und ihre Didaktik an der Bergischen Universität Wuppertal.

Cornelia Bruhn ist Referentin an der Gedenkstätte Bautzen/Stiftung Sächsische Gedenkstätten und promoviert am Historischen Institut der Friedrich-Schiller-Universität Jena mit einer Arbeit zur Singebewegung.

Apl. Prof. Dr. Andreas Degen ist Wissenschaftlicher Mitarbeiter am Institut für Germanistik der Universität Potsdam.

Rebecca Franke ist Wissenschaftliche Mitarbeiterin im DFG-Forschungsprojekt »›Die Sammlung Kratschmer/Würtz‹. Jugendlyrik in der DDR« an der Friedrich-Schiller-Universität Jena und verfasst eine Dissertation zu diesem Thema.

Annika Jahns ist Wissenschaftliche Mitarbeiterin im Forschungsverbund »Diktaturerfahrung und Transformation« an der Friedrich-Schiller-Universität Jena und schreibt eine Dissertation über die Zirkel Schreibender Arbeiter.

Marlene Kirsten war bis 2024 Wissenschaftliche Mitarbeiterin im DFG-Graduiertenkolleg »Gegenwart/Literatur« an der Universität Bonn und erarbeitete eine Dissertation zu Lyrikanthologien aus der Bundesrepublik und der DDR.

Prof. Dr. Anne-Marie Pailhés ist Professeure en Études germaniques am Département de Langues Étrangères Appliquées der Universität Paris Nanterre.

Prof. Dr. Gregor Streim hat den Lehrstuhl für neuere und neueste deutsche Literatur an der Friedrich-Schiller-Universität Jena inne.

Dr. Bénédicte Terrisse ist Maîtresse de conférence en littérature germanique am Département d'Études Germaniques der Universität Nantes.